MONIKA HELMKE HAUSEN

Die Lichtkräfte unserer Nahrung

Monika Helmke Hausen

Die Lichtkräfte unserer Nahrung

Kochen mit Feuer, Spaß und Magie

Gemüse · Salat · Fisch · Milch · Ei · Fleisch

Verlag Hermann Bauer
Freiburg im Breisgau

Die Deutsche Bibliothek – CIP-Einheitsaufnahme

Hausen, Monika Helmke:
Die Lichtkräfte unserer Nahrung : Kochen mit
Feuer, Spaß und Magie ; Gemüse, Salat, Fisch,
Milch, Ei, Fleisch / Monika Helmke Hausen. –
1. Aufl. – Freiburg im Breisgau : Bauer, 1997
    ISBN 3-7626-0529-7

Mit 9 Fotos von Erwin Müller
© 1997 by Erwin Müller

1. Auflage 1997
ISBN 3-7626-0529-7
© 1997 by Verlag Hermann Bauer KG, Freiburg im Breisgau
Das gesamte Werk ist im Rahmen des Urheberrechtsgesetzes geschützt.
Jegliche vom Verlag nicht genehmigte Verwertung ist unzulässig.
Dies gilt auch für die Verbreitung durch Funk, Fernsehen, photomechanische
Wiedergabe, Tonträger jeder Art, elektronische Medien
sowie für auszugsweisen Nachdruck.
Einband: Spirit of Arts – Ananda Kurt Pilz, Stolberg / Agentur Holl
Satz: CSF · ComputerSatz GmbH, Freiburg im Breisgau
Druck und Bindung: Wiener Verlag, Druck- und Verlags-GmbH, Himberg
Printed in Austria

Alle in diesem Buch zu findenden Texte sind durch Inspiration und Einsicht in ein universelles Wissen zustande gekommen.

Die Berichte erzählen von den universellen Schöpfungsideen der Nahrungsmittel, die deren irdischen Manifestationen zugrunde liegen.

Diese Arbeit will vor allem dazu dienen, daß der Mensch selbst wieder ursächlich werde, daß er seine Verantwortung seinem Körper, der Natur und allen Lebewesen gegenüber wieder annehme, daß er das Heil seines und allen Seins zugleich wieder erkenne und aktiv mithelfe, solches zu entfalten. Die Verpflichtung zur Übernahme einer eigenen Verantwortung, nicht nur seinem eigenen Leben, sondern dem Leben des Gesamten gegenüber, kann niemandem abgenommen werden.

Dem Leser wird hiermit die Verantwortung für seine körperliche, seelische und geistige Gesundheit sowie für seine Krankheiten voll selbst überlassen. Inwieweit er sich mit den hier dargestellten schöpferischen Heilideen der Früchte und Nahrungsmittel beschäftigt und diese anwendet, im Bedarfsfall Therapeuten seiner Wahl konsultiert, das muß ganz allein er selbst entscheiden.

Es soll hier keinesfalls der Eindruck erweckt werden, als könne man mit den Nahrungsmitteln alles heilen. So viele Menschen es gibt, so unterschiedliche Behandlungmöglichkeiten mit so unterschiedlichen therapeutischen Verfahren und so unterschiedlichen Heilmitteln sind möglich. Das Wissen von den Heilkräften der Nahrungsmittel ist eine *zusätzliche* Möglichkeit, gesund zu bleiben oder solches – so möglich – zu werden, im Kontext eines wie auch immer gearteten Heilplans.

M. H. H.

Mitarbeit und Fotos
Erwin Müller

INHALT

Dritter Teil

Die Nahrungsmittel

VIERTER TEIL

Anhang

VORWORT

»Nahrung ist«, so sagte schon Hippokrates, »die beste Medizin.«
Eine Fülle von Büchern wird dazu auf dem Buchmarkt angeboten.
Was jedoch Monika Helmke Hausen hier mit dem von ihr in 9jähri-
ger Forschungsarbeit zusammengetragenen Stoff vorlegt, geht mit
einem wahren Quantensprung darüber hinaus. In ungewöhnlicher
und reizvoller Form eröffnet sie eine neue Sicht; unsere Nahrungsmittel als Lichtträger, als ein Schöpfungsprinzip. Ihr geht es nicht
um Kohlehydrate, Eiweiß und Vitamine, also die materiellen Bestandteile unserer Nahrung, sondern um den energetischen Aspekt,
die Botschaft, die ein Nahrungsmittel enthält – nicht um die alte
mechanistische Weltsicht, sondern um die Zeitenwende, die »Sicht
des Neuen Morgens«. *Die Lichtkräfte unserer Nahrung* ist Schlüs-
selwissen auf diesem Gebiet.

Wir sind uns bewußt, daß dieses Buch manche Diskussion anregen wird, neue Resonanzen schafft und manches in Bewegung
bringen wird. Verlag und Autorin bieten das vorliegende Werk an,
um Fragen, Gedanken und Austausch zu diesem uns alle betreffen-
den Thema anzuregen.

Wir wünschen den Leserinnen und Lesern viel Freude beim
Erproben der Heilkräfte und beim Kochen – diesem magisch-
schöpferischen Prozeß, der Nahrungsmittel in stärkende, tröstliche,
muntermachende oder beruhigende Speise verwandelt!

Der Verlag
Im September 1997

ERSTER TEIL

EINFÜHRUNG

Zu diesem Buch

Ich bin ich

Ich schreibe dieses Buch, weil ich selbst, wie du auch, im Aufbruch bin, meine weibliche spirituelle Kraft und meine Macht wieder zu entdecken und zu entfalten, und weil ich das, was mir an Wissen aus meinem inneren Zentrum zuströmt, mit dir teilen will. Ich will, daß auch du immer klarer denken, wirken und handeln kannst, im Sinne von: »Ich bin ich.«

Ich will das Wissen der weiblichen Spiritualität in deine Hände und in deine Entfaltung und in dein Wesenszentrum hineingeben, daß auch du immer stärker deine Flügel entfalten kannst – damit wir gemeinsam an der Entfaltung des neuen Zeitalters teilnehmen. Meine Kraft ist deine Kraft, und unsere Kraft ist die Kraft von Mutter Erde.

Die Erde ruft heute ihre Kinder wieder zurück: Sie flüstert in allen Blättern und singt in allen Bäumen ihr befreiendes Lied, sie holt ihre eigene spirituelle Ernte wieder ein in den Frauen und Männern, die ihr treu geblieben sind und die sie nicht verraten haben. Lange Jahre des Lernens und Erfahrens und Erarbeitens sind uns allen vorausgegangen – quälende Zeiten oft für viele, Jahre der Minderung und der Erprobung, ob wir standhalten können, ob wir zuverlässig sind, ob wir treu sind und unsere Visionen und wahren inneren Kräfte nicht verraten, jedenfalls nicht im wesentlichen. Im Kleinen waren deine und meine Wege wohl oft genug übersät mit Irrtümern und Kraftlosigkeiten. Für viele von uns war ein immer wieder zähes Ringen notwendig und zugleich eine Hingabe an etwas Höheres oder auch an ein tief Urgründiges, etwas, was wir gefühlt haben, aber oft genug nicht benennen konnten.

Jeder von uns hatte seinen ganz persönlichen initiatischen Erprobungsweg, jeder mußte sich seine Kraft aus der Meisterung von Umständen herausarbeiten, die oft so beschwerlich waren und so einschränkend. Doch die mindernden Jahre neigen sich dem Ende zu, und die sich selbst befreiende Zeit will sich durch unsere weisen Arme jetzt mit entfalten, uns selbst und der Erde zur Begeisterung. Doch wir wollen auch denen Stütze sein, die noch in »Sachen« drinstecken, die wir mittlerweile hinter uns gelassen haben. Die universellen Ideen der Früchte und Nahrungsmittel können uns allen dabei hilfreich sein.

Der Geist der Erde entfaltet und erprobt jetzt seine Flügel, und es ist eine weibliche Spiritualität, die die gesamte Erde und das Universum zugleich erhöht. *Der Geist der Erde* ist in all seiner Weiblichkeit ganzheitlicher Natur, und er erwacht im Wesen aller Dinge und allen Lebens. Er wirkt befreiend auf alles Unterdrückte, seien dies unterdrückte Kulturen, Menschengruppen und Einzelwesen, seien sie männlichen oder weiblichen Geschlechts. Er wirkt auch befreiend auf die tierische Natur, unsere Brüder der Schöpfung. Er wirkt *erweckend auf alles Seelische, das eine neue* magische *Kraft aus sich herausentfaltet.* In diesem Erwachen des weiblichen Wissens und der weiblichen Kraft, die aus der Mitte aller Dinge, aus der Mitte der Materie und aller Natur heraus sich befreit, sind wir zur Machtübernahme aufgerufen. Wir haben nicht mehr an erster Stelle nur zu *dienen,* sondern handelnd und eindeutig zu *wirken* im Sinne der neuen Erde. Damit dienen wir dem Kreislauf allen Lebens. Dies aber tun wir, indem wir das *tun,* was notwendig ist, indem wir mit dem geistigen Wirkstoff der neuen Zeit diese Erde verändern, indem wir handeln, wie es jetzt von uns gefordert ist. Wir übernehmen den Stab des Feuers, das Schwert der Magierin, die Handlungsvollmacht der Erde und die Heilkraft des Kelchs, in welchem die Wasser wahrhaftigen Dienens leuchten, und erbauen das alte Reich wieder neu. Und das ist das Heilsreich AVALON, das Reich des Gralskelchs. Das Licht des Grals beleuchtet dann aber nicht mehr vorrangig die Ritter der Tafelrunde und damit eine weltliche Hierarchie, sondern der Kelch ist zurückgekehrt in die weibliche Hand, in das alte Wissen von der Magierin in jeder von uns, die wir solches zu begreifen beginnen. Der Gral kehrt zurück dorthin, wo er vor uralten Zeiten beheimatet war, in die Hand der Göttin, und wir brauchen uns dieser schöpferischen Wirklichkeit nur wieder zu erinnern: Weltliches und Göttliches, »Materielles« und Transsubstantielles wollen wieder miteinander geeint sein, allerdings mit der rechten Betonung. Und die Betonung ist, daß das weltliche Äußere, welches mehr männlich und logisch orientiert ist, dem Inneren und Himmlischen, dem Weltenlogos und der weiblich orientierten Weltenseele zu dienen und sich in seinem Herrschaftsanspruch zurückzunehmen hat.

Auch ist das Schwert nicht mehr Artus', des Gralskönigs Schwert, das seine Macht ja doch stets aus der Heilkraft der Scheide bezog und erneuerte. So ist das Gralsschwert nun lange genug irdischer Macht anvertraut gewesen. Seine Träger und Benutzer haben es jedoch vergessen, daß ihnen die Kraft von der Umhüllung übertragen wurde, von der das Schwert heilsam umgeben war, und daß sie es war, die die Macht des Göttlichen *verlieh*, jede Nacht aufs neue. Die Zauberkraft der Scheide war es doch stets gewesen, welche die Unbesiegbarkeit der Göttin leihweise auf Weltliches übertrug. Denn Sonne, Mond und alle Planeten, die Kräfte der Sterne und aller Natur, das Wesen und die Weisheit der Göttin sind eingewebt in die Scheide des Gralsschwertes. Die Fäden sind aus Seide und Mondlicht gesponnen, das Wirkwerk ist mit Gold und den Strahlen der Sonnen durchwebt. Unsichtbar war dies so oft den Augen der Menschen. Vergessen und unerkannt war lange Zeit, wer die wahre und nährende Urheberin aller Macht war, doch fühlbar und erfahrbar war stets die Auswirkung.

Nun, auch EXCALIBUR kehrt heute in die Hand der Frauen zurück, in seine eigene zauberkräftige Scheide, und wird uns lehren, daß es heute von uns selbst genährt wie zugleich gehandhabt werden soll. Wir nutzen Excaliburs zauberkräftige Macht, um zu entscheiden, um uns zu trennen vom Destruktiven, um unsere eigene urweibliche Heimat wieder ganzheitlich zu machen, um unsere männliche Kraft innerhalb unserer selbst wieder hervorzubringen, integriert ins Weibliche.

Wir nutzen EXCALIBURS Göttermetall, seine singende Schneide, uns über uns selbst und die Welt Klarheit zu verschaffen.

Das Ende des Dienens

Wir bauen uns unser eigenes magisches Königtum wieder auf und lassen das Reich der falschen Macht zurück. Wir kämpfen ab jetzt auf unserem eigenen Boden, und wir entziehen uns zunehmend den Machthabern der Gegenmächte, denen, welche dieses Unheil, das heute überall den Planeten überzieht, zur eigenen Herrschsucht aufgebaut haben. Und sie haben es allüberall mit unserer weiblichen Hilfe erbaut, denn wir haben gedient und gedient an allen Fronten. Wir waren es, die das Leben erhalten und weitergegeben haben, wir waren es, die durch unsere weibliche seelische Kraft wenigstens eine Grundwärme auf dem Planeten erhalten haben, wir waren es, die trotz Ausbeutung und Not immer wieder dem Leben eine Chance gegeben und nochmals neu angefangen haben.

Viele von uns haben sich mit niederen Arbeiten abspeisen lassen, mit weniger Geld, mit schlechterer Ausbildung. Und allzumeist war an ein Mitspracherecht nicht zu denken, wenn es um die Belange des Lebens selbst ging. Wir wurden manipuliert von Kindesbeinen an, um jede Möglichkeit eigener Kraftausübung möglichst schon mit Flaschenmilch »abgesaugt« zu bekommen, anstelle durch Muttermilch echt lebensgewärmt zu werden. Wir wurden krank gemacht, um den Medizin-Moloch zu erzeugen, der nichts anderes tut, als sich selbst zu ernähren, mit Hilfe von manipulierten und meist völlig überflüssigen Krankheiten. Krankheiten, die heute vorrangig auch dadurch entstanden sind, daß der Natur ihr Recht verweigert wurde und daß der Planet, seine Felder und Wälder, seine Ozeane und Gewässer, seine Tiere, seine Pflanzen, seine Früchte mit Schmutz, Abfällen und Giften verseucht sind.

Wir wurden in geistiger, seelischer und materieller Knechtschaft gehalten, und viele von uns werden es noch. Die gesamte Medienmaschinerie, allen voran das Fernsehen, hat bevorzugt im Auge, diese falsche Macht weiter auszubauen und zu erhalten. Frauen und Männer, die sich hierfür zur Verfügung stellen, müssen oft ihre Eigenidendität und ihre wahre Wesenhaftigkeit unterdrücken. Menschen, die der falschen Macht dienen, zahlen einen hohen Preis. Vorrangig haben viele systemadäquat zu »funktionieren«, und vor allem haben sie einer scheinbaren Objektivität, die von ihnen gefordert wird, zu dienen; Gefühle oder dazwischen liegende Wirklichkeiten haben da keine Chance. Objektivität in unserer Zeit ist aber nichts anderes als eine gewissenlose »Neutralität«, ein Zuschauen und stummes Ja-Sagen gegenüber den Normen einer Gesellschaft, welche sich die Ausbeutung und Verfälschung aller Natur auf ihre Fahne geschrieben hat.

Ständig »neutral« und »objektiv« sein zu sollen heißt heute nichts anderes, als gefühlsabgestumpft, roh, und letztlich lebens-amputiert zu sein. *Das Leben selbst* kann niemals neutral sein, dann wäre es tot. Das Leben ist immer subjektiv, es ist immer durch *jeden von uns* Leben. Nur wer den Mut hat, empfindend und subjektiv zu sein, kann einen Standort beziehen, kann etwas Überzeugendes, weil Selbsterlebtes und Selbsterfahrenes »rüberbringen«, kann vom Echten und von der Wahrheit, weil eben subjektiv selbst erfahrener Wahrheit sprechen. Wenn wir endlich wieder bewußt subjektiv und »emotional« sind – welch verpönte Worte in der Männergesell-schaft –, dann beteiligen wir uns am Leben, dann beziehen wir Stellung, dann lassen wir auch mal klärende und das Leben bewe-gende Gefühlsausbrüche zu, wenn uns etwas »gegen den Strich geht«, sei das im näheren oder weiteren Lebensumfeld!

Wer sich dazu hergibt, nur die »neutrale« und die »rationale« Position zu gestalten, prostituiert sich und das Leben selbst. Er erhält die falsche Macht, stützt das falsche Gewebe und tut sein Teil mit, diese falsche, lebenskränkende Gesellschaft zu erhalten. Dar-um gestalte auch hier den Paradigmenwechsel mit, sei auch ab-sichtsvoll subjektiv, sei emotional, und bestehe darauf!

Mutter Erde holt ihre Kinder zurück

Mutter Erde leidet's nicht mehr, das falsche Gesicht. Sie wird sich für alle erlittenen Untaten rächen, für ihre Demütigungen Ausgleich schaffen, für die Vergiftung und Lebenskränkung ihren Tribut for-dern. Mutter Erde ruft ihre Kinder zurück, ihre Frauen, die Verge-waltigten, die Geschundenen, alle unterdrückten Menschen. Sie gibt ihnen ihre magischen Heilkräfte zurück, sie gibt ihnen Schwert und Stab, Erde und Kelch in ihre Hände zurück und sagt: »Wirkt, in meinem Sinne. Wirkt und helft mir, meine zu mir gehörenden Kinder zurückzuholen, bevor ich mich räche. Wirkt, und entscheidet euch. Wirkt und sprecht und zeugt von mir. Wirkt und tut euch zusammen. *Bildet ein neues Netz, das aus Liebe und lebendigem Leben und Anteilnahme gewebt ist.* Holt euch Kraft aus der Natur, von allen meinen Kindern, meinen heilenden Armen. Nutzt die herrliche neue geistige Kraft, die ich euch, auch in meiner lebenspendenden Nahrung, zur Verfügung stelle. Wacht auf, es ist Zeit. Dornröschens Schlaf ist zu Ende. Wacht auf und erkennt, daß ihr alle heilende Prinzessinnen seid, kraftvolle Arme habt, heilendes Wissen in euch besitzt. Nutzt meine Gaben, meinen sich entfaltenden Geist in der Nahrung, wie in aller Natur, in der ich selbst mich an euch verschenke. Erhebt euch und entmachtet das Falsche, auch wenn ihr zunächst noch so mancherlei Opfer dafür bringen müßt und euch erst einmal einschränken müßt. Soviel Opfer, soviel ist's euch wert, was ich euch schenke, soviel Kraft erlebt ihr zunehmend aus euch selbst. Soviel Kraft könnt ihr dann anschließend nach außen ausdrücken, aber diese Kraft muß auf dem eigenen zu erschaffenden Eiland erstehen, sie darf nicht mehr die falsche Macht nähren.«

So spricht Mutter Erde zu mir wie zu dir, und zu allen, die Ohren haben, zu hören.

Setz die Schritte und vergiß die Begeisterung nicht

Denk daran, wenn du nicht weißt, wo du beginnen sollst, wenn dunkle Stunden vielleicht über dir zusammenschlagen: Es geht darum, die Hilfen auch real zu nutzen, wenn sie benötigt werden, um Schritt für Schritt in die richtige Zielrichtung zu gehen. Und wenn du 99 Themen hast, die dir Schwierigkeiten bereiten, laß dich nicht unterkriegen. Wenn du nur wenigstens einen einzigen Schritt in die richtige Richtung gehst, werden dir immer wieder dann die Hilfen zuteil werden, wenn du in der größten Not bist. Denn wir sind alle eins. Und die Hilfe gestaltet sich aus dem göttlichen Pool des Gesamten, der Kraft der Göttin.

HILFEN sind ein guter Freund, eine echte Freundin. Ein Mensch, der zu dir hält, wenn du in Schwierigkeiten bist (dafür solltest du aber auch vorher etwas getan haben). Ein Tier, das dich liebt, und alle Tiernatur, mit der du eine Kommunikation aufbauen kannst. Aber besonders auch das gesamte Reich der Natur:

★ Früchte und Nahrungsmittel,
★ Mineralien und Edelsteine,
★ Steine, Felsen, Steinkreise und Dolmen,
★ heilende Orte,
★ Blüten und Essenzen, Pflanzen und Bäume,
★ Wasser und Erde, Feuer und Luft,
★ Sonne, Mond und Sterne
  und auch
★ Tarot, Runen und Magische Rituale,
★ heilende Invokationen,
★ Singen, Tanzen und Trommeln
★ und der heilende Geist der Göttin in allem und durch alles, ganz besonders aber in dir selbst.

So laß dich beschenken, und wähle dir das aus, wonach es dir zumute ist, was zu dir und deiner Zeit paßt und was Resonanzen und Begeisterung in dir erweckt!

Planet Erde   *Monika Helmke Hausen*
Juli 1997

ICH BIN DIE ICH BIN

Ich bin, die ich bin,
eine Liebe mir selbst,
mir selbsteigener Traum,
wie magische Wirklichkeit.

Ich bin, die ich bin,
ein wilde Frau,
erdkraftvoll weiblich,
magisch
und wirksam,
mir selbst zur Freude.
Kraftvoll singen meine Werke
ein heilsam Lied.

Ich bin, die ich bin,
leuchtende Kraft,
Wiederkehr magischen Wissens,
ein Kind der Erde,
ein heilsame Frau.
Denn heilend sind meine Glieder,
wirksam zuerst mir selbst,
dann schöpfend
aus dieser Kraft
für andere.

Ich leuchte und siege,
singe mich frei,
tanze den Sprung des Lebens,
mir selbst zum Heil.
Siege damit
auch andere frei.

Worauf es mir mit diesem Buch ankommt ...

★ Ich wünsche mir, daß dieses Buch dir eine Hilfe gibt, deine Lebendigkeit, deine Intuition, deine Kreativität, deine naturweibliche Magie, deine schöpferische Kraft zu aktivieren.

★ Ich wünsche dir, daß du dein Schöpferischsein, deine eingeborene Magie wiederentdeckst, daß du Spaß daran hast, dein Leben lebendig zu machen, und daß wir uns bei diesem Prozeß wechselseitig auf die Sprünge helfen. Ich wünsche mir, mit dir zusammen den Paradigmenwechsel mitzugestalten, und ich hege die Hoffnung, daß wir gemeinsam lernen, daß die Veränderung und Befreiung des Planeten dann bewältigt werden kann, wenn wir gemeinsam das tun, was zu tun ist. Und wenn wir nicht warten, daß irgend jemand anders das tut.

★ Ich will das mir zuströmende Wissen mit dir teilen und will dir vermitteln, daß alles Wissen des Universums auf dem Grunde deiner Seele darauf wartet, daß du es hebst, denn nur hier und nirgends sonst kann dieser Schatz gehoben werden, allein von dir selbst und allein in dir selbst.

★ Und ich wünsche mir, daß es mir gelingt, die Ideen des neuen Äons – mit kosmischer Feder eingeschrieben in die Früchte der Erde – auf eine freudvolle, eine machtvoll heilende, eine alchymische Weise zu dir rüberzubringen. Wo sonst kannst du auf so unkomplizierte Weise wie über die Nahrung Eigenidentität, Selbstbewußtsein, Schöpferkraft, Liebe und Wärme aufnehmen, um daran zu wachsen und heil zu werden? Wo sonst kannst du aus einer schier unerschöpflichen Vielfalt an lebenden Werkstoffen dir dein eigenes magisches Süppchen in *deinem* magischen Kessel kochen? Wo sonst kannst du das Wesen deiner Zutaten wie zugleich dein eigenes schöpferisches Wesen in *deinem* magischen Werk herausarbeiten, ihm deine Schöpferkraft, deine Kultur, dein Künstlertum aufprägen? Wo sonst noch kannst du dein Werk so einfach, je nach Lust und Laune mit einem Händchen Originalität, einem Löffelchen Magie, einem Spritzer Abenteuer versehen? Es mit einer Prise Eleganz, einem Hauch Ästhetik, einem Kräutlein archaischer Rustikalität würzen? Es mit einem Sahnehäubchen Schutz versehen? Und es mit deinem Murmeln oder Singen magischer Worte zusätzlich aus dem Alltag herausheben, zu deiner Freude wie zur Freude deiner Gefährten?

Es sind die Früchte des Feldes und Waldes, es sind die Nahrungsmittel, die Getränke und Teezubereitungen, die du dir nach deinem Empfinden von seelischer Übereinstimmung über die jeweiligen Texte auswählen und mit denen du dann experimentieren kannst. Deine eigene Intuition bekommt eine kleine Hilfestellung, und vielleicht hier und da ein: Ach, deswegen liebe ich heiß . . . oder deswegen hab' ich so eine Abneigung gegen . . . und vielleicht auch einmal: Aber das fühle ich für mich heute ganz anders . . . Liebe dich und dein quirlig fließendes Leben, dann liebst du auch Mutter Erde und die Nahrung, die sie dir schenkt, dann kannst du immer klarer fühlen, was gerade für dich dran ist, dann darfst du genießen, was dir guttut.

Dann kannst du Körner essen, weil du dich in Resonanz mit der zugrundeliegenden Idee befindest und fühlst, daß solches gerade dein Thema ist – und du kannst Eis mit Früchten und Sahne essen, wenn du dich dabei stimmig fühlst!

Und worauf es GÖTTIN ERDE ankommt . . .

★ Daß du erkennst, daß du deinen wirklichen Gaben gemäß selbst hier und heute etwas zu *tun* hast – was auch Loslassen von bisherigen gesellschaftlichen Normen oder beruflichen Tätigkeiten oder auch von Menschen bedeutet, wozu du sicherlich hier und da Opfer wirst bringen müssen,

★ daß du schöpferisch bist und dich an der Gestaltung der neuen Erde beteiligst, um neue Kommunikationsfelder auf allen Ebenen zu initiieren.

★ Denn GÖTTIN ERDE will ihre Kinder zurückgebracht haben, sie will ihre menschlichen Früchte, ihre Ernte wieder selbst erfahren und erleben.

★ Die Erde schickt sich an, ihre wahrheitsgemäße leuchtende geistige Schwingung zu offenbaren. Sie hat ihre Zeit der freiwilligen, weil dem Leben dienenden Verfinsterung hinter sich gebracht, und sie bereitet auf allen Ebenen ihre selbststrahlende kernsolare und neuartig radioaktive Erneuerung vor. Diese Kernstrahlung befreit sich aus dem Zentrum aller Atome, aus dem Zentrum der Materie selbst. Sie erhöht alles Leben auf diesem Planeten. Sie erleichtert alles heilsame, neuordnende Wirken in der Zeitenwende. Sie enthält urkosmisches Wissen, hilft dir, deine besten Kräfte magisch wieder zu entfalten, und heilt deine Seelenwunden.

★ Wir dürfen GÖTTIN ERDE dabei helfen, und wir müssen ihr sogar helfen, ihre neuen Kräfte und damit uns selbst zu befreien, denn diese Zeit verlangt Identität und tätige Beteiligung.

Die Früchte, die GÖTTIN ERDE uns zur Nahrung schenkt, offenbaren ihr göttliches Gesicht, ihr großes Wissen, ihre klare Kraft, ihre Identität, ihre Weisheit, ihre Würde und ihre seelische Grundpräsenz, und sie sind auch Seelengeschöpfe. Aber sie sind nicht nur Seele allein, gar Seelchen, auf die man nett-freundlich, sie lediglich weiterhin verkonsumierend, herabschauen kann, die man weiterhin ungestraft manipulieren und mißgestalten kann, sondern sie sind geistige Schöpferprinzipien, die dem LOGOS dienen. Sie sind Die IDEEN DER GÖTTIN.

Die neuen spirituellen Gesetze werden nicht durch die einseitige, weil lineare Logik des Verstandes formuliert. Sie können nur verstanden werden mit dem inwendigsten kindlich-geistigen Wesen, mit Hingabe, durch Zurücknahme des Ego, durch Zulassen von Transparenz und durch den Willen, dem Gesamten zu dienen. Eine neue Ernährungswissenschaft, wie zugleich eine jede Wissenschaft, welche den sich offenbarenden Gesetzen des LOGOS dient, kann infolgedessen den alten Gesetzen der Logik, des Berechnens, des Feststellens von Inhaltsstoffen im Sinne eines mechanistischen Denkens nicht mehr genügen. Die Gesetze der neuen Wissenschaften sind weiblich und spirituell und radioaktiv und neuordnend elektrophysikalisch. Sie können nur mehr durch wirklich ganzheitliche, und wesensgemäße Betrachtung erkannt werden.

Eigentlich ist es überflüssig, es auch noch zu formulieren, doch will ich es dennoch tun: Es kommt mir ganz gewiß nicht darauf an, in Sachen Ernährung etwa dogmatisch zu sein, sondern darauf, das lebenswarme eigenidentische Leben bei dir selbst zu erwecken und zu fördern. Es kann jeder Laie, aber auch jeder Experte, wie auch jeder, der sich bisher irgendeiner speziellen Ernährungsrichtung verpflichtet hatte, sich in dem Maße mit den neuen Gesetzen, den Ideen der Nahrungsmittel anfreunden, wie es seinem Entwicklungsstand, seinem Denken, seiner Art, Leben zu begreifen, gemäß ist. Es kann jeder langsam, Schritt um Schritt die Gedanken der GÖTTIN zu seinen eigenen hinzunehmen und an und durch diese wachsen. Es kann jeder sich die Texte, die seinem Verstehen gemäß sind, heraussuchen und die Texte, die keine Resonanz erwecken, erstmal beiseitelassen.

Die Sprache dieser Texte ist die Sprache der Muttergöttin selbst, wie sie sich eben für dich heute zum Ausdruck bringen will. Es wird deshalb *zwischen* den Worten etwas vermittelt, was mit Worten nicht ausdrückbar ist. Deshalb, auch wenn du nicht alles gleich verstehst: Die Idee kommt rüber, wenn du dich öffnest und deinem Verstand nicht die ausschließliche Vorherrschaft erlaubst.

Die Kräfte der Nahrungsmittel stellen sich als eine Besonderheit im Reich der Natur dar: Sie sind Repräsentanten des Universums auf der irdischen Ebene mit ganz spezifischen elektrophysikalischen Phänomenen und ebensolchen Heileigenschaften. Sie besitzen im Zeitalter der sich umpolenden Erde, die mit zunehmenden neuartigen elektrophysikalischen Phänomenen aufwarten wird, einen hohen Stellenwert.

Dieses Buch ist selbst in keinster Weise komplett, sondern es will von dir mit Leben und Machbarkeit erfüllt werden. Es muß auch nicht in einem Zuge komplett verstanden werden. Das Verstehen kann wachsen, im Lauf der Zeit, in welcher du dich mit den Ideen der Früchte anfreundest und freudvoll und lustvoll damit experimentierst.

Übrigens: Sei versichert, ich habe meine Schocks im Laufe des Wachsens dieser Texte auch hinter mir. Ich habe ein ganze Reihe bisheriger Ernährungs- und Kochgewohnheiten über Bord werfen müssen. Warum also sollte es dir anders ergehen? Jeder hat seine heiligen Kühe, überall im Leben, auch in der Ernährung. Wer weiß – vielleicht sind es gerade die, die du schlachten mußt, um deine Art des Paradigmenwechsels auch echt zu vollziehen! Über etwas zu reden, z. B. über Paradigmenwechsel, und diesen auch selbsttätig real zu *vollziehen*, das sind zweierlei Ding! Doch gerade das wird heute von dir verlangt. Und sei versichert, die Erde läßt sich nicht mehr einwickeln, denn sie befreit sich gerade immer unwiderstehlicher und vehementer aus sich selbst und durch die Früchte und durch dich heraus!

Eines erlaubt die GÖTTIN nicht mehr: daß Esoterik oder Spiritualität sich im Kopf abspielt. Daß über Spiritualität nur geredet wird und daß nicht die von dir und durch dich gewollte tätige Beteiligung geschieht. Dann ist es nämlich lediglich ein Ego-Joint ganz besonderer Art.

Aus allen diesen Gründen wirst du in diesem Buch auch keine Ernährungswissenschaft im bisherigen Sinne, vielleicht unter neuer esoterischer Beleuchtung finden, sondern Texte, die deinem Paradigmenwechsel auf die Sprünge helfen wollen! Hab Spaß daran, das wünsch ich dir! Mache dich zu dem lebendigen Menschen, der du schon immer sein wolltest – vielleicht, weil du im tiefsten Grunde deines Wesens gerade so schon immer warst? Sei mutig, und spring über deine Grenzen ins herrliche neue Leben! Die kosmischen Flügel werden dir dann dazugeschenkt!

Wissenschaft und Verantwortung in der Zeitenwende

Transzendenz prägt die Neue Realität

Die Texte, die du in diesem Buch findest, sind durch Hingabe und daraus folgende Transzendenz, durch Inspiration und Einsicht in ein universelles Wissen entstanden. Die Berichte erzählen von den kosmischen Ideen der Nahrungsmittel, die deren irdischen Manifestationen zugrunde liegen.

Eine schöpferische Idee der GÖTTIN, so, wie du sie hier wiedergegeben findest, wählt als Ausdruck ihrer selbst natürlich niemals die Möglichkeitsform, sie würde sich ja damit selbst ad absurdum führen. Die jeweilige universelle Idee selbst kann von mir nur in vollkommenem Vertrauen auf ihren Wahrheitsgehalt hin erhalten werden, ja, sie ist in dem Augenblick die Wahrheit selbst, in dem ich mein gesamtes Wesen mit dieser schöpferischen Idee verbinde, mit ihr EINS werde. Die Sprache meiner kontemplativen Arbeit mit der all-repräsenten Wirklichkeit des Multiversums ist infolgedessen die einer *Aussage*; sie ist in der »IST-Form« gehalten. Ich habe diese innere Sprache im geschriebenen Text beibehalten. Diese spezielle Art der »Aussage-Beschaffenheit« ist jedoch stets *geistes*wissenschaftlicher Natur: Sie darf nicht im üblichen irdisch-rechtlichen Sinne als Aussage verstanden werden, sondern will sich im Gegenteil erst durch dich auf den irdischen Erprobungsstand begeben.

---

* Den Begriff des *Multiversum* habe ich dem Buch von Edred Thorsson, *Handbuch der Runen-Magie*, entnommen, weil er mir so gut gefällt und so treffend ist. Ich zitiere: »Multiversum: Begriff für die vielen Stadien des Seins (Welten), aus denen das Universum besteht. Aus dem ›Universum‹ abgeleitetes Wortspiel, ›Multiversum‹ soll die Vielfalt der Seinszustände zum Ausdruck bringen, ›Universum‹ betont dagegen die Einheitlichkeit« (S. 162).
Multiversalität kann somit als Vielfältigkeit des Seins verstanden werden.

Insofern ist dieses gesamte Werk als eine Sammlung und Wiedergabe von Schöpfungsideen zu betrachten, *welche sich auf der Ebene deines Menschseins in einen Ausdruck und in eine Erfahrung bringen wollen.* Viele solcher Einzelerfahrungen können später zusammengefaßt, ausgewertet und interpretiert werden, doch zunächst bist genau du dran, dir deine Heilnahrung zu erspüren, möglicherweise Resonanzen zu entfalten, dich mit dem einen in Übereinstimmung und mit einem anderen im Gegensatz oder in Ablehnung zu befinden, ganz, wie es dir gemäß ist. Wenn du anhand der besprochenen und grundsätzlich vorhandenen Heilmöglichkeiten deine individuellen Heilresonanzen zunehmend aus dir heraus zu entfalten lernst, wird sich deine Aufmerksamkeit und dein generelles Empfinden schärfen. Dein in dir vorhandener Ideenreichtum wird freier gelegt, neue leuchtende Klarheit kann sich Bahn brechen. Das wird dir dann auch auf anderen Gebieten zugute kommen, und allein das ist diese Arbeit bereits wert.

Die Unmittelbarkeit der Idee

Bei den Ideen Der GÖTTIN, die du in diesem Werk besprochen findest, kommt es stets auf deine eigene Raum-Zeit-Dimension in Beziehung zur Raum-Zeit-Position der jeweiligen Schöpfungsidee, aber auch auf dein Einstimmungsvermögen an. Daraus ergibt sich von selbst, daß es unterschiedliche subjektive Erfahrungen mit einer manifestierten Idee, beispielsweise den Heilwirkungen einer Frucht, geben muß.

Ich selbst bin in meiner Art, geisteswissenschaftlich zu arbeiten, in der Lage, mich mit der jeweiligen zu erforschenden Idee zu vereinigen, ich werde eins mit ihr. Deshalb nehme ich nicht die obengenannte individuelle Standortsposition ein. Aus mir und der Schöpfungsidee sind also vorübergehend ein Wesen, ein Raum, eine Zeit geworden. Üblicherweise wird derjenige, der dieses hier angebotene Wissen für sich erprobt, jedoch durch seinen individuellen Standort zu eigener Erfahrung kommen, genauso wie das auch bei einem wissenschaftlich forschenden Ansatz der Fall sein wird. Hieraus mögen sich sicherlich Verschiebungen in der praktischen Anwendung, möglicherweise auch einmal der Ausfall einer prinzipiell möglichen Heilidee ergeben.

Wer sich jedoch ebenfalls auf eine spezifische heilende Idee kontemplativ einstimmen kann – was heute immer leichter immer mehr Menschen möglich ist, zudem geübt und erarbeitet werden kann –, demjenigen öffnet sich die Idee dann ebenfalls unmittelbar. Die subjektive Persönlichkeit ist somit nicht mehr trennend »dazwischengeschaltet«, und ein universelles Eins-Sein von Idee, Manifestation und Anwender zwischen Zeit und Raum ereignet sich.

Eine Heilidee kann sich auf solche Weise zur optimalen Wirkkraft entfalten, zusätzlich zu ihrer subjektiv heilenden Anwendung welcher Art auch immer.

Wissenschaftliches Arbeiten erfordert neue Ansätze

Sowohl aus Platz- als auch aus zeitlichen Gründen konnte bei der Anzahl der hier vorliegenden Einzelbesprechungen sicher nicht immer der umfassende Wirkungskreis einer Einzelidee, und schon gar nicht die mehrfachen Folgeschritte innerhalb verschiedener Organsysteme ausgelotet werden. Das bedeutet, daß aus einer Heilanzeige irgendeiner Frucht – wie hier beschrieben – unter Umständen eine größere Anzahl nicht erwähnter, zusätzlicher Heilmöglichkeiten resultieren, welche solche Nachfolgeschritte im Organismus darstellen. Auch hat es sich im Laufe meiner Arbeit herausgestellt, daß es allzumeist im umgekehrten Sinne so ist, daß die bereits bekannten Heilanzeigen von Früchten, Nahrungsmitteln, Kräutern und anderen heilenden Agenzien solche Nachfolgeresultate im Organismus darstellen. Der zentrale Heilansatz bleibt oftmals wohl eher im Dunkeln. So dürfte es sich künftig als durchaus nützlich erweisen, zu unterscheiden, ob eine am Menschen festgestellte Heilwirkung eines Heilmittels nun die hier zugrundeliegende Kernidee repräsentiert oder ob es sich um Folgeschritte handelt. Eine Kernidee aber kann stets auf mehreren Ebenen geistiger, seelischer oder körperlicher Wahrnehmung erfahren werden.

Der Rahmen dieses Buches erlaubt keine so umfassende Bearbeitung eines einzelnen Nahrungsmittels, wie es einem Leser mit spezifischeren Ambitionen oder einem Repräsentanten einer einzelnen Fachdisziplin vielleicht wünschenswert erscheinen könnte. Bei Bedarf kann spezifischeres Wissen von mir erarbeitet werden. Diese Arbeit hat also keinerlei »Vollkommenheitsanspruch«, sondern wirft ganz im Gegenteil jede Menge Fragen im Sinne eines Paradigmenwechsels auf, die in lebendig-wissenschaftlicher Arbeit verschiedenster Disziplinen, besonders aber auch interdiziplinär geklärt werden müssen. Diese Arbeit will Austausch und Kommunikation in Anwendung und Erfahrung von vielen Menschen anregen. Diese Arbeit will die repräsentierten Ideen auch zur weitergehenden Grundlagenforschung – sofern diese dem Leben dient – übergeben. Eine Weiterbearbeitung, sei diese durch wissenschaftliche Institute, medizinische oder naturheilkundliche Praxen, Sanatorien, Krankenhäuser, Kurheime, insbesondere aber durch den individuellen einzelnen Menschen selbst, ist erwünscht und erforderlich, um die hier vorliegenden Ideen von den Kräften der Nahrungsmittel zunehmend in ihre realitätsgerechte Anwendung und Erfahrung zu bringen.

Die derzeitige Wissenschaft auf diesem Planeten bedarf durchaus einer grundsätzlichen Standortveränderung, die Abstand nimmt von der Überbetonung des einseitigen »wissenschaftlichen« Verstandes mit seiner vermeintlichen Vormachtstellung und die mehr das intuitiv-inspirative weibliche Wissen mit hinzunimmt, um zu einer ganzheitlicheren Annäherung an die Wirklichkeit und damit in die Nähe der Erfordernisse der neuen Zeit zu gelangen.

Diese Arbeit will einen initialzündenden Prozeß in Gang setzen, der dazu dienen soll, die mechanistische Sichtweise der alten Ernährungswissenschaft ursächlich zu verändern, mindestens aber zu erweitern. Die den Nahrungsmitteln innewohnende Heilkraft will in verantwortungsbewußter Anwendung ihre Heilsamkeit auch beweisen und zu Eigeninitiativen führen, z. B. zum Selberzüchten von Kräutern oder zum Bereiten von naturbelassenen Nahrungsmitteln direkt von der Quelle.

Das Janusgesicht irdischer Wissenschaft

Ich halte einiges vom Geist wahrhaftiger irdisch-wissenschaftlicher Arbeit, die zu förderlichen Erkenntnissen, zu Erleichterungen des Lebens führt, sofern dieser Geist von Verantwortung der Schöpfung und dem Menschen gegenüber geprägt ist. Jede Wissenschaft, die nicht wirklich dem Lebendigen dient, zeigt heute neben ihrer vordergründig scheinbaren Qualität immer offensichtlicher, meist sehr eindringlich, ihr Janusgesicht. Das Dunkelgesicht verstandesgeborener Wissenschaft wird neben ihrem Lichtgesicht heute immer erkennbarer, und damit ihre lebenseinschränkende bis lebensvergewaltigende Disqualität. Heute, am Beginn eines neuen Zeitalters der Evolution, beleuchtet eine große übergeordnete Heilssonne alles Irdische auf eine neue Weise und sorgt dafür, daß beide Seiten des irdischen Hell-Dunkel-Gesichtes immer schneller durchleuchtet und somit offenbart werden. Die neue Heils- und Befreiungsstrahlung repräsentiert neuartige geistig-geometrische Lichtstrukturen. Das Licht dieser urschöpferischen Strahlung tritt hexagonal aus der Materie heraus. Es trifft dann auf eine Strahlung, die aus dem äußeren Universum auf den Planeten einstrahlt und die ebenfalls diese neuartigen Hexagonalkräfte repräsentiert. Es sind die uralten runischen Kräfte, die heute zunehmend auf dem Planeten wiederkehren. Es sind die Kräfte, die den 360-Grad-Kreis in sechs Teile zu sechzig Grad teilen (*hexa* ist griechisch und heißt sechs), und es sind damit auch die Kräfte der weisen Hexen und der uralten Magie, die darauf warten, daß wir sie wieder in unsere Handhabung nehmen. Diese hexagonale Strahlung belebt die gesamte Natur, eben auch die Früchte der Erde auf eine neuartige und ordnende Weise. Zugleich wird damit die negative Kraft der Quadratur oder des 90-Grad-Winkels zunehmend entmachtet. So können wir heute lernen, uns immer besser darin zu üben, das der Polarität unterworfene sichtbare »Licht« in jedweder Ausprägung sehr genau zu betrachten und es vom wirklich ganzheitlichen, derzeit noch unsichtbaren, aber fühlbaren Licht zu unterscheiden. Denn:

Alle wahre Wissenschaft ist ein Ausdruck des Schöpfungslogos und damit des Geistes DER GÖTTIN *und wurzelt stets im Transzendenten.*

Nun beginne bei dir!

Die Schöpfungsideen, die du in diesem Buch findest, das Lied der Göttin, das hier für dich gesungen wird, spricht wohl für sich, doch ist es sinnvoll, hierzu einiges zur leichteren Einordnung zu wissen. Vor allem wünsche ich dir, daß du dich selbst immer eindeutiger als subjektiv empfindendes und wahrnehmendes Wesen erfährst. Denn alles Leben auf dieser Erde ist zunächst ein subjektives Erleben. Erst danach kann es – eventuell, bei Freude und Begeisterung daran – wieder in eine Gemeinsamkeit, in eine Einheitserfahrung hinein transzendiert werden. Der erste Schritt darf aber nicht übersprungen werden. Denn das Gesicht der Göttin ist es ja, welches sich durch dich auf eine ganz spezielle und völlig eigene Weise entfalten und seine individuelle Ausprägung von Leben entdecken will.

So werde du dir zunächst erst einmal deines göttlichen Gesichtes bewußt, und schau, wo es Dunkel und wo es Licht in sich birgt, wo deine Weisheit und deine Dummheit, dein Glück wie dein Unglück, deine Freude wie deine Trauer verborgen sind, wie bei jedem von uns. So erlaube dir immer öfter, zu leben, ohne in dir etwas zu unterdrücken, denn daraus erwächst dir Profil. Du wirst zunehmend attraktiver dadurch, intelligenter, wahrhaftiger, dein Leben wird wieder spannend und aufregend. Mach dein Sein wieder zu einem Abenteuer, laß ein leuchtendes farbiges Bild in dir und durch dich ins Leben hinein entstehen, und stell dich deinen offensichtlichen wie deinen verborgenen Ängsten, denn sie sind es doch, die dich lähmen. Lerne, mit deiner Art von Angst zu leben, lerne, sie zuzulassen, damit »demagnetisierst« du sie und dann verschwindet sie viel leichter.

Warum solltest du angepaßt, genormt, ständig gleichmäßig und damit berechenbar sein? Warum sollen deine Gedanken und Überzeugungen mit den Meinungen anderer übereinstimmen? Warum sollst du dich nach vorgegebenen Normen einer Gesellschaft richten, die dich nur abhängig und gut funktionierend haben will? Gestalte dich selbst neu, und sei auch mal fordernd, im Beruf, im Privaten, sei flexibel und kreativ in deiner Art zu leben, zu lieben, dich zu kleiden, zu schmücken, zu tanzen, zu singen, zu essen, zu wohnen. Warum eigentlich nicht?

Mach dir doch mal eine Liste all der Dinge, die du gerne verwirklichen möchtest. Schreibe dir auf, wie du dich selbst wirklich fühlst. Nimm dir die Bilder des Tarot zu Hilfe, oder schneide dir Bilder aus Zeitschriften aus, die sich für dich so anfühlen, wie du es dir für dich wünschst. Schreibe dir deine Sehnsüchte, Gefühle, Ideen auf. Geh bis zu Ende bei deinen Empfindungen, den dazu gehörenden Gedanken und Überlegungen, und hör nicht mittendrin auf. Konfrontiere dich mit dem, was dich quält, mit dem, was dich hindert, du selbst zu sein und deine besten Talente zu verwirklichen. Hab keine Angst vor Veränderungen, vielleicht Trennungen, vielleicht Opfern. Sei dir selbst diese Erfahrungen wert, damit du wieder zum wirklich lebenstrahlenden Leben erwachst, strahlend elektromagnetisch wirst, und infolgedessen die rechten Menschen, Umstände, Dinge immer leichter und zur rechten Zeit anziehst und diese auch als die rechten erkennst!

Geistige Urbilder für deine Magie

Sowohl das äußere als auch das innere Universum bestehen aus einer Anzahl sehr unterschiedlicher Dimensionen. Die hier auf Erden verkörperten Schöpfungsideen, seien dies Atome, Moleküle, Zellen, Organe, seien es Bäume, Früchte, Nahrungsmittel oder was auch immer, sind somit Manifestationen, deren geistige Urbilder aus unterschiedlichsten Dimensionen kommen können. Es kommt deshalb nicht nur auf deinen individuellen und subjektiven zeiträumlichen Standort und deine Intention des Erfahrenwollens an, sondern es kommt auch auf die Stellung der Schöpfungsidee innerhalb ihrer höheren kosmologischen Ordnung an. Daraus ergibt sich, welche individuellen Erfahrungen denn nun auch tatsächlich gemacht werden.

Wünschst du dir Synergie und Harmonie mit einer heilenden Idee, so wirst du leichter eine solche erfahren, je stärker deine eigene Einbildungskraft, also deine Imaginationskraft ausgebildet ist. Denn damit besitzt du bereits das Grundelement jeglicher schöpferischen Tätigkeit und kannst somit deine Fähigkeit zur Magie schulen. Das kann soweit gehen, daß du eine an sich eher negative Idee, Kraft oder Erscheinung völlig umpolen, entgiften und sie somit heilen kannst. Das ist die höchste Form der schöpferischen Kraft, die dir als Mensch gegeben ist, und das ist in Wahrheit, was in der Genesis mit den Worten: »Mache dir die Erde untertan« gemeint ist.

Die Imagination, deine schöpferische heilende Kraft

Die auf Täuschungsmagie beruhende heutige Gesellschaft versucht natürlich, dir, besonders auch im medizinischen Bereich, genau das Umgekehrte weiszumachen. So wird versucht, dich an den Gedanken zu gewöhnen, daß eine Heilwirkung nur auf »wissenschaftlichem« Boden vorkommen darf – nur »schulmedizinisch anerkannte« Medikamente mit standardisierten »Bestandteilen« im Sinne einer mechanistischen Weltanschauung sollen bei dir eine Heilwirkung entfalten dürfen.

So wird beispielsweise auch immer dann, wenn es um Heilungen mit nicht anerkannten Medikamenten oder Verfahren geht, meist in mindernder und disqualifizierender Weise von Autosuggestiv-Wirkung oder von Einbildungskraft geredet, so, als ob du dich dafür schämen müßtest, daß du deine dir von der Weisheitsschöpfung mitgegebenen Schöpfungs-, Imaginations- und Heilkräfte bewußt oder eben auch unbewußt benutzt! Na und? Wunderbar! So bring doch Schwung in dein schöpferisches Urpotential, und heile dich selbst hinfort durch bewußten Einsatz deines eigenen magischen Willens, seien deine hierzu verwendeten Werkzeuge nun Nahrungsmittel, Naturheilmittel oder notfalls auch einmal Medikamente aus der »Küche der Chemie«.

So laß dich nicht mehr »einwickeln«, übe dich im Ausdruck deiner lebensschöpfenden Multiversalität*, gib bei passenden Gelegenheiten dein Kontra, und verwehre dich ab sofort aller manipulativen geistigen, seelischen, körperlichen und energetischen Eingriffe in deine Persönlichkeit. Grenze dich ab, wo erforderlich, streite, wenn's sein muß, und entziehe dich, wo du nutzlos deine Energie verbrauchst, ohne einen Erfolg verbuchen zu können. Schule dein Unterscheidungsvermögen. Lerne, wachsam zu sein. Es tut not!

Gesellschaft in der Sackgasse

Täuschungen und Verschiebungen von Verantwortung werden zunehmend offengelegt. So werden langsam, aber sicher die täuschenden Mäntelchen über den Verrätern am Lebendigen hinweggenommen und somit die wahren Wirkkräfte der Jetztzeit offenbart. Die, welche dem Leben gegenüber gefrevelt, aber auch die vielen, die tatenlos zugesehen haben, werden zur Verantwortung gezogen werden. Heute schneller denn je muß sich ein jeder seinen Taten wie genauso seinem Nichttun stellen. Die Verschiebung von Verantwortung, bisher so bewährt, auf die kleinsten, schwächsten, unwissendsten, weil manipuliertesten Endglieder der falsch gepolten Matrix unserer Gesellschaft gelingt mit voranschreitender Zeit immer weniger. Denn der Geist der Göttin weht auf Erden und nimmt Stunde um Stunde, Tag um Tag an Erkennbarkeit zu, verleiht ihren Kindern Kraft, Widerstands- und Durchhaltevermögen, dazu eine neue durchdringende Intelligenz. Im gleichen Atemzug höhlt sie den Tätern, die für den Raubbau am Planeten, an der Natur, wie am Wahren, Guten und Schönen verantwortlich sind, ihre bislang innegehabten und zum Mißbrauch benutzten Kräfte von innen her aus. Du darfst sicher sein, daß dieser Prozeß, der in der Gesellschaft auf allen Ebenen zu beobachten ist, sturmwindartig zunehmen wird! So steh auf, und trage dein Teil zur Veränderung und Befreiung des Planeten bei, und spute dich!

Je früher du als Einzelindividualität deine Möglichkeiten erkennst, die sich innerhalb deiner Familie, deines Freundeskreises, deiner Stellung in Beruf und Gesellschaft ergeben, um so lebendiger kannst du dann auch die entsprechenden realen Schritte unternehmen und um so besser wirst du dadurch gewappnet sein, den riesigen Veränderungen zu begegnen, die bald unseren Planeten »überspülen« werden.

ZWEITER TEIL

GESTALTUNGSKRAFT AUS DER VISION

WIR ENTFALTEN UNSER UNIVERSUM

Biokosmische Rhythmen

Alles Leben auf dieser Erde ist kosmischen und terrestrischen Rhythmen, Zyklen und Wandlungen unterworfen, es ist von Erbmustern abhängig, es wird von Strömungen und deren Veränderungspotentialen bedingt. So, wie der Mond draußen im äußeren Universum, in Beziehung zu Sonne und Planeten, auf unserer Erde hin und her »schwankende« elektromagnetische Verhältnisse erzeugt – was beispielsweise in Resonanz mit den Gezeitenströmen erfahren werden kann –, so wandelt er auch die individuellen Zellen deines Körpers und deren an Wasser und Salze gebundene Lebensäußerungen und singt deine Lieder in dir. Er singt auch die Lieder der Erde und der Vögel und der Fische und aller Natur in dir, denn aus Natur und den Rhythmen von Wasser und Erde bist du geboren.

Deine individuelle geistseelische Natur bedingt die Art und Weise, wie du mit deinem inneren Universum, deiner inwendigen Erde, also deinem Körper, seinen Zellen und deinen biologischen Rhythmen umgehst. Die ständigen Veränderungen, die sich durch Rotation, durch Bahnverläufe der planetaren Körper im Raum – bezogen auf Äquator, Achsen und Ekliptik – nicht nur auf diesem unserem Erdenplaneten, sondern eben auch in dir selbst ergeben, sind zum einen bevorzugt an wässrige Elemente, zum anderen aber an kristalline Strukturen gebunden. Es ist, als hättest du in dir ein unvorstellbar vielfältiges Getriebe, in dem alles mit allem verbunden ist, voneinander abhängig ist, miteinander oder gegeneinander schwingt, Resonanzen oder auch Dissonanzen dabei erzeugt. Dabei gilt diese Verbundenheit eben nicht nur für das Getriebe innerhalb deines menschlichen Organismus, nicht nur auch für deine Bezo-

genheit auf alle tierischen, pflanzlichen, mineralischen Naturreiche
dieses gesamten Planeten, sondern sie gilt genauso für deine Bezo-
genheit auf das gesamte äußere Universum. Diese deine Bezogen-
heit gilt für alles, was sich in diesem äußeren Universum auch nur
immer bewegt, sich verändert, Licht, Energie und Informationen,
Heilkräfte wie auch Minderndes sendet. Auch das, was wir Menschen Vergangenheit oder Zukunft nennen, ist in dieses multiver-
selle Netz eingewebt.

Nun schwingen manche Menschen recht gleichartig mit mondischen wie kosmischen Rhythmen und Zyklen, manche schwingen
gegenläufig, was sich als zeitweilige Hemmung und Stauung bemerkbar machen kann, in der Seele, im Geistigen, wie auch im
Körper. Manche Menschen schwingen vorrangig harmonisierend
mit all diesen elektromagnetischen Feldern und deren Veränderungen, manche mehr disharmonisch, und aus alledem bildet sich der
Ablauf des Lebens. So gibt es 2-, 24-, 36-, 48-Stunden-Rhythmen
und andere, die durch deinen Körper wandern und dort ganz bestimmte Organe mit Energie füllen, andere dafür leeren, die einen
nähren, um die anderen vorübergehend zu schwächen. Es gibt die
Rhythmen der Mondphasen, die sich innerhalb ihres wiederkehrenden 28- bis 29-Tage-Rhythmus energetisch gesehen umkehren
und gegen sich selbst laufen, dabei die salzigen Gewässer deiner
Seele und deines Körpers mal fluten, mal stauen, mal dich heilen,
mal dich schwächen, je nach deinen Veranlagungen. Mondische
Phasen haben somit, außerhalb wie innerhalb deines individuellen
Körpers, einen übergeordneten 56- bis 58-Tage-Rhythmus, welcher
wiederum in Zuordnung zu 14 qualitativ sehr unterschiedlichen
Energiefeldern betrachtet werden kann.

Aufgrund harmonischer oder disharmonischer Resonanzen mit
dem Universum ist der eine Mensch gesund, obwohl er irgendwelche Dinge tut, die angeblich so schrecklich ungesund sind. Ein
anderer darf wiederum von einer sonst gesunden Sache, einer Speise
oder was auch immer, kein noch so Kleines zu sich nehmen, weil
sonst seine biologischen zellularen Organellen (Organellen sind
lebende Bestandteile der Zelle, von besonderer Struktur und Funktion, wie etwa Mitochondrien, Golgi-Apparate, Lysosomen), welche mit Zeit generell und den Gezeiten des Mondes insbeson-

dere verknüpft sind, sich an einer dafür disponierten Stelle verdunkeln. Hierbei können sich Stauungen bilden, Allergien und vieles
andere hervorgerufen werden, weil einander gegenläufige Bio-Uh-
ren, die äußere Uhr des Universums und die inneren zellularen
Uhren deines »Multiversum Mensch«, die zu Vollmond-Zeiten gerade noch ein »Notstrom-Aggregat« gebildet hatten, beispielsweise
bei Neumond nicht mehr »gehen«.

Einstimmung auf dein Universum

Deshalb ist es heute so wesentlich, sich selbst zu verstehen, die
Gesetze des eigenen inneren Universums zu erforschen und diesen
Ordnungen, ihren Rhythmen und ihrer Sprache zu lauschen. Denn
jedes deiner Atome besitzt Bewußtsein, jede Zelle, jedes deiner
Blutkörperchen! Jedes Organ, jeder Knochen, jeder Muskel, jede
Sehne ist ein eigenständiges *Werk* und schwingt im Konzert des
Gesamten entweder eigenständig harmonisch mit oder auch disharmonisch dagegen. Du kannst lernen, mit diesen Bewußtsein zu
sprechen, was in Kontemplation und in Meditation, durch Energie
und Arbeit und Zeit geschieht, durch Zuwendung und durch Liebe
vor allem, durch Liebe zu dir selbst, Liebe zu diesen allen deinen
vielfältigen Bewußtsein.

Das dauert natürlich, dazu braucht es Zeit. Ein Wollen muß
vorausgehen und eine Zielorientierung. Von nichts kommt nichts.
Weder ist je ein hervorragender Musiker, der herrliche musikalische
Werke ertönen läßt, noch sonst irgendein Meister vom Himmel
gefallen. Genauso geht es mit der Erforschung deiner Innenwelten:
Auch hierfür braucht es Zeit, Beständigkeit und die Beharrlichkeit,
immer wieder noch einmal anzufangen, auch wenn zuerst noch gar
keine oder nur magere Ergebnisse zu verzeichnen sind. Das alles
geht nicht von heute auf morgen, und ein Zuckerschlecken ist es
auch nicht immer. Denn wenn du einmal Kontakt nach innen
bekommen hast und wenn du begonnen hast, Morsezeichen und
Signale zu empfangen, und wenn du sie entschlüsseln kannst im
Lauf der Zeit, dann mag es da unter Umständen manche nicht nur
gute Überraschung geben: Unverblümt bekommst du dann wo-

Fühl deine Wurzeln... die dich mit Mutter Natur verbinden

möglich so einiges zu hören, was du bisher verweigert hattest, was du partout nicht hören wolltest.

Schulung des Bewußtseins und daraus resultierende ordnende Erkenntnis ist mit sehr viel harter eigener Arbeit verbunden. Eine Oberflächlichkeit unter esoterischem Deckmäntelchen hat da keinen Platz. Das Geistige in dir, der LOGOS in dir ist's, der solche Ordnung durch kristallklares Wissen und Erkennen schafft. Dieser Weg ist mit vielen Schmerzen verbunden, es ist der Weg der SCHWERTER im Tarot, und auch nicht jeder ist hierzu geboren.

Der zerbrochene Baum des Lebens

Die Mythen erzählen uns von der wundersamen Göttin Isis, deren göttlicher Geliebter Osiris in unendlich viele kleine Teile zerstückelt wurde. Dasselbe kosmische Ereignis finden wir auf eine tiefmystische Weise in dem Märchen »Die Skelettfrau« von Clarissa Pinkola Estés erzählt (in: *Die Wolfsfrau*, siehe ANHANG). Hier, wie auch in anderen in diesem Buch zu findenden wundersam seelenerweckenden Märchenerzählungen, besonders aber auch deren Aufschlüsselungen, geht es ebenfalls um die Zerstückelung unserer himmlischen Geburt und unserer ehemaligen Ganzheit.

So finden wir im Murmeln von Mythen und Märchen die Ahnung davon, daß es einst einen göttlichen Menschen gegeben haben muß. Einen Menschen, der in einer Heilsschöpfung lebte, der noch seine schöpferischen Kräfte ungebrochen und uneingeschränkt gebrauchen, sein inwendiges Licht »radioaktiv« erstrahlen und seinen Gedanken und Ideen dadurch Gestalt und Leben geben konnte. Wirklichkeiten wurden so erschaffen. Später einmal aber gab es eine himmlisch-kosmische Katastrophe, in welcher der göttliche Stammbaum und die Götter-DNS zerbrach. Die Bruchstücke wurden im gesamten Universum verstreut und leben in den kristallinen Strukturen der heutigen Menschen. Das Skelett des Menschen enthält das Wissen um diese Ereignisse in sich. Der »Gesang über dem Knochen« (in: *Die Wolfsfrau*) ist es deshalb, der auch uns helfen kann zu erwachen, denn nach und nach können diejenigen, die ernsthaft suchen, die einzelnen Knochenglieder als Wissensbruch-

stücke wiedererinnern und zum Lebensbaum, dem Götterstammbaum, wieder zusammensetzen.

Heute ist es also Zeit geworden, daß die kosmische Katastrophe,
von welcher nicht nur die Mythen und Märchen, sondern draußen
im Weltenraum die Trümmer des Asteroidengürtels erzählen, erinnert wird, damit die Elemente des Lebens anschließend wieder zu
ihrer ursprünglichen Heilsamkeit gestaltet werden können. Mutter
Natur hilft uns kräftig dabei, nicht zuletzt durch ihre Früchte und
Nahrungsmittel. Jedoch soll auch durch jeden einzelnen von uns,
die wir diese Programme in uns als Fehlprogramme fühlen, solcher
»Wiederzusammenbau« bewerkstelligt werden.

Die Polarität von Heil und Unheil

Die Evolution hat begonnen, sich immer eindeutiger in die zwei
»Ufer« des Lebens hier auf Erden auseinanderzugestalten. Diesen
Prozeß kannst du dir wie eine unaufhaltsam sich öffnende Schere
vorstellen – die beiden Scherenmesser entsprechen dabei je einem
»Ufer« –, deren so eindeutig verändernde Polarität sich auf das
gesamte Leben erstreckt, auf deine Blutkörperchen, deine Zellen,
dein Gehirn, dein Denken und vieles mehr. Die gesamte Natur, alles
Leben wird von dem evolutionären Prozeß des Öffnens dieser
Schere erfaßt. Die Polarität von Gut und Böse, von Heilen und
Giftigsein präzisiert sich dadurch immer eindeutiger. Die Erde öffnet ihre verborgenen Kammern und offenbart Gutes wie Ungutes,
damit es im Licht des neuen Morgens aufgelöst werden kann, so
oder so.

Zwischen den sich neu konfigurierenden »Scherenarmen«, zwischen diesen beiden auseinanderdriftenden Ufern des Lebens, zwischen der bisherigen Polarität, die alles Leben, alle Atome und
deren Bindungsgesetze, wie auch alles Geistige zugleich auf dieser
Erde geprägt hatte, fließt das Gold des neuen Zeitgeistes, die Kraft
der Göttin. Die Morgenröte des neuen Äons birgt in sich die Erhöhung aller Polaritätsgesetze, weil die *drei* der Schöpfung zusätzlich
zur *zwei* der Polarität sichtbar, fühlbar und erkennbar werden
wird, weil neue atomare, molekulare und physikalische Gesetze das

Leben auf diesem Planeten vollständig verändern werden. Dieser sich auf die Erde einspulende neue Lebensstrom kann sich aber nur *zwischen* den bisherigen beiden Polen entfalten, auch benötigt er diese Pole, um seine eigene Transzendenz – die leuchtende Geisteskraft dazwischen – erkennbar werden zu lassen. Zuerst muß der Polarität auf diesem Planeten der Tribut gezollt worden sein, zuerst muß Heil und Unheil genau erkannt und voneinander unterschieden worden sein, zuerst muß Stellung bezogen worden sein, ein klares Ja oder klares Nein gesprochen worden sein, bevor auf der Grundlage dieser beiden Scherenglieder wie auf Brückenpfeilern die Kraft des Neuen sich auch ausgestalten kann!

So wird die neue Zeit immer eindeutiger von dir Entscheidungen verlangen, in genau den Angelegenheiten, für die du und deine Art zu leben hier eben steht. Alles Leben auf allen Ebenen, sozial, politisch und gesellschaftlich, jeder Körper aus Erde gewoben, genauso wie der Körper der Erde insgesamt, wird sich in solche Eindeutigkeiten hineinentwickeln müssen. Die bisherigen, anscheinend so unveränderlichen Naturgesetze, einschließlich ihrer elektrophysikalischen Ausprägungen, beginnen, fast unmerklich noch, sich zu verändern. Dies ist auch erkennbar für die, welche gewohnt sind, mit unvoreingenommenem Sinnen und »diagnostischem« Blick die Natur zu betrachten. Nichts Lebendes kann diesen sich bildenden neuen Evolutionsgesetzen ausweichen, kein Geld der Welt, keine Macht, kein Atombunker, keine Vorräte, keine Rückzugsgebiete können die Prinzipien der alten Gesetze, die natur- und lebensausbeutend waren, erhalten.

Das hat – unter vielem anderen – auch zur Folge, daß sich die Vergiftungen, die an Naturnahrungsmitteln und Getränken vollzogen werden, immer eindeutiger als solche aufzeigen. Darum, sei wachsam! Darum, beteilige dich und gib zurück, was dir schadet. Sprich darüber. Verweigere! Zieh auch deine Rückschlüsse: Wenn du dich vergiftet fühlst, einen plötzlich üblen oder metallischen Geschmack auf der Zunge hast, unmittelbar, nachdem du gerade einen Kaffee, einen Tee, eine Milch, einen Saft getrunken hast, dann bist du es wahrscheinlich auch. Wenn du fürchterliche Kopfschmerzen oder auch neue seltsame Erscheinungen bekommst, nachdem du ein Glas Wein oder Sekt getrunken hast, dann *hast* du hierin auch eine hohe Wahrscheinlichkeit für lebensschädliche Manipulation, und dann unternimm auch etwas!

Der vergiftete Apfel Schneewittchens, der dir allenthalben gereicht wird, offenbart zunehmend seine rotbackige täuschende Hälfte. Folge deiner inneren Stimme, und nimm es nicht mehr an, dieses »Geschenk«! Denn es macht dich »mundtot«, schnürt dir die Luft zum Atmen ab, und zuletzt läßt es dich »scheintot« liegen! Deshalb erwache aus deinem eigenen Glassarg, liebe dich wahrlich, und spuck das Giftige aus, sei dein eigener Prinz, und erwecke dich zu deinem vollen Leben! Es ist an der Zeit.

Isis, *die Kraft deiner heilenden Seele*

Isis ist die göttliche Geliebte und die göttliche Mutter und das Symbol für die suchende, nie aufgebende, heilende Liebe selbst. Die Skelettfrau sucht, und sie ruft in dir und in mir und in jedem herzenslebendigen Wesen auf dieser Erde. Sie ist dabei, die vielen Puzzleteile der Selbstzerstörung wieder zum Heil zusammenzubauen. Sie hat bereits etliche Teile auf die rechte und gerechte und wundersam erweckende Weise wieder zusammengesetzt. Ich will ihr helfen, in mir wie in dir, daß es dir gelinge, immer zügiger und immer beschleunigter diese chaotisch in aller Welt verstreuten Teile deines wahren Wesens wiederzufinden und heilsam, in der rechten Abfolge zusammenzubauen.

Hier wie in der Mythe um Isis geht es ums Ausharren und Suchen und Rufen, um die Seelenweisheit, die wiedergefunden werden muß, denn nur sie ist in der Lage, das zerbrochene himmlische Gerüst, die himmlische DNS, das »Skelett« des Erdenmenschen wieder recht zusammenzusetzen. Es geht darum, sich wieder seines göttlichen Stammbaums, seines Lebensbaumes mit seiner selbststrahlenden DNS zu erinnern. Jede der wiederzusammengefundenen Teil-Einheiten, jeder Ast dieses Baumes, der seine zu ihm gehörigen Zweige und Blätter gefunden hat, will und muß jedoch in tätiger Hingabe an die Evolution in unmittelbare Wirkkraft umgewandelt werden, und zwar an die Evolution Heute, genau auf dieser Erde, Jetzt und *genau durch dich*. Denn hierdurch er-

schaffst du dir auch deine individuelle Legitimation dafür, daß du
die nächsten Puzzleteile rechtmäßig finden wirst!

Die Früchte des Lebensbaumes

Die Früchte des Lebens, die Früchte der Bäume und Sträucher, die
Früchte, die unter der Erde, auf der Erde und über der Erde wachsen, sind es, welche eine kosmische Himmelsleiter in sich tragen. Es
ist dies die Leiter, die Himmlisches und Irdisches miteinander verbindet, die über die DNS heiler und unmanipulierter Früchte die
Wendelschnüre unserer menschlichen DNS mit der neuerwachen-
den Heilssonne beleuchtet. Es sind die Früchte des Lebens, welche
die neuorientierenden Prägungen eines wiedererwachenden heilenden Lebens in sich tragen und die dir helfen, deine Puzzle-Arbeit an
deinem genetischen Baum des Lebens immer selbständiger und
umfassender zu leisten.

Die DNS aller Wesen auf diesem Planeten wird zunehmend neu
beleuchtet und führt zu heilendem Wissen, heilenden Substanzen,
heilender Seele und vielen prinzipiellen Erneuerungen. Nur unmanipulierte Früchte tragen die Heilkräfte der neuen Lebenssonne in
sich und sind infolgedessen in der Lage, deine eigene Entfaltung zu
beschleunigen, das Aufleuchten in deiner DNS immer wieder zusätzlich zu initiieren, jeden Tag aufs neue.

Natürlich geschieht diese neue »Besonnung« nicht nur durch die
rechte körperliche Nahrung, sondern auch durch die rechte seelische und geistige Nahrung, durch die gesamte Natur, durch bewußtes und eindeutiges Ausschalten von allem, was dich in deinem
Lebensnerv schwächt, dich mindert, dich unfroh, langweilig oder
traurig macht. Dabei wächst die Strahlkraft in dir und drückt sich
aus in mehr Eigenständigkeit, in zunehmender Unabhängigkeit und
in wachsender Befreiung von jeder Art manipulierender Eingriffe in
deine Wesenhaftigkeit. Dazu ist es aber dringend notwendig, daß
du NEIN sagen lernst, daß du streitbar wirst, wo notwendig, daß du
Grenzen ziehen lernst, daß du nicht mehr in die Falle der sich selbst
aufgebenden Liebe hineinrennst. Deine Strahlkraft wird aber auch
gestärkt durch energiebewußtes Wohnen, durch den Umgang mit

den rechten Materialien, Stoffen, Farben und vielem mehr, durch
Meditation und Gespräche mit den höheren Welten, kurz und gut,
durch die gesamte Art und Weise deiner Lebensführung.

Die Früchte aber haben von der Schöpfung einen ganz hervorragenden Platz zur Neuordnung deiner Kräfte zugewiesen bekommen. Sie erwachen heute zu Heilkräften, die bisher ebenfalls im
Dornröschenschlaf gelegen haben, genau wie du und ich. Sie wollen
uns im Wesen berühren, unsere Seele stärken, unser Wissen in uns
aufleuchten lassen, wenn wir die Kraft finden, ihnen einen Weg zu
uns hin zu bahnen. Die Kraft, die wir finden müssen, heißt aber
nicht nur Abwendung von allem, was nicht *reine* Natur ist, sondern
vor allem: Schutz des Lebens! Heute geht es nämlich ums Ganze,
um die Erbinformationen des Lebens auf diesem Planeten selbst!
Weil es so lebenswichtig und überlebenswichtig ist, darüber Bescheid zu wissen, findest du zum Thema Gen-Manipulation ein
eigenes Kapitel.

Das neue Bewußtsein beleben

Die »Arbeit«, die wir hierbei zu leisten haben, geschieht vor allem
auch durch das Zulassen der Seelenweisheit: Wir müssen also *fühlen*, wo etwas falsch ist, und wir müssen *fühlen*, wo etwas richtig
ist. Nur über das Fühlen kann die Unterscheidung gelingen. Wenn
wir gefühlt haben, wo die rechten Programme in uns liegen, müssen
wir uns von den alten magnetischen Bindungen, Verhaftungen und
Verflechtungen, wo auch immer sie uns begegnen, trennen. Und das
schmerzt, und wir haben davor oft Angst, und viele fürchten noch
die Unsicherheit. Doch sei dir dessen gewiß, es geht kein Weg am
Auflösen all deiner magnetisierenden Bindungen und konditionierten Gewohnheiten vorüber, wenn du die neuen lebenschöpfenden,
ultrasensiblen heilsamen Netze des neuen Bewußtseins mit erbauen
willst.

Wir wollen also Schritt um Schritt lernen, uns zu »demagnetisieren«, uns selbst den Strömen des sich bildenden neuen Heiluniver-
sums zu öffnen, und lernen, uns zu schützen vor den magnetisierenden Bemühungen noch nicht erlöster Atome, Moleküle, ja, unseres

gesamten genetischen Programms, welches in der Außenwelt ebensolche Lebensmuster und Hindernisse anzieht. Es lohnt sich also allemal, uns dieser Anstrengung zu unterziehen.

Diese Arbeit geschieht durch Aufbrechen von Normen, von all dem, »was schon immer so gemacht wurde«, es geschieht durch Aufbrechen und Verändern von magnetisierenden Rhythmen aller Art, es geschieht durch neues Denken und Bewußtsein, durch ein »sich selbst auf die Schliche kommen«. Es geschieht durch Aufbrechen von eingeschliffenen, automatisierten, konditionierten Verhaltens- und Denkweisen, vor deren Vielzahl man wirklich heilsam erschrecken sollte.

Es geschieht durch die rechte Nahrung, durch die heilenden neuen Energien der Früchte, und es geschieht durch Erfühlen und Erlauschen der rechten Zeit. Die rechte Nahrung zur rechten Zeit für deinen individuellen Geistseelenkörper auszuwählen, das kannst du wiederum vorrangig durch dein immer sensibleres Erspüren, durch Intuition, durch Experimentierfreudigkeit, durch Erfahrung, wobei Notizen in einem eigens dafür vorgesehenen Heft äußerst wertvoll sind – und nicht, indem du dich von der Vielzahl von Ernährungsmeinungen im Sinne eines mechanistischen Denkens verunsichern läßt. Es geschieht auch durch zunehmendes Erspüren deiner biokosmischen Rhythmen, die sich mit der neuen Zeit wandeln und dich täglich verändern.

Die Symbolsprache des Universums

Das Tarot, diese geheimnisvollen Bilderkarten, die von Weltenvergangenheit und Weltenzukunft sprechen, deren Inhalte in Mythen und Märchen eingewebt sind und deren Bilder in unserer Seele ein vergessenes Wissen zur Resonanz bringen, erzählt uns neben seinen vielfältigen Weisheiten auch von den Wegen, die ein Menschenwesen gehen kann, wenn es sein göttliches Antlitz wiederfinden will. Sowohl die Elemente des Tarot als auch die der Astrologie sind ja universelle Symbolzeichen der Evolution, die wir hier einmal mit solchen der Mathematik vergleichen wollen. Wer die mathematischen Symbolzeichen nicht versteht, kann in die tieferen Geheimnisse dieser Wissenschaft nicht eindringen, ja, die Symbolsprache zu erlernen ist geradezu eine Voraussetzung für eine entsprechende angewandte Mathematik. Symbole sind Schlüssel, Eck-Stationen des Universums, in denen ganze Matrizengebilde * eingenetzt sind, unerkannt für die, welche diese Sprache noch nicht erlernt haben, eine notwendige Voraussetzung jedoch für jede spirituelle Wissenschaft, sei diese nun mehr irdischer oder mehr universeller, sei sie physischer, psychischer oder metaphysischer Natur.

Die symbolische Sprache des Universums zu erlernen sollte für den Menschen des neuen Zeitalters mit zu den Grundselbstverständlichkeiten gehören. So ist die Astrologie eine Art holographisches 3-D-Bildnis der GÖTTIN, die natürlich auch die KÖNIGIN aller Wissenschaften ist, projiziert an eine gigantische Himmelsleinwand. Da dieses Bildnis der GÖTTIN von den »Spinnenweben einhundertjährigen« Vergessens überwachsen ist, bedarf es selbst zuerst einmal der Befreiung und Überarbeitung. Das Antlitz der GÖTTIN will und wird wieder in seinem reinen wissenschaftlichen Glanz erstrahlen, die Gesetze der universellen Mathematik, Algebra und Geometrie wie aller Wissenschaften werden wieder unmittelbar aus ihm abgelesen werden können. Solches Bildnis birgt Heilkraft per se in sich. Das werden die nächsten Jahre bringen.

Das Tarot hingegen ist ein wahrlich königliches Werkzeug für uns, diese universellen – damit jedoch auch unsere eigenen – Projektionen als solche zu erkennen. Das projizierte Bildnis in Raum und Zeit und der eigene inwendige Verursacher jeder schöpferischen Idee wollen wieder zu Einem verschmelzen. Das Tarot ist somit der Wahrheitsspiegel, in dem all die vielen Projektionen unseres Lebens klar und bewußt werden, wenn wir den Mut haben, uns diesen zu stellen. Danach können wir wiedergeboren werden.

Die Astrologie wiederum repräsentiert in ihrer symbolischen Sprache den LOGOS der Schöpfung, den Atem und die ordnenden Kräfte des Lebens. Vor allem aber kann sie uns helfen, dem Sinn

---

*   Matrizengebilde sind ursächliche, prägende Systeme aus zusammengehörenden Einzelfaktoren.

unseres Lebens ahnend näherzukommen, hier und da ein wenig sogar echt zu begreifen.

Unsere Visionen sind unser Sprungbrett zur Befreiung von falschen Mächten, und sie sind unser Werkzeug zur Neugestaltung einer befreiten Erde. Unsere Visionen sind es vorrangig, die wir uns durch nichts auf der Welt beeinträchtigen lassen dürfen! Durch die vom Schöpfungslogos selbst entworfene Symbolsprache bekommen wir geradewegs ein Werkzeug des Universums in unsere Hand, das uns außerordentlich wertvolle Dienste bei der Umsetzung unserer Visionen leisten kann.

So wollen wir diese Schlüssel des Universums selbst immer besser handhaben lernen. Wir werden gerade auch Rhythmen und Zyklen, Wahrscheinlichkeiten positiver wie negativer Ausprägung mit solcher Hilfe immer besser erkennen können, so daß uns unser Weg durch die Zeit doch recht erleichtert wird. Frei von äußeren Beeinflussungen, haben wir so einen treuen Begleiter stets zur Hand, der uns aufzeigen kann, worum es bei einer Angelegenheit denn nun wirklich geht.

So gibt es die SCHWERTER als Symbole geistklaren Wissens und die KELCHE als Symbole von Seelenweisheit. Beide Prinzipien beinhalten Wege der Erkenntnis, die ein Mensch gehen kann. Der Weg der SCHWERTER ist hart und von Einsamkeit gekennzeichnet. Heute aber gibt es zudem auch den Weg der KELCHE, den Weg der Seele. Und dieser Weg kann dich ziemlich abgekürzt in die neue Zeit »hineinschwingen«, wenn du nur lernst, dich deinen eigenen Empfindungen zuzuwenden und ihren Botschaften und ihrer Weisheit Vertrauen zu schenken. Du verstehst zwar dann nicht immer gleich alles, was du an Neuigkeiten in dir entdeckst, manches kannst du womöglich nicht eindeutig interpretieren, nicht klar zuordnen, hast vielleicht nicht gleich die notwendige Überschau – aber für den Anfang brauchst du das auch nicht. Wenn du nur *dir* und deinem inwendigen Wesentlichen vertraust. Wenn du nur deine subjektiven Empfindungen wahrnimmst, sie leben läßt und dich nach ihnen richtest, sofern du anderen damit kein Leid zufügst, welches des rechten Maßes entbehrt. Deinen Mitgefährten im Leben, die dich begleiten, kannst du ihren Anteil am Lernen sowieso nicht abneh-

men, nicht immer nur darauf Rücksicht nehmen, daß deine Lebens-
entfaltung für andere bequem bleibt, weil das womöglich »bisher
doch immer so war«!

Wenn du also lernst, dir eine maßvolle Befreiung deines wirklichen Wesens zuzugestehen, kannst du dein Leben sogar relativ
schnell umgestalten, kannst Dunkelheiten hinter dir lassen, Depressionen, Lebenssinnlosigkeit, falsches Dulden, kannst womöglich
Krankheit lindern, vielleicht sogar auflösen, jedenfalls in Richtung
Eigenbeweglichkeit und Leben gehen, anstelle in Richtung Starrheit
und Tod.

Zeig dir, daß du dich magst

Dieses Buch handelt von den Früchten der Erde im weitesten
Sinne. So kannst du beginnen, die neuen elektromagnetischen
Verhältnisse der Nahrungsmittel durch dein eigenes Fühlen und
Empfinden zu studieren, so, wie ich sie dir hier erarbeitet und
aufgeschrieben habe. Denn jedes Nahrungsmittel hat nicht zuletzt
auch aufgrund seiner elektomagnetischen Gesamtverhältnisse
seine ganz eigenen Gesetze. Es hat sie sowohl innerhalb seiner
selbst, wie auch in Zusammenarbeit, Austausch und Kommunikation von dem Augenblick an, wo es deinen Körper passiert,
sich hier seiner rhythmischen Schwingungen, seiner Ordnungen,
seiner biophysikalischen Felder und Spannungsbogen entlädt,
seine Informationen auslagert und abgibt, dafür dir etwas von
deiner Last abnimmt, etwas ausleitet, dich entgiftet, dich entlastet, dir deine Dunkelheit erhellt.

Aufgrund dieser Verhältnisse sollten wir hinfort unsere Nahrungsmittel betrachten und ihre Botschaften in uns erklingen
lassen, sie immer bewußter in Resonanz bringen, sie in uns erfühlen und nicht vergessen, ihnen zu danken, für alles, was diese
Schöpfungsgeschenke des Himmels und der Erde in uns bewirken. So wollen wir lernen, zu fühlen, welche himmlisch-irdischen
Ideen uns derzeit zum harmonischen Klang unseres Selbst fehlen,
welche uns ergänzen, welche uns glücklich machen, welche uns
schöpferisch machen, welche uns stark und bewehrt machen,

welche uns einen kraftvollen Rücken geben, damit wir uns durchsetzen können, welche uns Schutz geben, weil wir dessen gerade bedürfen.

Unter solcherart Aspekten können wir Nahrung zunächst einmal betrachten und sie mit Hilfe dieses Buches auch aussuchen. Doch dann beginnt das Eigene, beginnt das individuelle Zusammenspiel, das Konzert, der Zusammenklang, der Rhythmus deines Körpers zur Zeit JETZT. Diese ist jede Sekunde wieder eine andere, indem die Zeit immer wieder einen jeweils neuen Raum in dir öffnet, indem die Energien in deinem Körper verschiedene Bahnen, Räume und Organsysteme durchlaufen. Das ist das, was du selber erforschen kannst, indem du *fühlend aufmerksam bist und* nicht versäumst, dir *entsprechende Aufzeichnungen* zu machen.

So kannst du es fühlen, ob und wann du etwas brauchst, ob du überhaupt etwas essen willst und was du essen willst und wieviel du essen willst. Wie viele Kinder werden beispielsweise mit Frühstück gequält, weil irgendein Experte einmal gesagt hat, daß man morgens wie ein Kaiser, mittags wie ein König und abends wie ein Bettelmann essen müsse! Solche und ähnliche Aussagen, nach deren manipulierender Magie sich Mütter häufig richten, haben quälerische Substanz und gehören mit zu den vielen, welche die Grundsteine für körperliche, geistige und seelische Krankheiten bei ihren Kindern legen. Dasselbe gilt natürlich für Erwachsene, die sich mit aller Art von Diätanweisungen herumschlagen, welche oft nur eine destruktive, lebensmindernde, entpersönlichende Auswirkung haben.

Es gibt niemanden und kann niemand anderen geben, als *nur dich selbst*, der dir sagt, was gut für dich ist. Du allein bist dein Maß, für deine Art von Leben, deine Art, dich glücklich zu fühlen, deine Art, dich freudesprühend und vital zu fühlen, deine Art zu trinken, deine Art zu essen, deine Art zu wachsen, deine Art, dich zu entfalten, deine Art zu lieben.

Und diese Art zu lieben, die ist besonders wichtig: wenn du dir selbst dein eigenes Leben erlaubst, wenn du dich selbst freudvoll leben läßt, dich liebevoll selbstfühlend in die Arme nimmst, dann wirst du das im Laufe der Zeit auch im Außen tun können. Wenn du dich also selbst lieben lernst – und auch das geht stufenweise –, dann könntest du dich z. B. gleich morgens im Bett fragen, was dir heute guttut. Deine Auswahl erfolgt natürlich im Rahmen deiner Möglichkeiten und deiner Pflichten, die du, wenn du dir gut willst, liebst, mindestens magst und nicht als Mißstand empfindest. Wenn du deine Pflichten nicht als lebensbereichernd erfährst, solltest du auch hier etwas verändern. Doch das dauert unter Umständen länger, weil du dann womöglich einiges Umfangreichere in deinem Leben umgestalten mußt.

Du fühlst dich bei dir selber wohl, wenn du dich magst und dich akzeptierst, gerade so, wie du jetzt und heute bist, mit all dem, was du an dir bisher eigentlich nicht so gut leiden konntest, mit dem, was dir nicht gefällt, was du womöglich gar häßlich findest, was dir weh tut, wo du krank bist. Mit alledem söhnst du dich aus und verzeihst dir selbst. Vielleicht gewöhnst du dir ein kleines abendliches oder morgendliches Ritual des Selbstverzeihens an, das dich entgiftet, das verborgene Pforten in dir öffnet und das Vergangenheit und lastende Erbmuster aus dir herausspült. Du kannst dir bestimmte Orte an deinem Körper dafür erspüren, wo sich etwas aus dir heraus entleeren will, in der Mitte deiner Brust beispielsweise oder auf der Stirn oder unter den Füßen oder auf den Handinnenflächen, oder wo immer du fühlst, daß sich etwas in dir öffnen will.

Ziehe in Gedanken einen magischen Kreis um dich herum, bewehre ihn mit deinen Schutzengeln, bitte die Erdenmutter um Entgiftung, verzeihe dir, und öffne die Pforten. Vielleicht siehst du sogar, was du hier alles so entlädst. Und ein Entladen ist das in der Tat; eine elektromagnetische Feldveränderung findet auf solche Weise in dir statt, und du wirst leicht und fröhlich und sanft und selbstbestimmend. Zu einer solchen morgendlichen Kurzinvokation kann schon ein einziger Satz genug sein, den du aber erst durch die stetige Wiederholung über einen längeren Zeitraum, beispielsweise von Vollmond zu Vollmond, zum Ritual erhebst. Etwa so:

Ich liebe mich
und bin mein eigener Meister,
bin meine eigene magische Kraft,
mir selbst zu genügen
und mich von aller Fremdmagie zu entbinden.
OM

oder:

Ich liebe mich
und vergebe mir,
alles und allem,
was mich beschwert,
was einen Ring
um mich gezogen hat,
aus magischem Fehltun.
Ich öffne mich
meinen höchsten heilenden Kräften.
Ich entlasse alles,
was mich bindet.
OM

oder:

Ich liebe dich,
du meine Seele,
ich liebe dich,
du mein Körper,
ich liebe dich,
du mein Geist.
Ich liebe mich in allen Welten,
allen Dimensionen meines Seins.
Ich arbeite jetzt stets
mit mir selbst vollkommen zusammen.
OM

Wenn du lernst, dir selbst zu vergeben, kannst du nach und nach auch denen vergeben, die dir ein Leid angetan, dich gekränkt, dich verletzt haben. Das ist aber eine natürliche Folge dessen, daß du zuvor dir selber vergeben hast.

Und wenn du dann dich selbst und die Erde und den Himmel und alles, was dir einfällt, gesegnet hast, dann steh auf, und beginne deinen Tag. Und dann schau, ob du überhaupt etwas zum Frühstück essen willst oder ob das nur eine dieser magnetisierenden Gewohnheiten war, die dich mit Dingen anfüllen, die du nicht wünschst, nicht willst, nicht brauchst und die dich infolgedessen nur beschweren.

Was dir allerdings immer guttut, das ist jetzt auch eine körperliche Anregung deiner entgiftenden Schleusen, und das tust du am besten durch ein Glas heißes Zitronenwasser, welches du direkt nach dem Aufstehen trinkst und woraus du eine dich durchlichtende Gewohnheit machen kannst.

Zusammenspiel von Körper und Mond

Lausche stets auf die Stimme deines Körpers, die dir sagt, ob du etwas essen willst und was du wie essen willst. Und lausche auch, wann dein Körper dir sagt, daß er gerne aufhören will. Fühle, was du liebst, was dich gerade jetzt glücklich macht, wenn du es ißt. Fühle dich, während du ißt, und fühle dich nach deinem Essen.

Stimmig ist es, wenn du dich warm und wohl bei dir selber fühlst, nicht beschwert, nicht müde, sondern genährt mit Liebe. Wenn du dir selber wohl willst, deine Nahrung liebst, dann nimmst du nur solches zu dir, was diesem entspricht. Und wenn es schiefgegangen ist, notiere es dir, und lerne. Schreib dir in deinem Heft, welches du dir hierfür anlegst, auf, was dir zu welcher Zeit wohlbekommen ist und was nicht. Auch kannst du dir ein Mondbuch und einen Mondkalender kaufen und dich mit den Rhythmen des Mondes beschäftigen.

Beobachte dich, wie du dich zum vollen und wie zum neuen Mond fühlst. Beobachte die Phasen des Aufsteigens und des Absteigens des Mondes, des Zunehmens und des Abnehmens. Schreibe dir

Ich bin frei, mir selbst
eine Kraft.
Eine Göttin atmet in mir,
unerkannt,
doch mächtig bald,
Heil trag ich in meinen Händen.

OM

einmal eine Zeitlang auf, wieviel du von welchen Nahrungsmitteln
wie oft und wann zu dir genommen hast. Der wunderbarste licht-
durchströmteste Atlantik-Fisch etwa wirkt in deinem Organismus
belastend, wenn du zuviel oder zuoft davon verzehrst, womöglich
noch unpassende Zutaten verwendest. Der menschliche Organismus ist nicht dafür eingerichtet, ein Übermaß an Eiweißzufuhr
ohne Blutverschlackung zu verkraften. Ein Übermaß an Kohlehy-
draten, besonders an Zucker, wirkt blutübersäuernd und führt zu
rheumatischen Erkrankungen, Gelenkschmerzen oder anderen un-
erfreulichen Krankheitserscheinungen. Ein Übermaß an Fetten des-
organisiert deinen Organismus insgesamt, belastet die Leber, die
Galle, die Schilddrüse und führt oft zu Übergewicht.

Gewöhne dir deshalb eine persönliche »Buchführung« an. Sie
wird dir sehr wertvolle Dienste leisten, besonders, ach – über negative Selektion! Denn das ist nun einmal menschlich, daß uns oft gar
nichts so Besonderes dazu einfällt, wenn es uns gutgeht, daß wir
aber aufmerksam werden, wenn wir durch negative Körper- oder
Seelenbotschaften dazu gezwungen werden. Beobachte besonders
deine Indikatoren an dir, die bevorzugten Stellen, wo du dich un-
päßlich fühlst, wo du Schmerzen hast. Beobachte dein Gesicht und
achte besonders auf die Stellen unter den Augen. Registriere, ob du
dich leicht und wohl oder beschwert und müde fühlst, nach einem
Essen, einem Getränk, nach einer Eiweißmahlzeit oder nach Kohle-
hydraten, nach vegetarischer oder tierischer Nahrung. Nimm
wahr, wie leicht oder schwer du nach einer Mahlzeit die Treppen
hinaufläufst, lächeln kannst, aufmerksam bist, klar denken kannst,
deine Arbeiten erledigen kannst. Notier dir das alles, und lerne
daraus. Mit der Zeit werden dir Dinge besonders auffallen, die du
eben nicht tun darfst. Mach dir einen Spaß daraus, dich selbst als
lebendes Experiment zu betrachten und dir »auf die Schliche« zu
kommen. Lerne zu unterscheiden zwischen deinem mehr ganzheitlich orientierten Körperempfinden, das du oftmals schon eher »ausgraben« mußt, und den unmittelbaren, sich in den Vordergrund
spielenden Empfindungen, die dir deine Geschmackssinne im
Mund übermitteln. Diese neigen nämlich zur Verselbständigung
und übertönen gerne die feineren Botschaften deines Körpers.

Notiere dir solches alles in dein Heft oder deinen Mondkalen-

der, schreib auch auf, ob du dich traurig oder fröhlich, selbständig und unternehmungslustig oder mißgestimmt fühlst. Falls du
allerdings eine Entgiftungskur, etwa eine solche mit wilden Kräutern und frischen Früchten machst, wirst du dich phasenweise
nicht immer nur super fühlen. Dein Körper hat nun alle Hände
voll mit dem Verbrennen und Ausscheiden der Giftstoffe, Ablagerungen und Schlacken zu tun, die zu diesem Zweck aus ihren
Bindegewebsdepots herausgelöst werden. Giftstoffe, die in diesen
körpereigenen Depots ein abgeriegeltes, verstecktes Sonderdasein
geführt hatten, gelangen nun in Blutkreislauf und Stoffwechsel,
wo sie sich durchaus zunächst negativ bemerkbar machen können! Schau auch gelegentlich nach in deinem Mondkalender, was
dir zu welchen Phasen am besten bekommen ist. Sicher gibt es
Regeln, und diese könntest du auch studieren – aber wenn du
eine gewisse Grundausrüstung an Wissen hast, dann schau vorrangig, was dein *Körper* dir erzählt. Und diesem gehorche, und
nichts und niemandem sonst.

Befreie dich

Unsere heutige westliche Gesellschaft hat ein magisches Netz um
dich herumgesponnen, das dich hindern soll, daß du dich selbst
entdeckst, daß du dir selbst gut bist, daß du dich deinen eigenen
Gesetzen gemäß selbst entfaltest. Dieses magische Netz ist rundum-
manipulierend, und es hat bis vor einigen Jahren kaum einen Riß
aufgewiesen. Doch mittlerweile haben sich in diesem Netz von Zeit
und Raum die verschiedensten Netzgitter-Sprünge gebildet, unbe-
merkt noch für die meisten, doch täglich werden es mehr. Die große
Zeitenwende beginnt, sich ihrem eigenen Gesetz zufolge unaufhaltsam aufzuspulen. Aus dieser Umpolung heraus, *die bereits begonnen hat*, resultieren die bald erkennbar werdenden Verzerrungen,
Risse und Löcher in Raum und Zeit, welche die bisherigen Gesetze
auf diesem Planeten gravierend verändern und durch ebendiese
»Gitter-Lücken« das neue Bewußtsein strahlend einströmen lassen.
Unaufhaltsam, sekündlich werden es mehr und mehr dieser Raum-
Zeit-Wirbel, und jeder einzelne, der davon weiß und entsprechend

wirkt, wirkt mit im Gesamten und beschleunigt die Abläufe, hin zur
entscheidenden Umwälzung des Planeten.

Deshalb benutze ich auch in diesem Buch das Wort *Magie* so oft.
Das ist Absicht. Der Magie der zu Ende gehenden dunklen Zeit und
Gesellschaftsordnung auf diesem Planeten muß ein massiver Ge-
genpol gesetzt werden: damit die wahre Schöpferkraft aus dir wie
aus dem Gesamten wieder aufleuchten kann, damit du selbst mit-
hilfst, dein eigener Erwecker zu sein. Also, steure dein Lebensschiff
nach deinem Sinne, nach dem, wie das Leben selbst sich durch dich
ausdrücken will, im Sinne des Gesamten, dem Gesetz der höheren
Weisheit gemäß. Darum sei aufmerksam, und durchbrich immer
öfter die magischen Rhythmen, welche das Netz der Gesellschaft
um dich gewoben hat, und auf welchen Schultern, den deinen
nämlich, wenn du dich nicht wehrst, das Gegengeistige seine magischen Fehlgesetze und Fehlordnungen erbaut. Darum hilf mit, au-
tomatisierte Rhythmen, Normen, Strukturen, zementierende Bindungen, einseitige Denk- und Verhaltensweisen zu durchbrechen,
die in Wahrheit lebenschädigend sind. Hilf mit, dich selbst und
andere zu befreien, von all dem lebenschädigenden Üblen, welches
den gesamten Planeten überzieht. Fühle das, was du brauchst, was
dir und dem Leben dient, dann dienst du dem Gesamten. Und das
kannst du – unter anderem – sehr gut eben auch in deiner Art, mit
Nahrung umzugehen, tun.

Du mußt nicht fasten, und du mußt dich nicht zwingen, nicht
kasteien, nicht nur noch Sprossen oder nur Rohkost, Müslis oder
allein braunen Reis oder welche einseitigen Nahrungsideen auch
immer zu dir nehmen. Du kannst heute lernen, die dir gemäße
Nahrung zu der dir gemäßen Zeit immer eindeutiger zu erkennen
und ihre Signale zu empfangen. Denn heute ist endlich die Zeit
gekommen, daß du das Gesicht der Göttin für dich und durch dich
sichtbar machst.

Natürlich wirst du, wo immer möglich, biologisch und natürlich
angebaute Nahrung bevorzugen und dir wenigstens deine Küchen-
kräuter selber ziehen. Dafür genügt schon ein Balkon und notfalls
sogar ein Fensterbrett. Informiere dich, wo immer du kannst, frage,
aber glaub nicht jedem alles. Lies Bücher, die sich mit den Nah-
rungsmittel-Manipulationen beschäftigen, so daß du wenigstens

Steure dein Lebensschiff
und fühl den Wind,
der dir sagt,
was für dich gut ist ...

über die schlimmsten dieser Dinge Bescheid weißt. Sei nicht mehr so naiv, zu glauben, daß die Lebensmittelgesetze heute ausreichend über dich und deine Gesundheit wachen würden. Es gibt so vieles, was überhaupt nicht deklariert zu werden braucht! Beziehe eindeutige Stellung. Weise zurück, was vergiftet ist, wo immer du kannst, und wenn du dir spezifisches Wissen erworben hast, so teile es mit anderen.

»*Demagnetisiere*« *dich und deine Speisen*

1. Durch Säuren und ätherische Öle

Die neue Zeit will dich leicht, hellstrahlend-elektrisch und sonnig, anstelle von »gebunden«, verhaftet und damit magnetisch und dunkel. Deshalb stellt sie dir zunehmende Hilfen zur Verfügung! Im Bereich der Ernährung kannst du die meisten Speisen demagnetisieren durch
Beigabe von Säure, besonders durch etwas Essig, was sie fein aufschließt.

★ Ebenfalls in diesem Sinne, wenngleich auf völlig andere Weise, wirkt frischer Zitronensaft.
★ Viele Speisen werden durch das ätherische Öl frischgemahlener Senfkörner, aber auch durch zubereiteten Senf demagnetisiert. Die Senfkörner mahlst du einfach in einer Pfeffermühle.
★ Majoran als Gewürzkraut sowie als ätherisches Öl hat innerhalb der reinigenden und befreienden Wirkung vieler ätherischer Öle eine ganz besonders hervorragende Stellung.

2. Durch homöopathische Heilmittel

Schließlich gibt es auch in der Homöopathie Mittel, die in der Zeitenwende heute zu ihren in der Arzneimittellehre bekannten Wirkungen zusätzliche neuartige Wirkungen entfalten oder die ihre empirisch erarbeiteten Wirkungen zu verändern im Begriff sind. Ich führe dir nachfolgend diejenigen von ihnen auf, die dir als Vorreiter die Hand reichen wollen, um durch dich ihre demagnetisierende, lösende, lockernde und Lichtgeist befreiende Wirkung beweisen zu können.

Du kannst diese Befreiungsheilmittel als Milchzucker-Tablette oder in der Globuli-Form, wie bisher üblich, auf der Zunge zergehen lassen. Du kannst sie aber auch mit einem flachen Messer auf einem reinen Brettchen zerdrücken und in Sahne geben, bevor du diese zu Schlagsahne aufschlägst. Du erreichst hiermit eine zusätzliche lichtverteilende Wirkung in deinem Organismus, die dich mit den Galaxien dieses äußeren Kosmos in Verbindung bringt und dir deine dortigen Brüder und deren Botschaften näherbringt! Wenn du dieses Werk aufmerksam liest, wirst du aber sicher noch andere Anwendungsmöglichkeiten entdecken!

Die wichtigsten sind derzeit (als Globuli oder Milchzuckertabletten) – in alphabetischer Auflistung:

Argentum metallicum – Metallisches Silber (D 12, D 30)
Geistseelisch und körperlich öffnend und sensibilisierend, baut Brücken zum Du und zu aller Schöpfung.

Arsenicum album – Weißer Arsenik (bis einschließlich D 3 verschreibungspflichtig, D 6, D 10)
Bahnt Lichtpfade ins Bewußtsein, öffnet Welten und Dimensionen, schenkt deinem Blut neugeistige Leuchtkraft. Tiefgreifendes Mittel, welches in größeren Abständen, aber langdauernd angewendet wird. Unbedingt austesten!

Aurum metallicum – Metallisches Gold (D 6, D 12)
Heilende und befreiende Auswirkung auf den Gefühlskörper und die Nerven: »läßt die Sonne wieder scheinen«.

Chelidonium – Das Schöllkraut (D 6)
Generelle aufschließende, befreiende und reinigende Wirkung mit schwerpunktmäßiger Ausrichtung auf Galle, Leber und Lunge.

Ferrum phosphoricum – Phosphorsaures Eisen (D 3, D 6, D 12)
Befreiende Heilwirkung auf das rote Blut, Galle und Leber. Öff-

nung des Bewußtseins für verändernde Formen und neuartige
Zeitgeist-Erscheinungen. Leuchtkraft des Ich, Handlungskraft
und Friede vereinen sich zu verändernden wunderbaren Taten.

Hypericum – Das Johanniskraut (D 3)
Bevorzugte Wirkung im Gefühlsbereich, Nervenheilmittel. Befreiung von Druck und vermeintlicher, aber falscher Verantwortung. Reinigung und Ausschleusung von falschen Denkmustern
und Fehlorientierungen. Echte Verantwortung IM ZEITGEIST DER
SONNE DER ERNEUERUNG und entsprechende Handlungsvollmacht
wird übernommen.

Nux vomica – Die Brechnuß (D 12)
Lösung von alten fixierenden Gedanken-»Rondellen«. Wiederentdeckung von feuriger initiativer Lebensfreude, Beseitigung
lähmender gedanklicher Muster.
Stärkung von Magen, Darm, Leber, Galle und Lunge.

Tartarus emeticus – Brechweinstein (D 3, D 6, D 12)
Öffnung von bindenden Strukturen des alten Ego. Linderung von
»Kranksein am Leben«. Kühlung. Nervenreinigung. Die Galle
fließt wieder – das Leben strömt durch dich. Freude und Humor
werden geweckt.
Hauptwirkung: Leber – Galle – Nerven – Gefühlskörper.

Zincum metallicum – Metallisches Zink (D 12)
Reinigung, Erneuerung, Lichtdurchflutung. Schwächt das Ungute. Stärkt das Förderungswürdige. Öffnung neuer Pfade, die
vorher im Dunkeln lagen. Generell öffnend und neugeistig
stabilisierend.

ANMERKUNG: Die Homöopathie ist ein therapeutisches Verfahren,
welches ein umfangreiches Wissen und viel Erfahrung voraussetzt.
Eine längerdauernde Medikation auf eigene Faust ist hier ganz
gewiß nicht das Mittel der Wahl. Dennoch gebe ich dir obige
Hinweise, die du mit deinem Therapeuten besprechen, austesten
oder gelegentlich auch selbst anwenden kannst. Die Angaben in

Klammern beziehen sich auf die Potenz, die vorrangig die heute so wertvolle demagnetisierende Wirkung aufweist. Vielleicht lernst du eines der austestenden Verfahren, wie Pendeln, mit einer Rute arbeiten oder kinesiologisch testen, das dir in der heutigen Zeit ganz gewiß wertvolle Dienste leistet, denn auch hierdurch wirst du unabhängiger! Wer obenstehende homöopathischen Heilmittel im Geiste des neuen Zeitalters anwenden will, sollte diese Mittel aber ohne eigenes therapeutisches Wissen und Erfahrung oder Testung nicht öfter als dreimal wöchentlich einnehmen, und auch dann nicht länger als über einen Zeitraum von allerhöchstens fünf Wochen. Sofern du krank oder in therapeutischer Behandlung bist, darfst du jedoch keine unausgetestete Selbstmedikation beginnen! Dies gilt ganz besonders für eine homöopathische Behandlung, da es jede Menge antidotische – sich gegensätzliche, sich »feindliche«, sich gegenseitig aufhebende und sich nicht miteinander vertragende – Homöopathika gibt.

An dieser Stelle noch etwas: Laß dich bitte nicht mehr durch Angaben von Vitaminen und sonstigen Dingen, die aus der alten mechanistischen Denkweise herrühren, weiterhin magisch verunsichern. Die neue Zeit hat ihre eigenen Gesetze, und eine Fruchtspeise entfaltet bei etlichen Früchten ihre geistigen Flügel erst im erhitzten oder aufgekochten Zustand richtig, auch wenn dabei »die ganzen Vitamine kaputtgegangen sind«. Es hat sich aber dafür etwas anderes entfaltet, was mit Lebensgeist zu tun hat und dem jetzt noch kein Name gegeben werden kann.

So entfalte nun auch du deine Flügel in die neue Zeit hinein, und nutze die Gaben, die Mutter Natur dir zu diesem Zweck bereitstellt.

WIE DIE INFORMATIONEN ANGEWENDET WERDEN KÖNNEN

Über das Wissen von den heilenden Ideen und Kräften der Nahrungsmittel, die du in diesem Buch findest, bekommst du nun hier ein mögliches Instrument zur Verfügung gestellt, mit dem du selbständig, selbsttätig und weitgehend eigenbestimmt mit dir selbst »therapeutisch arbeiten« kannst. Das entbindet dich natürlich nicht davon, deine Verantwortung dir selbst gegenüber ebenfalls eigenbestimmt wahrzunehmen, indem du dir therapeutischen Rat und Hilfe dort suchst, wo und wie es dir angemessen erscheint, wenn du krank bist.

Was du als Leser nun aus diesen Informationen machst, das ist ganz allein deine Sache. Du kannst sie als Grundlage für eigene Erfahrungen nehmen, wofür sie ja gedacht sind, denn sie wollen dein Leben bereichern, dich auf deinen Weg bringen und es dir dabei leichter machen, als ich es hatte. Du kannst sie als Grundlage für eigene Forschungen, Anwendungen und Experimente nehmen. Wenn du wissenschaftlich tätig bist – im Sinne der neuen Zeit und in der rechten Gesinnung –, dann kannst du diese hier gefundenen Ideen mit den dir zur Verfügung stehenden Möglichkeiten nutzen und sie vielleicht auf eine neue Weise in eine Stimmigkeit, in ein für dich interessantes Ergebnis bringen.

Wenn du Probleme hast, kannst du die Weisheiten der Natur nutzen, deine Schwierigkeiten einmal mit einem anderen »Übungsbein« anzugehen. Wenn du krank bist, hast du damit eine zusätzliche Möglichkeit, gesund zu werden. Du kannst deine Vitalität stärken, deine »grauen Gehirnzellen« aktivieren, deine Gesundheit allgemein verbessern. Du kannst dir nach *deinem* Maß und nach den Aktivitäten, wie sie für *dein* Leben bestimmend sind, deine Früchte und Nahrungsmittel auswählen. Du kannst die Naturmittel und ihre Ideen für dich heraussuchen, die dir innerhalb eines bestimmten Lebensabschnittes am dienlichsten und nützlichsten sind. Ob ein Lebensabschnitt dabei einen wichtigen Tag, einen Mondzyklus, eine Reise, ein Jahr lang dauert, das alles bestimmst du selbst.

Wie du deine Früchte auswählst

Die Selektion (Auswahl) deiner bevorzugten Früchte aber übergebe ich dir, damit du sie in deine eigene Sensibilität nimmst. Schau mal, wie es sich für dich bewährt:

★ Nach dem *Resonanzprinzip*, wenn du fühlst, daß eine Frucht, von der du gerade liest, dir etwas ganz Spezielles mitzuteilen hat.
★ Nach dem *Zufallsprinzip*, mit dem du es deiner höheren Führung überläßt, wohin sie dich führen will. Dazu schlägst du dieses Buch einfach intuitiv an irgendeiner Stelle auf.
★ Nach dem *Markt-, Frische- und Lustprinzip*, indem du dich vom Frische-, Markt- und auch Preisangebot und deiner eigenen Idee und »Lust auf« führen läßt.
★ Nach dem *Intuitionsprinzip*, indem du dich ganz intuitiv auf deine eigene Seelen-Bildekraft einläßt, dich ruhig hinsetzt, die Augen schließt und dir anschaust, was in dir selbst an Bildern von Nahrungsmitteln entsteht. Du wirst dich wundern: Das geht leichter, als du denkst!
★ Nach dem *Atmungsprinzip*, indem du den Duft der bei dir vorhandenen Früchte oder Gemüse einatmest und dich so mehr *inspirativ* geleiten läßt.
★ Nach dem *Verneinungsprinzip*, indem du immer aufmerksamer dafür wirst, welche Nahrungsmittel du in Wirklichkeit gar nicht willst, was sich für dich nicht gut anfühlt, was dich nicht bereichert, was dich nicht lockt oder auch wonach du dich unwohl oder schwerfällig fühlst.
★ Nach dem *Erfahrungsprinzip*, indem du dein Heft mit deinen gesammelten Erfahrungen und Notizen zu Rate ziehst und nachschaust, was dir wann am besten bekommen ist, was dich fröhlich, licht und leicht gemacht hat oder was immer dir we-

sentlich zum Lebendigsein gewesen ist. Ein besonderes Beachten
der Zeiten im Tageslauf, im Zyklus eines Mondlaufes, aber auch
im Lauf eines Jahres wird dir dabei große Hilfe leisten!

Und wenn du krank bist

Falls du eine Krankheit mit Nahrungsmitteln heilen willst, dann
denk bitte daran: eindeutige Indikationen (Krankheitsanzeigen) erfordern ebenso eindeutige Therapien (Heilanwendungen). Eine
»Indikation« ist also ein Hinweis, den dir dein inneres Wesen gibt,
daß »etwas« mit dir nicht in seiner Ordnung ist und deiner Aufmerksamkeit bedarf. Dein Körper oder deine Seele können dir auch
mehrere solcher Hinweise geben und dir damit bestimmte Angaben
machen, die öfters, durchaus nicht immer, als Warnungen verstanden werden können. Manchmal genügt es schon, daß du dich mit
der seelischen Ursache beschäftigst, um die körperlichen Meldun-
gen gleich mit zu beseitigen. Dafür sind dann unter anderem die
Bach-Blüten-Essenzen sehr hilfreich, aber eben auch – auf eine
neu-umfassende Weise – die heilenden Früchte, deren Besprechungen du in meinem nächsten Buch findest.

Deine »Medizinfrucht«

Je spezifischer deine Befindensstörung, deine seelische oder körperliche Mißempfindung oder deine Krankheitserscheinung ist, je eindeutiger dein Körper oder deine Seele den Zeigefinger erhebt und
sagt: »Es stimmt etwas nicht, schau mal nach mir, kümmer dich
mal, hilf mir!«, desto spezifischer solltest du dir auch dein gesamtes
therapeutisches Konzept ausrichten. Im Falle einer wie auch immer
gearteten Medikation bist du es gewohnt, eines oder auch mehrere
Heilmittel über einen längeren Zeitraum – etwa dreimal täglich –
einzunehmen. Nun: Willst du neuerdings die Heilkräfte der Früchte
mit einsetzen, machst du es eben genauso. Wähle dir deine vermutli-
che »Medizinfrucht« aus, und verwende sie vorrangig oder sogar
ausschließlich.

Fühl, was dir guttut
... und wähl dir deine
Medizinfrucht

Wenn du nun ein zu dir passendes Nahrungsheilmittel gefunden hast, dann ist es klug, eine Weile dabei zu bleiben und eine kurmäßige Anwendung durchzuführen. Unter »kurmäßig« ist dann hier zu verstehen, daß dein Hauptnahrungsmittel über einen mehrwöchigen Zeitraum hindurch bevorzugt, manchmal sogar ausschließlich, wie etwa bei der Traubenkur, gegessen werden sollte. Die Eindeutigkeit einer Heilkraft ist um so besser gewährleistet, je weniger andere Nahrungsmittel du zusätzlich mit einsetzt. Das gilt auch für Garnituren, mit denen du eine fertige Speise »verzierst«. Überhaupt ist es klug, wenn du dir deine Nahrung immer wieder einmal entsprechend diesem Prinzip zusammenstellst, auch wenn du nicht krank bist. Zur Faustregel für solche kleinen Zwischenkuren mit Heilfrüchten kannst du dir die universell harmonisierende Symbolzahl Drei als Anhaltspunkt nehmen: Drei Anwendungen etwa, für drei Tage, drei Wochen oder sonstige Dreierbezüge, die sich für dich stimmig anfühlen, können dir neue Kräfte geben. Drei Nahrungsmittel, die sich ergänzen, sich mögen, sich umarmen, harmonieren dann auch in dir entsprechend, wenn du sie verspeist hast. Zuviel Verschiedenes auf einmal ergibt Chaos in deinem Inneren und belastet den Stoffwechsel.

Umpolungserscheinungen

Heute gibt es allerdings schon immer öfter auch »Krankheitszustände«, die weder Warnungen noch echte Krankheiten, sondern ein körperlicher Ausdruck beginnender Umpolungserscheinungen sind. Ganz besonders können das Haut-, Schleimhaut- und Gewebe-Erscheinungen manchmal sehr seltsamer, gelegentlich sogar beängstigender Art sein. Sie verschwinden nach einiger Zeit, das können durchaus Monate sein, genauso geheimnisvoll wieder, wie sie aufgetaucht sind.

Das gesamte innere Netz deines Körpers wird in den nächsten Jahren umgepolt und umgebaut, und für viele von uns »läuft« dieser Prozeß bereits seit Jahren. Besonders die Nervenverbindungen und das Blut sind es, die diesen Umbauprozessen am meisten ausgesetzt sind. »Blaue Flecken«, ja, ganze blaulila-flächige Streifen und Strecken auf deinem Körper können dir von solcher »Eigenblutbehandlung« in deinem Körper erzählen. Seltsame und hartnäckige Nervenschmerzen, die sich oft im Jahreskreislauf bevorzugte und wandernde »Lieblingsstellen« innerhalb deines Körpers aussuchen, *können* ebenfalls solche Umpolungserscheinungen sein. Dein innerer höherer Steuermann wird dich gelegentlich sogar in seltsame »Unfälle« verwickeln, damit du zu solch einer »Eigenblutbehandlung«, solch blauen Flecken größeren Ausmaßes kommst. Besonders bevorzugte Stellen sind dein rechter Arm, deine rechte Hand, deine rechte Schulter, deine rechte Gesichtshälfte. Weiterhin sind die rechte Seite des Rückens und überhaupt die rechte Körperseite von solchen Umpolungs-Krankheitserscheinungen, auch von »Umpolungs-Unfällen« betroffen.

ANMERKUNG: Daß ich dir davon erzähle, heißt nun aber nicht, daß du für deinen Körper nun nichts heilsam Unterstützendes unternehmen solltest, und es heißt ganz gewiß nicht, daß du auf die Hilfe eines wirklich qualifizierten Therapeuten verzichten solltest! Die Verantwortung für dich und deinen Körper kann dir niemand jemals wirklich abnehmen!

Ob solche Krankheitserscheinungen nun naturheilkundlich oder schulmedizinisch diagnostiziert und behandelt werden wollen, ob sie zu denen gehören, die von selbst wieder verschwinden, oder ob eine schwere Krankheit im Anzug oder gar schon vorhanden ist, ob eine Operation notwendig ist oder völlig unangebracht erscheint – die Beantwortung dieser Frage kann dir im Grunde niemand abnehmen, die Verantwortung auch nicht!

Doch ist es klug, deine Körperwahrnehmung durch verschiedene seit Jahren bewährte Methoden zu erweitern, solange du fit bist: Gewöhne dir rechtzeitig die Kommunikation mit deinem Körper, diesem mystischen Gefährt und Träger deines Wesens an, und lerne seine Sprache. Eine Vielzahl von Kursen steht dir heutzutage hierfür zur Verfügung; Meditation, Energiearbeit, Kinesiologie und vieles andere kannst du dir ganz nach deinem Maß und deiner Vorliebe aussuchen. Sinnvoll ist es auch durchaus, wenn du dich mit Testungsverfahren, wie Rute oder Pendel, sowie den dazu notwendigen Wissensgrundlagen beschäftigst. Nur »pendeln« zu können reicht zum Erarbeiten eines adäquaten diagnostischen und therapeutischen Konzeptes bei weitem nicht aus! Auch das Tarot kann dir für solcherart Angelegenheiten durchaus zusätzliche klärende Informationen vermitteln. Oder suche dir einen wirklich guten Berater, Heiler, Heilpraktiker oder Arzt, mit dem du menschengemäß kommunizieren kannst und der selbst (neben den üblichen diagnostischen Verfahren) solcherart biologische und sensible Testungen durchführt. Lerne, dich selbst immer besser zu erfühlen, und vertraue nicht mehr uneingeschränkt und kritiklos, weder der Schulmedizin mit ihrer Medizinmaschinerie noch jederart Heiler.

Zur Heilanwendung generell

Vielfältige und gemischte Nahrung decken die Vielfalt und natürliche Ganzheitlichkeit des irdischen Lebens ab. Dies gilt, solange du dich wohl, vital, fit und gesund fühlst, dich nicht einseitig belastend ernährst und solange du auch seelisch mit dir selber in Harmonie bist. Spezifische »Lücken« im Heilsein, erbliche Dispositionen, geistseelische oder körperliche Brüche, Vergiftungssituationen und vieles andere, kurz, alle Krankheiten erfordern jedoch stets eine ebenso spezifische Diäthetik wie Therapie. Hier gilt, je spezifischer eine Krankheit oder Befindensstörung, desto spezifischer sollte auch die jeweilige Therapie sein.

Überlegungen bezüglich vegetarischer oder nichtvegetarischer Ernährung besonders hervorzuheben oder zu beleuchten ist nicht Gegenstand oder Thema dieses Werkes. Auch habe ich keinerlei Ambitionen, mich in deine sonstigen Ernährungsprinzipien, etwa gar missioniererenderweise, einzumischen. Ob du nun Makrobiotik oder Ayurveda bevorzugst, ob du die Elementenlehre oder die Typenlehre auf dich anwendest, ob du überzeugter Rohköstler oder ganz »normaler« Hobbykoch, Liebhaber der *Nouvelle cuisine* oder der ursprünglichen toskanischen Küche oder was sonst auch immer bist oder ob du dir vielleicht gerade eines der neuen Mondkochbücher gekauft hast, *dieses* Werk will dir *zusätzliche Möglichkeiten* bieten, die du nach Lust und Laune in deine Art, mit Ernährung umzugehen, einbauen kannst.

Die Auswahl triffst du, nach deinem Maß. Hast du deinen Organismus bisher mit Einseitigkeiten belastet, was zu Unwohlbefinden oder Kranksein geführt hat, findest du anhand der in diesem Werk aufgeführten Einzelbesprechungen sicherlich diverse Möglichkeiten, einen Ausgleich zu schaffen. Bedenke aber hierbei,

★ daß Nahrungsmittel, welche du etwa als vitalisierend oder erhellend besprochen findest, wie das beispielsweise bei Atlantikfisch, Hähnchen oder Lammfleisch der Fall ist, zu Eiweißverschlackungen in deinem Blut und deinem gesamten Organismus führen können, wenn du sie im *Übermaß* ißt. (Anhaltspunkt für Nichtvegetarier: tierisches Eiweiß möglichst nicht öfter als etwa ein bis zweimal wöchentlich.);

★ daß auch die herrlichste Butter, das wunderbarste Öl dich womöglich eher das Lachen verlernen lassen, wenn du kiloweise zunimmst, weil du dein Maß dabei überschritten hast;

★ zuviel gegessen überhaupt und

★ zuviel auch von einer noch so gesunden Speise gegessen, zu organischen Belastungen führt;

★ daß zuviel von einer als lichtvoll beschriebenen Speise, die deiner ganz individuellen Körperlichkeit »querläuft«, zu dir genommen, bei dir persönlich ebenfalls zu Belastungen, vielleicht zu Allergien und anderem führt und

★ die für dich richtigen Dinge, zur falschen Zeit gegessen, ebenfalls Belastungen verursachen können.

Wenn du jedoch erst einmal begonnen hast, dich selbst und deine Nahrung als eine Art freundschaftliches Paar zu betrachten – denn schließlich bist du ja ein seelisch-geistiges Naturwesen, das hier auf Erden sein gesamtes Sein mit Hilfe seiner Körperlichkeit ausdrücken will, und schließlich nimmst du, wenn du ißt, ja ebenfalls Naturwesenhaftes in dich auf –, dann wirst du eine ganz neue Beziehung zur Natur und zu dir selbst bekommen. Denn du nimmst ja deine verschiedenen »Naturwesenspartner« als Nahrung in deine Körperlichkeit, in dein Inwendiges, in deine Seele, in dein Wesen sogar hinein auf! Du baust Nahrungs-Wesen, Schöpferideen in dich hinein ein, du baust sie um, du zerlegst sie, verwandelst sie, ziehst deine Energie, deinen »Treibstoff Leben«, deine Güte aus ihnen, fühlst dich gewärmt und genährt, wenn dein Partner Nahrung zu dir paßt. Betrogen aber fühlst du dich in deiner Körperwesentlichkeit, wenn du Giftiges oder Vortäuschendes – wie etwa künstliche Süßstoffe –, Manipuliertes, womöglich gar Genverändertes in dich aufgenommen hast.

Schließlich scheidest du Reststoffe und Umwandlungsprodukte aus, die du Erde und Natur wieder zurückgibst, um den Kreislauf des Lebens nicht zu unterbrechen. Deshalb liegt auch in diesen Stoffen, die den Naturkreislauf erhalten, eine hohe Heilkraft, denn Mutter Natur kennt keine Abfallstoffe! Die Urintherapie etwa kann dir davon etwas erzählen. Nur der fehldenkende Mensch produziert überhaupt echte Abfallstoffe; künstliche Totstoffe sind das, weil sie außerhalb des großen Ionisierungskreislaufes liegen, der alle Natur atmend durchströmt und alles Leben, einander heilend, wieder verbindet.

Das Alchymisten-Süppchen wieder kochen lernen

Jede Frucht, jede eßbare Pflanze, jedes Nahrungsmittel, jedes Kräutlein, jedes Gewürz hat also seine ganz spezifische geistige, seelische und körperliche Idendität. Verbindest du nun mehrere solcher Schöpfungsideen miteinander, so veränderst du – im Kontext deiner Gesamtkomposition – unter Umständen die Wirkung der jeweiligen Einzelidendität. So kannst du eine Einzelidee erhöhen, vermindern, auf eine neue Ebene oder Dimension heben, schwächende oder stärkende Komponenten herausarbeiten, ihr neue Impulse geben und vieles andere mehr. Nun ist es natürlich ein Unterschied, ob du lediglich mehrere verschiedene Einzelideen harmonisierend, sich gegenseitig erhöhend, zusammenfügst, wie das etwa in einem gemischten Salat der Fall sein kann, oder ob du eine echte alchymische Verwandlung der Ausgangssubstanzen vornimmst, die dann eine Verschmelzung zu etwas Neuem und Andersartigem darstellt.

Solche alchymischen Veränderungen können sich gestalten durch

– die Natur-Emulgatoren Rohmilch, Sahne und Eigelb,

– durch das Mehl der Kleber enthaltenden Getreidearten, deren verbindende Eigenschaft entsprechend eingesetzt wird,
– durch Nüsse und manche Samen,
– durch manche Ölfrüchte
– und durch Früchte, die Enzyme enthalten, wie Kiwis oder Ananas.

Beispiele findest du etwa unter
Pfefferminzsahne – siehe unter: DIE SAHNE
Mayonnaise – siehe unter: DAS EI

Wollen wir es den Alchymisten früherer Zeiten nachempfinden und deshalb deren Leitidee *solve et coagule* auch für unser Leben einmal beleuchten: »Löse und verbinde« oder auch »trenne und füge zusammen« ist die Übersetzung dieser lateinischen Begriffe. Wollen auch wir in unserem Leben hier und da dieses alchymische Prinzip anwenden, uns nicht scheuen, Formen immer wieder voneinander zu trennen, Strukturen immer wieder aufzulösen und Verbindungen immer wieder zu vereinzeln. Solange wollen wir das tun, bis alles das aufgelöst, geteilt, ausgesondert, abgeworfen und gereinigt worden ist, was sich als nicht mehr harmonisch und nicht mehr passend für das neu Zusammenzufügende erweist. Wollen auch wir in unserem Leben auf den verschiedensten Ebenen immer wieder Verschmelzungsprozesse proben und üben, solange, bis diese schließlich eine neuartige Vollendung angenommen haben!

Das Wort *Alchymie* hat übrigens, wenn es mit »Y« geschrieben wird, eine hohe magisch, mystische, eine urschöpferische Symbolstruktur. Das Y repräsentiert die triangonale, die dreifache Wurzel des Lebens. Ein höchstes schöpferisches und heilendes Urprinzip wird dann genutzt. Die Alchymisten früherer Zeiten wollten den »Stein der Weisen« finden, sie versuchten ein um das andere Mal, aus minderen Metallen Gold zu machen, viele Leben lang. Die Alchymisten von heute *betrachten sich selbst als alchymisches Konzept*. Sie wandeln sich selbst, indem sie von Trauer zu Freude, von Trennung zu Verbindung, von Leid zu Frieden schreiten, ein übers andere mal, unaufhörlich, so lange, bis sie ihr Lebensziel erreicht haben: Veredelung, Sublimierung, Vergoldung, Erhöhung, Verschmelzung schließlich weiblicher mit männlichen Prinzipien im eigenen Selbst.

So eine Alchymisten-Köchin, eine »Chemikerin in Sachen Leben« wollen wir wieder in uns allen aufrufen. Die entsprechenden heute zugrundeliegenden Gesetze studieren und anwenden, das können wir unter anderem auch, indem wir Nahrungsmittel recht erkennen, sie uns dienlich machen und sie ebenfalls alchymisch transparent für uns veredeln.

Alchymie von Nahrung, Heilmitteln und Werkstoffen

Jedes Zubereiten von Nahrung, jedes Kochen eines Gerichtes oder Backen eines Kuchens ist ein alchymischer Prozeß allerhöchster Ordnung. Er sollte mit Achtsamkeit und Inspiration geschehen. Dann kann der Prozeß des Nahrungszubereitens zu einem Prozeß eigenster Verwandlung werden. Ein solches »Kochen« verwandelt somit Grundordnungen in eine Ordnung höherer vergeistigter Natur. Deshalb ist der reformerische Ruf: »Zurück zur Natur«, oder: »Rohkost ist die naturgegebene Nahrung«, sofern er einseitig ertönt, ebendieser menschengemäßen eigenen Transformationskraft beraubt.

Eine passende Anzahl von Nahrungsmitteln – also mehrere Grundordnungen – miteinander im rechten Maß überhaupt zu einer höheren Ordnung zusammenfügen zu können, das ist schon ein höchst schöpferischer Vorgang an sich. Daß das Endresultat dann auch noch eine sinnliche und genußreiche Erfahrung ästhetischer Vollkommenheit ist – vorausgesetzt der alchymische Veredelungsprozeß ist gelungen – und den Menschen, für die es gedacht ist, auch noch körperliche, seelische *und* geistige Hilfe auf ihrem Weg gewähren kann, das ist einfach ein Wunder der Schöpfung.

Genauso verhält es sich auch mit Heilmitteln, die durchaus nicht immer nur in einer Art Rohzustand aus der sogenannten »Apotheke Gottes« zu kommen brauchen, wenngleich diese oft vorzuziehen sind. Es gibt eine Vielfalt höchst wirksamer, sinnvoller, schmerzstillender und lebensrettender Heilmittel aus der Küche der Chemie, die ja eine »Alchemistenküche« modernerer Art ist.

Die Küche, deine Alchemistenwerkstatt

Auch hier gilt, was echt nützt und wirklich heilt und im rechten Maß eingesetzt wird, hat recht. Außerdem, ein spagyrisches und ein homöopathisches Heilmittel, um nur zwei Beispiele zu nennen, sind alles andere als ein nur aus der Natur im Rohzustand entnommenes Agens. Ein solches »natürliches« Heilmittel, neuerdings unter dem Begriff der »sanften Medizin« höchst einseitig und nicht eben immer nur richtig aufgeführt, ist durchaus nicht so einseitig »natürlich«, wie es uns manche Unwissende weismachen wollen. Es hat einen langen und umfangreichen Weg der Sublimierung und Ästhetisierung, der Sensibilisierung und Vergeistigung hinter sich. Erst die spezifische Aufbereitung, die alchymische Umwandlung seines immateriell schlafenden Geistpotentials in einen energiehöheren Zustand macht es zu einem wirklichen menschengemäßen Heilmittel. Es stellt somit eine *energetische* Medizin dar, ein Heilmittel, welches sehr eindeutige und starke Wirkungen entfalten kann, denn es ist über seinen alchymischen Prozeß zu einem Informationsträger umgearbeitet worden. Deshalb kann es, wenn es als unpassendes Mittel, zur falschen Zeit oder in unpassender Dosierung bei einem bereits Kranken angewendet wurde, durchaus auch zu sogar erheblichen Krankheitsverschlimmerungen führen.

Ähnlich verhält es sich bei dem Prozeß des Kochens. Auch hier geht es um Veredelung und um das Herausentfalten höchstmöglicher Potentiale. Alles, was die Erde hervorbringt und was dem Menschen als Nahrung dient, wird gewissermaßen als »Rohling« hervorgebracht. So, wie der Künstler aus einem rohen Stück Stein ein ästhetisches Kunstwerk herausformt und diesem seinen eigenen Geist einhaucht, so bietet auch die Erde ihre Rohsubstanzen zum veredelnden Gebrauch.

Menschliches Bewußtsein hat nun die Aufgabe, das verborgene göttliche Antlitz der Natur zu ergreifen und es auszugestalten, es zu sublimieren. Es hat die Aufgabe, aus dem Rohling den dahinter wirkenden göttlichen Geist herauszuholen, ihn durch sein Menschsein in rechter Weise herauszuformen. Wahre ALCHYMIE ist an die Voraussetzung gebunden, daß das menschliche Bewußtsein so weit fortgeschritten ist, daß es das göttliche Antlitz in der Natur erkennen kann. Gelingt einem Menschen dieses Erkennen wenigstens in einem einzigen, so wird er niemals anders können, als in Ehrfurcht und allerhöchster Achtsamkeit dieses eine sich ihm zeigende göttliche Antlitz zu berühren. In höchster Achtsamkeit der Melodie des Geistes seines Werkstoffes folgend, wird er sich dann an den Wandlungsprozeß begeben. Alchymie tritt deshalb in jedem echten künstlerischen Prozeß auf. Ein Mensch beispielsweise, der gelernt hat, Holz zu bearbeiten, um eine Geige daraus zu bauen, kann, je nachdem, wie zart und wie vollkommen er seinem Werkstoff Holz das Gesicht der Göttin einzuhauchen vermag, zu einem Meister in der Kunst der Alchymie werden.

Immer dann, wenn Werkstoffe zu uns sprechen, uns etwas Immaterielles, vielleicht nur einen Funken einer Ahnung herüberbringen von diesem göttlichen Gesicht, dann hat hier ein Mensch sein alchymisches Erbe, *sein* göttliches Gesicht eingesetzt. Einer der edelsten Werkstoffe, welchen die Erde zur Verfügung stellt, wird uns in den UR-Gesichtern der GÖTTIN übergeben, die eine Voraussetzung menschlichen Lebens überhaupt sind, nämlich den Nahrungsmitteln. Nahrungsmittel zuzubereiten, sie zu zerteilen im Sinne von *solve*, sie zu verändern, sie zu erhitzen, und sie mit anderen zu vermischen und zu einem Neuen zu verschmelzen – im Sinne von *coagule* –, das ist eben das, was man unter dem simplen Begriff des Kochens zusammengefaßt hat.

Eine neue Kultur der Begeisterung

Ein Koch, eine Köchin – wer auch immer Nahrung zubereitet – sitzt deshalb in der Gesamtküche des Universums selbst. Dimensionen stehen zu ihrer Verfügung. Sie handhabt Schöpfungsgeschichte. Das Gesicht der GÖTTIN schaut ihr aus jeder Frucht auf jedem Marktstand, in jeder Pflanze, in jedem Gewürz in anderer Weise entgegen. Gelingt es ihr als alchymische Köchin, aufgrund von Einfühlungsvermögen, Sinn für guten Geschmack und Wissen das göttliche Gesicht aus ihrem Werkstoff herauszuarbeiten, so wird dieses zu ihrem eigenen Geschenk.

Kochen sollte deshalb immer etwas mit Bereichern, Verschönern, Kultivieren, doch auch mit Durchgeistigen zu tun haben. Kraft und Essenz von Nahrungsmitteln werden in einer zusammenklingenden

Zahl von Ordnungen und Ideen rhythmisch und wirbelnd mit Kochlöffel und Quirl herausgestaltet. Es wird gesiebt und getrennt, verbunden und gemixt. Etwas Einzigartiges, Neues wird so geboren. Äußeres Erscheinungsbild, Farbe, Duft, ja, die gesamte Komposition eines Gerichtes sensibel zu gestalten, das ist eine hohe Kunst an sich, die einige Meister bis zur Vollkommenheit beherrschen. Wir können uns hier und da etwas von solchen Kochkünstlern erzählen oder aufzeigen lassen, ihre Gerichte vielleicht hier und da genießen oder ihre Kochbücher lesen.

Zusätzlich aber wollen wir uns heute den inneren geistig-seelischen Essenzen, den Schöpfungsideen eines Gerichtes zuwenden, um dann schließlich unser Inwendiges mit diesem Äußeren harmonisch zu vereinen.

Ein Tip noch an dieser Stelle: Ein gemeinsames Essen mit deiner Familie sollte nicht dazu da sein, Probleme zu wälzen. Falls solches ansteht, besprich dich entweder klärend zuvor, oder wenn das nicht geht, vertage entweder Probleme oder Essen. Tue alles, um eine entspannte harmonische Atmosphäre zu schaffen. Eine noch so gesunde, erhöhende, vom Prinzip her heilkräftige Nahrung verwandelt sich in deinem Körper zu Gift, wenn du es dir etwa einfallen läßt, bei Tisch zu streiten, üble Gedanken zu hegen oder dein Essen im Streß herunterzuschlingen, kaum merkend, was du überhaupt ißt. Auch Small talk im Dauersprechverfahren läßt eine Heilwirkung schon eher auf Null zusammenschrumpfen. Nicht so optimal zusammengestellte Nahrung hingegen, mit Begeisterung, magischem Bewußtsein, in Freundschaft und Liebe gegessen, wärmt dich mit ebendiesen Eigenschaften!

So sei kreativ, und mache dein Mahl zu einem täglich wechselnden, immer wieder neuen schöpferischen Kunstwerk. Vielleicht macht es dir Freude, die Natur auch in die Dekoration deines Eßtisches einzubeziehen. Beispielsweise kannst du dir Blüten, Ranken, Steine, Edelsteine, Blätter oder auch Rinden holen, einmal deinen Tisch zu einem schöpferischen Spiel, ein andermal zu einer heimeligen »nestigen« Runde machen oder auch eine edle Komposition gestalten. Setz dich in Ruhe zu Tisch, und sieh auch, daß du alles, was du brauchst, beisammen hast und nicht ständig aufstehen mußt, denn das ist wirklich eine Unsitte. Segne deine Nahrung und deine Tischrunde, unhörbar oder hörbar, je nach Möglichkeit oder Erfordernis. Sieh auch zu, daß du dich nicht in negativ-stressige Gespräche verwickeln läßt, sondern tue im Gegenteil alles dazu, daß die Mahlzeit, der jeweiligen Situation gerecht werdend, in entspannender Harmonie eingenommen werden kann. Auch meditatives Essen sollte gelegentlich seinen Anteil am Leben haben können, jedoch möglichst, ohne daß dies stets der Weisheit letzter Schluß zu sein braucht! Denn natürlich gibt es festliche, freudvolle, spaßige, kommunikative, freundschaftliche und sonstige Anlässe, bei denen intensive Gespräche eine Tafel mit Begeisterung und Leben durchglühen wollen.

So wünsche ich dir vor allem, daß du Essen als ein lustvolles sinnliches lebensbereicherndes Geschenk des Universums erlebst, als eine Bereicherung im Ablauf deines Tages, als eine Möglichkeit, deine Kreativität zu entfalten, Spaß, Freude, gespeicherte Sonne und Lebensgeist dabei zu tanken und diese Freude mit anderen zu teilen. Ich wünsche dir, daß du genießen kannst, was dir geschenkt wird, daß du immer wieder mal ein Fest daraus machen kannst und daß du nicht einseitig weder im streng »Reformerischen« noch im »Spirituellen« stecken bleibst. Laß uns gemeinsam eine neue Kultur entwickeln, eine Mischung aus Magischem, Irdischem, Geistigem, gewürzt mit einem Händchen Spaß, einer Prise »Pep«, überzogen mit Humor, durchdrungen von alchymischer Verwandlungskraft, sprühend von neuen Ideen und durchatmet von Begeisterung.

Die Ideen der Früchte
schaffen sich ihr magisches Umfeld

Manche Anweisungen, die du in diesem Buch unter *Rezepte* findest, sind weit mehr schon magische Handlungen als »normale« Rezepte. Wenn du dich mit solcherlei magischen Anweisungen anfreunden kannst, dann nimm sie am besten ganz natürlich, und denk dir bei der Herstellung dieser alchymischen Rezepte etwas. Verbinde deine Gedanken und dein Bewußtsein mit den verwendeten Grundstoffen, atme die Ideen der Göttin dabei ein, sei aufmerksam und schärfe deine Sinne. Im Lauf der Zeit wirst du, schon beim Hantieren, eine Veränderung deines eigenen Ätherkörpers erspüren.

Auch deine Küche bekommt einen magischen Touch, sowohl durch deine magischen Handlungen als auch durch die bald herumstehenden Gefäße mit so ganz anderen Nahrungsmittelansätzen, solchen »der dritten Art«. Deine Küche verliert dabei ihre möglicherweise einseitige, manchmal vielleicht eintönige »Normalität« in der Wiederkehr immer gleicher Handlungen. Und genau das hebt dich wiederum aus deinem Alltag heraus und vermittelt dir Wachstum, Freude und immer stärkere magische Kräfte, die du in kreativen Handlungen, auch auf anderen Gebieten, weiter schärfst.

Heilstrahlung des 60-Grad-Winkels

Eine wertsteigernde, neuartige und magische Handlung ist es beispielsweise, wenn du deine Früchte mit den Zeitgeist-aktivierenden *Schrägschnitten* auseinanderteilst. Die neue Energie strömt nämlich diagonal auf den Planeten ein und durchströmt sämtliche Manifestationen der Natur dementsprechend. Ebenfalls strömt die ätherische Heilenergie »der anderen Art« zunehmend im 60-Grad-Winkel, schrägkonfiguriert zu den bisherigen Gravitationsprinzipien, aus der Materie heraus. Zugleich werden die alt-magischen einschränkenden Bedingungen des rechten Winkels, der so »recht« gar nicht ist und auch niemals war – denn sonst hätte es ja schließlich nicht der diesen Winkel erlösenden Kraft bedurft – zunehmend aufgehoben. Das Kreuz oder das Prinzip der rechtwinkligen Vier und damit der 90-Grad-Winkel ist ja das Prinzip der gefangenen Materie selbst.

Heute stehen wir am Beginn einer ursächlich Neuen Zeit, einer Zeit der Wiederkehr schöpferischer Urideen, die das ursprüngliche *Heil* auf diesem Planeten wieder in Erscheinung und Sichtbarkeit treten lassen. Einer Zeit, welche das Wieder-Heilwerden in eine materielle Wirksamkeit gelangen läßt. Einer Zeit, die in den Märchen als die Heimkehr des Prinzen oder der Prinzessin, genauso aber auch in der Bibel als die Heimkehr des Sohnes beschrieben wird. Die Materie, Göttin Erde selbst, begibt sich damit in ihre wartende, vorgeprägte, bereitstehende höhere Schwingung. Diese entspricht eben den wiederkehrenden runischen Kräften, der Magie der »alten Götter« – als geistigen Prinzipien –, der Kraft der heilsamen Frauen und weisen Hexen und damit dem Sechser-Prinzip oder der HAGAL-Rune.

Die atomare Matrix der Materie öffnet heute ihre Schranken. Die Überkreuzigung wird aufgehoben. Die materiellen Atome verändern ihr Gesicht und erstrahlen aus ihren ursprünglichen Heils-Winkeln, eben denen der 60-Grad-Winkel, eben denen der uralten runischen Heilskräfte heraus. Dieses alles hat bereits begonnen. Die Veränderungen sind riesig. Sie sind befreiend. Sie sind erlösend. Sie sind ausgleichend. Sie entsprechen der Karte XX – DAS GERICHT im Tarot.

So stärke du also, wo du nur immer kannst, die Kräfte des 60-Grad-Winkels, und schwäche damit, wo immer du kannst, die Kräfte des 90-Grad-Winkels oder auch des Kreuzes, das so unendliches Leid über die Menschen gebracht hat. Blut und Folter sind es, die seine Energie repräsentieren. Die Erlösungsenergie des Christus kam ja deshalb auf den Planeten, um eben dieses Kreuz als das geistige Prinzip von Gefangenschaft in der Materie zu »deprogrammieren«. Die Energie des Kreuzes kam nicht, um als solche angebetet zu werden! So befreie dich heute, und nutze vor allem auch die neuen demagnetisierenden »Deprogrammierungs-Codes«. Solches kannst du, unter etlichem anderem, auch durch viele kleine Handlungen der »anderen Art« bewirken, die sich zu einem Größeren summieren und die in das sich entfaltende gemeinsame ätherische Heilfeld der Erde, das allen nützt, einströmen. Sei dessen sicher, jede einzelne noch so kleine Handlung der neuen Art stärkt dieses gemeinsame Feld für alle und kommt natürlich auch dir selbst unmittelbar wieder zugute. Mit Gedanken allein ist es hierbei allerdings nicht mehr getan, diese Zeiten sind vorbei. Heute geht es ums Ganze; und heute geht es ums Handeln.

In diesem Buch erzähle ich dir von den Nahrungsmitteln, also übe dich, wenn du Resonanz hierfür in dir erspürst, an *diesem* Medium. Später geht es um deine Art zu wohnen und vieles andere mehr. Auch hierfür werde ich dir Anregungen geben, deine Lebensenergie zu erhöhen. Heile jedenfalls jetzt schon, wo immer möglich, die einschränkende Macht des »rechten« Winkels, indem du dein Bett etwas schräg stellst (da genügen manchmal schon einige Zentimeter), indem du hier und da einmal ein Möbelstück schräg stellst, indem du Pflanzen, Kräuter, Edelsteine, Symbole, eine Schale mit frischen Früchten in einige der vielen 90-Grad-Ecken stellst, die unser Leben überall bestimmen.

So sei erfinderisch, hab Freude dabei, und schneide auch, wo und wann immer du kannst, Zeit dafür und Lust dazu hast, deine Früchte schräg zu ihrer Hauptachse auf. Die neue Energie strahlt dir befreit entgegen.

Einstimmung und Energiefluß

Die erste Handlung innerhalb einer Zeit, eines Raumes, eines Prozesses, eines Zyklus hat stets eine magische, übergeordnete und bestimmende Komponente. Werde dir dieses Prinzips immer stärker in allen Dingen deines Lebens bewußt:

Der Zeitgeist energetisiert die Schrägschnitte

★ Beginne beispielsweise den Tag mit einer Invokation, die dich diesen ganzen Tag lang dann begleitet und dir eine Grundenergie zur Verfügung stellt.

★ Auch überlege dir, was die klarste *Überschrift für eine Handlung* ist, *bevor* du sie beginnst. Sprich diese Losung für diese spezielle Handlung laut aus, oder formuliere sie präzise in Gedanken, oder schreibe sie auf. Sie wird so als übergeordnete Energie diesen deinen gesamten Handlungsablauf begleiten. Hast du einmal einen »Fehlstart« fabriziert, kannst du dich ruhig hinsetzen, eine neue Überschrift formulieren, diese magisch intonieren und nochmals neu beginnen.

★ Überlege dir deshalb auch den *ersten Satz* am allerbesten, *bevor* du sprichst. Er trägt eine bestimmende Losung für dein Gespräch.

★ Genauso kannst du auch eine übergeordnete Losung für ein Gericht bestimmen, welches du kochen willst. Werde dir darüber klar, was du gerade heute damit erreichen willst:

★ Energieaufbau und Zufuhr von Lebenskraft,

★ wofür bevorzugt und für wen bevorzugt,

★ steht ein wichtiges Gespräch an,

★ eine Klassenarbeit deiner Kinder,

★ eine geistige oder eine körperliche Anstrengung,

★ Heilenergie für eine bestimmte Störung

★ und von wem bevorzugt in deiner Familie,

★ Abbau von überschüssiger Nervenenergie (Streß),

★ Ruhe und Erholung,

★ Hort und Heimatbindung, wer braucht »Nestiges«,

★ Familienzusammenhalt durch Kommunikation,

★ eine gesellige und unterhaltsame Runde bilden,

★ wer ist heute mit einer Lieblingsidee oder Lieblingsspeise dran,

★ kurz, welcher Leitstrahl und welche Kraft wofür, für wen, zu welchem Zweck, für welche Idee.

★ Oder du willst einfach nur Spaß beim Experimentieren haben.

Wenn du dir darüber klar geworden bist, legst du nun also deine Losung fest, die du mit einem magischen Wort, einem Satz, einer Invokation bekräftigen kannst. Du kannst deine Handlungen segnen, ein für dich kraftvolles Symbol verwenden, die Heilsrune Gibur auf deinen Arbeitsplatz legen, dir eine Blüte, einen schönen Zweig, einen Edelstein dazulegen.

Verbinde aber bitte keine Erwartungshaltung damit, was deine Familie, deinen Partner, dein Kind, deine Freunde angeht, für die du dieses Gericht bereitest, sondern energetisiere deinen Weg, hab also Freude beim Tun und Freude an dir selbst. Und wenn es aus irgendwelchen Gründen Überraschungen gibt, dann sei auch du flexibel, denn genau diese Kraft wünscht das Leben – *deine* Evolution und damit *deine* Schlange des Lebens – sich jetzt von dir.

Genauso eine erste Handlung ist ein Schnitt in eine Frucht hinein. Es ist ein Unterschied, ob du dabei aufmerksam und konzentriert bist, ein präzise geschliffenes und entsprechend klar-scharf schneidendes Messer verwendest, einen präzisen diagonalen Erstschnitt zur Hauptachse deiner Frucht setzt, die wundersamen neuartigen geometrischen Formen der Natur betrachtest, aus dem diagonalen Zerteilen deiner Frucht eine aktiv-kontemplative Handlung machst oder ob du auch hier dem Automatismus unendlich vieler kleiner Handlungsabläufe in deinem Leben erliegst, deine Gemüse und Früchte eben, »weil es so praktisch ist und auch schon immer so gemacht wurde«, »natürlich normal« aufschneidest, dabei etwa auch noch eines dieser unscharfen Messer verwendest, die sich in so vielen Küchenschubladen tummeln, und in Gedanken ganz woanders bist, als bei dem, was du hier gerade tust.

Im ersten Fall erwachst du zur Magierin, zum Magier, schärfst deine Bewußtheit und deine Klarheit, die dir in der Folge überall und auf allen Ebenen deines Lebens nützlich sein werden, und hilfst zugleich dem Gesamten, nämlich dem sich ständig stärker energetisierenden Ätherfeld der erwachenden Erde. Dieses Ätherfeld wird, wie erwähnt, wie von neuen Diagonal-Energien bestimmt, die eine befreiende, erweckende, generell die Materie auflösende Kraft besitzen. Im zweiten Fall bleibst du eher, jedenfalls in diesem Lebensbereich, in deinen bisher bewährten Verhaltensweisen stecken. Damit stärkst du jedoch die zu Ende gehenden Prinzipien der alten Zeit. Du willst doch die magischen Geflechte der heutigen Gesellschaft sicher für dich transparenter machen? Einer Gesellschaft, die dich mit allen Mitteln *unbewußt* halten will, die dir zu diesem Zweck dauerberieselnde Manipulationen auferlegt und die kein anderes Ziel verfolgt, als dich weiterhin als willfähriges Objekt des Systems zu erhalten. Das weißt du doch sicher?

So wirst du beispielsweise manipuliert von Babybeinchen an durch

★ Kunsternährung anstelle von Muttermilch

★ »Lauflernschuhe«, anstelle von Stärkung deines Selbstbewußtseins durch Barfußlaufen

★ Impfungen, die auch deine »Häutungen«, deine geistig-seelischen Reifeschritte und die Reifung deines Immunsystems vermindern bis verhindern können

★ Kindergartenprogramme, welche die späteren »Institutionen« vorbereiten »helfen«, nämlich Schule und Universitäten, welche sich den angepaßten Bürger und Konformisten heranziehen und ihn hierzu zumeist mit Daten füttern, die heute längst überholt sind

★ Plastikspielzeug, und damit auch Naturverfremdung

★ Generelle Chemisierung, auch durch nicht angemessene und nicht getestete synthetische Vitamingaben, dadurch auch Alterung und Vergreisung deiner Zellen

★ generelle Medikamenten-Chemisierung, damit auch Blockierung vitaler Lebensabläufe

★ Nahrungsmittel-Chemisierung, hierdurch auch Vergiftung klaren eigenständigen Denkens

★ Schweinefleischkonsum, dadurch auch Erzeugung von Abhängigkeit

★ Gefrierkost, damit auch profillose Schwäche erzeugend

★ Mikrowelle, die in deinen Zellen einen Haß auf wirkliches Leben erzeugt

★ Elektrifizierung und Technisierung deines häuslichen Umfeldes, wodurch du auch in deiner Natur verbildet wirst und Abhängigkeit erzeugt wird

★ Fernsehen (und andere Medien), welches Abhängigkeit in größtem Ausmaß erzeugt und damit eines der mächtigsten Instrumente des Gegengeistes in unserer heutigen Zeit ist

★ und vieles andere an kleinen wie großen magischen Manipulationen mehr, die alle darauf ausgerichtet sind, Wissenschaftsaberglaubigkeit wie Experten-Hörigkeit, somit Abhängigkeit zu erzeugen und zu erhalten und die Systembindung anstelle von Herzensbildung zu stärken. Darum ist es gut, wenn du wachsam bist!

Es gibt aber noch andere Möglichkeiten, womit deine Energieflüsse in falsche Bahnen gelenkt werden können, und da sind wir direkt beim höchst aktuellen Thema der Genmanipulation, zu dem du in diesem Werk an späterer Stelle ein eigenes Kapitel findest. Dennoch will ich bereits jetzt deine Aufmerksamkeit erwecken oder diese stärken, denn hier geschieht etwas, worüber du Bescheid wissen solltest. Es geht um die Grundlebensmuster auf diesem Planeten an sich.

Gen-Experten durchtrennen die Schranken des Lebendigen. Sie öffnen die »materiellen Reißverschlüsse«. Sie öffnen damit DIE ZEIT. Sie »erschaffen« neuartige Lebensformen, ohne überhaupt auch nur im Rahmen ihres eigenen Experimentes zu wissen, was sie da tun. Von den übergeordneten Dingen des Lebens, in welche hier mutwillig eingegriffen wird, haben diese »Experten« sowieso keine Ahnung. Auch die Begriffe Ethik und Verantwortung können in diesem Zusammenhang überhaupt nicht mehr zum Verständnis herangezogen werden. Denn hier geht es wahrlich um mehr! Weitere esoterische und aufklärende Informationen zu diesem Thema findest du im Teil IV – BEDROHTE WIRKLICHKEIT.

Kehren wir aber jetzt wieder zu den Heilkräften unserer unmanipulierten, dafür hier und da durch Schrägschnitt zusätzlich energetisierten Nahrungsmittel zurück. Einen sehr nützlichen Nebeneffekt hat die magische Handlung der Diagonalschnitte zudem noch: Du wirst ganz von selbst bewußter und aufmerksamer, das liegt sozusagen in der Natur der Sache. Dir werden sicherlich einige deiner automatisierten und konditionierten Lebensabläufe bewußt. Betrachte dir doch einmal deinen Apfel genauer, den du schräg zu seinem Kernhaus, deine Ananas, die du schräg zu ihrer Achse geschnitten hast. Ganz neuartige Gebilde entstehen da, in die du dich hineinversenken, hineinempfinden, hineindenken kannst.

Meditiere gelegentlich auch einmal mit ihnen!

Dekoriere deine neuartigen Diagonal-Kunstwerke zu attraktiven Kompositionen auf Schalen und Tellern, wenn du sie anrichtest. Gib einige Blüten obendrauf, von Borretsch etwa oder von Gänseblümchen, die du über deine Gemüseterrine streust, von Veilchen, die aus deinen Salatblättern hervorlugen oder die zur Krönung eines feinen Desserts werden. Alle diese Blüten und noch viele mehr sind eßbar und geben deiner Tischdekoration einen ganz neuen Pfiff.

Dekoriere auch deine Speisen asymmetrisch, unlangweilig und ganz anders, als du es bisher getan hast. Nur Tomate mit Petersilie sollten ab jetzt aber wirklich »out« sein! Experimentiere mit der Natur, und erfühle dir auf diese Weise ihre Wunder wieder. Hol dir goldene Löwenzahnblüten, -knospen und -blätter in deine Joghurt-Salatdressings, Dolden von Fenchel, Dill, Anis oder blühender Petersilie, um beispielsweise deinem gegrillten Fisch ein attraktives »Bett« zu bereiten, frische Brombeeren von deinem Spaziergang, die du zu gerösteten Hähnchenfilets servierst, frische Minzeblätter, die du auf deinem Glas Mineralwasser schwimmen läßt, Blüten von Kapuzinerkresse oder von wilden Stiefmütterchen, die du zu kreativen Kompositionen arrangierst. Du wirst feststellen, daß jede solcher Ideen in der Folge weitere neue Ideen aus dir heraus entfaltet, die dein Mahl bereichern, deine Tafel verschönern und deine Tischzeit zu etwas ganz Besonderem werden lassen.

Spür deine Gewohnheiten auf, die dich unfroh machen und die dir das Leben farblos erscheinen lassen, und leg sie dann lachend zur Seite. Betrachte mal die Baupläne der Natur aus der neuen heilsamen Perspektive: Fühl die heiteren Geometrien der Natur, beobachte und studiere sie! Mach dir Gedanken! Sei dabei! Das alles sind Wunderwerke, und auf diese Weise werden sie dir als solche viel eindeutiger bewußt. Vielleicht lernst du dabei sogar das Wundern wieder?

Dein ganz persönliches Heilkraut

Etwas Wundersames will ich dir hier am Rande erzählen: Weißt du eigentlich, daß Mutter Natur dir in deinem unmittelbaren Umfeld dein Heilkraut, deinen Heilbaum oder -strauch wachsen läßt, wenn du, oder jemand aus deiner Familie krank bist? Dann such mal danach! Vielleicht ist es ein Pflänzchen, das sich an der Mauer oder an einem Eck des Hauses, in dem du wohnst, aus dem Boden drängt? Zu deiner Beachtung, zu deinem Heil. Vielleicht wächst neuerdings unter deinem Fenster ein Schöllkraut? Oder eine andere Heilpflanze? *Chelidonium majus*, das Schöllkraut, ist eine hochheilige magische Pflanze, die in der neuen Zeit eine besonders hohe Heilkraft besitzt, denn sie hilft dir, dich von alten Beschränkungen zu lösen, sie demagnetisiert! Sehr schön aufbereitete Informationen, überliefertes Kräuterwissen, Legenden, Mythen und Rezepte nicht nur zu dieser großen Heilpflanze findest du in dem Buch: *Medizin der Erde* von Susanne Fischer. Auch besonders in homöopathischer Zubereitung ist Chelidonium eines der großen Heilmittel der neuen Zeit, das dich entgiftet, deine Leber, deine Nieren, deine Galle, deine Nerven reinigt, dich von »Schwerem« befreit, weil es eben demagnetisierende Eigenschaften hat. Besprich dich mit einem guten, wirklich ganzheitlich denkenden Therapeuten, oder teste dir selbst (mit Pendel, Rute oder kinesiologisch), wenn du bereits Erfahrung hast, die richtige Potenz und die Häufigkeit und Dauer der Anwendung aus!

Vielleicht aber wächst auch plötzlich ein Haselsträuchlein in deinem Garten, obwohl du gar keines gepflanzt hast? Dann kümmere dich vielleicht bezüglich Störstrahlung einmal um deinen Bettplatz, (oder den deiner Familie) und bemühe dich um einen guten Rutengänger.

Geh einfach mit offenen Augen durch die Welt, die dir am nächsten ist, und wenn dir etwas Besonderes auffällt, dann besorge dir die entsprechenden Informationen. Mutter Natur jedenfalls gibt dir die Möglichkeit dazu. Tun allerdings mußt du es schon selber.

DIE KÜCHE, DEINE
ALCHYMISCHE WERKSTATT

Grundausstattung und »Werkzeuge«

Nachfolgend gebe ich dir einige Anregungen zur Grundausrüstung deiner Werkstatt in Sachen »Kochen mit Feuer, Spaß und Magie«. Du könntest dir nach und nach etwa folgende Dinge zulegen:

★ Eine Reibschale, Mörser genannt, und einen dazugehörigen Reibstab, um darin getrocknete Kräuter oder sonstige Substanzen zu reiben. Du bekommst beides etwa im Bioladen, gelegentlich im Reformhaus oder im Laborzubehör-Geschäft. Oder du stöberst in entsprechenden Katalogen, in südländischen Läden oder beim Urlaub im Süden danach.
★ Wirklich scharfe Messer erster Qualität aus einem Spezialgeschäft, in verschiedenen Größen, Längen und Ausführungen, um unter anderem die neuen Schrägschnitte gut handhaben zu können. (Wellenschliffe sind hierfür »out«!)
★ Ein richtiges »chinesisches Kochmesser« (ein professionelles Hackmesser für Kräuter, Gemüse und Salate).
★ Einen Messerschärfer der Extraklasse, aus Stahl oder Spezialkeramik. Laß dir vom Fachmann im Fachgeschäft gleich zeigen, wie du damit auch professionell umgehst.
★ Eine scharfe, gute Schere.
★ Mindestens zwei wirklich große und breite Holzbretter, eines, um Früchte, eines um Gemüse und Kräuter zu schneiden, die du an der seitlichen Kante entsprechend beschriftest! Ein Obstdessert mit Knoblauchgeschmack ist nicht unbedingt die reine Freude. Wenn Fleisch hin und wieder auf deinem Speisezettel steht, solltest du dir auch hierfür ein Brett reservieren, für Fisch desgleichen. Diese Bretter müssen kochendheiß gespült und mit

Zitrone oder Essig gewaschen werden. (Salmonellen!) Plastikbretter sind deinen guten Messern nicht gerade sonderlich wohlgesonnen und sind auch sonst alles andere als ein »Alchymistenwerkzeug«!

★ Mehrere Siebe in verschiedenen Größen, nicht nur aus Plastik, sondern eventuell aus Naturmaterialien oder edlem Metall. Achte auch gerade bei dem Prinzip des *Siebes*, welches etwas mit dem heilenden Prinzip der Sieben zu tun hat, auf edles Design und gutes Material!

★ Mehrere Trichter in verschiedenen Größen, zum Abfüllen deiner Kräuteransätze und Elixiere, vielleicht auch einen aus Glas.

★ Schöne, interessante, attraktive, eben einfach besondere Gefäße, Flaschen, Fläschen, Tiegel aller Art, um deine getrockneten Kräuter, deine getrockneten Früchte, deine Elixiere, deine Marmeladen und Säfte aufzubewahren.

★ Zur Einmachzeit (leider meist nur dann) gibt es in gut sortierten Fachgeschäften die interessantesten Einmachgefäße. Manche halbhohe davon sehen hübsch aus und sind sogar stapelbar. Besorge dir den Prospekt eines Herstellers für solche Gefäße und bestelle dir diejenigen, die dir besonders gefallen, sofern sie nicht vorrätig gehalten werden! Überleg dir mal, ob du solche Gefäße nicht auch für andere Dinge verwenden kannst? Zum Beispiel für Tees, Teebeutel, Kräuter, Salz- oder Zucker-Zubereitungen, geriebene Mandeln usw.

★ Schöne Schalen, Tiegel und Töpfe, die du dir vielleicht für besondere Zubereitungen bereithältst, dazu diverse Körbchen sowie kleinere und größere, eckige und runde, geflochtene, luftdurchlässige Tabletts für Kräuter.

★ Ein Knäuel dünne Schnur oder Naturbast, starken Bindfaden und ein Päckchen Gummiringe, um deinen Kräutersegen, aber auch z.B. zu trocknende Apfelringe oder einen Pomanderball (das ist eine Orange, mit Nelken besteckt und mit attraktiven Kräutern dekoriert) an der Decke aufzuhängen.

★ Immer wieder mal neue Holz-Kochlöffel, damit du dir mit jeweils neuen sauberen Löffeln auch deine jeweiligen neuen Ansätze, Cremes und Badezusätze aus Früchten, Kräutern, Pflanzen, aus Milch und Sahne rühren kannst.

★ Mindestens zwei Pfannen erster Qualität, eine für Süßes, eine für Salziges, in denen man auch fettarm braten kann.

★ Vielleicht auch einen Wok oder eine Wok-Pfanne.

★ Baumwolltücher und Baumwollgaze zum Durchseihen deiner Ansätze und Leinentücher zum Durchpressen von Früchten, verschließbare Baumwoll- und Leinensäckchen zum Einfüllen für Kräuter, für Fruchtmus oder geriebene Mandeln, die du für ein herrliches Natur-Badevergnügen verwendest.

★ Einen Mixstab bester Qualität, mit passendem Gefäß.

★ Möglichst auch einen Mixer, auch einen in Kleinausführung.

★ Ein Gerät, mit dem du Getreide und Nüsse mahlen, Gemüse, Salat, Früchte hobeln, schnitzeln und reiben kannst und dem du einen Dauerplatz in deiner Küche gibst. Ein Herausräumen aus den untersten Tiefen deines Küchenschrankes ist hierbei nicht gerade »das Mittel der Wahl«.

★ Eventuell eine kleine Hand-Nußmühle.

★ Eventuell einen Dampfentsafter.

★ Einen Entsafter für Frischsäfte.

★ Eventuell ein Dörrgerät, das man sowohl selbermachen als auch kaufen kann. Für den Anfang tut's aber auch der Backofen.

★ Ein Keimgerät zur Anzucht von Keimen, möglichst eines mit siebartigen Löchern im jeweiligen Boden, durch die das Spülwasser ablaufen kann. (Die Geräte mit Überlaufventil finde ich persönlich nicht sehr geeignet. Und diejenigen aus Ton sehen wohl hübsch und »urig« aus, aber bei mir sind sämtliche Ansätze stets schimmlig geworden. Ob das ein Einzelfall war?) Natürlich kannst du auch einfach Einmachgläser verwenden, über die du mit einem Gummiring eine Baumwollgaze befestigst.

★ Ein größeres Camping-Wassergefäß zum Aufhängen oder einen Kasten Leerflaschen, in dem du dir dein Quellwasser aus der Natur holst. Oder du kaufst dir dein Wasser im Bioladen oder im Reformhaus, wo du dich auch diesbezüglich beraten lassen kannst. Beispielsweise könntest du deinen Sonntagsausflug mit einer geomantischen Reise verbinden und dir dabei gleich dein ganz besonderes Wasser holen. Hör dich zunächst einmal selber um. Wenn du eine gute Quelle gefunden hast, interessiert das später auch andere.

★ Schöne, entsprechend große Ton-, Keramik-, Porzellan- oder Glasschalen, in denen du dir dein Sonnenheilwasser, dein Mondkraftwasser oder dein Edelsteinwasser ansetzt. Versichere dich aber, daß die Glasur ungiftig ist! Wer weiß, vielleicht töpferst du dir deine Schale sogar selbst?

★ Mehrere wirklich dauerhaft gut funktionierende Pfeffermühlen. (Wieso es so schwierig ist, solche zu bekommen, ist schon eine rätselhafte Angelegenheit!)

Was alles zu einer normalen Küchenausstattung gehört, behandle ich hier nicht weiter. Vieles Nützliche zur Grundausstattung, zum Einkaufen, Aufbewahren, Verarbeiten von Früchten, Gemüsen, Salaten, Säften findest du aber in den Büchern von Marilyn und Harvey Diamond (siehe Literaturverzeichnis). Eine Fülle von lebensprühendem Wissen in Sachen Ernährung und Gesundheit ist hier zusammengetragen, viele Tips und eine Menge selbstentwickelter, spitzenmäßiger und erprobter Rezepte findest du in den *Fit for Life*-Büchern, die ihren Titel wirklich zu Recht tragen. Diese Bücher sind eine Fundgrube!

Kostbarkeiten in Töpfen und Flaschen

Weiterhin kannst du dir nach und nach die verschiedensten Kostbarkeiten als Grundlage für deine alchymische Küchen-Werkstatt erstellen. Du benötigst dazu beispielsweise mehrere Gefäße aus Keramik, Ton, Glas oder Porzellan, in denen du dir nach und nach deine diversen alchymischen Butterschmalz-Werke aufbewahrst. Die Rezepte findest du unter: DIE BUTTER. So kannst du dir also Butterschmalz mit

- Basilikum,
- Kräutern deiner Wahl, auch gemischt,
- Kakao,
- Zimt,
- Gold,
- Silber,
- und anderem Eigenkreativem zubereiten.

Weiterhin könntest du deine Schränke nach ansprechenden Gefäßen durchforsten, am besten solchen aus Keramik, in denen du dein
Atlantik-Meersalz aufbewahrst, das du mit verschiedenen selbst-
gesammelten, getrockneten und in deinem Mörser gemahlenen
Kräutern,
- mit Senfpulver oder auch
- mit Meeresalgen mischst.
    Sei erfinderisch!

Dann könntest du dir mehrere Gefäße für diverse Zucker vorsehen.
Auch Fruchtzucker und Milchzucker, die du alchymisch aufberei-
test mit
- ganzen oder gemahlenen Senfkörnern,
- mit Zimt,
- mit Nelken,
- mit ätherischen Ölen von Zitrusfrüchten,
- mit Apfelschnitzen,
- mit Vanillemark,
- mit Blüten und Kräutern,
- mit Bach-Blüten-Essenzen.

Auch selbsterstellte Marmeladen, Gelees, Sirups und Säfte aus den
besten Früchten des Jahres, aus dem Biogarten oder vom Natur-
händler sollten in deine Küche gehören. Dazu auch Wildfrüchte-
Gelees, die du selbst in der Natur sammelst, zum Aktivieren und
Süßen deiner Tees, Getränke und Speisen.

Dazu könnten weiterhin kommen:
- Ansätze von Früchten in Cognac oder in Zwetschgenschnaps
  und Ansätze von Früchten in Wein,
- Ansätze von Nüssen in Alkohol,
- Ansätze von Weiß- und Rotweinessig mit diversen Kräutern oder
  auch mit Himbeeren. Du kannst dir übrigens auch deinen Essig
  selber machen, dann weißt du, daß keine Manipulationen damit
  geschehen sind. Die Kräuter sollten aber wirklich von deinem
  Kräutergärtchen, deiner Kräuterwanderung oder vom Biogärt-
  ner stammen.

– Sesamöl, Distelöl, Olivenöl und andere Öle deiner Vorliebe, selbstangesetztes Kräuteröl, selbstverständlich allerbester Naturqualität,
– ganze Pfefferkörner, schwarz und weiß, und zwei Pfeffermühlen (Pfeffer niemals gemahlen kaufen!),
– ganze Senfkörner und eine Mühle dazu, wofür du eine gute Pfeffermühle verwenden kannst,
– ständig frische wie selbst getrocknete Peperonis,
– getrocknete Früchte, selbst hergestellt,
– Mandeln und nochmals Mandeln, die nie »ausgehen« sollten, dazu ein Glas selbstgeriebene Mandeln als Vorrat für etwa drei Tage, noch besser eine ständig betriebsbereite Mandelmühle.

Die Essenz und das Edle der Natur unterstützen deine Magie

Eventuell machst du dir einen speziellen Bereich in deiner Küche zu deinem »alchymischen Labor«. Hier kannst du dir im Lauf der Zeit folgendes »Werkzeug« aufbauen:

★ Bach-Blüten-Essenzen, die du übrigens ganz leicht selbst ansetzen kannst: Du brauchst nur die Original-Angaben Dr. Edward Bachs zu lesen. Wenn du mit deinen Kindern, deinen Freundinnen oder einer Gruppe gemeinsam die Blüten ansetzt, geht es schneller und macht wahrscheinlich noch mehr Spaß.

★ Einige wirklich naturreine ätherische Öle, z. B. Zitrone, Mandarine, Orange, Grapefruit, Zimt, Pfeffer, Majoran, Basilikum, Thymian und andere, die du magst und mit denen du auch kochen und backen kannst.
Beispielsweise könntest du einmal deinen diesjährigen Christstollen mit einem Tropfen Rosenöl und vielleicht sogar einem kleinen Tropfen Myrrhe, Weihrauch oder Ysop herrlich alchymisch veredeln! Laß dir noch anderes veredelndes Verzauberndes hierzu einfallen, das keltische Julfest, das zur Wintersonnenwende gefeiert wird, und das Fest der Christusgeburt sind es

wert! Etwa indem du die zu verwendenden Rosinen in Mandel-
likör einweichst oder indem du etwas selbstangesetztes Edel-
steinelixier hinzugibst. Fühl dich einfach inspiriert, und laß deine
Kinder und deine Lieben beim Herstellen teilnehmen. Setze dich
mit ihnen beim adventlichen Erstellen deines Gebäckes in eine
ebenfalls alchymische Runde, um gemeinsam zu schnuppern, zu
atmen, zu erspüren, zu schmecken, die Liebe und Verbundenheit
zu erfühlen, vielleicht einer Melodie dabei nachzulauschen. Für
Festtage und Geburtstage kannst du dir ähnliche oder auch ganz
andere Dinge ausdenken. Wie wäre es einmal mit einer
Schokoladentorte, der du mit frischgemahlenem Pfeffer oder mit
dem ätherischen Öl von Pfeffer, vielleicht noch mit Rose, mit
Grapefruit einen ganz besonderen Touch gibst? Probier es doch
einfach einmal aus!

★ Verschiedene Edelsteine zum Ansetzen von Trinkwasser, Heilwasser und von Edelstein-Elixieren (siehe Literaturverzeichnis),
auch zum Haarewaschen und zum Baden. Mineralien, Halb-
edelsteine und Kristalle findest du preiswert beispielsweise auf
entsprechenden Mineralien-Messen, wo du auch vergleichen
und dich beraten lassen kannst.

★ Eventuell ein magisches Amulett, einen Talisman oder ein Symbol aus Gold, Silber oder edlen Steinen, zum magisch Arbeiten,
Entstören, Entgiften und Heilen.

★ Vielleicht einen »magischen Beutel« oder eine Schale, deine Art
eines »magischen Kessels« mit entsprechenden Dingen, die du
dir von deinen Wanderungen oder Reisen mitbringst, wie Holz,
Rinde, eine Feder, besondere Steine, Muscheln, eine Wurzel,
runische Holzstäbe, Naturmaterial in Scheiben-, Glocken-, Ku-
gel-, Spiral- oder Kreisform, oder was immer dir gefällt.

★ Falls du homöopathische oder Naturheilmittel verwendest,
könntest du diese hier unterbringen. Insbesondere etwa auch die
zwölf homöopathischen Mineralsalze, die Schüssler-Salze, die
ein naturheilkundlicher Schatz ganz besonderer Art sind.

★ *Zincum metallicum* D 10, als Globuli, das du dir in der Apotheke besorgst. Zincum met. ist in der Homöopathie als beruhigendes Mittel und generell als Nervenmittel bekannt. Es bekommt heute eine ganz besonders hervorragende und im neugeistigen Sinne energetisierende Bedeutung und kann zugleich auch als feinstofflicher Stoffwechselkatalysator (anregend auf sehr viele Stoffwechselvorgänge) eingesetzt werden. Du kannst Zincum met. deshalb auch unspezifisch verwenden und immer wieder einmal einige Globuli davon in deine Getränke geben, unter deine Speisen rühren oder es einfach auf der Zunge zergehen lassen. Du kannst Zincum met. kalt oder heiß einnehmen. Zincum met. begleitet deinen Aufbruch in die neue Zeit. Als Faustregel kannst du eine Anwendung von etwa drei Globuli etwa dreimal wöchentlich verwenden. Spezifischere Anwendung oder gegebenenfalls andere Potenzierungen wie eine D6 oder eine D3 wie auch Dosierungen benötigen natürlich spezifisches Wissen und eventuelle Testung, die auch kinesiologisch, mit Rute oder Pendel möglich sind.

ANMERKUNG: Homöopathische Heilmittel wirken heute, im Zuge der sich öffnenden Materie, in heißem Wasser meist schon besser, als wenn sie wie bisher eingenommen werden. Durch kräftiges Schütteln vor der Anwendung kannst du ihre immanente Informationsenergie noch weiter erhöhen.

BEACHTE: Die oben angegebene Anwendung von Zincum met. in Getränken oder gar Nahrungsmitteln läßt sich nicht generell auf deine anderen homöopathischen Mittel ausweiten, sondern sie betrifft nur *dieses* Zeit-Heilmittel und nur seine *unspezifische* Anwendung! Befolge in allen anderen Fällen die Anweisungen deines Therapeuten!

★ Bring dir von deinen Reisen, Ausflügen oder Wanderungen besondere Fundstücke mit, wie etwa eine Versteinerung (Ammoniten), die du beispielsweise als Notizenbeschwerer deiner Einkaufslisten verwendest. Jedesmal, wenn du ein solches Stück zur Hand nimmst, kannst du einen magischen Gedanken damit verbinden, z.B.:

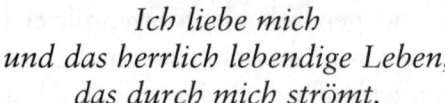

Ich liebe mich
und das herrlich lebendige Leben,
das durch mich strömt.

★

Ich begeistere mich
durch die Kraft aller Natur,
die mich liebt
und die ich liebe,
in allem.

★

Ich glaube an mich
und daran,
daß ich schaffe,
was ich mir vorgenommen habe.

★

Du könntest dir den für dich gewählten oder selbsterdachten Satz für den Anfang aufschreiben, bis du ihn auswendig gespeichert hast, damit die Worte auch wirklich immer gleich gesetzt werden. Nur so können sie Ritualwirkung und zunehmend *magische Kraft* bekommen.

Du kannst auch immer dann, wenn du diesen Stein – oder was es sei – in die Hand nimmst, für eine halbe Minute lang deine Gedankentätigkeit abschalten und dich mit der All-Einheit der Natur verbinden. Solche kleinen Rituale schenken dir mit der Zeit große Kraft. Wenn du einen solchen magischen Stein bereits über eine Zeit »besprochen« hast, kannst du dich mit dieser Kraft auch besonders verbinden, wenn du Sorgen oder Probleme hast. Dann sorge für Ruhe, nimm deinen Stein in beide Hände, und stimme dich ein auf die Kraft der Muttergöttin in aller Natur. Im Lauf der Zeit werden

Ich glaube an mich
und daß ich schaffe,
was ich mir vorgenommen habe.

Antworten in dir emporsteigen, wirst du dich gestärkt und sicher in dir selbst fühlen. (Das »Rad des Tarot« ist natürlich ebenfalls ein Handwerkszeug, das dir klare Hinweise oder Bestätigungen geben kann, wenn du Fragen hast.)

Lebendige Vielfalt umgibt dich

★ Selbst gesammelte Wild- und Gartenkräuter, Pflanzen, Ranken, Blätter, Beeren, die du für Getränke, Tees, für Speisen, aber auch als Räucherwerk verwenden kannst, kannst du dir trocknen und in deinen speziellen und luftdicht verschlossenen Gefäßen aufbewahren. Zu deinem selbsterstellten Räucherwerk eignen sich etwa auch Salbeiblätter, Majoran, Rosmarin, Wacholderbeeren, Himbeerblätter, Brombeerblätter und Brombeerranken. Auch Zimtrinde läßt sich gut räuchern. Werde auch hier autark. Anstatt dir getrocknete Kräuter zu kaufen, erinnere dich lieber der Tradition der weisen Hexen, und grabe dein eigenes altes Wissen wieder aus!

★ Auch könntest du eine oder mehrere Brombeerranken, die magische Kräfte besitzen, über einer Tür zum Eßzimmer, über eine Gardinenstange, über deinem Eßtisch oder an sonst geeigneten Plätzen dekorieren, oder du stellst Krüge und Schalen mit ganzen Zweigen von trocknenden Heilkräutern auf, die dann deine Räume energetisieren.

★ Auch Kräutertöpfe mit Frischkräutern auf deinem Fenstersims sind eine lebendige, erhöhende Energie in deiner »Werkstatt«.

★ Besorge dir passende Dosen aus Holz, Holzspan, Metall, Keramik, Ton, Marmor, Speckstein, Porzellan oder farbigem, vor Licht schützendem Glas, die du entsprechend etikettierst und mit dem Namen deiner Natursubstanz, der Erntezeit, dem Mondstand, dem Jahr und dem Fundort beschriftest. (Alles, was du über das Suchen, Finden, Anbauen, Aufbewahren, Verarbeiten von Kräutern wissen mußt, findest du heute in ausgezeichneten Werken, die du dir nach deinem Belieben aus einer Vielzahl von Möglichkeiten in einem guten Buchgeschäft aussuchen kannst. Auch bieten viele Volkshochschulen bereits Kräuterwanderungen an. Wenn nicht, so könntest du z. B. solche anregen.)

★ Besondere und unkonventionelle Natur-Tischdekorationen, auch originelle Tischtücher und überhaupt Tücher, Stoffe, Bänder, die aus dem Alltag herausheben. Ein Tischtuch aus naturfarbenem Linnen beispielsweise energetisierst du im Licht des Mondes. Die weisen Hexen und die Frauen früherer Zeiten wußten, daß Linnen eine ganz besondere Beziehung zum Mond aufweist und daß der feinste Glanz von Linnen nur durch das Ausbreiten des Stoffes im Mondlicht erzielt wird! Dein Linnen bekommt aber nicht nur einen ganz besonderen Glanz, sondern es übermittelt dir, wenn du dich ein wenig darauf einstimmst, auch seine Weisheit, die es ausstrahlt! Dazu paßt z. B. auch einmal ein »Dinner for two«, etwa im Schein von blauen Kerzen und einer Schale mit Wasser und darauf schwimmenden blauen Blüten. Das Menü stellst du jeweils nach deinen Wünschen und Vorhaben zusammen.
Andere Tücher könntest du einmal selbst mit Naturfarben, z. B. mit Krapp oder mit Zwiebelschalen einfärben, was deinen Kindern oder deiner Freundin vielleicht auch Spaß macht. Die Anweisungen hierzu findest du ebenfalls in guten Kräuterbüchern.

Management für dein magisches Wachstum

In deiner magischen Küche solltest du ein Regalbrett vorsehen, auf dem du griffbereit stehen hast:

- Dieses Buch, damit du auch damit arbeiten kannst.

- Ein Mondbuch.

- Einen Mond-Taschenkalender, zum Nachschauen und Eintragen deiner Ansätze, am besten auch noch einen Mondkalender als Wandposter.

– Einen Ordner mit Register zum Eintragen deiner selbstentwik-
kelten alchymischen Rezepte. Entfalte deine Kreativität schon
bei der äußeren Gestaltung dieses Ordners, indem du diesen etwa
mit ausgeschnittenen Bildern, getrockneten Gräsern oder Pflanzen, einem selbstgemalten Poster, einem interessanten Photo
oder einem sonst für dich magischen Symbol schmückst!

– Einen Ordner zum Eintragen deiner therapeutischen Kuren. Hier
hinein notierst du die verwendete Heilnahrung, den Beginn, Ver-
lauf und die Beendigung deiner Kur, auch, welche Beschwerden
du hattest zu Beginn, welche während des Verlaufs und welche
nach Beendigung. Wichtig: Wie *fühlst* du dich jeweils? Wie ist
der Mondstand?

– Je mehr Ansätze von Früchten oder Nüssen in Alkohol, von
Kräutern, Öl, Essig, Butterschmalz etc. du dir im Lauf der Zeit
erstellst, desto wichtiger ist es, daß du den Namen, das Datum,
eventuell die Uhrzeit, den Mondstand, die Menge und die
verwendeten Inhaltsstoffe auf deinen Flaschen und Gefäßen
notierst.

– Für die Ansätze sind Saftflaschen mit Schraubdeckelverschluß
gut geeignet. Für die jeweilige Gebrauchsanwendung solltest du
dir aber Apothekenfläschchen mit Spezialverschlüssen besorgen:
Gut geeignet sind braune Glasfläschchen zu 50 ml, von denen
du dir einige mit Pipettenverschluß und einige mit Sprühkopf
(aus der Apotheke oder alternativen Gesundheitsläden) besorgen solltest. Oder du kannst dir deine Haut damit dort einsprühen, wo die Chakren sind, die du bevorzugt stärken willst.
Die Inhalte der Pipettenfläschchen lassen sich leicht und wohl-
dosiert anwenden und auch unterwegs mitnehmen, sei es in der
Handtasche, im Handschuhfach deines Fahrzeugs oder in der
Reiseapotheke.

– Halte dir selbstklebende Etiketten und Stifte, Schere, dazu durch-
sichtiges Klebeband auf deinem Regalbord stets griffbereit, damit
nicht jedesmal die Sucherei losgeht. Die beschrifteten Etiketten

müssen zusätzlich mit Klebeband überklebt werden, weil du sonst nach einer Weile deine »magischen Werke« durch die Feuchtigkeit, die in jeder Küche entsteht, nicht mehr entziffern kannst.

Schlendere immer mal wieder durch ein gut sortiertes Gartenpflanzengeschäft, und besorge dir Kräuterpflanzen, die du bisher noch gar nicht gekannt hast! Dazu holst du dir die entsprechende Literatur, und dann experimentiere nach Lust und Laune mit diesen »Kräutlein« zu deinen Früchten und Gemüsen!

Schreibe dir Invokationen und Texte, die dich besonders ansprechen, aus Büchern heraus, oder entwickle selbst welche, und hefte sie an die Wand in deiner magischen Küche, so daß du sie stets griffbereit hast, wenn du sie brauchst. Du kannst besondere Farbstifte, farbiges Papier, besondere Formate dafür wählen, du kannst ein Buchzeichen daraus erstellen, oder du kannst ein Photo oder ein selbstgezeichnetes Bild darauf befestigen.

Warte dir selbst wie deinen Lieben mit immer neuartigen spielerischen Überraschungen auf. Laß niemals wieder Gleichförmigkeit in deiner Küche walten, sondern stärke in allen Dingen Nonkonformität, lebe gegenrhythmisch zu allem Eingeschliffenen, durchbrich immer wieder Automatismen, sei lebenssprühend und dadurch magisch attraktiv! Vergiß, daß »man« um 12 Uhr »etwas Warmes zu Mittag ißt«, sondern schau, was dir und deinen Lieben wann am liebsten ist und am besten bekommt und was leicht, flink und lebendig macht.

Besonders deine Kinder haben, je jünger und damit je näher dem »Himmel« sie noch sind, ein instinktives und intuitives Wissen, genau die richtigen Dinge zur richtigen Zeit zu essen, wenn du sie nur läßt. Dies gilt ganz besonders dann, wenn sie sich unwohl oder krank fühlen. Lern du von ihnen, und verbilde sie nicht im Sinne von Normen. (Wir haben als Kinder beispielsweise einmal mit Begeisterung über etliche Wochen hinweg täglich Schokoladenpudding mit Sauerampfer gegessen, den wir uns in unser Baumhaus abgeschleppt hatten, haben zu diesem Mahl auch Freunde eingeladen und uns äußerst wohl dabei gefühlt.) Kinder haben, solange sie unverbildet sind, noch einen natürlichen Hang zum Abenteuerspiel, das sie sich lebenssprühend fühlen läßt, sie glücklich macht. Vielleicht machen wir es ihnen hier und da nach?

Auch könntest du deine Küche zu einem kreativen Zentrum, zu einem Treffpunkt für interessante Begegnungen und Gespräche gestalten. Und sie könnte ein Hort sein für alle diejenigen, die solches gerade brauchen.

Farbenfreude und Kreativität in deiner Küche

Vielleicht läßt du dich sogar inspirieren, deine Küche generell umzugestalten und sie zu einem Zentrum deiner Wohnung oder deines Hauses zu machen? Vielleicht reißt du eine Wand heraus, und gestaltest dir eine Lebensraum-Küche, anstelle eines langweiligen Wohnzimmers, das hauptsächlich zum Fernsehen benutzt wird und das jegliche Kreativität verhindert? Vielleicht verlegst du einen extra-großen Eßtisch in die Mitte deiner Küche, an dem du werkeln und deine Kinder auch ihre Hausaufgaben machen können – denn so machen sie sie meist sowieso am schnellsten und am liebsten –, oder vielleicht stellst du eine gemütliche Couch ans Fenster? Experimentiere, sei flexibel, stell auch mal um, wo möglich, und glaube nicht, daß das nur mit viel Geld zu erkaufen sei.

Das Gegenteil ist eher der Fall, denn wo steht geschrieben, daß du nur in einer Luxusküche glücklich werden kannst? Das Leben selbst hat ganz andere Gesetze, durch die du dich wohl und zufrieden fühlst: nämlich die deiner eigenen Kreativität. Wenn du dein eigenes Schöpfertum erweckst, wirst du lebenssprühend und glücklich. Drum streich lieber alte Stühle und Tische und Schränke an, experimentiere mit Farben an Wänden, Vorhängen, Rollos, Kissen, und allem, was dir zum Thema Farben und Magie einfällt. Auch wenn du nur eine Kochnische oder Miniküche dein eigen nennst, kannst du etwa durch attraktive Farben, dazu einigen Brombeerranken über deinem Fenster oder an der Decke, vielleicht einer Schale mit Farn, dazu besondere Steine oder Natursubstanzen schon beinahe zaubern. Bei großer Beengung kannst du vielleicht für dein alchymisches Spezialregal eine Lösung finden, indem du eine Wand des angrenzenden Raumes hinzunimmst, etwa, indem du die Küchentür aushängst. Die Kunst ist nicht, aus der Fülle heraus kreativ zu sein, sondern aus der Kargheit des Vorhandenen, und aus dem Möglichen das Beste zu machen. Die größten Kräfte entfalten sich sehr oft aus der Einschränkung, denn so reifen sie in dir genau zu der Fülle, die du vielleicht im Äußeren so schmerzlich vermißt! Gerade durch die größten Schwierigkeiten können sich oft die besten Ideen und Inspirationen entfalten, das weiß nicht nur jeder Künstler.

Wie wäre es, wenn du zu bestimmten Jahreszeiten oder Bedürfnissen jeweils andersfarbige Vorhänge in deiner Küche aufhängen würdest?
Vielleicht

★ strahlendes Gelb zur Ionisation und geistigen Durchatmung,
★ mystisches Violett für die Jahreszeit, in der dir danach ist,
★ leuchtendes Rot, wenn du Antriebskräfte brauchst,
★ tiefes Blau, wenn du Ruhe, Besinnung und ordnende Kräfte suchst,
★ leuchtendes Apfelgrün, wenn du dich in neue Räume hinein ausbreiten willst,
★ Türkis, wenn du kristallklar und inspirativ sein willst,
★ kraftvolles leuchtendes Orange, wenn du zu lebenswarmen Entscheidungen kommen willst.

So eine Auswahl von Stoffen mit klaren, leuchtenden, eindeutigen Farben, die du deinem seelischen Empfinden gemäß nach Bedarf wechseln kannst, kostet vielleicht weniger, als es manche Kleider tun. Das Ergebnis bewerte selbst!
Auch könntest du dir in deiner Küche einen gemütlichen und kreativen Sitzplatz zum Telefonieren einrichten, mit allen Unterlagen, Adressen, genügend Papierblocks für deine etwa dabei entstehenden Kritzelbilder, und allem, was du sonst noch dazu brauchst. Wenn du längerdauernde Kochprozesse beaufsichtigen mußt, beispielsweise Zwetschgenmus, das eindickt, könntest du dich mit einem spannenden Roman gemütlich hinsetzen, den du schon immer mal lesen wolltest.
Jedenfalls kannst du »Küche und Kochen« als einen zentralen

alchymischen Weg wiederentdecken, kannst deine Kreativität entfalten und dein magisches Gesicht aus dir selbst wieder heraus befreien. Du kannst das GESICHT DER GÖTTIN in dir wiedererwecken, wie es war, in uralter Zeit. Du *erinnerst* dich zunehmend deiner alten magischen Kräfte einfach dadurch, daß du eben heute zunehmend magische Handlungen ausführst. Du trainierst dich sozusagen in Sachen Magie und wirst langsam sicherer. Nach den zunächst kleinen magischen Handlungen, die du beinahe spielerisch ausgeführt hast, wirst du vielleicht bald auch kraftvollere magische Handlungen ausüben wollen, die schon nicht mehr so spielerisch zu handhaben sind. Irgendwann bist du dann soweit, daß du weißt, was du wann, wie magisch, also eigenbewußt schöpferisch zu bewirken hast. Dann hast du zu deiner wahren Handlungsvollmacht zurückgefunden, die dir als Mensch einmal anvertraut worden war. Du rollst die Zeitschnur wieder auf, wie den roten Faden der Ariadne, der das Verwirrspiel des Labyrinths zu besiegen vermag. Du wirst dir deiner in der Tiefe deines Wesens liegenden Kräfte wieder bewußt. Und zuletzt noch stärkst du das Gesamte, die wiedererwachende gemeinschaftliche, allen zugute kommende Kraft von Mutter Natur.

So erwache aus deinem Aschenputtel-Dasein, und werde zur Königin! Denn du bist es wert.

Ich liebe mich
in allen Dimensionen
meines Seins.

Ich arbeite jetzt stets
mit mir selbst
vollkommen zusammen.

DRITTER TEIL
DIE NAHRUNGSMITTEL

Man soll seinem Leib etwas bieten,
damit die Seele Lust hat,
darin zu wohnen.

Winston Churchill

Gemüse und Salate

Vorab noch einmal die Hauptpunkte, die du für deine Experimente mit den Nahrungsmitteln beachten mögest:

★ Alle Texte, mit Ausnahme von »Wissenswertes«, sind esoterischer Natur und sind durch Inspiration erstellt worden. Alle diese Texte sprechen von der schöpferischen Idee eines jeweiligen Nahrungsmittels in ihren Anwendungsmöglichkeiten, die sich durch dich in Erfahrung bringen wollen.

★ Unter der Rubrik »Wissenswertes« habe ich für dich einiges an Streiflichtern zusammengetragen, was mir für dich von Fall zu Fall interessant erschien. Diese Rubrik ist jedoch nicht als umfassend zu betrachten.

★ Die Nahrungsmittel wollen dir Mittler oder Werkzeuge zum Leben, zum Heilwerden, zur Nährung, zur Kraft sein. Die wahre Lebenskraft aber kommt stets aus einem *transubstanziellen Schöpferfeld.* Wenn du lernst, dich diesen schöpferischen, lebenspendenden Strömen immer eindeutiger anzuvertrauen, kannst du im Laufe der Zeit immer besser selbst entscheiden, ob du und wann du und wie du bestimmte Werkzeuge einsetzen willst oder auch nicht. Du kannst dich aus dem großen Quellstrom der Schöpfung, der durch dich selbst *strömt,* ernähren, an diesem heiler werden, aus diesem Wissen schöpfen, in diesem erstarken und deine Aufgabe in der *Zeit heute* immer besser erfüllen. Du wirst somit unabhängiger. Du wirst Schritt um Schritt freier.

★ Wollen wir in dieser Gesinnung gemeinsam wachsen – ich als Botschafterin der Göttin Natur und du als ihr freudvoller Experimentator. Wollen wir gemeinsam einen neuen Ansatz zu den Heilkräften der Nahrungsmittel finden – genauso, wie wir auch in anderen Bereichen der Naturwissenschaften neue Ansätze finden werden. So wollen wir zusammenwirken, den Durchbruch in die neue Zeit zu gestalten, und aus der gemeinsamen Wirkkraft heraus erstarken.

★ Jede therapeutische Anwendung – auch eine solche mit Nahrungsmitteln – ist stets individuell. Sie kann niemals genormt oder standardisiert sein, weil *du* nicht genormt und standardisiert bist! Auch ist sie stets von der rechten Zeit abhängig. Ohne die Beachtung der Zeit an sich (Pflanzung, Ernte, Anwendung), insbesondere der Zeit des Mondlaufes, ist heute allerdings kaum noch etwas wirklich Wissenswertes zu erfahren. Dies gilt für alle Bereiche des Lebens und für alle Bereiche der Wissenschaften.

★ Ich will dich ermuntern, immer besser *selbst* zu erfühlen und zu notieren, was dir zu welcher Zeit am besten bekommt. Die hier vorgestellten Nahrungsmittelbilder wollen dir helfen, dein eigenes Empfinden immer besser wahrzunehmen, nicht mehr und nicht weniger. Sie wollen dir mehr Lebensfreude bringen und dir dein Leben erleichtern. Sie wollen dir Anregungen geben, daß du so oft wie möglich »dein Süppchen« auf eine alchymische Weise mit Feuer, Spaß und Magie kochen kannst!

★ Auch wenn die jeweiligen Nahrungsmittelbilder recht eindeutig besprochen sind – was in der Natur der Sache liegt –, so ermuntere ich dich dennoch, *deinen eigenen Wahrnehmungen stets den Vorrang zu geben!*

★ Es versteht sich von selbst, daß die erarbeiteten Licht-, Nähr- und Heilindikationen nur für wirklich naturreine Nahrungsmittel gelten.

★ Nahrungsmittel, die du nicht verträgst oder auf die du gar allergisch reagierst, müssen nicht unverträglich an sich sein. Allzumeist dürfte es wohl eher so sein, daß dein Organismus die vergiftenden, denaturierenden, verfälschenden Manipulationen, die mit ihnen angestellt wurden, nicht toleriert.
Wenn etwa Giftstoffe in Nahrungsmitteln in zu hoher Konzentration nachgewiesen wurden, so werden oft einfach die jeweiligen Grenzwerte nach oben gesetzt! Vielleicht solltest du deinem Körper hierfür dann eher dankbar sein, wenn er revoltiert, was meinst du? Vielleicht solltest lieber du mal revoltieren?

★ Ich will dich ermuntern, voller Mut und Engagement deinen eigenen Beitrag zur Veränderung zu leisten, wenn du Nahrungsmittel in der angesprochenen guten Naturqualität derzeit nicht mehr, noch nicht oder noch nicht wieder erhältlich findest! So erschaffe selbst das wieder heil, was du derzeit auf dem Planeten im argen findest.

★ So experimentiere mit Humor und erkenne: Du selbst erwachst heute zunehmend zu deiner eigenen Meisterschaft!

Zur Anwendung

★ Manche Gemüse oder Nahrungsmittel haben mich keine positiven Kräfte im Sinne des neuen Zeitalters finden lassen. Die Überschriften sind aus Gründen der Übersichtlichkeit aber dennoch in ihrer positiven Formulierung verblieben.

★ Unter der Rubrik »Was gut dazu paßt« sind lediglich die Nahrungsmittel angegeben, die sich *ganz besonders gut* und harmonisch mit dem jeweils beschriebenen Nahrungsmittel in alchymischer Weise ergänzen, die sich gegenseitig erhöhen oder in ihrer Kraft potenzieren. Dasselbe gilt für die Menü-Zusammenstellungen.

★ Die bei den Rezepten angegebenen Salatsaucen sind fast alle ohne Öl zubereitet, weil viele Öle – ganz im Gegensatz zu Milch/Sahne/Joghurtdressings – eher beschwerende (und »magnetisierende«) Eigenschaften haben. Wer Kalorien sparen will, kann anstelle der Sahne Joghurt, Sauermilch oder Milch verwenden.

★ Alle Rezepte sind, wenn nicht anders bezeichnet, für vier Personen berechnet.

DIE ARTISCHOCKE

Cynara scolymus
Asteraceae – Familie der Korbblütler

Wissenswertes

Die Artischocke hat ihre Heimat im Mittelmeerraum und ist seit mehr als 2000 Jahren als Nutzpflanze bekannt. Sie liebt die Wärme. Sie ist deshalb in Mitteleuropa nicht winterhart und und gedeiht nur dort im Freiland, wo ein mildes Klima vorherrscht. Die Artischocke hat wunderschöne blauviolette bis purpurfarbene Blüten. In Artischocken wurde der arzneilich wirksame Bitterstoff Cynarin gefunden, der für die Heilwirkung bei Galleleiden zuständig ist. Auch wird die Artischocke vorbeugend gegen Arteriosklerose eingesetzt. Eßbar sind die leicht bitteren, gekochten Böden der Blütenstände und der Ansatz besonders der inneren Hüllblätter.

Schöpferische Idee und Bestimmung

Die Idee der Artischocke ist Schutz, Abschirmung und Entgiftung. Sie hat höchst heilsame Eigenschaften. Die Artischocke repräsentiert ein sehr hohes geist-ätherisches Feld, in dem eine hohe Güte, Lebenswärme, Lebensfreude und zugleich eine alles durchdringende fürsorgende Schutzkraft präsent ist. Dieses Feld könnte man vergleichen mit einem rosenblättrigen Schutzhort, einem kreisrunden, hyperenergetischen Bezirk, der mit lebenswärmendem Frohsinn und einer heiligenden Kraft denjenigen durchatmet, der sich in diesem Heilfeld aufhält. Einschneidendes und Schmerzhaftes, die Ecken und das Kreuz der Materie prallen vor diesem Heilfeld ab. Deshalb besitzt die Artischocke solche hohen lebenspendenden, tröstenden und fürsorglichen Heilkräfte. Auch wird das Schutzorgan des Lebens – das ist die Leber – geschützt und betreut.

Eine gesunde Leber versorgt den gesamten Organismus mit Lebenswärme und Humor. Eine geschwächte oder kranke Leber führt stets auch zu seelischen Minderungen, wie einem traurigen Gemüt, bis hin sogar zu Depressionen. Wer biologische Leberschutztherapie betreibt, betreibt damit immer auch Seelenpflege. Und wer Seelenpflege betreibt, stärkt und schützt damit zugleich seine Leber. Wessen Leber und Seele traurig und trübe sind, der braucht vor allem:
- Wärme,
- Kraftzuwachs durch Ruhen und viel Schlaf,
- Sonne und heilendes Licht (auch Sonnentherapien mit guten Geräteheilsonnen).
- Danach erst und zusätzlich kommen die sonstigen Therapien!

Die Heilkraft zur Erprobung

Aufbauend auf der Grundlage von Wärme und Sonne kann nun durch die Heilkräfte der Artischocke weitere spirituelle Lebenswärme vermittelt werden. Ungutes, Überhebliches, Lebenskränkung, verdeckter Stolz, Täter-Opfer-Haltung werden in eine mögliche Lösung gebracht. Die entsprechenden körperlichen Elemente kommen wieder ins Fließen, und die Giftstoffe werden ausgespült. Die Galle strömt. Das ergibt eine Druckentlastung im Oberbauchbereich, eine zügige Aufspaltung der Fette und Fettsäuren und auch dadurch ein fröhliches Gemüt. Auch Gallensteine und Nierensteine können in Bewegung geraten und ausgespült werden. (Vorsicht, falls du von einer Steinbelastung bei dir weißt, solltest du eine Artischockenkur nur mit therapeutischer Begleitung starten!)

- Die Artischocke regt den Lymphstrom und die Lymphentgiftung stark an,
- erneuert die roten und die weißen Blutzellen,
- regt die Lymphe zum Fließen an, wie überhaupt der Hauptwirkungsbereich das gesamte lymphatische System ist,
- wirkt stoffwechselsteigernd,
- steigert die Hautentgiftung,

– ist aber zugleich auch ein Hautschutzmittel, mit einem Haut-
schutzfaktor erster Güte
– und wirkt anregend auf den Hautstoffwechsel.

Die Artischocke hat vielfältige Schutzfunktion. Ihre Schutzeigenschaft kann eingesetzt werden für ängstliche Kinder, die mit neuen
Lebenssituationen nur schwierig zurecht kommen und die sich
allein oder allein gelassen fühlen. Diesen Kindern soll man aus den
Artischockenblättern einen Tee mit Honig und Zitrone kochen.

Dies gilt aber nicht nur für Kinder, sondern für ängstliche Menschen überhaupt, für solche auch, die sich allein oder im Stich
gelassen fühlen. Auch ist sie nützlich bei allen Arten von Ängsten,
seien diese nun berechtigt oder nicht, auch bei Angst vor Menschen-
mengen, Platzangst und anderem mehr.

Die Schutzeigenschaft der Artischocke bezieht sich zugleich auch
auf negative geistige Energien, genauso, wie sich der Abschirmfak-
tor auch auf radioaktive Verseuchung bezieht. So ist sie auch ein
Schutz vor negativen durchleuchtenden Strahlen, wie etwa vor
Röntgenstrahlen und harten ionisierenden Strahlen, aber auch vor
fehlgesteuerten enzymatischen Abläufen im Organismus. Zudem
ist sie ein Schutz vor Gedankenkontrolle und vor schwarzmagi-
schen Praktiken, ein hoher Schutz vor Negativität, und sie schirmt
ab. Wer gelegentlich gezwungen ist, sich in überfüllten Räumen
oder bei negativen Menschen aufzuhalten, sollte sich mit Arti-
schocken-Essenz schützen.

Die Artischocke gibt Schutz auch vor negativen Beeinflussungen
geistiger Wesen, seien diese an einen Körper gebunden oder un-
körperlich.

Sie schützt vor Machtgelüsten, Beeinflussungen und Domina-
tionsgehabe von Mitmenschen und vor Manipulationen geistiger,
seelischer wie körperlicher Art.

Die Gehirnrinde wird angeregt, sich nicht abzukapseln, sondern
den Licht- und Sternenaustausch mit höheren Welten zu ermöglichen. Die Artischocke ist somit ein Lichtschutzfaktor erster Güte,
in der Weise, daß der Mensch bereit gemacht wird, sich mit Licht
und durch Licht erleuchten zu lassen. Negatives hat hier keinen
Raum.

Die Schutzeigenschaft ist auch bei nässenden Wunden und Exzemen einzusetzen.

Die Artischocke ist auch in der Tiermedizin zu verwenden.

★ Die Artischocke ist eine hohe Meisterpflanze und soll für die Neue Zeit verstärkt angebaut und verwendet werden.

Anwendung

Die Artischocke kann in vielerlei Zubereitung nützlich sein:
- als Rohsaft,
- gekocht,
- gefroren,
- gebacken,
- in Alkohol extrahiert oder
- in Zucker eingelegt;
- auch als Räucherwerk in getrockneter Form hat sie hohe Schutzeigenschaften.

Von den verschiedenen Anwendungsmöglichkeiten gebe ich dir hier soviel zum Experimentieren in deine eigene Hand, wie derzeit möglich. Die Schutzenergie und hohe Kraft der Artischocke solltest du in dein tägliches Leben – bei Tag, aber auch besonders bei Nacht – einbauen. Sie wird dir unglaublich nützliche und wertvolle Dienste in der Neuen Zeit leisten. Wie wirst du dich damit beschäftigen? Wirst du das Wissen dann auch weitergeben?

Die reinigende, entgiftende und schützende Kraft der Artischocke ist eine transsubstantielle Kraft. Sie überbrückt Welten, schützt vor Gegenwelten und geht über irdische Begrenzungen hinaus. Zum Entgiften, zum Schutz von Leber, Galle, Nieren, Bauchspeicheldrüse und Harnorganen und für die schützende Kraft überhaupt sind die fleischigen Blätter des Blütenstandes einschließlich des Heues, einschließlich des eßbaren Bodens geeignet. Der Boden kann gekocht, gegrillt, gebraten oder auch für drei Stunden in Milch eingelegt werden. Die Milch wird dann getrunken. Es kann aber auch Brühe oder Tee aus den Blättern bereitet werden. Die Artischocke kann auch in Kornschnaps oder Äthanol eingelegt oder zu Eis gefroren und dann weiterverarbeitet werden.

Zubereitung von Tee
Verwendete Teile: die Blütenblätter und das Heu – mit oder ohne den eßbaren Boden.

1. Aus frischen Pflanzen:
Die fleischigen frischen Blütenblätter und das Heu sollten eine halbe Stunde auf kleiner Flamme, nur simmernd, ausgekocht werden. Die Artischockenblätter, die üblicherweise weggeworfen werden, ergeben somit einen wunderbaren Heiltee.

2. Aus getrockneten Pflanzen:
Die Artischocken können auch getrocknet werden und behalten ihre Wirksamkeit etwa ein bis – in abgeschwächter Form – drei Jahre lang. Die fleischigen Blätter samt dem Heu werden heiß getrocknet, entweder in luftiger Sonnenhitze oder im Backofen. Sie wünschen sich ungefähr 80 Grad Trocknungshitze, wollen somit relativ heiß und relativ schnell getrocknet werden. Langsames Trocknen ist hier nicht das Mittel der Wahl. Die getrockneten Blütenblätter soll man locker und lose schichten. Sie wollen zwischen Watte oder Seidenpapier oder Seide geschichtet und am besten in Span- oder Holzschachteln oder in Papiertüten aufbewahrt werden. Sie mögen kein Metall und auch kein Glas, denn sie wollen ihre Flügel in die geistigen Welten hinein ausstrecken. Ein Beengen und Einpressen der getrockneten Artischockenblätter ist deshalb nicht von Vorteil, wenngleich auch dann noch eine gewisse Wirksamkeit vorhanden ist.

Ein Dazulegen von ein wenig Gold oder von einem Türkis intensiviert noch zusätzlich die Heilwirkung.

Die getrockneten Artischocken lassen sich am besten bis zu einem Jahr aufbewahren. Während dieses Zeitraumes findet sich die stärkste Wirkung. Danach gibt es einen rapiden Wirkungsabfall, der sich aber wieder fängt. Dann hält die etwa nur noch 10%ige

Heilwirkung noch bis zu drei Jahre an. Die restlichen 10 % sind jedoch auch noch sehr wertvoll. Die Entgiftungswirkung ist wohl kaum noch vorhanden, die aufbauende und stärkende Wirkung ist jedoch noch sehr ausgeprägt. Desgleichen ist der Schutz vor harten Strahlen noch gut vorhanden. Wer für diesen Fall einen gezielten Schutz aufbauen will, sollte jedoch stets die *gesamte* Palette wie folgt nutzen:

a) Haut und Haare waschen und Baden, einreiben und einsprühen mit der alkoholischen Tinktur.
b) Die alkoholische Essenz einatmen.
c) Die Trockensubstanz räuchern und einatmen.
d) Den Tee trinken.
e) Die Böden essen.

Die größte Schutzwirkung wird durch Baden, Haarewaschen und Einatmen hervorgerufen wie auch durch das Räuchern getrockneter Blätter. Wird ein umfangreicher, stärker wirksamer Schutz benötigt, brüht man etwa die Menge von einem Liter Wasser mit der entsprechenden Menge getrockneter Artischocken zu Tee auf und gibt diesen Tee als Zusatz zu einem Wannenbad, das aber sonst keine weiteren Zutaten enthalten darf. Dauer des Badens: 30 Minuten. Diese Anwendung ergibt die stärkstmöglichste Schutz- und Heilwirkung.

Alles benannte im Dreier-Rhythmus und mindestens drei Tage lang ausführen.

Anwendung und Dosierung des Tees
Man nimmt etwa einen Teelöffel Trockensubstanz auf eine Tasse kochend heißes Wasser. Dieser Tee muß aber unbedingt heiß getrunken werden, sonst ist wenig Wirkung vorhanden. Der Tee soll helleuchtend sein, deshalb gibt man immer etwas frische Zitrone hinzu. Auch ein kleiner Löffel hellster, reinster, absolut naturreiner Blütenhonig verstärkt noch die Wirkung.

Heilmöglichkeit des Tees
Dieser Tee ist heilsam bei vergiftenden oder düsteren Gedanken bis hin zu Depressionen, auch bei Zellgewebs-Erkrankungen. Auch

kann er als eine magische Kraft für geistige Heilreisen eingesetzt werden. Er ist herzstärkend, den Gallengrieß ausleitend, die Galle stärkend, Gedanken klärend, höchst demagnetisierend und lymphreinigend. Er ist heilsam bei Wunden, heilsam bei Ausschlag; der Hautschutz ist in dieser Anwendung sehr ausgeprägt, ebenso der Schutz vor gegengeistigen Eindringlingen.

Die Trockensubstanz läßt sich auch vorzüglich räuchern.

Alkoholische Tinktur
Der Artischockentee kann sogar eingedickt und eingekocht werden, um anschließend mit Alkohol versetzt zu werden und als Tinktur zu dienen. Der Tee kann auf ein Drittel eingedickt und auch immer im Drittelprinzip – zu einem Drittel oder zu zwei Dritteln – mit Alkohol versetzt werden. Hierzu sollte eine Milchzuckertablette oder drei Globuli *Zincum metallicum* D3 zugegeben werden.

Eingefrorene Heilkraft
Sowohl der Tee als auch die eingedickte Essenz als auch die alkoholische Tinktur können auch eingefroren werden. Das ergibt dann eine machtvolle, intensivere und schnellere Heilungs- und Entgiftungswirkung. Jedoch ist hierbei die demagnetisierende Eigenschaft erheblich geringer ausgeprägt. Deshalb ist hier die Wirkung mehr im Sinne von Stärkung, Nährung und Kraftzuwachs vorhanden. Die alkoholische Tinktur wird am sinnvollsten in Eiswürfelbehältern eingefroren. Im Bedarfsfall wird eines der gefrorenen Würfelchen oder Kügelchen dann in den Mund genommen, so daß es langsam schmilzt. Das ergibt einen starken Energieschub und ist hilfreich bei Galleproblemen und bei Depressionen.

Die eßbaren Artischockenböden – und was gut dazu paßt

Die Artischockenböden können, wie bekannt, als Nahrung zubereitet werden, wobei der Schutzeffekt hier am stärksten zur Wirkung kommt in Verbindung mit Butter und Sahne. Auch sollte die reine Idee nicht durch viele andere Nahrungsbeigaben und somit zusätzliche Ideen verwässert werden. Am besten passen zu Artischockenböden:

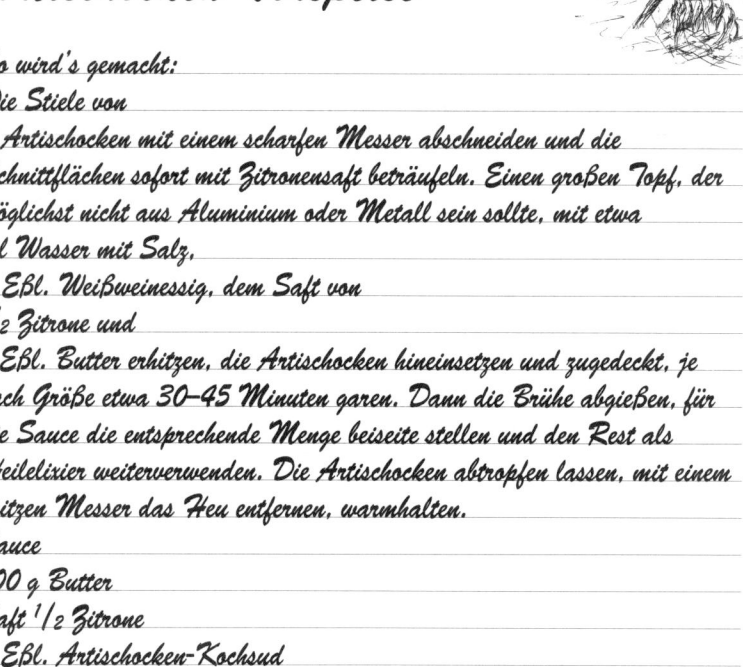

Artischocken-Vorspeise

So wird's gemacht:
Die Stiele von
4 Artischocken mit einem scharfen Messer abschneiden und die
Schnittflächen sofort mit Zitronensaft beträufeln. Einen großen Topf, der
möglichst nicht aus Aluminium oder Metall sein sollte, mit etwa
1 l Wasser mit Salz,
2 Eßl. Weißweinessig, dem Saft von
1/2 Zitrone und
1 Eßl. Butter erhitzen, die Artischocken hineinsetzen und zugedeckt, je
nach Größe etwa 30–45 Minuten garen. Dann die Brühe abgießen, für
die Sauce die entsprechende Menge beiseite stellen und den Rest als
Heilelixier weiterverwenden. Die Artischocken abtropfen lassen, mit einem
spitzen Messer das Heu entfernen, warmhalten.
Sauce
100 g Butter
Saft 1/2 Zitrone
6 Eßl. Artischocken-Kochsud
1/4 l süße Sahne
3 Eigelb
2 Eßl. feingehackte Petersilie
4 Teel. Mandelbutterschmalz (siehe DIE BUTTER).

Für die Sauce die Butter in einem Topf bei schwacher Hitze schmelzen, aber
nicht braun werden lassen. Anschließend Zitronensaft, Artischockensud und
die Sahne unter die Butter ziehen, die Sauce einmal kurz aufwallen lassen,
dann vom Herd nehmen und über einem heißen Wasserbad die vorher
verquirlten Eigelb mit dem Schneebesen unterziehen. Die Sauce dabei cremig
schlagen und im Wasserbad heiß halten. Vor dem Servieren die Petersilie
unterrühren und mit Atlantik-Meersalz und Muskat abschmecken. Die
Artischocken auf vier vorgewärmte Teller geben und mit der Sauce umgießen.
Einen Teelöffel Mandelbutterschmalz auf die Mitte jeder Artischocke geben
und darauf schmelzen lassen. Mit Zitronenscheiben und Petersilie garnieren.

- Buttertoast aus Weizenweißbrot, so hell und rein wie möglich,
- weißer Reis mit einer Rahm-, Butter- oder Béchamelsauce
- oder auch flaumiges, cremiges Kartoffelpüree mit Sahne und Butter, und
  vielleicht experimentierst du auch einmal mit Nelke oder Zimt.

Der eßbare Boden hat mehr körperlich heilende Eigenschaften, besonders im alchymischen Zusammenklang und in Zusammenarbeit mit Milch, Sahne, Butter, Sahnequark und Ei. Auch Weißbrotsemmelbrösel passen sehr gut dazu. An Gewürzen können verwendet werden: Pfeffer, Muskat, Majoran, Basilikum. Geriebene Mandeln passen auch gut dazu.

Es kann aus dem gekochten Boden in Verbindung mit Sahne, aber auch eine eßbare Creme im Mixer zubereitet werden, die sehr heilsam ist. Sie sollte, wenn möglich, zu Heilzwecken im Dreier-Rhythmus gegessen werden, z. B. jede dritte Stunde oder dreimal am Tag oder alle drei Tage einmal.

DIE AUBERGINE

Solanum melongena
Solanaceae – Familie der Nachtschattengewächse

Wissenswertes

Die Aubergine oder Eierfrucht ist eine einjährige Gemüsepflanze – botanisch gesehen gehört sie zu den Beerenfrüchten –, deren Heimat in Ostindien vermutet wird. Sie wird heute in allen wärmeren Ländern, vor allem auch im Mittelmeerraum und in Nordafrika angebaut. Sie ist verwandt mit der Kartoffel und der Tomate, zu denen sie infolgedessen auch hervorragend paßt. Sie wurde im 17. Jahrhundert von den Portugiesen in Europa eingeführt.

Schöpferische Idee und Bestimmung

Die Idee der Aubergine ist: eine Umhüllung aufknöpfen und ein Licht entdecken im Inneren. Sie ist auch Vergeben, Vergessen, Verzeihen und Licht miteinander teilen, wie auch Sich-Mitteilen.
Und sie ist auch ein höherer Friede.

Die Heilkraft zur Erprobung

- Befreiung von Druck,
- Zell- und Gewebereinigung und Zellerneuerung,
- Öffnung von Blockaden,
- Licht- und Sauerstoff-Durchflutung auf der Zellebene, dadurch Reinigung und Heilung.
- Aufgabe von selbstgestrickten Behinderungen aller Art,
- Erblühen der inneren Wahrheit und des inneren Wesens,
- Entlastung von Sorgen und Druck,
- Befreiung und
- Heilung.

Anwendung und Besonderheit

Die Aubergine sollte zu Heilzwecken nicht mit anderen Gemüsesorten gemischt, sondern allein verwendet werden. Sie wird in Scheiben oder Würfel geschnitten, in Butter oder Öl gebraten, mit etwas Salz, Pfeffer und gehackter Petersilie überstreut, auch ein paar Tropfen Zitrone können kurz vor dem Servieren hinzukommen. Die Scheiben werden auf heißen Tellern serviert und sofort heiß gegessen.

Was gut dazu paßt

Etwas Weißbrot, gebuttertes Weißbrot, auch Reis oder ganz leichtes flaumiges Kartoffelpüree kann hinzukommen. Die Hauptspeise sollen die Auberginen sein, die angegebenen Beilagen ein kleines Zubrot.

Die Aubergine ist eine Heilspeise ersten Ranges, welche mithilft, die spirituelle Dimension der neuen Zeit zu öffnen. Wenn die reine Heilwirkung nicht gestört werden soll, sollte weiter nichts davor oder danach oder weiter dazu gegessen werden. Deswegen gibt es aber dennoch eine ganze Reihe südlicher Zutaten und Gerichte, die hervorragend zu Auberginen passen.

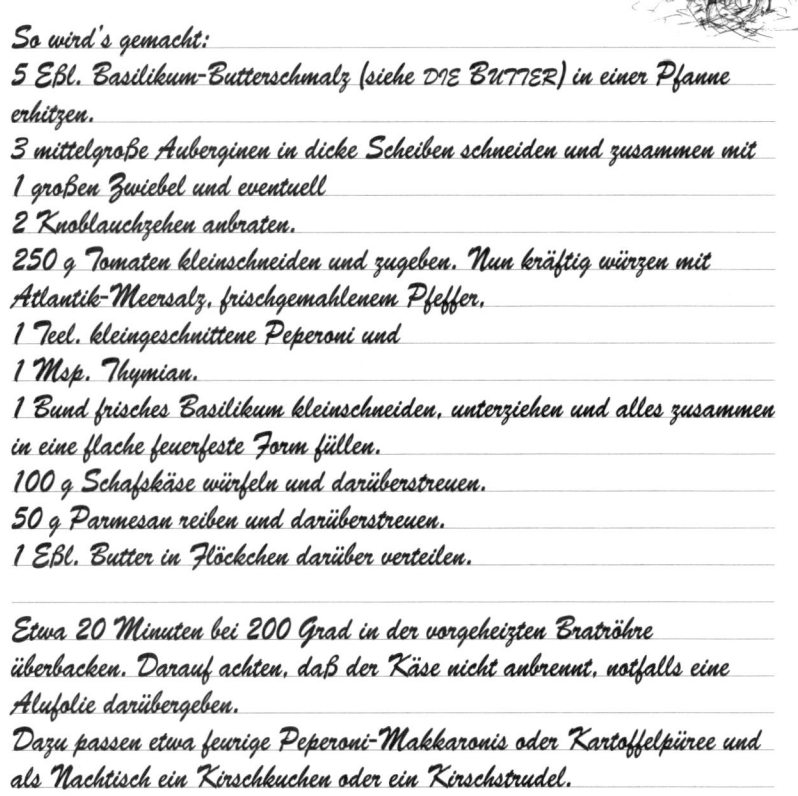

Auberginen-Auflauf

So wird's gemacht:

5 Eßl. Basilikum-Butterschmalz (siehe DIE BUTTER) in einer Pfanne erhitzen.

3 mittelgroße Auberginen in dicke Scheiben schneiden und zusammen mit

1 großen Zwiebel und eventuell

2 Knoblauchzehen anbraten.

250 g Tomaten kleinschneiden und zugeben. Nun kräftig würzen mit Atlantik-Meersalz, frischgemahlenem Pfeffer,

1 Teel. kleingeschnittene Peperoni und

1 Msp. Thymian.

1 Bund frisches Basilikum kleinschneiden, unterziehen und alles zusammen in eine flache feuerfeste Form füllen.

100 g Schafskäse würfeln und darüberstreuen.

50 g Parmesan reiben und darüberstreuen.

1 Eßl. Butter in Flöckchen darüber verteilen.

Etwa 20 Minuten bei 200 Grad in der vorgeheizten Bratröhre überbacken. Darauf achten, daß der Käse nicht anbrennt, notfalls eine Alufolie darübergeben.

Dazu passen etwa feurige Peperoni-Makkaronis oder Kartoffelpüree und als Nachtisch ein Kirschkuchen oder ein Kirschstrudel.

Die Bohnen

Stangenbohne – *Phaseolus vulgaris*
und Feuerbohne – *Phaseolus coccineus*
Fabaceae – Familie der Schmetterlingsblütler

Wissenswertes

Die Stangenbohne wurde, wie alle anderen Bohnenarten, im 16. Jahrhundert aus dem tropischen Amerika nach Europa eingeführt, wobei die im Mittelmeerraum bereits heimischen Bohnenarten nach und nach verdrängt wurden. Bohnen wurden bereits auch in Ägypten 2500 Jahre vor unserer Zeitrechnung kultiviert. Feuerbohnen sind nicht so anspruchsvoll, was Klima und Windschutz angeht wie ihre Schwestern, die Buschbohnen und Stangenbohnen, und eignen sich deshalb auch für robustere Bedingungen. Ihre roten, weißen oder zweifarbigen Blüten sind zudem ein leuchtender Gartenschmuck. Die Sojabohne bildet eine Ausnahme und wird daher an eigener Stelle behandelt.

Schöpferische Idee, Bestimmung und Heilkraft zur Erprobung

Alle Arten von Bohnen generell kühlen den gesamten Organismus und die gesamte Persönlichkeit ab. Sie bewirken das auf eine seltsame Weise, indem sie sozusagen die Drehzahl des Stoffwechsels verringern. Sie senken die Drehzahl der Atome und Moleküle ab und wirken deshalb Masse bindend, zäh, tieflastig und schwergewichtig. Zugleich damit aber bilden sie ein gegenpolares feuriges Element, das sich aber in einer dunklen Tiefe befindet und das dem kühlenden Moment sozusagen Auge in Auge gegenübersteht.

Alle Arten von Bohnen generell haben etwas mit dem Aufeinandertreffen von zweierlei Massen zu tun. Diese Begegnung kann zu leiblichen Komplikationen und Verwicklungen führen, jedoch auch zu einer eher dumpf-tierischen Anregung der Sexualität.

Insgesamt ist somit zu sagen, daß Bohnen aller Art dicht, schwer, zäh und dunkel machen und keine in irgendeiner Weise erhöhende oder gar spirituelle Speise sind.

- Zudem nimmt man zu, wenn man sie ißt, und klug machen sie auch nicht gerade, eher blockieren sie das Denken.
- Wer Lungenprobleme hat, sollte keine Bohnen essen, und
- Menschen, die zu Kopfschmerzen und Migräne neigen, schon auf keinen Fall.
- Auch die Leber ist gar nicht begeistert von ihnen.
- Sogar etwa gekeimte Azukibohnen müssen in die generelle Kategorie gerechnet werden. Sie regen sehr stark das Sexualchakra an und stärken die Potenz, aber auf Kosten des Geistes. Für die Entfaltung des neuen Zeitgeistes sind sie nicht geeignet.

Im Rahmen meiner Arbeit sind keine Heilkräfte zu finden.

Was gut dazu paßt

Wer hier und da dennoch gerne einmal Bohnen essen will, sollte sich eine halbe frische Zitrone auspressen und den Saft in Tee oder Wasser dazu trinken.

Bohnen, als Salat zubereitet und zusammen mit Rettichsalat angerichtet, können jedoch die Kraft des Rettichs ergänzen.

Der Chicorée

Cichorium intybus var. *foliosum*
Asteraceae – Familie der Korbblütler

Wissenswertes

Die Stammpflanze der Salatzichorie ist die einheimische Wegwarte, die als Essenz Nr. 8 – Chicory – auch unter den Blütenessenzen nach Dr. Edward Bach einen hervorragenden Platz einnimmt. So sollten wir auch von der Salatpflanze einiges an Heilkräften erwarten dürfen.

Der Name Wegwarte weist ja schon auf ihren Standort an Wegrändern und Böschungen hin, es ist aber auch ein mythischer Anteil in diesem Namen versteckt. Die Zichorie galt während des gesamten Mittelalters als eine arzneiliche Pflanze, auch bei der hl. Hildegard wird sie als Sonnenwirbel besprochen. Ihre Blüten drehen sich mit der Sonne und schließen sich um die Mittagszeit. Deshalb gehört die Wegwarte auch mit zu den Pflanzen, welche die keltische Sonnenuhr bildeten.

Aus ihren gerösteten Wurzeln wurde bereits seit Mitte des 18. Jahrhunderts der Zichorienkaffee hergestellt. Als Salatpflanze ist sie äußerst wiederstandfähig gegen Witterungseinflüsse und übersteht, ohne abzusterben, starke Fröste. Die Pflanzen können deshalb zur Samengewinnung im Freien überwintern. So zeigt uns die Zichorie ihr beständiges und dabei äußerst wandlungsfähiges Gesicht. Heilsam ist sie in jeder ihrer Erscheinungsformen immer.

Schöpferische Idee und Bestimmung

Die Wegwarte als Prinzip weiblicher Seele wartet in Geduld und Freundschaft auf das Wiedererkennen durch den polaren männlich orientierten Geistpartner. Sie steht deshalb für Austausch von polaren Kräften und Kommunikation.

Die Idee auch des Chicorée ist somit Durchwärmung, Stoffwechselanregung, Entgiftung und Transparenz. Chicorée ist ein Allround- und Universalgenie, das dem Körper in seiner Gesamtheit, besonders auch in seinem Aufbruch ins Wissen und in den Geist der neuen Zeit nützlich ist.

Chicorée heitert auch auf und macht gesellig. Er besitzt geistige Flügel, die er aber erst durch die Gemeinschaft mit der lichtfeurigen Kraft frischer Früchte richtig entfalten kann. Wenn der Chicorée seine Flügel in dir entfalten will, so bedeutet das natürlich, daß er dich bereit macht, daß du dich im geistigen Sinne erheben kannst, daß du deine Flügel ausbreiten kannst, daß du dich in die neue Zeit hineinbewegen kannst.

Besonderheit in der Anwendung

Chicorée sollte deshalb *stets* mit Früchten gemischt werden, dann kann er die ihm eigentümliche Kraft erst richtig zum Ausdruck bringen und kann zugleich von dem Lichtflügelentfalten etwa der Bananen, Grapefruit, Ananas, Apfelsinen, Äpfel oder Kirschen profitieren.

Die Heilkraft zur Erprobung

Alle nachfolgenden Heilindikationen gelten deshalb stets für die Kombination mit frischen Früchten. In Verbindung besonders mit oben angegebenen Früchten entgiftet der Chicorée sehr stark,

- hilft Wasser auszuleiten und auszuschwemmen, an welches Giftstoffe gebunden sind, und
- ist deshalb auch sehr gut, wenn man z. B. eine homöopathische Nosodenausleitung (Ausleitung von Giftstoffen) machen will. Chicorée preßt das Gewebe wie einen Schwamm aus, und durch die gleichzeitig verwendeten Früchte kann sich das ausgepreßte Gewebe dann anschließend mit Licht füllen.
- Der Körper wird optimal mit Sauerstoff versorgt, durchgeistigt, durchwärmt und durchblutet. Alle Organe des menschlichen Körpers ziehen daraus einen hervorragenden Nutzen.

– Auch das Gehirn und die Nervenzellen werden gekühlt, durchlichtet und mit frischer Energie versorgt.

Was gut dazu paßt

Chicorée paßt zu fast allem und wertet jede Speise auf.
– Besonders gut ergänzt er sich mit allem Sonnigen, Sonnenhaften,
  wie Mais, Erbsen, Topinambur, Kirschen (Chicorée-Sauerkirsch-
  salat), Gelbwurz, und mit allem Strahlenden, wie Reis, Kartof-
  feln und
– Früchten aller Art. Besonders gut passen Äpfel und alle Zitrus-
  früchte, Orange, Mandarine, Zitrone, Grapefruit, aber auch
  Ananas, Kiwi, Banane und Zimt.
– An Gemüsen sind es besonders Sellerie, Paprika, Peperoni und
  Avocado.
– Ergänzender sonnenstrahlender Salat ist Rapunzel oder Feldsalat, wie du ihn vielleicht nennst.
– Auch Quark paßt optimal, so daß du etwa eine Quarkcreme mit
  Avocado zu Chicorée bereiten kannst, die du mit frischer Zitrone
  noch zusätzlich aufhellst.
– Auch Hühnerfleisch, Putenfleisch und Ei sind eine gute Ergänzung.
– Besonders gut passen aber auch Walnüsse und alle Nüsse generell, ausgenommen Paranüsse und Erdnüsse. Die Walnüsse geben
  eine kraftvolle Eiweißkomponente zum Chicorée hinzu, welche
  mithilft, *die neuen Eiweiße* zu bilden, die der Mensch auf der
  neuen Erde braucht. Das neue Denken und Handeln wird gefördert. Die Bildung der neuartigen Nervenleitungen und Nerven-
  vernetzungen wird initiiert, so daß diese blitzartig »funken«
  können, wie es zunehmend auch notwendig sein wird.
  Für eine Einladung im Freundeskreis könnte etwa einmal ein
  Chicoréesalat bereitet werden, der verschiedene passende Früchte,
  Nüsse und – für Nichtvegetarier – beispielsweise Hühnerfleisch
  enthält. Das ergibt eine freundschaftlich lockere Atmosphäre und
  gute Gespräche. Dazu könnte man etwa gebratenen Mais reichen
  oder kleine getoastete Weißbrötchen mit Avocadocreme.
  Als Beigabe liebt Chicorée Rotwein und alle Zitronengetränke,

wie etwa Zitronentee, Zitronenlimonade, Zitronenlikör, heißen oder kalten Rotwein mit Zitronen und Mandarinen oder auch eine Sangria.

Chicorée kann man auch in Butter gedünstet servieren, etwa mit einem Kräuter- oder Schnittlauchrührei. Komponiere einmal deine Menü-Zusammenstellung mit Gerstengraupen, Reis oder flaumig-schaumig gerührtem Kartoffelpüree. Eine Apfelsine als Vor- oder Nachspeise, eine gebratene Banane als Beigabe, ein Apfelsinensaft als Getränk dazu durchleuchten dich und deine Tischrunde mit Begeisterung. So sei auch hier wieder kreativ und schöpfe dir deine eigenen Lieblingskompositionen.

Salat von Chicorée mit Orangen und Mandarinen

So wird's gemacht:

4 mittelgroße Stauden Chicorée in nicht zu feine Streifchen schneiden. Die spitzen Enden etwa 5 Zentimeter lang lassen. Entgegen sonstiger Gewohnheit schneidest du den etwas bitteren Mittelkegel aber nicht heraus, denn gerade auch er hat heilende Kräfte.

1 Orange schälen, halbieren und mit einem scharfen Messer in feine Querscheiben schneiden. Mit 6 Mandarinen desgleichen verfahren.

Eine große Platte dekorativ mit den Chicorée-Blattspitzen auslegen. Die geschnittenen Salatstückchen mit den Früchten darauf verteilen. Mit einigen frischen Walnußhälften überstreuen und mit Rapunzelsträußchen garnieren.

Sahnecreme-Dressing

200 g süße Sahne mit

$^1/_2$ Teel. Zucker sanft cremig anschlagen.

1 Prise Zimt und

$^1/_2$ Eßl. Zitronensaft unterziehen.

In einem dekorativen Schälchen gesondert dazu reichen.

Als Variation dieses köstlichen Rezeptes kannst du beispielsweise auch 4 geschnittene Äpfel und 2 oder 3 Apfelsinen verwenden. Dieses Rezept kannst du mit der Sauce wie oben, aber auch einmal ohne jedes Dressing ausprobieren. Du streust dazu etwas Zucker über die geschnittenen Zutaten und läßt den Salat im Kühlschrank 1 bis 2 Stunden Saft ziehen. Stelle ihn aber etwa $^1/_2$ Stunde vor dem Servieren wieder heraus, damit sich das Aroma gut entfalten kann, und streue Walnußhälften darüber. Alle Chicorée-Salate, die du hier findest, ganz besonders auch das Rezept mit Sauerkirschen, eignen sich gleichgut als Vorspeise wie als Nachspeise, als attraktive Bereicherung eines Buffets, zu Feten, Einladungen und festlichen Gelegenheiten.

Rezept

Salat von Chicorée mit Sauerkirschen

So wird's gemacht:
4 Stangen Chicorée zur Abwechslung einmal im Ganzen in attraktive,
breite Diagonalstreifen schneiden. Die dekorativen Enden der Blätter
länger lassen und den Rand einer flachen Salatschale (oder die vier
Teller) damit auslegen. Die Chicoréestreifen auf die Platte geben.
300 g frische entkernte oder abgetropfte eingemachte Sauerkirschen
vorsichtig auf dem Chicorée verteilen.

Mit einem Dressing aus
100 g süßer Sahne,
1 Joghurt,
1 kleinen Becher Sauerrahm,
1 Prise Zimt,
1 Teel. Zucker oder auch mehr, nach Geschmack,
1 Teel. Zitronensaft
und etwas frisch und grob gemahlenem Pfeffer
übergießen.
Zuletzt mit
1 Eßl. frischgehobelten Mandelblättchen oder
1 Tasse Walnußhälften überstreuen.

Ein solcher Salat eignet sich gut als energetisierende, entgiftende,
stoffwechselanregende Vorspeise. Danach könntest du etwa ein Omelette
oder einen Pfannkuchen mit frischen oder mitgebackenen Kiwis servieren.
Diese Menü-Komposition wirkt dann insgesamt auch zellerneuernd.

DIE ERBSEN

Pisum sativum
Fabaceae – Familie der Schmetterlingsblütler

Wissenswertes

Erbsen sind weltweit verbreitet und waren auch mit ein Grundnahrungsmittel bei den ältesten Ackerbauern in Europa. Die ältesten Funde stammen aus steinzeitlichen Niederlassungen des vorderen Orients, der Türkei und aus Griechenland.

Erbsen können frisch und roh oder gekocht verzehrt werden. Sie haben einen Eiweißgehalt von bis zu 20 %, was sie gelegentlich schwer verdaulich erscheinen läßt. Eine Köstlichkeit unter den Erbsen sind die Kichererbsen, *Cicer arietinum*, aber auch die Zuckererbsen, die mit den Hülsen verzehrt werden.

Schöpferische Idee und Bestimmung

Erbsen sind fröhliche Gesellen und Muntermacher ersten Ranges. Sie strotzen geradezu vor munter-fröhlicher Geselligkeit, lieben die Zweisamkeit und sind leckere Trösterchen für allerlei Beschwerden. Sie helfen bei Schwermut, Betrübnis, trübsinnigen Gedanken und Lieblosigkeit.

Die Idee der Zuckererbsen ist vor allem Humor, fließend hüpfende Gelenkigkeit, Leichtigkeit und eine Art geistiges Zubrot. Zuckererbsen wecken wirklich den Humor mitten in deiner Brust; sie lächeln selbst noch im Dunkeln. Sie machen gelöst und schenken dir die Heiterkeit ihrer Seele. Du kannst sie immer mal zwischendurch essen, mehr naschen, um dich von ihrer guten Laune anstecken zu lassen. Im Sommer, wenn es sie frisch gibt, iß sie auch roh und frisch, dann stärken sie auch noch deine Nerven und dein gesamtes Nervenkostüm. Sie verwandeln grau in rosarot; graue, dumpfe und langweilige Tage erwecken sie in deiner Brust zu neuem

Leben. Wenn du eine Phase hast, wo du ausgesprochen streitsüchtig bist, dann nehmen sie den Überschuß an feuriger Energie weg und kühlen dein Gemüt, denn sie bringen dich in jedem Falle in deine Mitte zurück, und das ist genau dein Herzzentrum.

Was Erbsen aber gewiß nicht machen, das ist antriebsstark – das solltest du wissen.

Die Heilkraft zur Erprobung

Frisch geerntet und roh gegessen, von der Hand in den Mund, helfen junge und zarte Erbsen
- bei Bronchitis: Sie leiten den zähen Schleim aus, der durch freudlose und dunkle Gedanken kommt. Wenn sie zäh werden, sind sie aber wirkungslos für Heilzwecke. Nur die ganz jungen zarten feinen Erbschen oder die Zuckererbschen sind zu Heilzwecken nützlich. Sie eignen sich aber auch gut dazu, in Gläsern oder Dosen eingemacht verwendet zu werden.
- Erbsen sind das rechte Gemüse für trübselige Tage.
- Sie sind Nervennahrung und wirken aufhellend auf dein Gemüt.
- Sie ernähren die Leber,
- helfen der Gallenflüssigkeit, daß sie ihre Stoffwechselaufgaben im Organismus besser erfüllen kann und
- heben das allgemeine Lebensgefühl.

Die gelbgesichtigen, meist hageren Leber-Galle-Typen, die ihre Umgebung so gerne mit miesepetriger Laune malträtieren, sollten oft von diesen Zuckererbschen essen. (Ob man ihnen die Erbschen wohl zwangsweise füttern muß? Das obliegt dann der klugen Hausfrau – wie sie ihren Zaubergarten an Gewürzen, Gemüsen und Früchten einsetzt, zum Nutzen des Familienverbandes und des Gesamten.) Es gibt aber auch Kinder, manchmal sogar Kleinkinder, die öfters in solch miesepetriger Laune sind. Dann kannst du als Mutter durchaus berechtigt vermuten, daß eben auch hier Leber und Galle nicht optimal funktionieren, und deinen Sprößlingen junge Erbsen zum Essen geben. Sie werden sie sicher mögen, besonders wenn du sie ihnen mit Sahne, ein wenig Zucker und einem liebevollen Lächeln servierst.

- Man kann junge zarte Erbschen auch als Brotaufstrichpaste zubereiten, so daß man sie auch als Pausenbrot oder als Imbiß für
  »Büro-Muffel« verwenden kann. Experimentierst du hier und
  erfindest etwas Leckeres? Bitte aber nur Weißbrot dazu verwenden!
- Zuckererbsen kann man auch mit der Schale essen und sie in
  etwas Butter und Zucker glasieren, dann wirken sie sogar noch
  stärker und feuriger, noch anregender im obigen Sinne.
- Wenn du sie zusätzlich noch mit Zimt bestreust und sie auf solche
  Weise brätst, nehmen sie Einfluß auf deine Hypophyse und dein
  inneres Auge und helfen dir, Symbole, Zeichen, geomantische
  Orte und innere wie äußere heilsame Geometrien besser und
  leichter zu entschlüsseln. Zugleich schärfen sie dann dein inneres
  Gehör, womit du deine Wachsamkeit für innere Abläufe
  stärkst.*

Anwendung und Besonderheiten

Kleine junge Erbsen – sie werden als »extrafein« bezeichnet –
können auch gekocht und in Dosen eingemacht gegessen werden,
ohne daß sie dabei allzuviel von ihrer Güte verlieren. Wenn es
schnell gehen muß, macht man einfach eine Dose oder ein Glas auf
und ißt, soviel man mag, von diesen Erbschen eben pur.

- Erbsen wollen zu Heilzwecken am liebsten mit ein wenig Zucker,
  auch gerne mit Sahne und Milch angemacht werden.
- Am schnellsten und besten wirken sie, wenn du sie allein und
  ohne weitere zusätzliche Nahrungsmittel verwendest.
- Zuckererbsen können ebenfalls roh gegessen oder nur 1–2 Minuten in leicht sprudelndem Wasser gekocht werden. Sie sollen sehr
  heiß sofort serviert werden.

---

*   Siehe hierzu auch: Barbara Marciniak, *Plejadische Schlüssel zum Wissen der Erde.*
     Verlag Hermann Bauer, 6. Auflage 1997.

Was gut dazu paßt

- Zu jungen Erbschen passen gut frische junge Karotten, gewürfelt, mit geschabter Bourbon-Vanille in Sahne, dazu Kartoffelpüree mit Butter,
- aber auch helles Weizenbrot mit Butter
- oder auch Reis ergänzt sie heilsam.
- Erbsen mit frischen Pfefferminzblättchen sind ausgesprochen herzstärkend und machen zufrieden.
- Vanillepudding mit echter Bourbonvanille paßt als Nachtisch hervorragend dazu.

Rezept

Erbsensuppe

So wird's gemacht:
Ein Pfund getrocknete Erbsen über Nacht einweichen und am Morgen gründlich spülen. Mit Wasser und
1 1/2 Peperoni, kleingeschnitten
1 Teel. schwarze Pfefferkörner
1 Teel. Senfkörner
2 Kaffeel. Majoran
1/4 Teel. Thymian
Meersalz und
helle gekörnte Würze
2 Nelken
3 Lorbeerblätter und
eine Zwiebel
aufsetzen und zwischen 30–90 Minuten, je nach Art und Sorte, auf kleinem Feuer köcheln lassen. Vor dem Servieren viel frische Petersilie und noch einmal einen Teelöffel Senfkörner unterziehen. Kochendheiß – eventuell mit einem Minzeblättchen – servieren.
Dieses Süppchen ist aber nicht nur ein Winteressen. Es macht satt und zufrieden, verschenkt dabei aber auch den Pep und Schwung neuer Ideen und friedvoller Fröhlichkeit.

Fettucini mit Erbsenschoten und Pilzen

So wird's gemacht:
2 Tassen kleine Erbsenschoten oder Zuckererbsenschoten 1 Minute lang kochen und beiseite stellen.
2 Tassen in Scheiben geschnittene Steinpilzchampignons oder andere Pilze in
1 Eßl. Butter braten. In die Pfanne mit den Pilzen geben:
1 Becher Crème fraîche,
1/2 Becher süße Sahne,
3 Eßl. Butter,
1 Teel. Atlantik-Meersalz,
frischgemahlenen Pfeffer,
1 Eßl. Schnittlauch,
1/2 Tasse frischgemahlenen Parmesankäse.
Ganz zuletzt die Erbsenschoten zufügen.
Inzwischen 500 g italienische Bandnudeln – Fettucini – nach Vorschrift in reichlich sprudelndem Salzwasser al dente, also noch bißfest kochen.
Die Nudeln abgießen, in die Pfanne zu den Gemüsen geben, vorsichtig mischen und in eine sehr heiße vorgewärmte Servierschüssel geben. Mit Schnittlauch garnieren.

Doch auch aus getrockneten Erbsen läßt sich noch ein schwungvoll machendes Winteressen bereiten:

Hier ein Erbsen-Schnellrezept für »zwischendurch«

Rezept

Erbsen-Schnellrezept

So wird's gemacht:
Eine kleine Dose (400 g Netto-Einwaage) Erbschen »extrafein«,
den Inhalt komplett. Erbsen mit Koch-Flüssigkeit,
in eine Kasserolle geben und erhitzen.

Dazu kommen:

1 Eßl. Butter,
$^1/_4$ Teel. Senfkörner gemahlen,
$^1/_4$ Teel. Pfeffer gemahlen,
ein kleines Stück Peperoni samt Kernen,
eine Prise Zimt,
1 Teel. Zucker,
Salz,
etwas helle Streuwürze,
1 Eßl. Sahne.
Wenn die Erbschen kurz vor dem Kochen sind, können sie serviert werden.
Das könnte auch ein Mittagsimbiß im Büro sein. Schmeckt lecker und
hebt die Lebensgeister kräftig. Macht munter und hellt die Psyche auf.

DER FENCHEL

Foeniculum vulgare var. *azoricum*
Apiaceae – Familie der Doldenblütler

Wissenswertes

Der Gemüsefenchel ist durch Kreuzung aus wildem Fenchel mit Gewürzfenchel hervorgegangen. Sein Verbreitungsgebiet ist der Mittelmeerraum, die Azoren und Vorderasien bis Persien. Kraut und Früchte werden als Gewürz und als Heilmittel benutzt. Seine krampflösende, blähungstreibende Wirkung ist nicht nur bei Kleinkindern eine willkommene Heileigenschaft. Auch zur Milchbildung hat er sich bewährt. Gelegentlich ist in Bioläden und Reformhäusern auch Fenchelhonig erhältlich, der alle guten Eigenschaften des Fenchels in sich vereint, denn er hat sie »auf den Punkt gebracht«.

Schöpferische Idee und Bestimmung

Die Idee des Gemüsefenchel ist Maßhaftigkeit und maßhalten. Er macht ein mutiges Herz, gibt Freude im Herzen und läßt frohen Sinnes Verantwortung tragen. Fenchel schenkt eine gute innere Ordnung, innere Zentrierung und Güte.

Die Heilkraft zur Erprobung

- Fenchel gleicht aus zwischen Körper, Seele und Geist und beseitigt Ungleichgewichte und Disharmonien.
- Er regt die Zellatmung und die Hautatmung an.
- Er öffnet die Poren der Zellwände, Zellgrenzen und aller zellularen oder auch organischen Umhüllungen.
- Er wirkt austauschend und energieausgleichend zwischen Yin und Yang.

- Auch regt er die Speicheldrüsen und überhaupt die sezernierenden (= Sekrete bildenden) Zellen an, ihre Sekrete gut fließend zu
  produzieren. Wer also etwa zu trockenen Schleimhäuten neigt,
  sollte viel und oft Fenchel essen. Auch den Milchfluß der Wöch-
  nerinnen regt er an.
- Allerdings Vorsicht, er macht beleibt, und ist deshalb für Abnahmewillige nicht unbedingt das Mittel der Wahl.
- Fenchel hat aber noch eine Anwendungsmöglichkeit: Er hilft
  dem Menschen, aus der Verfinsterung schweren Krankseins wieder herauszufinden, so dies noch möglich ist. Damit ist Fenchel
  auch ein Gericht für Schwerkranke, die schon fast mit dem Leben
  abgeschlossen haben. Er schenkt ihnen, so irgend noch möglich,
  ihren frohen Sinn wieder und holt sie wieder ins Leben zurück.

Anwendung

Du kannst Fenchel fein hacken, schneiden oder würfeln und ihn roh
zu einem gemischten oder grünen Salatteller geben. Er schmeckt
dann sehr erfrischend und liebt eine zitronige Würze. Gekocht will
er in Butter gedünstet und als alleiniges Gemüse angerichtet oder
auch im Zusammenklang mit Gemüsegratins zubereitet werden.

Was gut dazu paßt

Zu Fenchel paßt im Grunde einfach alles, deshalb kannst du dir
nach deinen Vorhaben die für dich passenden schöpferischen Ideen
anderer Nahrungsmittel dazu aussuchen. Besonders gut ergänzen
ihn auch frische Karotten und Kartoffelpüree. Fenchel sollte möglichst nur in Butter gedünstet werden.

Rezept

Gemüse von Fenchel

So wird's gemacht:
Pro Person rechnet man eine halbe Fenchelknolle.
2 Fenchelknollen in Stücke schneiden, in
2 Eßl. heißer Butter anbraten, mit
$^1/_2$ Teel. gemahlenen Senfkörnern bestreuen und mit
$^1/_2$ Teel. heller Streuwürze im eigenen Saft bei geschlossenem Deckel
garen. Bei Bedarf gerade nur soviel Wasser zugeben, daß das Gemüse
nicht anbrennt. Zuletzt mit etwas
Pfeffer,
einer Prise Zimt, nochmals etwas frischem
Senfpulver,
Kräutersalz und
2 Eßl. süßer Sahne abschmecken.
Sofort zu lockerem Kartoffelpüree servieren. Ein Gemüse aus feinen
diagonal geschnittenen Karottenstiftchen, in Butter gedünstet und mit
blauen Trauben paßt hervorragend dazu. Als Nachspeise würde ein
Schälchen Quarkspeise mit Früchten, etwa mit Erdbeeren oder Himbeeren
gut harmonieren.

Rezept

Salat von Fenchel mit Äpfeln und Orangen

So wird's gemacht:

2 Fenchelknollen in dünne Streifen und Ringe schneiden und mit Zitrone beträufeln. Du kannst hierbei das zartgefiederte Fenchelblattgrün und die Röhren zum Teil mitverwenden.

1 Apfel in feine Stiftchen schneiden.

1 Orange in feine Querscheibchen schneiden und alles zusammen mit

100 g Krabben und

2 kleingehackten hartgekochten Eiern dekorativ auf einer Platte verteilen.

Ein Dressing aus

1 Eßl. Rotweinessig,

1 Eßl. Olivenöl,

6 Eßl. Sahne,

2 Eßl. Petersilie,

1 Teel. Senf, etwas Meersalz nach Geschmack,

1 Teel. grüne Pfefferkörner und

1 Prise Zimt

bereiten und über den Salat gießen.

Mit Folie abdecken und eine Stunde im Kühlschrank gut durchziehen lassen. Mit dem dekorativen Fenchelgrün und Zitronenscheiben garnieren. Dieser Salat ist eine köstliche Vorspeise oder eine gute Beilage zu Fisch.

Übrigens:

Salatsaucen lassen sich gut in Schraubdeckelgläsern anmachen, darin schütteln und mixen und im Kühlschrank einige Tage aufbewahren. Sie müssen sich aber 1 Stunde vor dem Verwenden wieder bei Zimmertemperatur erwärmen und entfalten können!

Die Gurke

Cucumis sativus und *Cucumis anguria*
Cucurbitaceae – Familie der Kürbisgewächse

Wissenswertes

Die ursprüngliche Heimat der Gurken wird in Ostindien vermutet, wo sie bereits vor 5000 Jahren als Nahrungsmittel kultiviert wurden. Gurkenkerne wurden in den Grabkammern der ägyptischen Pharaonen gefunden. Als das Volk Israel aus Ägypten auszog – so ist es überliefert – sehnte es sich auf seinem beschwerlichen Weg durch die Wüste Sinai nach den saftigen Gurken seiner verlorenen Heimat. Später erfreuten sich die Römer dieser erfrischenden Gewächse. Nach Deutschland dürften die Gurken etwa um 1500 eingeführt worden sein.

Gurken werden in den verschiedensten Formen gezogen und mannigfach verwendet. Sie werden roh gegessen, einer Milchsäuregärung zu sauren Gurken unterzogen und mit Senf, Dill und anderen Gurkenkräutern zu Salz- oder auch Essiggurken eingemacht. Gurken haben bekanntlicherweise eine hohe wasserausleitende, harnsäurelösende und entgiftende Kraft. Sie sind äußerst kalorienarm und sind somit zum Abnehmen, aber auch für Zuckerkranke empfehlenswert. Gurken enthalten nicht nur wassertreibende Bestandteile und Mineralien, welche auf Nieren, Darm und Lungen günstig wirken, nicht nur Jod, Kalk, Eisen und Phosphorsäure, sondern auch ein Ferment, ähnlich dem Insulin, welches die Bauchspeicheldrüse entlastet. Schon im Ägypten der Pharaonen wurde die Gurke als Kosmetikum verwendet, und auch wir können die entzündungswidrigen und hautpflegenden Eigenschaften der Gurke nutzen.

Gurken aus Gewächshäusern sind durch zahlreiche chemische Spritzungen sehr hoch belastet. Sie sollten deshalb stets geschält werden. Wer die außerordentlichen Heilkräfte der Gurke aber voll nutzen will, sollte nur natürlich angebaute Freilandgurken, dann mit der Schale, verwenden.

Schöpferische Idee und Bestimmung

Die Gurke hat von ihrer schöpferischen Idee her große Ähnlichkeit mit der Melone. Beide Früchte sind nahezu gleichwertig. Sie sind die großen Beweger im Organismus Mensch. Sie sind diejenigen Helfer, die für Umkehr und Gegenpolarisierungsvorgänge zuständig sind. Beide Fruchtgemüse gehören deshalb zu den ganz besonderen Heilern, die ich unter dem Begriff DIE VIERZEHN NOTHELFER zusammengefaßt habe. Sie sind die großen Wechsler und Wandler: Sie wechseln (und wandeln) somit Bewußtsein mit Ideen, Körperliches mit Seelischem und Seelisches mit Geistigem. Sie wechseln Kräfte von innen nach außen, Gedanken mit Gefühlen, Höheres mit Niedrigerem und wandeln einfach alles im höchsten Maße.

Wenn wir die Gurke mit ihrer Schale essen, dann schenkt sie uns eine starke ummantelnde Energie; sie verschenkt sich selbst in ihrer ummantelnden Weise. Innerhalb dieses Mantels können dann behütet und beschützt die notwendigen Abbau-, Aufbau- und Umbauvorgänge stattfinden.

Die Heilkraft zur Erprobung

Die Grundheilkraft der Gurke ist Ummantelung, Schutz, Stärkung der Schultern und der Schulterkräfte. Sie schenkt eine starke und gute Rückenkraft, einen festen geraden Rücken und Widerstandskraft. Aus allen solchen Gründen hat sie auch eine Heilkraft bei Krebserkrankungen, denn der körperlichen Manifestation einer Krebserkrankung geht immer ein gravierender seelischer Konflikt, ein seelisches Trauma, ein »Seelenunfall« voraus. Die Seele stürzt ins Nichts ab, in den unnennbaren Weltenabgrund, wie das in der *Edda* genannt wird. Seele und Körper fallen in archaische Urwelten zurück, in denen es noch keine Sauerstoffatmung gab. Wer von dieser Krankheit wieder gesunden will, muß sich nicht nur mit körperheilenden Therapien, sondern auch mit seinem seelischen Absturz ins Nichts befassen. Er muß sozusagen seine eigene Leiter ins Leben wieder erbauen. Und eben das geschieht durch eine starke Rücken- und Schulterkraft.

Damit die Gurke ihre Heilkräfte bei dieser Erkrankung voll entfalten kann, sollte nicht nur ihre Naturreinheit, sondern auch ihr mondischer Rhythmus beachtet werden (siehe Besonderheit). Auch sollte sie so oft wie möglich gegessen werden, denn sie hilft, die falschen Zellen abzubauen, die fehlgepolten Körpersäfte zu reinigen und den Stoffwechsel umzupolen. Gerade hier passen die rohen Rote Beten vorzüglich dazu. Selbstverständlich ist eine generelle Diät bei dieser Erkrankung erforderlich, zudem muß der Schlafplatz verändert werden und alle sonstigen Noxen (Schadwirkungen) ausgeschaltet werden. Besonders auch der Heilung der Seele muß große Aufmerksamkeit geschenkt werden.

Optimalerweise sollte hier eine Gurkenkur im 3-Tage-Rhythmus durchgeführt werden: Man bereitet 3 Tage lang hintereinander einmal am Tag ein Gurkengericht und macht dann für einen, zwei oder drei Tage Pause – am besten ist aber ein Tag Pause. Dann wird dieser 3-Tage-Zyklus wiederholt. Das Ganze sollte möglichst 21mal durchgeführt werden. Das hört sich wohl ziemlich gewaltig an, aber wer an dieser schrecklichen Krankheit in seinem Ur-Lebenszentrum verletzt ist, wird die Mühe sicher gerne auf sich nehmen. Eine entsprechende kalendarische Vorausplanung ist natürlich unumgänglich.

★ Alle Gurkengewächse stehen mit den Rhythmen des Mondes in ausgesprochen heilsamer, stärkender, umwandelnder und entgiftender Verbindung. Wenn wir diesen Rhythmen entsprechende Beachtung schenken, kommt uns dies unmittelbar selbst wieder zugute.

Besonderheit

Aufsteigender Mond – Segen

Es ist sehr wesentlich, zu wissen, wann die Gurke gesät werden will, wenn sie ihre besten Heilkräfte entfalten soll. Die Gurke sollte stets im aufsteigenden Mond gesät werden. Hierzu erforderliches mondisches Wissen kannst du dir durch die Bücher von Johanna Paungger/Thomas Poppe (siehe Literaturverzeichnis) erarbeiten.

Die Gurke liebt lockere, krümelige, würzige Gartenerde, und sie liebt kleine Furchen, so groß wie eine Kinderhand – ja, diese liebt sie außerordentlich, das macht ihr großen Spaß und große Freude. Wir können Dill und Kapuzinerkresse in ihre Nähe säen, auch das liebt sie sehr. Weiterhin liebt sie in ihrem Umkreis Sonnenblumen oder auch Löwenzahn, aber auch Brennesseln, Nelken und Ringelblumen. Kannst du dir vorstellen, daß die Gurke dich auch besonders innig liebt und dir somit hilft, daß du dir selber wieder ganz liebend nahekommst, wenn du ihr solcherart Freuden schenkst?

Zunehmender Mond – Stärkung

Wenn wir die Gurke dann im zunehmenden Mond ernten, stärkt sie unsere Kräfte generell, besonders auch die Leberheilkräfte. Die Leberkräfte nehmen dann zu. Deshalb ist es dann natürlich sinnvoll, wenn man diese Heilwirkung wünscht, daß man die Gurke im beginnenden zunehmenden Mond, kurz nach Neumond erntet, so daß der Organismus und die Leber noch lange von dieser zunehmenden und stärkenden Phase profitieren kann.

Abnehmender Mond – Lösung

Im abnehmenden Mond geerntet, schützt die Gurke unsere Nieren und hilft uns generell, unsere angesammelten Giftstoffe auszuleiten.

Gurkenkur mondisch

Eine Gurken-Blutreinigungs- und -Aufbaukur solltest du 3 Wochen lang durchführen, und zwar beginnen
  bei aufsteigendem,
  möglichst auch bei zunehmendem Mond.
Für eine solche Kur genügen 3 kleine Gurken – *Cucumis anguria* – oder eine halbe Salatgurke – *Cucumis sativus* – am Tag.

Anwendung

Wenn du die Salatgurke zu Heilzwecken essen willst, ißt du sie am besten, wie sie ist, aus der Hand in den Mund. Du kannst sie aber auch in etwas dickere Scheiben schneiden, sie auf einem Teller, mit Dillsahne oder auch etwas Essig und Öl, Pfeffer und sehr wenig Atlantik-Meersalz gewürzt, dekorativ anrichten. Dill ergänzt die Gurke stets in optimaler Weise. Was die Gurke auch sehr liebt, ist, wenn wir sie diagonal aufschneiden. Auch hier schneiden wir sie in dicke Scheiben, um diese dann eventuell noch zu würfeln oder in Stäbchen zu schneiden.

- Diagonal geschnitten hilft die Gurke, das Leberparenchymgewebe zu heilen und uns generell gute Abwehrkräfte gegen Schädigungen aller Art zu geben.
- Gurke ohne Schale entgiftet die Nieren und wirkt auch heilend auf das Nierengewebe ein.
- Gurke, so fein geschnitten, wie es in Deutschland üblich ist, hilft eher Giftstoffe auszuscheiden und hat nicht so ausgeprägt die eigentliche, hauptsächliche Heilkraft – eben die Stärkung eigenständiger Individuation und damit der Widerstandskraft – zu vermitteln. Also kannst du es dir aussuchen, wie du es gerade brauchst.

Krumme Gurken

Die kleinen krummen Gurken – *Cucumis anguria* – werden meist zur Weiterverwendung zu eingelegten sauren Gurken angepflanzt und geerntet. Wenn wir aber auch sie roh essen, steigern sie unsere Abwehrkräfte, stärken die Aufbaukräfte der Leber- und Nierenzellen und stärken unsere Keimdrüsen und alle Keimzellen. Sie stärken somit alle Arten von juvenilem (jugendlichem) Gewebe und sind ein Jungbrunnen besonderer Art. Als Essiggurken – am besten mit vielen Gurkengewürzen eingelegt – gegessen, sind sie nützlich auch für das Nervengewebe. Die Gedanken werden klar, und die Nervenzellen werden gereinigt. Saure Gurken ergeben auch eine hervorragende Blutreinigungskur, ganz besonders in Verbindung mit

Senfkörnern, besonders frisch vor dem Verzehr noch zusätzlich hineingemahlen. Besonders hilfreich sind sie hierzu in Verbindung mit Rote Beten, aber auch mit Quark.

Die dicker wachsenden Gurken, die man im Garten häufig findet, können mithelfen, Suchtpotentiale aller möglichen Art zu heilen. Sie sollten aber für diese Zwecke halbiert und ohne die Kerne gedünstet werden. Oder sie werden gewürfelt und mit Zitrone, Senf, einer Senfrahmsauce mit Petersilie oder auch mit Tomaten geschmort. Trockene mehlige Kartoffeln und Reis passen gut dazu.

Was gut dazu paßt

- Pampelmuse,
- Kiwis,
- Rote Bete,
- Quark, Joghurt, Sahne,
- Dill, Petersilie, Kümmel, Senf, Brennesseln und Sonnenblumenkerne.
- Auch Kartoffeln passen sehr gut dazu.

Rezept

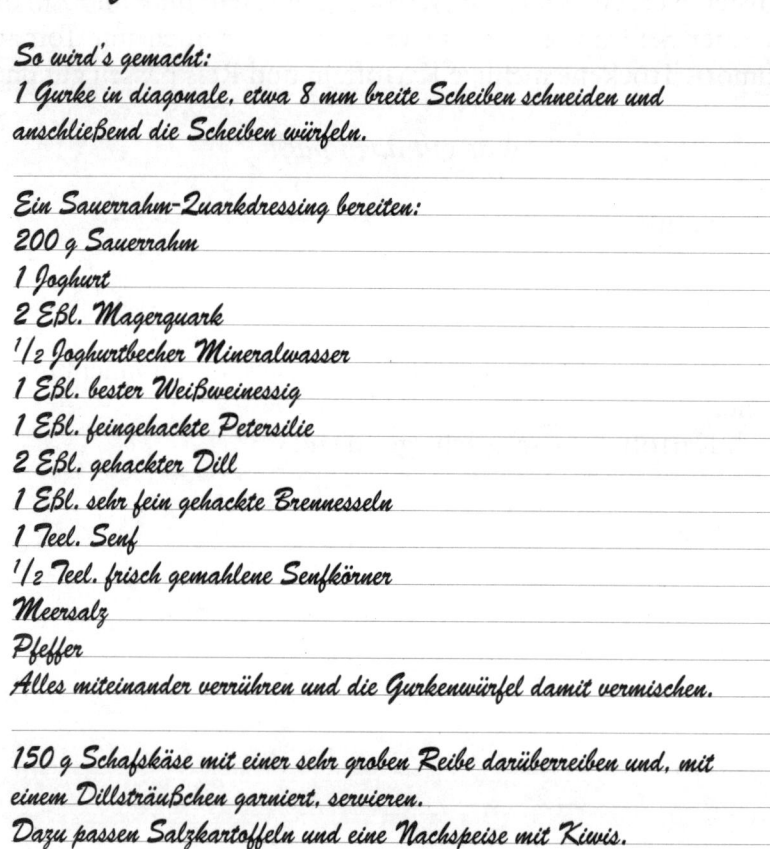

Gurkensalat mit Schafskäse

So wird's gemacht:
1 Gurke in diagonale, etwa 8 mm breite Scheiben schneiden und anschließend die Scheiben würfeln.

Ein Sauerrahm-Quarkdressing bereiten:
200 g Sauerrahm
1 Joghurt
2 Eßl. Magerquark
¹/₂ Joghurtbecher Mineralwasser
1 Eßl. bester Weißweinessig
1 Eßl. feingehackte Petersilie
2 Eßl. gehackter Dill
1 Eßl. sehr fein gehackte Brennesseln
1 Teel. Senf
¹/₂ Teel. frisch gemahlene Senfkörner
Meersalz
Pfeffer
Alles miteinander verrühren und die Gurkenwürfel damit vermischen.

150 g Schafskäse mit einer sehr groben Reibe darüberreiben und, mit einem Dillsträußchen garniert, servieren.
Dazu passen Salzkartoffeln und eine Nachspeise mit Kiwis.

DIE KAROTTE

Daucus carota ssp. *sativus*
Apiaceae – Familie der Doldenblütler

Wissenswertes

Die Wildform der Karotte besitzt eine spindelförmige, weiße und zähe Wurzel und wird bis zu einem Meter hoch, in welcher Form sie auch heute noch etwa auf der Schwäbischen Alb gefunden werden kann. Die gelbe Rübe wurde wahrscheinlich im 13. oder 14. Jahrhundert von den arabischen Ländern aus nach Westeuropa eingeführt. Von den germanischen Völkern wurden die Mohrrüben unter dem althochdeutschen Namen *morha* angebaut. Die Karotte hat einen eindeutigen Platz in der Volksheilkunde als Heilmittel bei Gicht und Rheuma, bei Vergrößerung der Mandeln, bei Diabetes und bei Magen-Darm-Katarrh und -Beschwerden. Sie macht widerstandsfähig gegen Infektionskrankheiten, stärkt das Gedächtnis und gilt als Aufbaumittel, besonders auch für Kinder.

Schöpferische Idee und Bestimmung

Die Idee der Karotte ist Seelenreifung zu einem lichtvolleren Leben. Vorhandene magnetische Prinzipien werden nach und nach umgekehrt und ausgetauscht. Karotten sind ein tiefgründiges Reservoir von Licht und Leuchtkraft und lassen die Seele aus der Tiefe nach oben reifen in eine äußere Sichtbarkeit und Wirksamkeit hinein.

Karotten sind Seelenträger und eine urwurzelnd-tiefgründige weibliche Kraft. Ihr Grundprinzip ist zärtlich, weich, sanft, tröstend, sinnlich, umschaltend und neuordnend. Die Karotte ist aber auch ein Muntermacher ersten Ranges. Sie trägt deine Seele wie auf Fittichen, holt dich zärtlichen Sinnes aus Beengung und Verdichtung heraus und läßt dir die Sonne wieder scheinen.

Karotte und DNS

Karotten repräsentieren ein zentrales Umschaltprinzip, eine Art von geistiger Kammer, in der Boten und Botschaften aus verschiedenen Reichen und Dimensionen zusammentreffen, die hier geordnet, gemittet, ausgetauscht und dann wieder ausgesendet werden. Die Karotte übergibt ihre Prinzipien in den menschlichen Stoffwechsel, indem sie diese wie in das Zentrum eines globalen und multidimensional vernetzten Informationssystems vermittelt.

Erinnere dich an die Bilder der Fernsehübertragungen aus dem NASA-Raumfahrt-Zentrum bei Weltraumprogrammen: Während des Starts einer Raumfähre laufen hier alle Meßdaten des Prozesses und des Umfeldes herein und zusammen, alle Regel-, Steuer-, Signal- und Analysedaten werden permanent interaktiv in Bruchteilen von Sekunden verarbeitet und gehen wieder hinaus. Dann bekommst du eine kleine Vorstellung davon, was sich hier in dir abspielt!

Die Doppelhelix der DNS ist Träger der Erbinformationen. Die gesamte globale DNS aller Wesen wird heute bereit gemacht, die *messengers* höherer Lichtwelten zu empfangen, Stufe um Stufe, Tag um Tag um ein kleines mehr. Die DNS hat diverse Vermittlungs– und Trägersysteme für codierte Informationen, sie hat Boten wie auch Decodierer.

Die alten wie zugleich zunehmend die neugeistigen Informationen werden also zunächst von der DNS codiert gesendet, anschließend decodiert und danach ins biochemische Geschehen geprägt. Im zellularen Bioplasma findet nun die Eiweißsynthese (Zusammenbau) der alten wie der neuartigen Aminosäurensequenzen (der Eiweißbausteine) statt. Die Aminosäuren sind die Bausteine der Eiweißkörper und die Grundbausteine des Lebens auf diesem Planeten überhaupt.

Das vermittelnde System der codierten Informationen ist die sogenannte *messenger*-RNS. Decodierer und zugleich Biomasse-Erbauer der neu zu bildenden Eiweißketten sind die sogenannten Transfer-RNS. Die Transfer-RNS arbeitet wiederum Hand in Hand auch mit den Ribosomen, einem Strukturelement des Bioplasmas.

An solcherart zentralen Schnittstellen, am Übertragungsmodus zwischen DNS-Informationen, *messenger*-RNS und Transfer-RNS greift nun das Licht-Öffnungsprinzip der Karotte ein. Hier werden auch die neuen spirituellen *messengers* übertragen, von wo aus die Informationen dann weiter in den gesamten Organismus gesendet werden.

Karotte und rotes Blut

Die Karotte ist gut fürs Blut. Sie erneuert kraftvoll das gesamte rote Blutbild, sorgt also für eine gezielte Erneuerung der roten Blutkörperchen. Sie schält sozusagen das Animalische, das Seelenverhaftete, das ja im roten Blut, in den roten Blutkörperchen verhaftet ist, aus seinen alten Pelzen heraus. Sie holt das Animalische aus seinen alten Mänteln, seinen Verdichtungen und Schalen heraus und macht es neugeistig blutvoll und strömend lebendig.

Das rote Blutkörperchen ist Träger des Hämoglobins. Das Hämoglobin ist ein Eiweiß-Makromolekül, Träger des roten Blutfarbstoffes und Transporter für den Sauerstoff, ohne den menschliches Leben auf diesem Planeten nicht denkbar wäre. Das Hämoglobin ist ein geheimnisvolles Molekül, das aus mehr als 570 Aminosäuren zusammengesetzt ist. Der menschliche Körper stellt in einer einzigen Sekunde fünfhundert Billionen (!) Kopien dieses Hämoglobinmoleküls her.

Das Hämoglobin ist *das Molekül des Lebens.* Es ist Träger der Gravitation (Erdanziehungskraft) in all den irdischen Organismen, deren Lebensgrundlage das rote Blut ist. Das Hämoglobin ist der Bio-Verketter des Lebens, denn die vier Aminosäurenketten sind an eine Eisengruppe gebunden, und zwar ebenfalls in vierfacher Ausführung. So zeigt sich dir hier im roten Blutkörperchen das vierfach materialisierte Symbol der vier Eckpfosten der Welt, die du in Astrologie, Tarot und sogar in der Bibel als kardinale Schlüsselprinzipien vorfindest. Vielleicht magst du dir hierzu auch einmal die Karte XV zum Thema der Verkettung im Rider-Tarot betrachten?

Das Hämoglobinmolekül besitzt also vier Aminosäureketten, die mehrfach polar elektrophysikalisch aufeinander bezogen, jedoch verspiegelt, deshalb »verkehrt herum« miteinander biovernetzt und auf magnetische Weise mit den vier Eisenkernen verkettet sind. Der Eisenkern in Vierfachausführung ist Träger des vierfachen feurig verstoffwechselnden Prinzips per se.

Das Hämoglobin, das Molekül des Lebens, wird heute neu organisiert. Der Prozeß läuft bereits seit einigen Jahren. Er wird in naher Zukunft in seine heiße Phase eintreten.

Karotte und Zeitgeist

Frisch gepreßter Karottensaft ist von seiner eigenen zellularen Materie weitgehend entbunden, er ist in sich selbst demagnetisiert. Er ist hierdurch zu einem interkommunikativen Kontaktgeber für ZEIT, zu einem Zeit-Vernetzer im gesamten Organismus geworden. Deshalb spult uns die Karotte auch auf die Neuzeit ein, so daß wir den Gesetzen des uranisch-plutonischen Zeitgeistes schneller, leichter, besser, flinker lauschen und dieses Neue dann auch erkennen und umsetzen können. Auch hilft sie uns, die neuartigen Nervenimpulse und -verbindungen schneller im Puls und Rhythmus der neuen Zeit zu kontaktieren.

★ Die Karotte ist deshalb einer der Sieger der spirituellen Wirkkräfte des neuen Zeitalters.

Karotte und karmische Verursachung

Die Karotte söhnt uns mit unseren eigenen Ursachen aus, mit den Verursachungen und den Wirkungen, die wir ja alle selber einmal bewerkstelligt haben. Magst du ahnend einmal dem Wortstamm kar – karma – karo – oder auch charisma nachempfinden? Dir eigene Gedanken machen? Weitere passende Worte finden?

Die Karotte löscht jedenfalls alte Verursachungen und hilft uns, unser neues Kleid der neuen Zeit anzuziehen, dabei fröhlich zu sein und zu lachen und uns geistseelisch neu zu gewanden. Dies alles bewirkt sie über das Blut, über einen neugeistig-vitalisierenden »Blutaustausch« und über die Nervenzellen.

So hilft die Karotte mit, daß wir uns selber besser im rechten Licht sehen und erkennen können. Das heißt, sie macht uns den

Spiegel sichtbar, in dem wir noch befangen sind, und hilft, daß wir uns daraus lösen. Die Karotte macht uns Mut, daß wir unser eigenes Leben leben lernen, so wie wir in Wirklichkeit sind und nicht, wie wir glauben, das wir sein sollten. Sie macht uns Mut zum Eigenen.

Die Heilkraft zur Erprobung

- Die Karotte stärkt die Sehkraft der Augen, und zwar sowohl für die Welt der Erscheinungen als auch für die innere, die seelische Sicht der Dinge.
- Karotten wirken auch sehr beruhigend, so daß sie günstig sind besonders auch vor Streßsituationen wie Klassenarbeiten oder Prüfungen, bei denen es mehr auf die eigene Stabilität und Kernkraft ankommt als auf Kommunikation.
- Auch regenerieren sie die Nervenkraft und sind heilsam bei nervösen Spannungen, Nervenstörungen bis hin zu Nervenausfällen.
- Karotten wirken heilsam bei Leber-, Galle- und Nierenerkrankungen und
- bei Lymph- und Lymphdrüsenerkrankungen.
- Die Karotte stärkt den gesamten Verdauungstrakt vom Mund bis zum Darmausgang, heilt den Darm generell und ist sehr wertvoll bei Magen- und Darmentzündungen aller Art. Der gesamte Magen-Darm- und Oberbauchraum einschließlich Leber, Galle, Nieren und Bauchspeicheldrüse wird heilsam durchwärmt, gekräftigt und durchblutet. Deshalb sind Karotten auch die erste Zuspeise eines Erdgeborenen zur oder nach der Muttermilch. Immer dann, wenn du also ein Bedürfnis nach mütterlicher Fürsorge und Durchwärmung hast, wenn du dich in einer neuen Lebenssituation heilsam stabilisieren willst und wenn du dabei vor allem deine seelischen Kräfte stärken und ausbilden willst, dann iß öfters Karottengemüse oder trinke kurmäßig den frischen Saft.
- Karotten durchbluten und durchwärmen auch das Gehirn. Dabei wird jedoch das bipolare intellektuelle Denken, das hierauf gründende Vernetzungs- und Ideen-Denken und die gedankliche Kommunikation nach außen hin ziemlich stark eingeschränkt.

Das mehr ganzheitliche Seelendenken und die innere zellulare Kommunikation werden dafür gestärkt.

Das eigene Innere, die große Licht- und Zeitvernetzung im eigenen Universum Mensch hat Priorität. Deshalb wirken Karotten im Grunde anti-kommunikativ, soweit es den Austausch mit anderen Wesenheiten, Menschen und deren Ideen angeht, denn das Eigene hat den absoluten Vorrang. Zuerst einmal geht es hier um die *Heilung des Ich*, um die Heilung der Persönlichkeit, um die Heilung auch der gespaltenen Persönlichkeit und um die Kommunikation, Umsetzung und Umwandlung geistig-seelischer wie stofflich-physikalischer Prozesse *innerhalb des eigenen Mikrokosmos*. Auch geht es um die Instandsetzung und Stabilisierung der eigenen Seelenkraft, um die rechte Sichtweise und erst danach um die rechte Fähigkeit der Kommunikation nach außen.

Wer also gerade interkommunikativ und vernetzt denken muß, wer gerade eine Sprache lernt – oder wer beispielsweise eine anspruchsvolle Übersetzung tätigt, sollte während dieser Zeit nicht gerade bevorzugt Karotten essen. Wer spontan, flexibel denkend, spritzig, aufbrechend initiativ sein will, für den sind Karotten nicht gerade das Mittel der Wahl. Wer geistige Höhenflüge zu machen hat, Denkakrobatik betreiben muß, Meetings oder Brainstorming vor sich hat, für den wirken Karotten einschränkend und bremsend, weil die geistige Komponente der Kommunikation mit den äußeren Feldern stark eingeschränkt ist. Es ergibt sich, bei entsprechend disponierter Persönlichkeit, sogar unter Umständen ein Gefühl des Eingesperrtseins, des Auf-sich-selbst-Geworfenseins oder der Nutzlosigkeit.

Menschen, vor allem Kinder, die autistische Anlagen haben (nonkommunikativ und auf sich selbst ausgerichtet sind), auch Menschen, die zur Egozentrik neigen und die gewohnt sind, das Leben stets nur vom Punkt des Ich aus zu betrachten, für all die sind Karotten geradezu kontraindiziert, also gegen-heilend, denn sie sind wirklich anti-kommunikativ.

Ich will noch einmal zusammenfassen:

Wenn du dich in deiner Seele verletzt oder wund fühlst, wenndich das Leben selbst verwundet hat und wenn du den Raum deiner eigenen Identität lebendig machen willst, wenn du in einer gewissen Rückzugsphase deine Seelenaugen öffnen willst, dann iß Karotten. Wenn du ein Mann bist und deine Seelenaugen öffnen willst, wenn du zärtlich und sensibel sein willst, dann iß Karotten.

Wenn aber deine kontakt- und reisefreudige, austauschende, kommunikative Seite, mehr die äußere Seite des Lebens angesprochen ist, wenn es dir Freude macht, deine Gedanken spielerisch und tänzerisch laufenzulassen, wenn es nicht so auf die Stärkung seelischer Abläufe ankommt, dann sind dir Karotten eher hinderlich.

Anwendung und Besonderheiten

Roher frischgepreßter Karottensaft

Roher Karottensaft ist sehr nützlich bei allen möglichen Erkrankungen, die das Blut betreffen, aber auch bei Erkrankungen, die mit dem Blutdruck und mit der Pulswelle zu tun haben. Er vermittelt uns einen neuen Rhythmus, nämlich den Rhythmus der neuen Zeit. Und er spult uns und pendelt uns in die neuen Zeitgesetze ein.

Der Frischsaft – ohne Sahne – ist auch hilfreich bei Gallenbeschwerden bis hin zu Gallensteinen, er wirkt ausleitend auf Gries und Steine, entstaut, entgiftet und lindert Schmerzen.

Karottensaft ist ferner höchst heilsam
- für alle Blutkrankheiten,
- auch für Blutvergiftungen und
- wenn das Blut zäh, schleimig oder infektiös belastet
- oder mit kristallisierenden Substanzen beladen ist.
- Auch hilft er uns, an den Stellen abzumagern, wo wir Dinge angesammelt haben im geistigen, seelischen oder materiellen Bereich, die uns jetzt nicht mehr nützlich sind.
- Er hilft uns aber auch ganz real abzumagern, wenn wir einfach etwas zuviel Fett angesetzt haben. Er ist somit nützlich auch bei Schlankheitskuren. Hierfür soll frisch gepreßter Rohsaft dreimal täglich vor jeder anderen Nahrung getrunken werden.

Bei schwereren Erkrankungen sollte jedoch bei der Einnahme deiner »Karottenmedizin« ein gewisser beständiger Rhythmus eingehalten werden. Dreimal täglich ein kleines Glas für drei Wochen ist eine gute Empfehlung. Eine anschließende Pause von einer Woche ist sinnvoll, bevor sich im Bedarfsfall ein erneuter Einnahmezyklus anschließt. Die Wirkungsintensität einer Heilsubstanz fällt durch Gewöhnung auf die Dauer oftmals ab. Eine Intervalltherapie ist stets dann angebracht, wenn Krankheitsbilder die längerdauernde Einnahme eines Heilmittels ratsam erscheinen lassen. Der Organismus soll sich ja nicht an eine spezifische Wirkkraft gewöhnen, sondern er will dazu angeregt werden, Heilung aus sich selbst heraus zu gestalten. Dies gilt natürlich nicht nur für heilende Gemüse, Salate und Früchte, sondern auch für die meisten Heilsubstanzen aus dem Garten der Natur!

Roher Karottensaft mit Walnüssen

Ganz im Gegensatz zu oben Besprochenem gilt aber: Roher Karottensaft, mit einigen frisch aufgeknackten Walnüssen dazu geknabbert, ergibt eine hohe Wendigkeit im Denken und eine hohe geistige Kapazität, wenn man viel geistig arbeiten muß. Die Nervenzellen werden blitzeblank gescheuert und funktionieren optimal.

Roher Karottensaft mit Fruchtsäften

- Roher Karottensaft mit Aprikosensaft stärkt deine Nerven, nährt deinen Geist und stärkt deine Strahlkraft,
- mit Mandarinensaft nährt und entgiftet er dein Blut und stärkt dir den Rücken,
- mit Orangensaft begeistert er dich, wärmt dich, läßt dich strahlen und nimmt den durch Hilflosigkeit entstandenen Ärger von dir.
- Mit Mandarinen und Orangen wirkt Karottensaft auch heilsam auf die Migräneveranlagung, wenn du eine Winterkur für einige Wochen damit machst. Kopfschmerzen, Migräne, Schulter-Arm-Schmerzen und Halswirbel-Nackenbeschwerden werden häufig mindestens mitbeeinflußt durch Leber-Galle-Probleme und

durch eine Anlage zu Gallen- oder Nierengrieß oder Steinen. Nicht selten wird das Gesamtbild durch eine rheumatische Komponente noch verstärkt. Für den gesamten Erkrankungs-Komplex eignet sich die Berberitze oder der Sauerdorn als biologisches Heilmittel gut. Auch das homöopathische Berberis könnte dein passendes Mittel sein. (Ich empfehle dir aber hier Beratung oder Begleitung durch deinen Naturheil-Therapeuten.) Eine solche Kur könntest du etwa für drei oder sogar vier Wochen durchführen. Vielleicht schreibst du dir dein Befinden auf? Du findest diese Kuranweisung am Ende dieses Kapitels unter: Rezepte.

Rohe Karotten

Wenn du rohe Karotten raspelst, sie längs oder diagonal in Streifchen schneidest und sie mit
- Zitrone, Essig oder Senf anmachst, wirken sie Gallenstau ableitend und befreien dich von Druck (z. B. auch bei Leber-Galle-Migräne).
- Wenn du sie aber mit Sahne und Zucker zubereitest, wirken sie besänftigend.

Geschmorte Karotten

Karotten lieben keinesfalls das Wasser. Karotten, in Wasser gekocht und womöglich gar noch zu weich und in Mehlsauce serviert, sind nicht nur ein Graus feiner Küche und schmecken nicht nur unfein, sondern sind auch biologisch disharmonisch. Schmore sie also stets mit etwas Butter, Sahne oder gutem Öl an, und füge danach nur gerade soviel Wasser zu, daß sie nicht anbrennen. Schmore sie dann mit geschlossenem Deckel auf kleiner Flamme zart, aber nicht zu weich.

Geschmorte Karotten haben ebenfalls eine verwandelnde Wirkung auf das Blutbild und im Bauchraum. Der gesamte Bauchraum wird in ein Wohlbefinden gebracht. Wer mit Blähungen zu tun hat, der kann eine solche Kur mit geschmorten Karotten machen.

Alchymisches – und was gut dazu paßt

Die eigenidentitätstärkende Kraft der Karotte benötigt, um optimal vom Körper resorbiert und aufgenommen zu werden, frische Sahne oder Butter.

– Butter verteilt das Prinzip mehr in die Peripherie deines gesamten Körpers,
– während Sahne das übergreifende Prinzip mit einer Orientierung nach außen hin repräsentiert.
– Salz wiederum stärkt die inwendige Kraft, während
– Zucker eher die nach außen hin öffnende Kraft repräsentiert.
– Säure belebt und macht das Prinzip lebendig.

Nun kannst du dir also deine Karottenspeise selbst alchymisch veredeln und sie dir gemäß zubereiten. Zum Beispiel kannst du gemäß den oben angesprochenen körperlichen Heilungsindikationen wie auch bei einer seelischen Verletzung deine Karotten in Butter schmoren und ihnen etwas Salz zufügen. Willst du jedoch die öffnende Komponente stärken, dann schmorst du deine Karotten in frischer Sahne und fügst etwas Zucker oder für dich passende Früchte zu.

Die Früchte gibst du aber erst kurz vor Beendigung des Kochprozesses hinzu und erhitzt sie nur gerade 30 Sekunden mit. Hierzu eignen sich:

– Kiwis, bitte in feine Scheiben schneiden,
– Trauben, die du halbierst,
– Orangen, die du ebenfalls quer in feine Scheiben schneidest.
– Auch kannst du deinem Gemüse kurz vor dem Servieren ein paar Tropfen Zitronensaft oder wenige Tropfen guten Essig zufügen.
– Mache dir selbst die Freude, deine Karotten in eine vorgeheizte schöne runde Schüssel oder farbige Schale, etwa in violett oder dunkelblau, umzufüllen! Ich habe übrigens selten etwas Sonnenstrahlenderes und Herzerfrischenderes gesehen in Sachen Ernährung als so eine Schüssel mit orange-leuchtenden Karotten, zusammen mit orange-feurigen Orangenscheiben mitten auf dem Tisch.

Weiterhin paßt gut
- Reis, denn er lockert und öffnet. Er ergänzt hervorragend Karotten mit Trauben, Kiwis oder Orangen,
- Salzkartoffeln, wenn du betrübt bist,
- Kartoffelpüree, wenn du nest-bedürftig bist.
- Karotten vertragen sich besonders gut mit Trauben, ergänzen sich mit diesen in ganz wunderbar heilsamer Weise und sollten auch so oft wie möglich gemeinsam verwendet werden.
- Karotten, in die kurz vor dem Servieren einige Kiwischeiben gegeben und miterhitzt werden, befreien zusätzlich von mindernden Abläufen oder Entzündungen im Magen-Darm-Bereich und sind auch hilfreich bei Blähungen.
  Die häufig so beliebten Karotten mit Erbsen sind zu medizinischen Zwecken nicht durchgängig zu empfehlen. Diese Kombination macht, wie unter DIE ERBSEN beschrieben, wohl frohsinnig und wirkt aufmunternd, die oben aufgeführten Heilwirkungen werden jedoch eher eingeschränkt. Wer zu Kopfschmerzen neigt, dem ist ebenfalls abzuraten. Probier es doch einfach aus!
- Vielleicht experimentierst du auch einmal mit dieser Empfehlung der Göttin: Karotten, in Wein geschmort, besonders in Rotwein, sind ein biologisches Blutbildungsmittel erster Ordnung.

★ *Orange-leuchtende Winterkur mit Karotten*

Zur allgemeinen Entschlackung, Blutreinigung, Entgiftung, zur Vitalisierung, Verjüngung, für die Augen, das Herz, für Nerven und Gehirn, für die Schönheit und zum Abnehmen. Wäre das nicht etwas?

So bereite dir
- ★ 3mal täglich oder öfter frisch gepreßten Karottensaft,
- ★ Mandarinen und Orangen oder deren Saft nach Belieben, aber stets nur frischgepreßt,
- ★ zur Abwechslung gelegentlich auch naturreine Trauben. Die Menge an Karotten, auch als Rohsalat und an Früchten könnte sich in etwa die Waage halten.

★ Auch Chinakohl, Chicorée und Rapunzel mit Ananas, Orangen, Pampelmusen oder Mandarinen sind erlaubt.

★ Zu der Kur gehören täglich einmal Rote Bete, roh, gekocht, als Saft, Salat oder als Gemüse,
sowie auch Karotten als Gemüse.

★ Überstreue deine Salate und gekochten Gemüse täglich mindestens einmal mit Sprossen. Dazu eignen sich alle Sprossen, die du gerne magst und die sich leicht ziehen lassen. Vergiß auch Senfsprossen nicht!

★ Dazu gibt es Reis,

★ gelegentlich auch Kartoffeln, besonders roh geröstete Kartoffeln.

★ Als Getränk eignet sich dazu besonders gut Wildkräutertee, aus verschiedenen gemischten oder für dich speziell passenden Kräutern, die du dir das Jahr über selbst gesammelt hast – oder die dir dein Therapeut verordnet –,

★ dazu gibt es dreimal täglich eine Tasse Berberitzentee oder – wenn es dein Therapeut erlaubt oder du selbst es getestet hast – 3mal täglich je 1 Tabl. oder 3 Globuli *Berberis* D3.

★ Wenn dich die Knabberlust überfällt, darfst du gelegentlich kleine Würfel Schafs- oder Ziegenkäse mit Weintrauben oder mit einer halben Avocado oder mit Kürbiskernen essen.

Wenn du diese Kur auch des Abnehmens wegen durchführen willst, darfst du von den gekochten Gemüsen, Kartoffeln und dem Reis eben nur kleinere Portionen nehmen, und natürlich wirst du an Butter, Sahne und Öl sparen, dafür magere Joghurt-Dressings verwenden.

Karottengemüse mit frischen blauen Weintrauben

So wird's gemacht:

1 ¹/₂ Pfund Karotten in diagonale Scheiben oder Stücke schneiden. In

1 Eßl. frischer Butter anschmoren und

1 Tasse Quellwasser zugeben.

Nun einige frische Pfefferminzblätter dazugeben, die 10 Minuten unter Sauerstoffzufuhr, also bei geöffnetem Deckel und unter gelegentlichem Rühren mitgeschmort werden. Anschließend nochmals

1 Eßl. Butter und etwas frisches Quellwasser zugeben und nun den Deckel schließen.

Nach etwa 20 Minuten – kurz vor Ende der Kochzeit – gibst du noch eine Handvoll halbierte, eventuell schräg geschnittene blaue Weintrauben dazu, und würzt dein Gemüse mit Senfmehl, Salz und Zucker. Salz energetisiert in zentripedaler und Zucker in zentrifugaler Weise. Wovon du mehr nimmst, das stärkst du. Dieses Gericht heilt Traurigkeit, gibt Seelenstärke und entgiftet dich zusätzlich durch die Trauben.

DIE KARTOFFEL

Solanum tuberosum
Solanaceae – Familie der Nachtschattengewächse

Wissenswertes

Die Heimat der Kartoffel liegt im peruanischen und bolivianischen Andengebiet und in Chile, wo die Spanier sie bei ihrer Eroberung vorfanden. Im Hochland von Peru auf 4000 m Höhe bauten die Indios zahlreiche Kartoffelsorten an. Die neue Knolle kam dann auf zweierlei Wegen, einmal über Spanien und das andere mal über Irland nach Europa, wo sie zunächst als Geschenk von Fürstenhof zu Fürstenhof vermittelt wurde. Der Durchbruch der eßbaren Knolle zum allgemeinen Nahrungsmittel gelang aber erst etwa 1770 durch Kabinettsorder von König Friedrich II. Doch auch dann noch stieß die Kartoffel bei der Landbevölkerung auf teilweise zähen Widerstand, denn diese konnten der damals noch kratzig und bitter schmeckenden Knolle, die auch noch meterlange Ausläufer bildete, nichts abgewinnen. Nachdem die Kartoffeln sich aber endlich eingebürgert hatten, traten 1845 und 1848 die ersten schweren Kartoffelseuchen auf. Dies führte in Irland zu einer furchtbaren Hungersnot, die Millionen von Menschen das Leben kostete und Tausende von Iren zum Auswandern zwang.

Die Kartoffel wirkt wegen ihres hohen Kaliumgehaltes sehr entwässernd und wird deshalb bei Nieren-, Herz- und Kreislauferkrankungen empfohlen. Für solche Fälle, aber auch als Schlankheitskur wird dann für eine Woche oder länger eine reine Kartoffeldiät durchgeführt.

Schöpferische Idee und Bestimmung

Die Idee der Kartoffel ist: übergeben, weitergeben, transportieren, transferieren, kommunizieren, verteilen. Solare, lunare und Sternenlicht-Informationen fluten durch die Kartoffel herab in die Tie fen der Erde.

Die Kartoffel erneuert das Irdische durch immer wieder neue geistige Prinzipien in ständiger strömender strahlender Fülle. Sie holt dir die Sterne herab auf die irdische Dimension und verteilt und verströmt hier für dich ihre Lichtgaben.

Kartoffeln sind Manifestationen des Urvertrauens. Auch sind sie Wandler zwischen Welten, zwischen hüben und drüben. Sie sind selbst Wandelgeister und betreten einmal Sternenwiesen und einmal den Planeten Erde, und das tun sie immer abwechselnd und im Rundumlauf mit den Wechselphasen des Mondes. Überhaupt sind sie in die mondischen Kreisläufe eingebunden, und hierbei ist nicht nur der Erdenmond gemeint, sondern ebenfalls alle übrigen Monde aller Planeten unseres Sonnensystems. Sie lieben diese Spaziergänge zwischen den Welten, die Kartoffeln, und sie gleiten dahin wie auf Schlittenkufen und bringen von Wechsel zu Wechsel, von Mondphase zu Mondphase die geistigen Ur-Ideen der Schöpfung herein auf unsere Erde.

Zweierlei polar laufende Informations-Wendelschnüre sind die Grundlage irdischen Lebens, und diese beiden Bio-Helices der DNS sind völlig unterschiedlicher Natur. Denn seine erste Ursache hat der eine DNS-Strang im Lauf des Sonnenstrahlenden, der andere hingegen im Lauf des Mondischen. Die astrologischen Grundprinzipien sind auch die genetischen Grundmuster, die bis in das ursächliche Sein jedes Naturwesens auf dieser Erde hineinwirken.

In dem fundamentalen Umbruch, in dem sich die Erde befindet, laufen zunehmend immer mehr neuer rechtswendelnder Informationen, ja ganze Informationsmatrizen auf den Planeten ein. Die ursächlichen und ursprünglichen Vernetzungen der Schöpfung werden damit langsam, jedoch stündlich zunehmend wieder erinnert. Diese neuartigen Bio-*messengers* laufen bevorzugt über die Schiene des Mondischen, Seelischen, Weiblichen und Kindlichen auf den Planeten ein. Entsprechend wird dabei die solare Kraft zunehmend von ihrer bisherigen Versorgungsenergie abgeschnitten. Alles Solare, d. h., alle Kernkraft wird somit zunehmend demagnetisiert und »entkernt«. Diese Entkernung spielt sich im gesamten atomaren, zellularen, somatischen (körperlichen), dem sozialen und gesellschaftlichen Leben auf dem gesamten Planeten ab.

Es findet also eine grundsätzliche dimensionale und universelle Verschiebung ursächlicher Lebensprinzipien überhaupt statt. Und es gibt nur zwei Möglichkeiten: Sich bereitwillig »entkernen« und damit transzendieren zu lassen, sich bereitwillig entdichten, leichter und transparenter machen zu lassen, sich bereitwillig dem intuitiven und inspirativen neuen weiblichen Seelengeist zuzuwenden. Das bedeutet, Ängste abzubauen, Bewährtes und Sicherheiten zu verlassen, neue Wege zu gehen, dem Seelischen wieder den ersten Rang zuzuerkennen und die Matrizen, die der Intellekt erbaut hat in seine Schranken zu verweisen. Das bedeutet, Chaos zuzulassen, sich selbst nicht zu beschränken, es bedeutet aber auch, mutig zu sein und Forderungen zu stellen. Die andere Möglichkeit ist die, sich an vermeintlichen Sicherheiten immer krampfhafter festzuhalten, sich festzuklammern und alle höheren Sinne zunehmend zu verdunkeln, so lange eben, bis die Materie selbst den letzten Boden unter den Füßen weggezogen haben wird.

Die Energien der Kartoffel nun haben die Möglichkeit, auf der kosmischen mondischen Strickleiter, auf der lunaren Helix der DNS wie auf einer Schiene entlangzugleiten. Sie hat großen Spaß bei dieser Zeitreise, die Kartoffel, denn sie erkennt dabei ihre Ur-Ahnen, besonders ihrer mütterlichen Erbschnur, also ihre matrilineare (= weibliche) Erbfolge wieder. Eine jede einzelne Kartoffel, die auf dieser Erde in irgendeinem Boden wächst, trägt in sich Wissen über Wissen aus Welten und Welten. Sie führt uns zurück zu den Müttern und zum wissenden Urvertrauen, und wir können wieder lernen, ihrem feinen hohen Klang zu lauschen.

Kartoffeln, solange sie roh und lebendig sind und solange sie wenigstens noch von einem Hauch mineralischer Erde umgeben sind – deshalb soll man Kartoffeln niemals gewaschen aufbewah-

ren! –, bilden jeden Augenblick und Zeitschritt der Wirklichkeit ab.
Sie sind ständig in Bewegung. Sie gehen nicht nur in Richtung
unserer Ur-Ahnen und unseres weiblichen Wissens ständig spazieren – das machen sie ganz locker mit dem rechten Bein –, sondern
sie sind sozusagen mit dem linken Bein in der unaufhaltsamen und
sekündlichen Veränderung der Materie selbst eingebunden. Und
auch das bringen sie ziemlich locker.

Diese ganz spezielle Konfiguration und Stellung der Kartoffel
zwischen den Dimensionen führt nun zu allerlei Verschiedenartig-
keiten besonders auch in der Anwendung. Eine rohe Kartoffel, die
noch ihre mineralische erdige und erdende Umhüllung besitzt,
könnte man als eine Art mehrdimensional vernetzte Atomuhr bezeichnen, die innerhalb jeder Zeiteinheit etwas völlig anderes an-
zeigt. Sie ist zu keinem Augenblick jemals sich selbst wieder gleich.
Da sie auf einer ersten Treppenstufe dieser Spezialleiter mit unserem
Erdenmond in ständiger Kommunikation steht, hat sie auch infolgedessen ziemlich unterschiedliche Eigenschaften, je nachdem, in
welcher Mondphase du diese Kartoffel nun verspeisen willst.

Bei zunehmendem Mond
– bildet sie ursächliches Vertrauen in dir und stärkt dir deinen
  Rücken und deine Schultern.

Zur Vollmondphase
– möchte sie am liebsten mit Karotten gegessen werden, weil sie
  dann Himmel und die Erde in dir am vorteilhaftesten mitten und
  verbinden kann. Wenn du Kartoffeln zu Vollmond ißt, kann es
  dir sonst passieren, daß sie dich traurig machen, so wie ja zu
  Vollmond generell den Mädchen und Frauen die Tränen lockerer
  sitzen. Auch die Natur weint sich recht gerne zu Vollmondzeiten
  aus, und es regnet dann leichter.

Bei abnehmendem Mond
– bringt dir die Kartoffel universelle Ideen in dein Bewußtsein und
  stärkt dir auch den Rücken, diesmal jedoch mehr in die handelnde Umsetzung.

Zur Neumondphase
– solltest du besser überhaupt keine Kartoffeln essen, denn das ist
die Zeit, wo sie »blind« sind zu ihren kosmischen Urmüttern hin.
An diesen Tagen wirkt die Kartoffel beschwerend und macht
dick.

Die Heilkraft zur Erprobung

Die Art der Anwendung zeitigt nun jeweils völlig unterschiedliche
Qualitäten und Frequenzen aus dem Gesamtspektrum der Kartoffel, die du dir nun nach deinem Maß und deinen Heilvorhaben
aussuchen kannst. Die Zubereitungen und Rezepte findest du deshalb ausnahmsweise direkt bei den verschiedenen Anwendungen
angegeben.

1. Kartoffeln roh geröstet

Roh zubereitete Röstkartoffeln bilden Eiweiß im Organismus und
fördern den Eiweißaufbau der Nervenzellen wie auch den der Mus-
kelzellen. Sie sind deshalb geeignet für Menschen, die geistig ange-
strengt arbeiten müssen, und für Menschen, die Nerven wie Draht-
seile brauchen.

Sie sind aber auch gut für Sportler, vor körperlichen Anstrengun-
gen und überhaupt für schmiegsame Muskeln.

Tip: Beste Anwendung für diese Heilindikationen bei *zunehmendem* Mond.

Zusätzlich zur eiweißaufbauenden Komponente fördern solcherart
zubereitete Kartoffeln aber auch das eiweißabbauende Prinzip im
Organismus. Und so schleusen sie also minderwertiges oder bela-
stendes Eiweiß, auch Bakterieneiweiß aus dem Körper wieder hinaus, so daß eine solche Speise eben auch in hohem Maße der
körperlichen Entgiftung und Entschlackung dient.

Tip: Beste Anwendung für diese Heilindikationen bei *abnehmendem* Mond.

Anwendung

Roh zu röstende Kartoffelgerichte können in Butterschmalz, eventuell auch mit etwas Sesamöl gebraten werden. Den verschiedensten Rezepten für rohe Kartoffelküchlein sind hier, etwa durch Zugabe von Ei, Semmelbröseln, Schwarzbrotbröseln, Zwiebeln, Knoblauch, Peperoni, Majoran, Petersilie keine Grenzen gesetzt. Probiere auch einmal rohe Kartoffelreibekuchen mit Zugabe von grünen Pfefferkörnern aus – eine köstliche Variante! Auch ist es gleichgültig, ob du Apfelmus oder lieber Salat dazu essen willst, denn die Kartoffeln haben – wenn du sie auf diese Weise zubereitest – eine so beherrschende Kraft, daß sie von zusätzlichen Ideen fast gar nicht berührt werden.

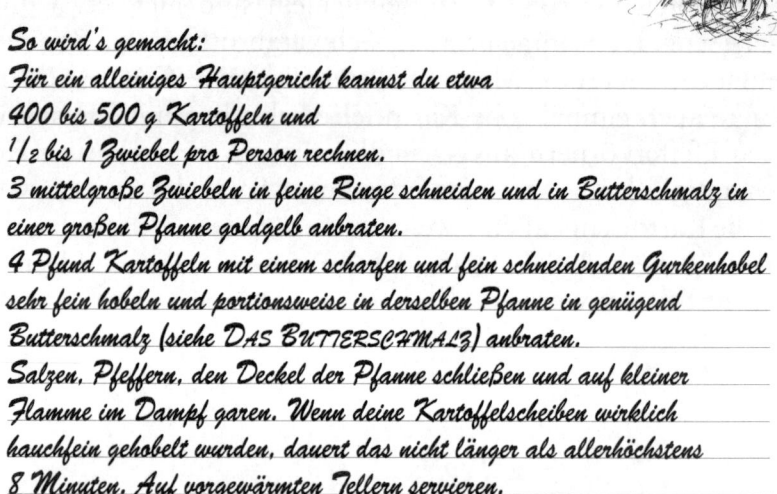

Rohe Kartoffelpfanne

So wird's gemacht:
Für ein alleiniges Hauptgericht kannst du etwa
400 bis 500 g Kartoffeln und
¹/₂ bis 1 Zwiebel pro Person rechnen.
3 mittelgroße Zwiebeln in feine Ringe schneiden und in Butterschmalz in
einer großen Pfanne goldgelb anbraten.
4 Pfund Kartoffeln mit einem scharfen und fein schneidenden Gurkenhobel
sehr fein hobeln und portionsweise in derselben Pfanne in genügend
Butterschmalz (siehe DAS BUTTERSCHMALZ) anbraten.
Salzen, Pfeffern, den Deckel der Pfanne schließen und auf kleiner
Flamme im Dampf garen. Wenn deine Kartoffelscheiben wirklich
hauchfein gehobelt wurden, dauert das nicht länger als allerhöchstens
8 Minuten. Auf vorgewärmten Tellern servieren.

Was gut dazu paßt

Zu roh gerösteten Kartoffelgerichten paßt am besten ein Salat aus geraspelten Karotten mit Rapunzeln und ein Glas Milch. Die Gesamtwirkung ist dann ausgesprochen nervenstärkend, nervenaufbauend und gemütsheilend.

2. Rohe Kartoffeln

Anwendung

Wenn du gerade eine Entgiftungs- oder auch eine Abnahmekur machst, kannst du dazu die ausleitende Idee und Kraft der vollkommen rohen Kartoffel mit nutzen. Auch bei Magen-Darm-Beschwerden aller möglichen Art kannst du immer wieder einmal auf das folgende Rezept zurückgreifen. Probier es aus, immer mal wieder, aber mach keine Dauerkur daraus.

Rezept

Heilspeise von rohen Kartoffeln

So wird's gemacht:
Schneide eine geschälte Kartoffel in klitzekleine hauchfeine Scheibchen. Verwende dazu ein sehr scharfes Messer oder einen Gurkenhobel, aber keine Reibe. Gib folgende miteinander verquirlten Zutaten hinzu:
1 Magermilchjoghurt,
$^1/_2$ Kaffeel. Senf und
1 Teel. frisch gemahlenes Senfmehl,
frisch gemahlenen Pfeffer,
einen Spritzer Rotweinessig,
1 Teel. frischen Zitronensaft,
Kräuter-Meersalz nach Geschmack und
1 Eßl. kleingehackte Petersilie.
Das Ganze läßt du nun mindestens 30 Minuten bis zu mehreren Stunden ziehen. Wenn du die Kartoffel wirklich so hauchfein geschnitten hast, daß die Scheibchen fast durchsichtig sind, ist diese Speise durchaus auch geschmacklich vertretbar. Ihre Heilkraft spricht für sich!

3. Rohe Kartoffelklöße

Auch hier findet sich eine ähnliche die Nerven stärkende, zudem den Stoffwechsel steigernde Komponente wie oben, die jedoch insgesamt erheblich schwächer ausgeprägt ist. Die ausleitende Wirkung auf mindernde Eiweißstoffe im Organismus jedoch ist fast gleich stark. Dies gilt aber nur, wenn zum Binden dieser Klöße reines Kartoffelmehl verwendet wird.
Tip: Es empfiehlt sich, rohe Klöße nur bei abnehmendem Mond zuzubereiten.

Rezept

Rohe Kartoffelklöße

So wird's gemacht:
500 g Kartoffeln in der Schale kochen und beiseite stellen.
1500 g rohe Kartoffeln schälen und auf einer feinen Reibe in eine Schüssel reiben, die mit einem festen Leinentuch ausgelegt ist. Das Reiben sollte so schnell wie möglich geschehen, damit die Kartoffeln nicht dunkel werden. Die Kartoffelmasse in dem Tuch fest auswringen. Das abgepreßte Wasser stehen lassen, damit sich die Kartoffelstärke absetzen kann. Nun die gekochten Kartoffeln pellen, heiß durch eine Kartoffelpresse drücken und mit der rohen Kartoffelmasse und
$1/4$ l kochendheißer Milch mischen. Jetzt das Wasser von der Stärke abgießen, die Stärke mit etwa 2 Teel. Atlantik-Meersalz zu dem Kartoffelteig geben und nochmals alles gut durchkneten.
1 Brötchen in Würfel schneiden und in Butter goldgelb rösten. Aus dem Kartoffelteig etwa 8 Klöße formen und einige Brötchenwürfel in die Mitte geben. Die Hände müssen stets mit Wasser gut angefeuchtet werden. Die Klöße in kochendes Salzwasser geben und bei geöffnetem Topf und schwacher Hitze in etwa 25 Minuten garziehen lassen.

4. Gedämpfte Kartoffeln

Anwendung

Das sind Kartoffeln, die in einem Siebeinsatz über einem Wasserbad gegart werden. Ob nun mit oder ohne Schale, diese Kartoffeln sind ausgesprochene Heilkartoffeln bei:
- Kraftlosigkeit, Hinfälligkeit, Altersschwäche,
- Depressionen,
- auch bei Antriebslosigkeit und wenn du dich insgesamt unglücklich und am Leben verzweifelnd fühlst.
  Auch bei Wut, Zorn und Leberbeschwerden. Solcherart Dampfkartoffeln sind eine ausgesprochene Leberschutztherapie und eine Leberdiät. Hierdurch leuchtet dir deine Lebenssonne wieder und die Leber (= Jupiter) wird befriedet.
- Auch sollte man auf ihre Unterstützung bei Meningitis (Hirnhautentzündung) nicht verzichten.

Was gut dazu paßt

Frischer Quark mit Kräutern, Butter oder eine Joghurt-Sauerrahmsauce mit ganzen oder gemahlenen Senfkörnern, Kräutern und kleingehackten Essiggürkchen.

5. Gekochte Kartoffeln

Gekochte Kartoffeln sind Seelentröster. Sie wärmen das Innere Kind und damit das innerste Wesen. Sie schenken Behaglichkeit und Geborgenheit, wärmen das Gemüt, machen satt und geborgen in sich selbst. Sie schenken eine innere Ruhe und Harmonie mit sich selbst. Sie machen ausgeglichen, sie versöhnen. Sie führen in die Ruhe und Harmonie des UR-Mütterlichen, Irdischen zurück. Sie machen geduldig. Kartoffelgerichte mit Milch und Butter, wie schaumig geschlagenes Kartoffelpüree, geben diese heimelige, Geborgenheit schenkende Kraft. Sie sind Heilnahrung für ein krankes verletztes Gemüt, für eine verletzte Seele und generell für ungeduldige Leute.

Sie stärken aber auch die Sehnen. Wenn jemand schwache Sehnen hat, kann er diese durch eine Kartoffeldiät, im Wechsel von rohen mit gekochten Kartoffeln stärken. Etwas Geduld ist hier aber schon nötig!

Besonderheit in der Anwendung

Ganz wichtig ist: Salzkartoffeln wollen niemals ganz bedeckt im Wasser stehen. Sie wollen niemals ganz bedeckt im Wasser kochen. Natürlich wollen sie überhaupt nicht länger im Wasser stehen, sondern eben geschält und unmittelbar gekocht werden. Sie wollen in keinem Fall mit Zugluft in Verbindung kommen, weder beim Schälen noch beim Servieren. Sie lieben schöne, abgeschlossene, wärmende Hüllen – du könntest dir z. B. angewöhnen, deine Salzkartoffeln in vorgewärmten Terrinen mit Deckel zu servieren –, denn ihre Entfaltung im Dampf mögen sie sehr.

Vielleicht magst du mit deinen Salz-Dampf-Kartoffeln ein wenig experimentieren, mit wie wenig Wasser in welcherart Topf du am besten zurechtkommst?

Aus der Feuchte wurde das Leben geschaffen – vielleicht magst du mal in der Genesis nachlesen –, und gerade auch die Kartoffel wünscht sich in ihrem Dampf lebenschöpfend auszugestalten und dich damit zu erfreuen. Deshalb, wenn deine Kartoffeln in Wasser und Dampf gargekocht sind und du das Wasser abgeschüttet hast, schüttle sie im geschlossenen Topf zwei, dreimal gegen den Topfdeckel, und stelle sie noch einmal einen ganz kurzen Augenblick aufs Feuer. Dieses Verfahren entfaltet die Lebenskräfte deiner Kartoffeln durch die Dampfentwicklung noch zusätzlich. Solcherart zubereiteter Kartoffeln – die heilsamsten hierfür sind mehlige, in sandiger Erde gewachsene Kartoffeln – sind nützlich bei:
– Traurigkeiten bis hin zu Depressionen, sie
– reinigen die Herzkranzgefäße,
– klären die Lymphe,
– stärken dein Zeugungschakra (Potenz) und die
– Empfängnisbereitschaft,
– insgesamt die orgasmische Potenz und Strahlkraft,
– stärken deine Tatkraft,

– aber auch deine Kraft, weniger gute Dinge zu ertragen und zu erdulden. Ob das in deinem Falle angemessen und sinnvoll ist, mußt du selbst entscheiden.

Sie machen dich in dieser Anwendungsform erdhaft und geben eine gewisse Dichte und Schwere, aber auch Zähigkeit.

Die Salzkartoffel vermischt sich in dieser Weise vorzüglich mit den übrigen Nahrungsmitteln, zu denen du sie servierst, ja beinahe geht sie mit diesen so etwas wie in eine Verschmelzung ein.

Was gut dazu paßt

Du solltest dir deshalb gut überlegen, wie du dich fühlst, was du gerade am dringendsten brauchst, und dann die entsprechende Beigabe zur Kartoffel wählen und nicht umgekehrt:
– mit Salaten, besonders natürlich mit Rapunzel und einem leichten Joghurt-Quark-Sahnedressing kommt die mehr lösende Eigenschaft zum Tragen, was z. B. dem Herzen voll zugute kommt,
– in Verbindung mit Gemüsen wird deren individuelle Eigenschaft jeweils verstärkt, dasselbe gilt
– für Fleisch oder
– auch für Fisch.

Rezept

Kartoffelgemüse als Hauptgericht

So wird's gemacht:
4 Pfund möglichst mehlige Kartoffeln schälen und in etwa 4 mm dicke Scheiben schneiden. Die Kartoffelscheiben in einem großen, eher etwas flacheren Topf mit wenig Wasser aufstellen. Der Topf sollte höchstens zu einem Drittel der Füllmenge der Kartoffeln mit Wasser gefüllt sein. Salz, 6 Lorbeerblätter und vier Nelken zugeben. Die Kartoffeln etwa 15–20 Minuten kochen lassen. Mit einer Tasse Mehl, die mit Sahne und wenig Mineralwasser angerührt wurde, binden. Nun helle gekörnte Würze.
1/2 Rinderbouillonwürfel oder 1/2 Kräuterwürfel,
1/2 Eßl. Essig,
2 Eßl. Kapern, wer mag, feine Scheibchen von einer Gewürzgurke,
1/2 frische kleingeschnittene Peperoni zugeben
und mit etwas frischen Kräutern bestreut, servieren.

Was gut dazu paßt

Dazu paßt ein Salat, besonders ein solcher von Rapunzeln in Sahne-dressing, und als Nachspeise ein Bratapfel mit Vanillesauce oder mit sanft geschlagener Sahne.

6. Kartoffelpüree

ist ein Seelentrösterchen ganz besonderer Art. Immer wenn du dich ausgelaugt fühlst, eine seelische oder auch körperliche Verletzung erfahren hast, so richtig ausgepumpt bist oder Liebeskummer hast, aber auch, wenn du eine Familienrunde stärken willst, dann bereite dir oder deinen Lieben ein flaumig-lockeres Kartoffelpüree.

Kartoffelpüree

So wird's gemacht:

Wirklich gutes Kartoffelpüree zubereiten ist eine Kunst besonderer Art.
Benötigt werden natürlich – als Wichtigstes –
3 bis 4 Pfund gute mehlige Kartoffeln,
300 bis 400 ml wirklich kochendheiße frische Milch,
3 Eßl. frische Butter, an der hier nicht gespart werden darf,
Muskatnuß, etwas Salz und eine exzellente Küchenmaschine mit einem
kraftvollen Motor.

Schütte deine gekochten, kurz im Dampf gerüttelten Salzkartoffeln in die
Rührschüssel deines Rührgerätes, und schalte kurz auf höchster Stufe ein,
damit die Kartoffeln zerschlagen werden (aber bitte nicht zu lang, sonst
wird der »Kartoffelkleber« freigesetzt). Nun gieße portionsweise die
kochendheiße Milch bei kleingeschalteter Rührstufe zu, bis du ein etwa
homogenes Püree erreicht hast. Jetzt, wo meistens aufgehört wird, fängt die
Geschichte erst richtig an: Schalte nun dein Rührwerk wieder auf höchste
Stufe, und rühre jetzt dein Kartoffelpüree unter ständiger Zugabe weiterer
kleiner Portionen kochendheiß gehaltener Milch luftig-schaumig, was
durchaus noch mindestens 5 Minuten dauern sollte. Mit zunehmendem
Schaumigrühren fügst du nach und nach immer noch wieder etwas
kochende Milch, stückchenweise Butter und Atlantik-Meersalz zu. Auf
diese Weise wirst du fast die doppelte Menge Milch einarbeiten, als du
gewohnt bist. Ganz zuletzt reibst du einen Hauch Muskatnuß in dein
Püree und servierst dieses flaumig wolkige Kunstwerk.
Vielleicht verzögerst du sogar das Servieren deiner sonstigen dazugehörigen
Speisen ein klein wenig. Deine »Sippe« wird vermutlich so begeistert sein,
daß sie die halbe Schüssel bereits geleert hat, bis es weitergeht!

7. Pellkartoffeln in der Schale

Die in Wasser gekochten Pellkartoffeln sind durchaus nicht so gesund, wie überall geschrieben steht, denn sie haben mehr die verfestigende, verdichtende Komponente. Wenn zudem noch festkochende Kartoffeln verwendet werden, ist das Heilprinzip der Kartoffel ebenfalls verdichtet und damit eingeschränkt.

Besonderheit in der Anwendung

Dies gilt jedoch nicht für die in Dampf gekochten Kartoffeln (siehe oben unter Punkt 3). Dampfgekocht heißt hier aber keinesfalls im Schnellkochtopf gekocht! Den vergißt du am besten ganz, denn er zerstört die meisten neugeistigen Licht- und Heilenergien der Gemüse und Früchte. Wenn du unbedingt Pellkartoffeln in Wasser kochen willst, schäle sie vorher aber wenigstens mit dem Kartoffelschäler in der Mitte einmal rundum.

Was gut dazu paßt

Pellkartoffeln betonen stets die Erdenschwere. Sie sind nicht gerade ein Fenster ins Licht, auch wenn sie, wie es heißt, noch mehr Vitamine enthalten. Achte deshalb besonders auf leichte Zutaten, wie ein leicht lockeres Sahne- oder Joghurtdressing mit viel frischen Kräutern und nicht unbedingt auch noch viel Quark, der ja ebenfalls eine gewisse Erdenschwere und Dichte aufweist.

Verwende aber frische Zitrone in deiner Beigabe, denn sie durchlichtet!

8. Kartoffeln in der Alufolie

und im Backofen oder im Holzkohlengrill-Feuer gegart, haben eine fürsorgliche und betreuende Energie.

9. Pommes frites

Bei den so beliebten Pommes frites sind die Kartoffeln in siedendem Fett geradezu geschockt worden. Sie wirken deshalb verzerrend auf das spirituelle Ätherfeld eines Menschen und haben eine Wirkung, die die Nerven verzerrt. Bei industriell angefertigten Pommes frites (es soll welche geben, die angeblich gar nicht mehr aus Kartoffeln bestehen?), die aus der Tiefkühltruhe in siedendes Fett gelangen, das obendrein oft noch minderwertig ist, ist dieser verzerrende Faktor – zusätzlich zur Toxizität solchen Fettes – natürlich noch stärker ausgeprägt. Pommes frites belasten die Leber. Die »Fast-food-Pommes-frites-Kultur« ist Teil der großen Manipulation und eine geisttötende Subkultur.

TIP: Du kannst aber Kartoffelstiftchen in Butter oder Butterschmalz oder Sesamöl und mit vielen duftenden Rosmarinnadeln bestreut im Backofen, auf dem Blech und mit Alufolie bedeckt, backen. Erst am Schluß wird die Folie entfernt, so daß deine Ofen-Pommes noch schön knusprig werden. So machen sie müde Geister munter.

Der Meisterpflanze den Tribut zollen

★ Ich will dir nochmals ans Herz legen, daß du niemals mehr gewaschene Kartoffeln kaufst. Die Mineralien, welche die Kartoffel noch mit ihrer Muttererde verbinden, sind die Grundvoraussetzung für ihr und damit *dein* lebenschöpfendes Wach- und Im-Jetzt-Sein. Denn die Mineralien sind die Mikromotoren und Zeitgeber des Irdischen. Gewaschene Kartoffeln sind nicht mehr mit dem ZEITSTROM DES JETZT verbunden und zerren dich und deine Zellen ins Alter, in die Dunkelheit und in die Anti-Vitalität.

So gib also dir und dieser Meisterpflanze ihren rechten Platz!

Der Knoblauch

Allium sativum
Liliaceae – Familie der Liliengewächse

Wissenswertes

Knoblauch ist eine uralte mythische Pflanze, um die sich viele Sagen und auch etliche recht seltsame Geschichten ranken. Wer kennt nicht die Geschichte vom blutsaugenden Vampir Dracula, der in den Karpaten sein verborgenes Schloß hat und nächtens seine Opfer aussaugt, wenn, ja *wenn* sie nicht einen Kranz aus Knoblauch um den Hals hängen haben? Knoblauch wird offenbar zum Schutz gebraucht, um der Negativenergie von Schattenwesen, von Wesen also ohne Fleisch und Blut nicht anheimzufallen: Das ist uraltes Volksgut. Weiter unten werden wir sehen, was es damit auf sich hat.

Knoblauch stammt aus Ostindien und dem Orient und wird heute fast auf der ganzen Erde kultiviert. Er hat sich nicht nur in der Überliefung und der Volksheilkunde, sondern auch in der moderneren Nahrungmittelmedizin einen festen Platz erobert. Wer sich für moderne Forschungen interessiert, der sei auf Jean Carper (siehe Literatur) verwiesen. Sie erläutert für Knoblauch, unter etlichem anderen, eine Heilwirkung bei Kryptokokken-Hirnhautentzündung, Tuberkulose, Abtötung von Mykobakterien, und du findest eine ganze Reihe interessante Forschungsberichte mehr.

Schöpferische Idee, Bestimmung
und Heilkraft zur Erprobung

Manchmal entstehen bei meinen Einstimmungen auf die Schöpfungsideen der Göttin auch recht seltsame Texte, die nur im Gesamtkontext meiner Arbeit verstanden werden können. Solcherart Meditations-Abschriften setzen dann voraus, daß du dich mit diesem gesamten Werk, besonders mit den einführenden Kapiteln, aber auch mit dem Weiterführenden schon eine Weile gründlich beschäftigt hast. Nur mit solcher eigenen vorausgehenden Einstimmung kann dann auch ein Text wie der nachfolgende von dir selbst recht eingeordnet werden. So vertraue ich dir als Leser das folgende in seiner Rohlings-Meditationsfassung an, denn ich glaube, daß nur dann die Informationen genauso zu dir rüberkommen, wie es der Idee des Knoblauch auch wirklich entspricht. Ich vertraue somit darauf, daß du den Gesamtkontext berücksichtigst und daß du solcherart Einzelmeditationen nicht aus ihrem Zusammenhang reißt.

Original-Meditationstext:

»Knoblauch kommt mir vor wie ein Kobold, der im Raum schwebt. Dabei schaukelt er hin und her. Und mit diesem Schaukeln wirkt er auf eine nicht beschreibbare Weise anregend auf die Sexualfunktion ein. Er lockert somit die Triebe und erhöht die Sinnlichkeit im sexuellen Bereich.

Dann hat er etwas, das ist, als würden die Knochen durchleuchtet, als würde er alles durchleuchten können. Als hätte diese wesenhafte Gestalt Röntgenaugen. Und wo sie ihre Augen oder ihre Brille hinrichtet, wird alles durchsichtig. Und da passiert jetzt was ganz Seltsames: Durch diese Transparenz und durch dieses Im-Raum-Schweben des Knoblauchs geht *die Ortung* verloren. Der Mensch hat kein Oben und Unten mehr, er hat auch irgenwie gar kein Innen und Außen mehr. Das verschwindet in sich selbst. Er hat keine Haltekraft mehr, ihm geht die Geradlinigkeit verloren, die Würde, die Ich-Kraft. Er wird wie durchhöhlt und ausgehöhlt. Im negativsten Fall kann er ein Opfer seiner Triebe werden. Es gibt keine Regelung, keine Zähmung. Es gibt keine Hierarchien. Es gibt keine Kraft und keine Kraftanwendung bei der Idee des Knoblauch. *Denn um eine Kraft anzuwenden, wird ein Ort benötigt, der dem Menschen Basis ist und von dem aus er dann wirken kann.*

Nur von einer Basis aus, die ihm einen Boden unter den Füßen gibt, kann der Mensch wirken. Wo die Möglichkeit gegeben ist, daß der Mensch einen Druck gegen einen Gegendruck ausüben kann, dort kann er auch heilsam sein. Dieses alles fällt weg bei Knob-

lauch. Und deswegen riechen auch die Menschen so stark, wenn sie
Knoblauch gegessen haben, weil das Innere und das Äußere irgendwie umeinandergepolt und umgekrempelt wird und ineinander ver-
schwimmt. Ja, es wird alles wie hohl.

Nichtsdestotrotz hat ja Knoblauch bekannterweise viele körperliche Heilkräfte. Auf die will ich mich jetzt einmal konzentrieren.

– Er ist nützlich für den Gallenfluß und wirkt generell heilsam auf
  die Galle ein. Er treibt Winde aus, also Darmgase, die er mit sich
  nimmt, wo vorher schon ungute Dinge da waren. Diese treibt er
  aus. Er öffnet die Poren und läßt die Giftstoffe nach außen treten.
  Aber: Er hat ›keine Bremse‹. Es tritt gleich *alles* mit nach außen;
  das Gute und das Ungute wird nicht getrennt voneinander.
  Durch diese Öffnung flutet einfach alles nach außen. Über die
  Hautporen, auch über die Gelenke, über die Verdauungsorgane
  flutet alles heraus. Er macht undicht, er entdichtet.
– Er lockert den Willen, die Kraft, gradlinig zu denken und zu
  handeln, die Kraft, sich selbst unter eine Ordnung zu stellen, die
  Kraft, sich selbst zu führen. Diese Kraft vermindert sich, sie fließt
  dem Menschen aus, solange der Knoblauch wirksam ist. Und er
  wirkt 30 Stunden und noch länger. Das sollte man wissen, wenn
  man also Knoblauch essen will.

Wie kommt es nun zustande, daß Knoblauch diese blutreinigende
Kraft besitzt und gegen Arterienverkalkung nützlich sein soll?

Das hängt mit dem Demagnetisierungs-Phänomen zusammen. Die
Energie des Knoblauchs erzeugt eine Depolarisierung aller physika-
lischen Phänomene im Organismus, mit dem Ergebnis, daß überall
dort, wo bisher Haltekräfte waren, sich nun diese Kräfte nicht mehr
in der alten Weise ausprägen können. Insofern ist das für die Blutreinigung und für die Gefäßreinigung durchaus nützlich. Aber das
demagnetisierende Phänomen des Knoblauch bleibt dabei nun nicht
stehen, sondern es gilt gleich für alles. Es werden gleich alle Prinzipien von Magnetkräften aufgehoben, und es bleibt dadurch nicht
genügend stabilisierende, ordnende, regulierende und regelnde
Kraft übrig. Der Mensch erzeugt durch Knoblauchessen in sich
selbst eine Tendenz, in eine mehr animalische Stufe zurückzufallen.

Zudem muß gesagt werden, daß Knoblauch eine rein körperliche Idee ohne mindeste Geistigkeit repräsentiert. Ja, er ist geradezu antispirituell, behindert eine geistige Entfaltung und verschließt die Chakren. Diese Wirkung war auch in früheren Kulturen schon bekannt, denn den Priestern und Einweihungsschülern war der Genuß von Knoblauch strengstens verboten. Wer also etwa eine mehr körperorientierte Persönlichkeit ist, für den ist Knoblauch durchaus auch als ein entgiftendes Heilmittel anzusehen. Wer sich jedoch um spirituelles Wachstum bemüht, sollte Knoblauch besser nur ausnahmsweise zu besonderen Gelegenheiten zu sich nehmen. Zudem macht er, für sich alleine gesehen, auch nicht gerade besonders fröhlich und hat insgesamt eine verdunkelnde und beschwerende Note.

Die körperlichen Heilkräfte will ich so zusammenfassen:
- Knoblauch reinigt die Lungen und alles Verschleimte.
  Er übt einen starken Saugdruck, einen Sog nach unten zur Erde hin aus. Dieser Sog hat zwar entgiftende und reinigende, besonders blutreinigende Effekte, jedoch muß der Kopf ein Gegengewicht herstellen – je mehr Sog nach unten, desto mehr Druck im Kopf.
- Wer gut und klar denken muß, wer zu Kopfschmerzen und Migräne neigt oder wer mit dem Augen- oder mit dem Ohrendruck ein Problem hat, sollte deshalb besser wenig, selten oder keinen Knoblauch essen. Die ausgeprägte blutreinigende Wirkung wird im Gegenzug sozusagen teuer erkauft, denn auch größere Organe, wie z. B. die Leber oder die Milz werden unter Umständen von diesem Gegendruck mit betroffen.
- Knoblauch vertreibt aber ›Ungeziefer‹ geistiger wie auch niederer tierischer Art.
- Er öffnet die Poren und läßt Dunkelstoffe nach außen treten.
- Er erweitert und strafft zugleich die Venen, erhöht die Blutflußgeschwindigkeit und hat starke körperlich reinigende Qualitäten.
- Blutpuls, Blutdruck und Blutströmung werden normalisiert im Sinne von Anregung. Er reguliert die Dehnbarkeit und Elastizität der Gefäße.

– Roher Knoblauch, gegessen sowie den Saft äußerlich aufgetupft, vertreibt Warzen und kleinere Hautgeschwülste.

Seine körperlich reinigenden Qualitäten sind vielfach erprobt und ohne jeden Zweifel, jedoch ist seine Wirksamkeit ganz eindeutig auf die niedere Natur beschränkt.«

Anwendung und Besonderheiten

» *Weiter im Originalton:* Es dürfte klar sein, daß das alte, schon aus Ägypten überlieferte Verbot, daß die Priester und Eingeweihten sich strengstens des Knoblauchs und der Zwiebeln enthalten mußten, seine Berechtigung hat, und daß Knoblauch für die spirituelle Weiterentwicklung völlig ungeeignet ist. Deswegen müssen wir nun nicht dogmatisch werden. Und wenn wir ein Fest feiern und Gäste haben und fröhlich sein wollen, dann können wir durchaus einmal Knoblauch essen. (Einige meiner Rezeptangaben enthalten deswegen auch Knoblauch.) Aber wir sollten eben um diese Wirkkräfte wissen.

Auch wer mit seinem Willen ein Thema hat, mit seiner Beständigkeit, mit seiner Ich-Kraft, wer einfach sich selber sein menschengemäßes Gesicht erarbeiten will, der sollte wirklich eher seltener zu Knoblauch greifen.

Ach, und der Brauch mit den Vampiren, daß eine Kette von Knoblauchzehen die Vampire abhält, was hat das zu bedeuten?

Knoblauchknollen, die noch ganz sind und die obendrein zu einem magischen Kreis, also zu einem Kranz gebunden sind, sind in der Tat ein Urabwehr- und Schutzzauber, ein magischer Abwehrkranz. Er kann in gewissen Fällen sehr hilfreich sein. Die Knoblauchknollen müssen aber ganz und unversehrt sein. Der Knoblauch darf dann auf keinen Fall innerlich eingenommen werden. Er darf also nicht gegessen werden für solche Fälle. Man kann auch solche Knoblauchkränze an Hausecken aufhängen, das hält ungute Geister fern. Das sind Bräuche, die man durchaus auch heute noch nutzen kann.«

Soweit also der Originaltext. Ja, was gibt's da noch zu sagen? Ich würde vorschlagen, daß du dich bei diesem Thema von Fall zu Fall von deiner Intuition leiten läßt.

Was gut dazu paßt

Das ist Zitrone, weil sie durchlichtet, Petersilie, weil sie das Grobe verfeinert, weißer Pfeffer, weil er die tiefe Schwingung humorvoll macht, Peperoni, weil diese eine leuchtend feurige Kraft hinzugeben, und weißes Mehl, weil dich dieses in höhere Bereiche zieht.

Rezept

Die Rezepte der Knobi-Küche sind Legion.
Die Mittelmeerküche etwa ist ohne Knoblauch nicht denkbar. Ein leckeres Rezept für eine Pizza mit Spinat, Pilzen, Schafskäse, Knoblauch und Lachs findest du unter DER SPINAT. Ein sehr einfaches und leckeres Rezept Tagliatelle Aglio e Olio – Breite Nudeln mit Knoblauch und Olivenöl – findest du unter DIE SCHALOTTE.

DER KOHL

Brassica oleracea
Brassicaceae – Familie der Kreuzblütler

Wissenswertes

Kohl stellt die Gattung der Kreuzblütler oder *Cruciferae* mit heute etwa verschiedenen 130 Arten dar. Er kommt ursprünglich aus Asien und dem Mittelmeerraum und enthält viele Gemüse- und Ölpflanzen. Kohl ist durch züchterische Einflüsse dazu gebracht worden, bestimmte Grundanlagen seiner Wildform besonders hervorzuheben, wobei andere Anlagen dafür unterdrückt wurden.

In der Naturheilkunde wird Kohl seit langem auch als ausziehendes, Giftstoffe ausleitendes Hausmittel benutzt. Als besonders nützlich hat er sich bei tiefliegenden geschwürigen oder eitrigen Prozessen, bei Ausschlägen, Neuralgien, auch bei Gesichts- und Zahnneuralgien, bei Leber- und Galleentzündungen und bei Kopfschmerzen bewährt. Hierzu werden Weißkohl- oder auch Wirsing-Blätter vom harten Strunk befreit, bei mittlerer Hitze gebügelt und noch heiß auf die schmerzenden Stellen aufgelegt. Eitrige Herde können dann durch die Zugkräfte heiß aufgelegter Kohlblätter nach außen ausgeleitet werden. Geschwüre werden erweicht und tiefliegende Entzündungen in Ausleitung gebracht. Ein solcher Kohlumschlag sollte heiß gehalten und einige Stunden bis über Nacht aufgelegt bleiben. Ruhen ist dabei angebracht. Anschließend die Haut lauwarm abwaschen. Die Kohlblätter sind bei diesem Prozeß selbst hochtoxisch geworden, denn sie haben dir ja deine tiefliegendsten Giftstoffe abgenommen! Sie sollten entsprechend entsorgt werden.

Diese ausleitende Heilwirkung hat mit der starken magnetischen Kraft des Kohls zu tun, die heute sogar noch verstärkt ist. Zu obenstehenden Indikationen kannst du deshalb Kohl auch weiterhin verwenden. Als Nahrungsmittel hingegen sind einige der Kohlarten aus derselben Ursache heraus für den neuwerdenden Menschen nur bedingt geeignet. Andere Kohlarten wiederum haben erfreuliche Heileigenschaften. Etliche Kohlarten haben eine stauende Wirkung auf die Veränderungsprozesse, in die der sich befreiende Mensch gestellt ist. Sie blockieren nicht nur seine spirituelle Entfaltung, sondern sie ziehen ihn im Gegenteil in die Tiefe, Dichte und Schwere. Dies gilt im Grunde stets, ob Kohl nun roh oder gekocht gegessen, mit Nelken, Lorbeer und Rotwein gewürzt werden sind, das spielt hier alles kaum eine Rolle. So entscheide selbst!

Die verschiedenen Kohlarten gebe ich dir aus diesen Gründen hier ausnahmsweise unter ihrem übergeordneten Gattungsbegriff des Kohls. Du findest die Kohlarten nachfolgend alphabetisch geordnet.

DER BLUMENKOHL

Brassica oleracea convar.
botrytis var. *botrytis*

Schöpferische Idee und Bestimmung

Die Idee des Blumenkohls ist Ruhe. In der Ruhe sind auch Güte und Frohsinn enthalten, dennoch ist eine gewisse Dichte und Schwere als Ausdruck der Kohlkomponente nicht zu verleugnen.

Die Heilkraft zur Erprobung

Blumenkohl beruhigt die Nerven und auch die Nervenstränge.
  Er ist deshalb gut
- bei Nervosität,
- Zittrigkeit,
- Hin- und Hergerissenheit,
- Kraftlosigkeit, bis hin
- zu Glaubenslosigkeit. So hilft er dem Menschen, sein eigenes inneres Wissen zu entfalten, wie auch größere Zusammenhänge leichter zu verstehen.
- Er ist aber auch nützlich bei Nervenirritationen,
- Nervenschmerzen,
- Nervenausfällen,
- Nervenzusammenbrüchen und eben
- bei allen nervalen Belastungen.
- Zugleich ist er nützlich bei Morbus Crohn (Darmerkrankung),
- und er ist auch ein ideales Gemüse für unruhige Kinder.
- Er stillt Schmerzen und Unruhezustände und ist deshalb ein gutes Heilgemüse bei Schwerstkranken. Besonders auch bei Krebserkrankungen ist er sinnvoll, weil er eine innere Ausgeglichenheit und Ruhe wiederherstellt. Und weil er, sofern noch irgend möglich, eine Heilung oder mindestens eine Besserung des

Gesundheitszustandes wieder in den Bereich des Denkbaren gelangen läßt.

Beachte: Wenn der Blumenkohl diese seine Heilwirkung wirklich
entfalten soll, muß er unbedingt biologisch angebaut worden sein.
Ganz besonders darf die Erde, auf der er gewachsen ist, niemals
überdüngt sein.
   Blumenkohl gedeiht sehr gut mit Dill und Rote Bete. Auch wenn
du Blumenkohl nicht selbst anbaust, kannst du diese seine Freunde
doch auch für dich – in Kombination – für einen leckeren Salat
nutzen. Erfinde dir doch ein leckeres Freundschaftsrezept!

Anwendung und Besonderheit

Um die Kohlkomponente etwas zu verfeinern, experimentiere doch
einmal damit, den Blumenkohl in Wasser zu kochen, dem du einen
kräftigen Schuß guten Weißweinessig oder den Saft einer halben
bis ganzen Zitrone zugegeben hast. Seine schöpferische Idee wird
somit durchlichtet und seine Heilkraft wird erhöht. Auch kannst
du ihn mit einer hellen zitronigen Sauce und umrahmt von Rapunzel servieren. Besonders lecker schmecken in solch einer Sauce
Hollandaise, die du kräftig mit Zitrone und frischgemahlenen
Senfkörner abschmeckst, Kapern und grüner Pfeffer. Im Früh-
sommer kannst du diese Sauce mit den Knospen und den jungen
Blüten von Löwenzahn anreichern und mit Gänseblümchen überstreuen. So erweckt dieses Gericht deine Lebensgeister!

Was gut dazu paßt

- Viel frische Zitrone, Zitronensauce,
- Rahm, Eigelb, Milchsauce, Bechamelsauce, Sauce Hollandaise,
- viele frische Kräuter,
- Kapern, grüner Pfeffer,
- Rote Bete und Dill,
- Rapunzel und nochmals Rapunzeln (Feldsalat)
  und ein leichtes Kartoffel- oder Reisgericht, beispielsweise ein
  schaumig geschlagenes Kartoffelpüree.

DER BROCCOLI

Brassica oleracea convar.
botrytis var. *italica*

Wissenswertes

Botanisch gesehen ist Broccoli eine Vorstufe des Blumenkohls. Seine Blütenstände werden als Gemüse geerntet.

Schöpferische Idee, Bestimmung und Heilkraft zur Erprobung

Broccoli hemmt die Schilddrüse in ihrer Tätigkeit und ist deshalb für Abnahmewillige denkbar ungeeignet. Er hat jedoch eine gewisse nervenaufbauende Funktion und eine Hautnervenschutzfunktion, die ihn gelegentlich als nervenaufbauendes Gemüse durchaus geeignet erscheinen lassen. Man darf aber nicht vergessen, daß er durch die Stoffwechselverlangsamung ein großes Ruhe- und Schlafbedürfnis hervorruft und den Menschen eher defensiv macht. Eine geistige oder gar spirituelle Anregung ist nicht gegeben.

Was gut dazu paßt und heilsam ist

Es gibt jedoch eine sehr gute Kombination, und das ist Broccoli in Verbindung mit Rote Beten. Hierdurch wird eine Sauerstoffeinflutung ins Gewebe, besonders in das Gewebe der Beine, und somit dann nachfolgend eine Entstauung und Entgiftung erreicht.

Broccoli entlastet dann die Beine, auch den Unterbauch und die Unterarme. Wenn sich hier Giftstoffe abgelagert haben, wenn Anschwellungen oder Wasseransammlungen im Gewebe (Ödeme), Lymphstauungen oder Lymphblockaden vorhanden sind, dann ist Broccoli-Rote-Bete-Kombi angezeigt.

Rezept

Salat von Broccoli mit Spargel und Rote Beten

So wird's gemacht:
Am besten und heilsamsten ist es, dieses Kombi-Heilgericht kühl zu verzehren.
1 Broccoli in Röschen zerteilen und bißfest – keinesfalls zu weich, was sehr schnell passiert – kochen. Mit einer Siebkelle vorsichtig herausnehmen und abkühlen lassen.
2 Rote-Bete-Knollen kochen, abkühlen lassen, schälen und kleinschneiden.
1 Pfd. frischen Spargel kochen und abkühlen lassen oder eingemachten Spargel, aber nur aus dem Glas, verwenden.
3 Eier hartkochen und vorsichtig mit einem Eierschneider in Scheiben schneiden.
Alle Zutaten attraktiv auf einer großen Platte oder gleich auf den Tellern anrichten.

Ein Dressing bereiten aus
1 Becher saurer Sahne oder Sauermilch,
2 Bechern Joghurt,
1 ganzen Bund Petersilie, für Knobi-Liebhaber mit
$^1/_2$ Knoblauchzehe zusammen feinstgehackt,
$^1/_2$ Teel. gemahlenen Senfkörnern,
$^1/_2$ Teel. Senf,
2 Teel. Zitronensaft oder Essig.

Für solch feinstes Hacken von Petersilie – zusammen mit Knoblauch – verwendest du am besten dein chinesisches Kochmesser. Wer dieses Dressing ohne Knoblauch zubereitet, kann etwa eine

Messerspitze Meerrettich oder ein kleines Stückchen feinstgehackte Peperoni verwenden.

Die Gemüse, die zunächst noch lauwarm sein dürfen, mit der Sauce übergießen und bis zum endgültigen Erkalten durchziehen lassen. Mit Eierscheiben, Spargel und Frischkräutern, eventuell mit Gänseblumenblüten, Zucchiniblüten oder jungen Blüten vom Löwenzahn hell und leuchtend garnieren.

DER BUTTERKOHL

Brassica oleracea convar.
sabauda var. *fimbriata*

Wissenswertes

Der Butterkohl ist recht unbekannt. Seine hellgrünen Blätter formen einen länglichen Kopf, der sich nicht vollständig schließt. Butterkohl läßt sich, ähnlich wie Pflücksalat, über mehrere Monate hinweg blattweise ernten. Wenn immer die äußeren Blätter geschnitten werden, wächst die Pflanze weiter und verjüngt sich ständig.

Schöpferische Idee, Bestimmung und Heilkraft zur Erprobung

Butterkohl ist ein Heilgemüse für Nierenkrankheiten aller Art. Er reinigt das Blut, die Lymphe und die Nervenendigungen, und er verdient es deshalb, besser bekanntgemacht zu werden. Gerade dadurch, daß seine Blätter sich nicht verdichtend schließen, ist die sonst so magnetische Energie des Kohls hier aufgebrochen.

Anwendung

Butterkohl läßt sich hervorragend in Butter dünsten und mit einer sahnig-zitronigen Sauce servieren. Aber auch roh in Streifen geschnitten, eignet er sich als alleinige Salatspeise wie als Beigabe zu einem Salatteller. Auch hier liebt er die feine Säure der Zitrone.

Was gut dazu paßt

- Zitrone und Zitronensaucen,
- Dill und Dillrahmsaucen,
- Spargel,
- Eigelb in einer Sauce Hollandaise oder
- in einer selbstgerührten Kräutermayonnaise,
- Weizen in allen Variationen, auch gekeimter Weizen,
- Reis oder
- eine sehr leichte, kleine, mehlige Kartoffelspeise.

DER CHINAKOHL

Brassica chinensis

Wissenswertes

Wie der Name schon vermuten läßt, hat dieser Kohl seinen Ursprung in China, ist heute aber weltweit verbreitet. Nur noch ahnend schmeckt er nach Kohl – seinen Artverwandten –, und zum Glück hat er keine der belastend magnetischen Eigenschaften aus dieser Verwandschaft mitgebracht.

Schöpferische Idee und Bestimmung

★ Chinakohl weckt die Sensibilität und die Zärtlichkeit. Er öffnet den Geist für die höheren Dinge über die Öffnung für die neue Sensibilität. Er macht humorvoll, denn er erweckt deinen Humor, auch wenn dieser noch in deinen Tiefen versteckt ist, und er zaubert dir ein Buddha-Lächeln ins Gesicht, wenn du ihn nur läßt.

Die Heilkraft zur Erprobung

Chinakohl reinigt die Lymphe.

Auch wirkt er herzstärkend und macht dich selbstzentriert und ausgeglichen, gelassen und souverän. Du stehst über den Dingen, die deine Herzkraft schwächen könnten, und so wirkst du gelassen in die Welt hinein.

Du wirst zu einem Ruhepol innerhalb deiner Welt.

Besonderheit und Anwendung

Schneide den kleinen Strunk des Chinakohls heraus, bevor du ihn weiterverarbeitest, denn der Strunk hat noch zusammenbindende, zähe und fixierende Eigenschaften. Lebendig flutende Leichtigkeit ist aber heute die Devise. Deshalb verwenden wir bewußt die Teile der Nahrungsmittel, die uns guttun.

Was gut dazu paßt

Du kannst Chinakohl in Streifen schneiden und zu leckeren Salaten anrichten, wobei er sich hervorragend mit Orangen und Grapefruit, Melone, auch einmal mit Himbeeren und schwarzem Pfeffer ergänzt. Oder du dämpfst ihn in Butter und richtest ihn beispielsweise in einer Sahnesauce mit grünem Pfeffer an. Mit Kartoffelpüree oder Reis gereicht, ist er ein Gedicht.

Rezept

Chinakohl mit Melone und Himbeeren

So wird's gemacht:
Als erstes
250 g frische oder eingefrorene Himbeeren sehr vorsichtig erhitzen und wieder abkühlen lassen. Nun
$^1/_4$ bis $^1/_2$ Chinakohl, je nach Größe und Appetit, in feine Streifen schneiden und in Wasser, dem etwas frischer Zitronensaft zugesetzt wurde, waschen.

Ein Dressing bereiten aus

1 Joghurt,

$^1/_2$ Tasse Milch,

1 Teel. Zitronensaft,

Meersalz,

1 Prise helle Streuwürze,

frisch gemahlenem schwarzen Pfeffer.

Nun den Chinakohl damit mischen.

1 Zucker- oder Netzmelone (oder $^1/_3$ Wassermelone) halbieren, die Kerne mit einem Löffel herausholen, in zwölf Spalten schneiden, schälen und auf vier Tellern verteilen. Jetzt

125 g Sahne mit

1 Teel. Zucker cremig schlagen. Zuletzt

1 Eßl. Mandeln in feine Blättchen hobeln.

Auf jedem der vier Teller nun von allen bereitstehenden Zutaten die entsprechende Menge dekorativ, aber gesondert für sich arrangieren, so daß sich jeder die gewünschten Zutaten nach eigener Lust und Laune beim Essen mischen kann.

Selbst wenn du diesen Salat zum Abnehmen verwenden willst, laß die Sahne nicht ganz weg, denn sie wirkt energieverteilend auf das Gesamtprinzip! Diese Komposition stärkt und entlastet das Herz, reinigt die Lymphe, entgiftet, durchflutet mit Energie, entstresst und harmonisiert. Achte mal auf deine Wasserentleerung in der Zeit unmittelbar danach, wie auch in der folgenden Nacht! Dieses Spezialgericht ist deshalb auch höchst kurgeeignet!

Bei solch guter Heilkraft des Chinakohls gebe ich dir gleich noch ein

Rezept

Chinakohl mit Orangen und Mandarinen

So wird's gemacht:
¹/₂ Chinakohl fein aufschneiden,
1 Orange schälen, halbieren und mit einem scharfen Messer oder deinem chinesischen Küchenmesser sehr fein quer aufschneiden,
3 Mandarinen und
¹/₂ Pampelmuse desgleichen.
Einige – nicht zu wenige – Fruchtstückchen übrigbehalten.
Die Zutaten mit dem Dressing vorsichtig mischen und mit den Früchten herrlich leuchtend dekorieren.

Dressing
200 g Sauerrahm,
1 Joghurt,
1 kräftige Prise Zimt,
¹/₂ Eßl. Zitronensaft,
1 Messerspitze gemahlene Senfkörner
gut miteinander verquirlen und unter den vorbereiteten Salat geben.

Falls du das Dressing magerer haben willst, ersetzt du einen Teil des Sauerrahms durch Mineralwasser.

Die Zutaten dürfen ruhig etwas durchziehen. Dieser Salat ist deshalb gut für ein kaltes Buffet geeignet, auch kann er als unkompliziert vorbereitete Vorspeise für eine Gästerunde gereicht werden. So nutze seine Kräfte zur auflockernden Einstimmung für deine Gäste!

DER GRÜNKOHL

Brassica oleracea convar.
acephala var. *sabellica*

Wissenswertes

Grünkohl ist winterhart und wird erst nach den ersten Frösten geerntet.

Schöpferische Idee und Bestimmung

Grünkohl liebt die Wärme und Schaffenskraft. Er stärkt das zweckgerichtete Denken und die kraftvolle Umsetzung der kleinen irdischen Dinge. Er ist nützlich, wenn du tatkräftige Handlungsaktivitäten anzugehen hast.

Er ist auch gut für Menschen, die zersplitterte Gedanken haben oder die sich zerrissen fühlen, denn er bringt eine große aktiv umsetzbare Ruhewärme.

Anwendung und Heilkraft zur Erprobung

Wenn du ihn mit Nelken zubereitest und entweder nichts weiteres dazu ißt oder nur Reis oder/und Karotten, dann ist er nützlich bei Darmgeschwüren. Grünkohl sollte stets sehr heiß gegessen werden.

Jedoch ist er kein Gemüse für Geistesflügler oder Wassermannorientierte Menschen. Der Neue Zeitgeist weht glatt an ihm vorüber.

Was gut dazu paßt

Nelken und Lorbeerblätter, aber auch Zimt.
– Auch Karotten,
– weißes Weizenmehl,
– Kartoffeln oder
– Reis sind passend.

DER KOHLRABI

Brassica oleracea convar.
acephala var. *gongylides*

Wissenswertes

Die Basen der unteren Blätter verdicken sich beim Kohlrabi zu einer Scheinknolle.

Tip für Selbstanbauer: Kohlrabi liebt Mischkultur und das Dazwischensetzen von einigen Borretsch-Pflanzen.

Schöpferische Idee, Bestimmung und Heilkraft zur Erprobung

Er öffnet Fenster zum Du hin, zu deinen Nachbarn, Freunden, deiner Familie. Er leitet dich zu tätiger Nachbarschaftshilfe an. Es sind hier die Pforten zur kleinen Kommunikation angesprochen. Mit den Pforten zu höherer spiritueller Kommunikation hat Kohlrabi nichts am Hut. So ist Kohlrabi ein Gemüse für Eigenbrötler und non-kommunikative Menschen, die dadurch kontaktfreudiger werden.

Kohlrabi öffnet die Hautporen. Auch hilft er zum Schwitzen und scheidet über den Schweiß mindernde Stoffe aus.

Anwendung

Dünste Kohlrabi in Butter und frischer Sahne, und gib viel frische Petersilie hinzu.

Was gut dazu paßt

Petersilie,
- weil sie mithilft, zellulare und Hautporen zu öffnen und
- weil toxische Zellbelastungen ins Fließen und Strömen kommen und zur Ausscheidung gelangen.

DER ROSENKOHL

Brassica oleracea
convar. *oleracea* var. *gemmifera*

Schöpferische Idee, Bestimmung und Heilkraft zur Erprobung

Dieses Gemüse
- hemmt die Blutbildung,
- schädigt die Blutbildungsstätten
- und die Zeugungskraft.
- Zudem führt Rosenkohl zu Gewichtsproblemen.
- Er macht den Kopf dumpf und schwer, ist also für Menschen, die zu Kopfschmerzen oder zu Migräne neigen, kontraindiziert (gegenheilend),
- ja, er kann geradezu Migräneanfälle auslösen.
- Auch hindert er dein Zwerchfell am entsprechenden kosmischen Resonieren.

★ Das Zwerchfell ist der Resonanzboden für die kosmischen Licht-Ideenkräfte im erneuernden Zeitgeist. Dieser Resonanzboden wird durch Rosenkohl empfindlich gestört. Rosenkohl ist somit eine von Menschengeist erschaffene Züchtungsform, die leider die positiven Möglichkeiten des Kohls nicht herausgearbeitet hat.

Was gut dazu paßt

Wenn du doch unbedingt einmal dieses Gemüse essen willst, so solltest du Rosenkohl zusammen mit einer Tomatensauce anrichten, deren Zubereitung du bei der Tomate findest. Der alchymische Zusammenklang dieser beiden Schöpferideen ergänzt sich dann harmonisch und sich gegenseitig durchlichtend.

DER ROTKOHL

Brassica oleracea convar.
capitata var. *capitata f. rubra*

Schöpferische Idee, Bestimmung und Heilkraft

Rotkohl ist nicht als eine Speise anzusehen, die dem Menschen in seinem Aufbruch ins Neue Zeitalter dienlich ist.

- Er kann Kopfschmerzen und Migräne auslösen und ist zur Ernährung in der neuen Zeit im Grunde ungeeignet.
- Er macht einen dumpfen, benommenen und schweren Kopf
- und ist anti-spirituell.
- Zudem bekomme ich bereits beim ganz kurzen Bearbeiten des Textes starke Milzschmerzen. Die Milz hat eine Zuordnung zur Erde selbst und ist auch für die Blutkörperchen-»Mauserung«, für Abbau und Vitalisierung der roten Blutkörperchen zuständig. Dieses Prinzip wird durch Rotkohl blockiert.

Was gut dazu paßt

Wenn du doch gerne einmal Rotkohl essen willst, so sorge für heilsame Zutaten und Ergänzungen. Bereite ihn mit nicht zu wenigen sauren Naturäpfeln, mit Lorbeer und Nelken zu. Auch mit Basilikum kannst du einmal experimentieren. Durchlichte den Rotkohl mit Säure, also mit Essig und Zitrone. Auch ein Löffel guter Rotwein, kurz vor dem Anrichten, ergänzt sich mit Rotkohl gut.

Am besten paßt hier selbstangesetzter Rotweinessig, denn bedenke: Jeder Essig ist nur so gut wie sein Ausgangsprodukt. So nimm also einen guten Rotwein, und laß ihn einfach offen stehen, bis er sich in Essig umgewandelt hat. Tips zur Essigbereitung und vielem anderen Nützlichen findest du in allerlei Hobbythek-Büchern.

Rotkohl wünscht sich im Grunde die Ergänzung eines traditionellen Bratens vom Rind, von der Ente, von der Gans und anderem Wild, wozu er ja auch gerne serviert wird. Selbstgemachte rohe Klöße gehören dann aber auch dazu!

DER WEISSKOHL

Brassica oleracea var.
capitata f. alba

Schöpferische Idee, Bestimmung und Heilkraft zur Erprobung

Weißkohl gehört auch zur »alten Garde« und ist noch weniger positiv als Rotkohl zu sehen. Weißkohl dämpft und hat hierbei eine Beziehung zu den Eingeweiden und zu den Verdauungsorganen, jedoch innerhalb des Rahmens der zu Ende gehenden alten Zeit. Er ist deshalb für die Kinder des neuen Geistes nicht mehr angemessen.

Er macht innerlich »dämpfig« und befreit nicht. Man könnte die Verhältnisse geradezu mit denen in einer Waschküche aus früheren Zeiten vergleichen. Kannst du dich noch an diese dampferfüllten Waschküchen erinnern? Weißkohl bewirkt sehr ungute innere Druckverhältnisse, besonders im Darmbereich.

Rohes Sauerkraut

In dieser Form erfüllt Weißkraut nun die bekannten gesundheitlichen Zwecke nach wie vor. Das heißt, man kann es essen, wenn man abnehmen will, denn es hat wenig Kalorien, es hilft verdauen, es enthält viel Vitamin C, aber trotz allem ist es nicht gerade das passende Gemüse für die Kinder der Neuen Zeit. Es hat nicht die befreiende, heilende und schützende Wirkung, die in die neue Zeit führt.

Gekochtes Sauerkraut

Gekochtes Sauerkraut hat nun noch weniger die befreiende Wirkung – dieses schon erst recht nicht. Ich kann leider nur sagen, daß es sogar verschlackende und verschleimende Wirkung besitzt. Dies gilt auch dann, wenn es mit Lorbeerblatt und Kümmel gekocht und kein Fleisch oder gar Speck darin mitgekocht wurde. Das gekochte Sauerkraut zieht einfach in die Tiefe.

Wir aber wollen ja und sollen ja die alte Erde und die alte Erbschnur verlassen. Sauerkraut hält das alte Gebiet aber künstlich offen und leitet zwar in diese alte Erde hinein aus, aber das bringt keinen Nutzen im neugeistigen Sinn.

Anwendung und was gut dazu paßt

Wenn du nun doch gerne gelegentlich Sauerkraut essen willst, so solltest du dies stets in roher Form und in Verbindung mit frischen Ananas und anderen durchlichtenden Früchten tun. Ein Sauerkraut-Fruchtsalat ist somit dann das Mittel der Wahl. Du kannst außerdem Äpfel hierzu verwenden, Trauben, Kiwis oder was es gerade auf dem Markt gibt. Richte mit Sahne und Zitrone an.

DER WIRSING

Brassica oleracea convar.
capitata var. *sabauda*

Wissenswertes

Wie bei allen Kopfkohlarten ist die Sproßachse des Wirsing stark gestaucht. Genau dies führt dazu, daß seine Energien so blockierend und einschränkend wirken, wie diejenigen verschiedener anderer Kohlsorten auch.

Schöpferische Idee, Bestimmung und Heilkraft zur Erprobung

Wirsingkohl ist auch eines der Gemüse, welches nicht gerade zu der Energie der neuen Zeit paßt. Er wirkt eher etwas unterdrückend, macht wuchtig, drückt und staucht den Menschen in die Erde und macht ihn schwer. Wer zu irgendwelchen krampfartigen Erscheinungen neigt, darf keinen Wirsingkohl essen. Denn er erzeugt Druck im Gewebe, besonders auch im Kopf, macht die Knochen schwer und fördert eher die Unfreiheit – und das wollen wir doch schließlich nicht.

Wofür ist er nützlich? Er reinigt die Lymphe und erneuert auch das Blut, aber das gilt eben, wie gesagt, für die alte, die zu Ende gehende Zeit und für die Zeit, in der noch die Unterdrückung geherrscht hat auf Erden. In der sich immer stärker auf den Planeten einspulenden neuen Zeit aber herrschen völlig andere Gesetze, damit neue Druckverhältnisse und damit völlig andere geistige Verhältnisse. Und zwar gilt dies *auf* der Erde und *in* der Erde und im gesamten Mikrokosmos des Menschen. Diese neuartigen Geistgesetze erneuern besonders auch deine Lymphe nach und nach vollständig.

Deswegen paßt Wirsing mit seinen alten magnetisierend-heilenden Mustern nicht mehr gut in die neue Zeit und kann im Gegenteil sogar Beschwerden erzeugen.

Anwendung und was gut dazu paßt

Wenn du aber doch einmal gerne ein Wirsinggemüse essen willst, so achte darauf, es mit erstklassigem Öl oder frischer Butter fettreich zu durchlichten. Wirsing kann nur über die Fettmoleküle in eine etwas transparentere Form und erhöhende Schwingung überführt werden. Das bedeutet natürlich: erstens allerbestes Fett. Und zweitens darf dieses Fett, wenn es die erhöhende Aufgabe erfüllen soll, nicht zum Anbraten verwendet werden, sondern es soll erst kurz vor Beendigung des Kochprozesses zugegeben werden. Dazu servierst du Kartoffelpüree oder Reis.

DER KÜRBIS

Cucurbita maxima
Cucurbita pepo
Cucurbitaceae – Familie der Kürbisgewächse

Wissenswertes

Diese beiden Kürbisarten, deren Heimat im tropischen Amerika vermutet wird, bringen die größten Früchte hervor, die im Reich der Pflanzen bekannt sind. Der Riesenkürbis – *Cucurbita maxima* – erreicht ein Gewicht von bis zu 25 kg, es wurden aber schon solche von 45 kg geerntet. Der Kürbis benötigt einen hellen vollsonnigen warmen Platz und viele Nährstoffe, weswegen er gerne auf einer Kompostmiete angepflanzt wird. Er hat einen guten Ruf als Heilmittel bei Nieren- und Blasenerkrankungen.

Schöpferische Idee, Bestimmung und Heilkraft zur Erprobung

Kürbis zieht total in die Breite, so daß ich beim Erarbeiten seiner Idee sogar Schwierigkeiten habe, zu atmen.

– Er macht breit, rund und dick. Er ist nicht geeignet für Menschen
– mit Asthma, Neigung zu Kopfschmerzen oder Schwerfälligkeit,
– auch macht er dumm und eingeschränkt im Denken wie im Handeln.

Wer unbedingt Kürbis essen will, sollte ihn immer mit Essig zu sich nehmen, um diese stauenden Kräfte etwas aufzuheben.

Dafür bietet er uns jedoch in seinen Kernen seine ganze Heilkraft und viel Gutes.

Kürbiskerne und die Heilkraft zur Erprobung

– Kürbiskerne machen ein strahlendes Gebiß und verändern Narben zum Positiven, seien dies nun körperliche oder geistseelische Narben.
– Sie enthalten ein sehr edles hohes Licht und eine feine durchdringende Kraft.
– Kürbiskerne heilen seelische Verwundungen. Sie sind wie flüssiges Feuer in der Vernetzung der Gewebe, deshalb können sie sogar Narben durchdringen.
– Sie machen selbstzentriert, selbstbewußt und stärken ein ruhiges kraftvolles, besonnenes Auftreten.

Die feurige Kraft der Ruhe ist hier eine rein weibliche Kraft. Daß Kürbiskerne nebenbei auch noch die Blase – bei Männer und Frauen – und die weiblichen Unterleibsorgane stärken, ist erst ihr nachfolgender Schritt.

So dürfen wir uns darüber freuen, daß der Kürbis vorzüglich deshalb wächst, um uns seine Heilkraft über seine Kerne zu schenken!

Anwendung

Am besten holst du dir die heilsamen Kürbiskerne im Bioladen oder im Reformhaus, streust sie über deine grünen oder auch deine fruchtigen Salate, backst sie in dein Brot, ißt sie in deinem Müsli oder knabberst sie »aus der Hand«. Vielleicht magst du dir ein Schälchen solcherart gesunder Knabberei an deinen Arbeitsplatz stellen, mit einigen Nüssen, Rosinen und selbst getrockneten Früchten darin?

Der Lauch

Allium porrum
Liliaceae – Familie der Liliengewächse

Wissenswertes

Eine wilde Urform des Porree ist nicht bekannt.

Schöpferische Idee, Bestimmung und Heilkraft zur Erprobung

Lauch verbraucht im Organismus Heilenergie, die dort vorhanden ist. Er ist energetisch gesehen falsch herum gepolt und nimmt deshalb geradezu jede Art von vitalisierender, initiierender, schöpferischer Energie von einem Menschen hinweg. Wer also Abwehrkräfte benötigt, weil er sich mit irgend etwas herumschlägt, sei das etwa ein Infekt oder eine notwendige Auseinandersetzung, in der ja marsische Tatkraft gebraucht wird, darf keinen Lauch essen. Denn Lauch entfernt den Menschen von allem, wofür er sich engagiert. Lauch macht deshalb auch abgehoben, unbeteiligt, nonchalant. Für Menschen, die von einer Idee geradezu wie besessen sind, mag er sich als günstig erweisen. Auch für alle diejenigen, welche im Übermaß in irgendeiner Sache drinstecken, kann Lauch unter Umständen zeitweilig nützlich sein.

– Lauch kann etwa in der Suchttherapie eingesetzt werden oder bei Menschen, die chronisch und extrem überneugierig sind, wo er eine bedingte Nützlichkeit entfalten mag.
  Lauch ist aber gar nicht günstig für Menschen,
– die initiativ sein wollen,
– die mit Begeisterung auf die Welt zugehen wollen oder die an Zeugungsschwäche leiden, die es ja heute schon so häufig gibt und die es in Zukunft noch immer häufiger geben wird.

Denn der laufende Prozeß der weiblich spirituellen Erneuerung, der auf dem gesamten Planeten stattfindet, raubt allen kernsolaren Energien ihre bisherige zeugende und prägende Kraft. Unter DIE KAROTTE findest du hierzu weitere Informationen. Dafür erhält das Bioplasma und damit alles Weibliche eine völlig neuartige neugeistige Ordnungs- und Prägekraft.

Im Falle von Zeugungsschwäche ist Lauch deshalb absolut kontraindiziert (gegenheilend). Er verstärkt diese Schwäche und macht sogar impotent. Auch verkleinert er die Lymphdrüsen und inaktiviert sie.

Wer zu Zahngeschwüren, Furunkeln, Abszessen oder auch zu geschwürig-entzündlichen Prozessen, auch zu eitriger Akne neigt, sollte generell keinen Lauch – und auch niemals mehr auch nur einen einzigen Krümel Schweinefleisch – essen. Entzündliche Prozesse im gesamten Organismus, besonders auch Fingernagelgeschwüre (Panaritium), Fußnagelgeschwüre, Augenentzündungen und eitrige Entzündungen aller Art werden durch Lauch gefördert und sogar hervorgerufen. Auch für Menschen, die mit der Lymphe zu tun haben, ist Lauch sehr schädlich. Für Menschen, die krank sind, egal woran, ist Lauch ebenfalls kontraindiziert. Und wer Lauch öfters essen würde, der würde auch eine Neigung zu Rücksichtslosigkeit entwickeln, er würde blind werden für die Fürsorge und für die Nöte und Kümmernisse der Mitmenschen. Eine Art von Hagestolz-Sein würde genährt werden, ein lebloses und spannungsarmes auf sich Zurückgezogensein.

Aber auch für Kopfschmerz- und Migräneanfällige ist Lauch absolut verboten.

Insgesamt werden also die körperliche, geistige und seelische Abwehrkraft, insbesondere aber die Abwehrkräfte der weißen Blutkörperchen vermindert. Der Mensch wird ganz generell in seinem Ganzen aus der Welt und aus der Aggression zurückgezogen. *Und die Fähigkeit zur Aggression als lebensichernder und lebenserneuernder Kraft muß einfach sein auf diesem Planeten. Ohne diese Kraft kann der Mensch nicht leben.*

Anwendung und was gut dazu paßt

Wer nun doch einmal ein Lauchgemüse essen will, sollte es stets mit
Zitrone durchlichten, es mit einer hellen zitronigen Sauce anrichten
und ein Glas heiße Zitrone dazu trinken. Kartoffeln, die sehr heiß
sein sollten, Rahm, Petersilie und in Butter geröstete selbstgeriebene Semmelbrösel können dann gute Begleiter sein.

DIE LINSEN

Lens esculenta
Fabaceae – Familie der Schmetterlingsblütler

Wissenswertes

Linsen waren vor Jahrtausenden schon in Asien und Ägypten bekannt und beliebt. Im Nildelta finden sich sogar Spuren einer Stadt Phacussa, was *Linsenstadt* bedeutet.

Es gibt verschiedene Linsensorten, braune Linsen, die grüngrauen Puylinsen, die grünen Linsen, und die kleinen roten Linsen. In Indien, Griechenland und Italien finden wir Linsengerichte besonders verbreitet. In Indien werden die roten Linsen bevorzugt und sind der Hauptbestandteil des Nationalgerichts Dhal, eines mit Chili scharf gewürzten Linsenbreies.

Hülsenfrüchte, also auch Linsen, sind viele Jahre haltbar. Linsen haben einen hohen Eiweißgehalt. Das kommt daher, daß sie, wie die anderen Hülsenfrüchte auch, den Luftstickstoff mit Hilfe der Knöllchenbakterien an ihren Wurzeln in Aminosäuren überführen und in Eiweiß umwandeln können.

Die Römer reichten bei ihren Begräbnissen Linsen und Salz, und für ein Linsengericht wurde Esau von seinem Bruder Jakob um sein Erstgeburtsrecht betrogen. Wer kennt nicht diese Geschichte und hat sich darüber verwundert? Ob die Linsen eine Bedeutung haben, die über das reine Nahrungsmittel hinausgehen, mag sich so mancher gefragt haben? Wir wollen sehen ...

Schöpferische Idee und Bestimmung

Die Natur der Linse ist es, Freude und Vergnügen zu schenken. Das Heilgesicht der Linsen ist das Spenden von Liebe, Wärme, Kraft und Identität.

Linsen sind eine Art Wunderdoktor, denn sie stärken dich jeweils dort, wo du schwach bist, und sie kräftigen deinen Körper, dein Herz, dein Gemüt, deine Seele, deinen Geist gleichermaßen. Sie sind ein verlebendigendes Feuer, und sie wandern immer genau dorthin, wohin dein Körper sie ruft, an die Stelle, wo irgend etwas in dir einen Mangel leidet. Sie füllen auf, verwandeln, stärken, aber sie machen nicht dick.

★ Das Gesicht der Linsen ist blitzeblank, und kein Unheil kann sie betrüben. Sie entstammen einer hohen geistigen Welt und haben aus Liebe zum Menschen seinen Abstieg in die Dichte der Manifestationen mitbegleitet. Sie sind Träger höchster göttlicher Ur-Ideen, eben Heilsträger, und sie steuern dein Lebensschiff stets in Richtung Heimkehr. Darum gewöhne dir an, dir öfter einmal ein Linsengericht zuzubereiten, und überlaß dich vertrauensvoll dieser heilsamen Kraft.

Die Heilkraft zur Erprobung

- Linsen kräftigen deinen Hals und deine Stimmbänder.
- Zugleich regenerieren sie deine Nerven, die für die Übertragung von Informationen zuständig sind. Gekräftigte Stimmbänder und blitzeblank gereinigte Nerven sorgen im Zusammenklang für eine wohltemperierte und gutartikulierte Sprache.
- Etwas Senfmehl, über dein Linsengericht gestreut, schenkt dir eine zusätzliche Ideen-Zuflut aus höheren Welten. Deshalb sind Linsengerichte für Sänger, Redner und Vortragende ein wunderbares, auch heilendes Gericht.
- Linsen geben dir auch eine sehr gute und starke Lungenkraft. Sie schenken dir einen langen Atem. Du kannst mit ihrer Energie so richtig tief durchatmen und wirst angehoben auf eine neue Ebene. Und dort ist es fröhlich und gut und gütig sein.
- Linsen machen ausdauernd. Wer im sportlichen Bereich Ausdauer oder Zähigkeit braucht, eine beschwerliche Aufgabe vor sich hat oder eine Reise mit Hindernissen, sollte oft Linsen essen.
- Sie sind auch gut zum Wiederaufbau nach schweren Krankheiten oder nach zehrenden Krankheiten, auch für Kinder, für Kleinkinder.

Besonders auch bei Krankheiten, die mit der Lymphe, mit dem Blut oder mit der Lunge zu tun haben, aber auch bei Nervenkrankheiten, Depressionen sind sie angezeigt.

- Auch Menschen, die berufsmäßig mit Giftstoffen in Berührung kommen, profitieren von der heilsamen Kraft der Linsen.
- Ein Linsengemüse befreit von vielen Giftstoffen, auch solchen, die sich im Gemüt befinden. Es schenkt eine reine Luft zum Atmen, befreit von alten Denkmustern und Verhaltensweisen und
- ist höchst nützlich bei Suchttherapien aller Art.
- Linsen geben Kraft und Ausdauer und den Mut, neue Dinge in Angriff zu nehmen. Sie machen freudig, erneuern das Blut, reinigen und entgiften. Lymphe, Herz und Blut werden mit Sauerstoff und Ideen angereichert.
- Linsen bringen frischen Sauerstoff ins Gewebe, und besonders auch
- die Lunge wird höchst nützlich durchblutet und kann den Sauerstoff besser verwerten. Es kommt aber mehr als nur Sauerstoff in die Lunge: Es kommt ein höherer Geist, eine höhere Idee in die Lunge und wird von dort aus weitergetragen ins Blut und in alle Gewebe, so daß alles Unnützliche abgebaut wird.
- ★ *Linsen sind heilig. Sie tragen ganz hohe, schöpferische, geistige Kräfte in sich.*
  Linsen übertragen den heiligen Geist. Linsen sind ein Gebet. Linsen sind eine Freude und ein Geschenk des Himmels für die Erde.

Anwendung

Linsen lieben es, feurig heiß zubereitet und ebenso verspeist zu werden.
- Auch Zitronenschale, Zitronensaft und ein kleiner Schuß Essig erhält und verstärkt noch ihre Eigenwirkung.
- Sie lieben die feurige Hitze von Peperoni, Pfeffer, Senfmehl und überhaupt alle hitzigen Gewürzen und sind damit um so heilsamer.
- Das Linsengericht soll leicht, fein, fröhlich und frei schmecken.

Es darf dann natürlich kein Fleisch oder etwa gar Rauchfleisch, Speck oder ähnliches darin gekocht werden, nicht einmal Kartoffeln, wie das so üblich ist. Im Gegenteil soll sich eine sanfte, zitronige, leuchtend feurige Wärme herausentfalten. Linsen wollen deshalb stets auch mit Lorbeerblättern und Zitronenschale – selbstverständlich unbehandelt – gekocht werden. Etwas Kümmel kann hinzukommen. Zuletzt verfeinerst du dein Linsengericht noch mit Sahne und einem Schuß Essig. Vor dem Servieren kannst du noch ein Stückchen Butter darübergeben.

Was gut dazu paßt

- Die Linsen wollen gerne als Hauptgericht gegessen werden. Ein ganz klein wenig Teigwaren, Nudeln, Spätzle oder auch ein Eieromelett können dazu kommen. Weißmehlprodukte unterstützen die Energie, während Kartoffeln hier den Linsen diese fliegende, schwebende Leichtigkeit und das Durchatmen nehmen. Auch Reis paßt von der Energie her nicht gut.
  Mais würde noch passen, etwa Maisfladen oder Polenta mit Peperoni, auch geröstete Maiskolben.
- Besonders lieben Linsen auch die Ergänzung von kleinen Frischegerichten oder Frischezutaten wie frische Kräuter aller Art und vor Frische leuchtende Salate.
  Auch sie selbst wollen stets frisch zubereitet werden. Wärme deshalb dein Linsengericht niemals auf, denn damit geschieht ein Umkehrprozeß, der eher stauend und verstopfend wirkt.
- Ein Kopfsalat mit Kirschen und einer Sahnesauce unterstützt das Prinzip der Linsen, erneuert das Blut und macht fröhlich, frei und beschwingt. Auch für Kinder ist das ganz gut, sie mögen das sehr.
- Anstelle der Nudeln könnte man auch einen Grießpudding geben: Etwa salzig zubereitet, mit Kräutern und Crème fraîche. Oder süß zubereitet, als Nachtisch mit Zitrone, Zimt und Kirschen.
- Sowohl als Vor- wie auch als Nachspeise eignen sich Grapefruit, Pampelmuse und Kirschen, auch als Kompott.
- An Getränken passend ist Milch, Zitronenmilchmix, Tee oder Kirschsaft.

Hinweis und Besonderheiten

- Linsen bitte immer einweichen,
- nie verkochen
- und niemals aufwärmen.
- Kein Fleisch, keine Wurst, kein Speck, keine Kartoffeln.
- Davor und danach möglichst nichts anderes essen als angegeben, damit sich die große gesegnete Kraft der Linsen auch wirklich frei entfalten kann.

Rezepte

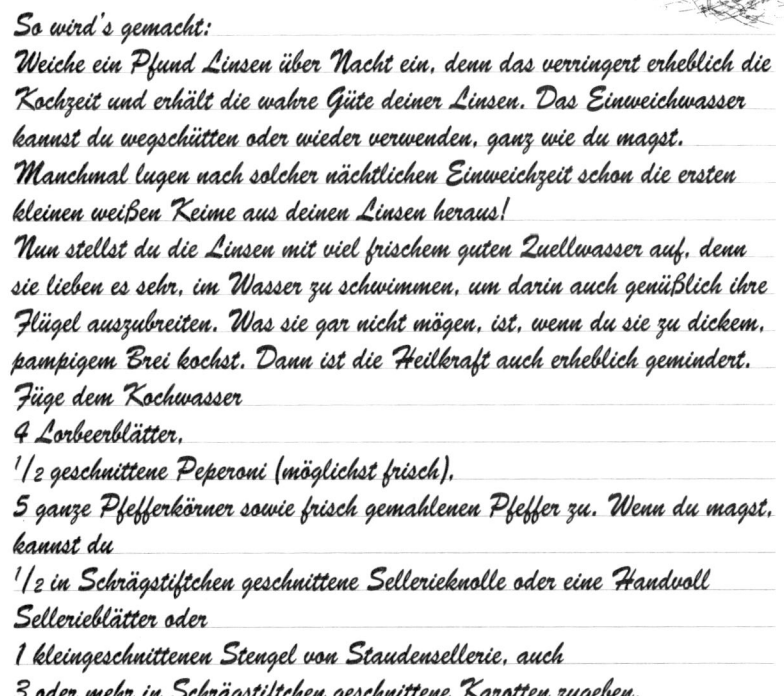

Linsensuppe

So wird's gemacht:

Weiche ein Pfund Linsen über Nacht ein, denn das verringert erheblich die Kochzeit und erhält die wahre Güte deiner Linsen. Das Einweichwasser kannst du wegschütten oder wieder verwenden, ganz wie du magst. Manchmal lugen nach solcher nächtlichen Einweichzeit schon die ersten kleinen weißen Keime aus deinen Linsen heraus!

Nun stellst du die Linsen mit viel frischem guten Quellwasser auf, denn sie lieben es sehr, im Wasser zu schwimmen, um darin auch genüßlich ihre Flügel auszubreiten. Was sie gar nicht mögen, ist, wenn du sie zu dickem, pampigem Brei kochst. Dann ist die Heilkraft auch erheblich gemindert.

Füge dem Kochwasser

4 Lorbeerblätter,

$^1/_2$ geschnittene Peperoni (möglichst frisch),

5 ganze Pfefferkörner sowie frisch gemahlenen Pfeffer zu. Wenn du magst, kannst du

$^1/_2$ in Schrägstiftchen geschnittene Sellerieknolle oder eine Handvoll Sellerieblätter oder

1 kleingeschnittenen Stengel von Staudensellerie, auch

3 oder mehr in Schrägstiftchen geschnittene Karotten zugeben.

Du kannst auch

1 Zwiebel, die du mit zwei Nelken besteckt hast, und

1 Stückchen Natur-Zitronenschale mitkochen lassen.

1–2 in Stückchen geschnittene Tomaten, die du aber erst kurz vor

Beendigen des Kochprozesses zugibst, oder

1 kleingeschnittene Paprikaschote sind ebenfalls lecker und passend.

Koche die Linsen nur so lange, bis sie eben gerade weich geworden sind.

Ganz zuletzt erst gibst du Atlantik-Meersalz, etwas Essig, etwas

Zitrone, ein kleines Stückchen Butter oder etwas Crème fraîche zu, gibst

$^1/_2$ Teel. frisch gemahlenes Senfmehl darüber und richtest, mit viel

frischer Petersilie überstreut, an.

Serviere dazu einen leckeren Salatteller, besonders auch einen solchen mit

Rapunzeln und mit frischer Sahne. Auch kannst du in Butter gebratene

rote Paprikaschoten-Streifen dazu reichen.

★ *Dieses Gericht stärkt deine Nerven. Es vitalisiert dich insgesamt und*
   schenkt dir dein wahres leuchtendes Gesicht zurück, dazu Güte und
   Selbstvertrauen.

Linsengemüse

400 g über Nacht eingeweichte Linsen kochst du mit so wenig Wasser wie
möglich und folgenden Gewürzen in etwa 20 Minuten weich:

1 Lorbeerblatt

2 Nelken

1 Stückchen Natur-Zitronenschale

Salz

Pfeffer

1 Stückchen Peperoni, wenn du magst.

Kurz vor Beendigung des Kochprozesses kannst du

1 Tasse feingeschnittene Staudenselleriescheibchen zugeben.

Schmecke dein Linsengemüse mit etwas Essig ab, und gib ein Stückchen
Butter und ein Löffelchen Crème fraîche zu.

Linsensprossen

So wird's gemacht:

Linsen sollen drei Tage keimen, indem sie feucht und schön warm gehalten werden, aber sie sollen nicht im Wasser liegen, das mögen sie beim Keimen nämlich gar nicht.

Nach drei Tagen sind sie gerade schön gekeimt und in optimaler Verfassung.

– So klären sie dir deine Nerven, stärken deinen Solarplexus und damit dein geistiges Selbstvertrauen.

– Außerdem machen sie schlank und würdig.

– Sie passen sehr gut zu Obst und zu Salaten, zu Sauerrahm, aber auch zu fein gewürztem Spinat. Sie regen die Verdauung an und die großen Drüsen deines Körpers: die Leber und die Bauchspeicheldrüse.

– Linsensprossen tun auch deinen Zähnen und deinem Zahnfleisch gut, und – auch die Augen werden blank und klar.

Eine Tasse Linsen ergibt nach drei Tagen 4–6 Tassen Linsensprossen.

Salat von Zucchini, Paprika und Linsensprossen

So wird's gemacht:

2 mittelgroße Zucchini in attraktive diagonale Stücke schneiden und in Butter kräftig braun anbraten. Mit Atlantik-Meersalz und heller Streuwürze würzen. Auf eine Platte legen und erkalten lassen.

2 rote Paprikaschoten in etwa fingerdicke Längsstreifen schneiden und genauso braten. Erkalten lassen.

200 g Feldsalat sorgfältig waschen und auf einer großen Platte oder vier Tellern dekorativ auslegen.

Die gerösteten erkalteten Gemüse attraktiv dazu arrangieren.

1–2 Tassen Linsensprossen darüberstreuen.

Eine Sauce bereiten aus

1 Becher Rahm,

1 Joghurt,

$1/2$ Tasse Mineralwasser,

1 Teel. Senf,

$1/2$ Teel. helle Streuwürze,

1 Stückchen feingehackter frischer Peperoni,

1 Teel. frischem Zitronensaft,

2–4 Teel. italienischem Rotweinessig,

Atlantik-Meersalz,

frischgemahlenem Pfeffer,

1 Sträußchen breitblättriger Petersilie, die – für alle Knobi-Liebhaber natürlich mit einer Knoblauchzehe zusammen – sehr fein gehackt wird.

Alle Zutaten mit dem Quirl gut vermischen und erst kurz vor dem Servieren über die Salatteller gießen oder gesondert in einem originellen Krug reichen. Mit diagonal geschnittenen Zitronenscheiben anrichten.

DER MANGOLD

Beta vulgaris var. *cicla*
Chenopodiaceae – Familie der Gänsefußgewächse

Wissenswertes

Die wilde Stammform des Mangold ist, genauso wie die von Rote Bete, von der Runkelrübe und von der Zuckerrübe, die *Beta vulgaris*. Die Heimat der Stammform liegt im östlichen Mittelmeerraum und in den Steppengebieten Vorderasiens. Sowohl roter als auch weißer Blättermangold waren bereits den Römern bekannt. Die Beta vulgaris gibt uns ein gutes Beispiel dafür, wie aus einer Stammpflanze die unterschiedlichsten Kulturpflanzen herausgezüchtet werden können.

Schöpferische Idee und Bestimmung

Die Idee des Mangold ist: Eisenkraft. Mangold nützt dem Menschen, der an seiner heimatlichen Erdscholle festhält und der sich hier zu verwirklichen wünscht. Er hilft dem Menschen, sich an Ort und Stelle »auszukeimen« und hier seine Wünsche und Vorstellungen, seine Gedanken zu verwirklichen.

Mangold wirkt initiativ und kraftvoll zeugend, ist jedoch an den Augenblick, an die Unmittelbarkeit, an das Jetzt, an die Erdnährkraft und an den Ort des Jetzt gebunden. Mangold macht eher statisch und ist für erdhafte Manifestierungen an Ort und Stelle hervorragend geeignet. Jedoch ist er nicht gerade das Mittel der Wahl für Geistesflüge. Er ist hinderlich für Veränderungsbereitschaft. Er wirkt auch nicht gerade kommunikationsfördernd. Seine Umsetzungskraft ist nonverbal, er benötigt keine Worte. Wer sowieso mit dem Artikulieren oder mit der Kommunikation ein Thema hat, sollte mit häufigem Essen von Mangold dies nicht noch verstärken.

Die Heilkraft zur Erprobung

– Mangold hat eine austrocknende und leicht verätzende Wirkung auf alle Speicheldrüsen im Körper, auch auf die Ohrspeicheldrüse. Mangold schränkt deshalb den Fluß der sezernierenden (= sekretbildenden) Zellen ein, bringt diesen unter Umständen sogar zum Versiegen. Mangold wirkt also trocknend auf das Zellgeschehen, was etwa bei Schnupfen und allen wässrigen Entzündungen, bei Eiterungen, bei Bronchitis durchaus von Vorteil sein kann.

– Mangold wirkt hitzig, den Stoffwechsel anregend und verbrennend. Was durch seine Kräfte getrocknet wurde, wird anschließend auch leichter im Stoffwechsel verbrannt.

– Wegen dieser den Stoffwechsel anregenden Wirkung wirkt er auch zehrend und Gewicht reduzierend, besonders seine Stiele. Er kann deshalb in der Schlankheitsdiät einen Platz bekommen.

– Mangold stärkt Menschen, die eine Neigung haben, immer wieder gleiche tränenreiche »Emotionskisten« ablaufen lassen, er ist nützlich bei emotionaler Unstabilität. Wessen Seele etwas zu leicht angerührt wird, sollte generell immer wieder einmal Mangoldstiele in seine Ernährung einbeziehen.

– Mangold hat eine Pufferfunktion (= Konstanthaltung einer Lösung auf einem bestimmten Säure-Basen-Wert, trotz Zugabe einer Säure oder einer Base). Die Pufferkapazität des Blutes wird somit durch Mangold erhöht und damit die generelle kluge Beantwortung von Reizen. Dies gilt sowohl für den körperlichen wie auch für den seelischen Bereich. Bei Übersäuerung des Blutes oder der Gewebe (= Azidose, Ursache vieler Krankheiten) puffert Mangold also das Blut. Er hilft somit dem Organismus, seine statisch-stabilisierend-ausgleichenden Aufgaben leichter zu erfüllen.
  Das heißt nun aber nicht, daß Mangold etwa die Ursache der Azidose beseitigen würde, die in unharmonischer Lebensführung und falscher Ernährung zu suchen ist!

– Mangold wirkt »geburtsverzögernd«. Wenn du schwanger bist, und weißt, daß du eine schwache Gebärmutter hast und in

Gefahr bist, dein Kind zu verlieren, dann ist dir Mangold nützlich. Du kannst die behütende Stärke deiner Gebärmutter – den Hort für neuwerdendes Leben – in den ersten sechs Monaten dadurch aufbauen, indem du einmal wöchentlich Mangold ißt. Die letzten drei Monate allerdings ist es besser, Mangold nicht mehr zu verzehren, weil sonst die Gebärmutter zu rigide (= unelastisch) wird und der Geburtsakt selbst damit erschwert wird.

Besonderheiten und Anwendung

– Mangold liebt die zitronige Frische und sollte deshalb stets mit frischem Zitronensaft, auch gerne mit etwas Essig zubereitet werden. Dadurch wird auch die Stille, die sich in ihm befindet, aufgelockert, und die Kommunikationsbereitschaft erstarkt. Die oben genannten Heilwirkungen bleiben dabei bestehen.
– Mangold sollte nie in Metalltöpfen gekocht werden.
– Mangold darf frisch nur zu seiner Erntezeit gegessen werden. Er eignet sich nicht zum Einmachen, denn er verliert dabei seine Heilkräfte, wirkt nur noch beschwerend und macht massig.

Was gut dazu paßt

– Kartoffeln,
– Reis,
– gehobelte oder frisch geriebene Mandeln,
– frische Petersilie und Frischkräuter generell,
– Milchprodukte und Ei.
– Mit Zitrone zubereiteter Mangold paßt hervorragend zu Käse, besonders zu heißem Käse, zu Käsefondue, weil er hierbei auflockernd wirkt. Man kann ihn auch gut mit Käse überbacken und mit Béchamel-Sauce anrichten. Käse ergänzt sich sehr gut mit der herb-trocken feurigen Wirkung des Mangold.

Mangoldstiele in Kräuterrahm mit Mandeln

So wird's gemacht:

Von 1 kg Mangold nur die weißen Stiele verwenden. (Die grünen Blätter können für Suppe verwendet werden.)

Die Mangoldstiele in einem breiten emaillierten oder Keramik-Topf (kein Metall!) in Butter andünsten und mit etwa 2 Tassen Wasser auffüllen.

Den Saft einer halben Zitrone und

2 Teel. Essig zugeben.

Mit Kräutersalz, Pfeffer, heller Streuwürze würzen und bei geschlossenem Deckel in etwa 25–35 Min. gardünsten.

1 Eßl. Mehl in etwas Wasser anrühren und zusammen mit

$1/2$ Becher Rahm binden. Abschmecken und gegebenenfalls nachwürzen.

1 Sträußchen frischen Dill und

1 Eßl. Petersilie hacken und unterziehen.

Mit Mandelblättchen bestreuen und, mit Dillzweiglein garniert, servieren.

Dazu passen gebackene Ofenkartoffeln mit Kräuterquark und als Nachtisch ein selbstgebackener Quarkstrudel oder Käsekuchen.

Experimentiere auch einmal damit, die Mangoldstiele mit Béchamelsauce, Eigelb, Käsewürfeln, Parmesan und Semmelbröseln als Ofenbackgericht zu servieren.

Dazu passen gut Knoblauch-Röstbrote mit Pfeffer und Kräutern und als Nachtisch ein Zitronen-Soufflé.

DER MEERRETTICH

Armoracia rusticana
Brassicaceae – Familie der Kreuzblütler

Wissenswertes

Der Meerrettich hat seine Heimat in Südost- und Westasien. Er kommt von Sibirien bis Europa, häufig kultiviert, zuweilen auch verwildert vor. Meerrettich kann wegen seines Gehaltes an Allyl-senföl für Mensch und Tier giftig wirken. Er kann aber auch toxische Schwermetalle wie Blei, Quecksilber und Cadmium wieder aus dem Körper ausleiten (May). Er enthält, wie auch Knoblauch, sogenannte Phytonzide, die sogar Antibiotika in ihrer Wirkung übertreffen können. Als harntreibendes Mittel wird er bei Blasen- und Nierenbeckenentzündungen angewendet. Dr. Wolfgang May empfiehlt ihn Rheumatikern und Gichtpatienten, von Kneipp wurde er bei Asthma und Tuberkulose empfohlen.

Schöpferische Idee und Bestimmung

Die Idee des Meerrettichs ist die eines fuchsteufelswilden, rotglühenden Geistes, einer feurig ätherischen Kraft, die wenig Maßhaftigkeit besitzt und außerordentlich umfassend wie durchdringend ist.
Eine spirituelle Dimension besitzt der Meerrettich nicht.

Die Heilkraft zur Erprobung

Wenn du z. B. etwas Falsches oder bakteriell Belastetes gegessen hast, kannst du die sterilisierende (bakterientötende) Wirkung von Meerrettich nutzen. Das rechte Maß ist hierbei allerdings von Bedeutung, auch das Einbetten seiner Schärfe in vermittelnde Nahrungssubstanzen.

Anwendung und Besonderheit

Meerrettich sollte nur selbst gerieben und zubereitet oder im Naturkostladen gekauft werden. Er muß auch stets in begleitende Träger-
substanzen eingebettet werden, weil er sonst zu stark und eher
schädlich wirkt. Mische ihn deshalb, wenn du ihn roh gerieben
essen willst, mit einem milden Joghurt, mit Sauerrahm oder halb-
fest geschlagener Sahne, und füge einen geriebenen Apfel, etwas
Zitronensaft und eine Prise schwarzen Pfeffer dazu. In solcher Art
Anwendung »entkeimt« dich Meerrettich.

Was gut dazu paßt

- Äpfel in jeder Form, besonders gut roh gerieben oder zu Apfel-
  mus gekocht.
- Aber auch Zitronensaft,
- Sahne,
- Rindfleisch und
- Kartoffeln sind passend.

Meerrettich-Apfelsauce

So wird's gemacht:

3 Äpfel schälen, entkernen, kleinschneiden und in

$^1/_8$ l Wasser bis zum Weichwerden dünsten, was 5–10 Minuten dauert. Nun

$^1/_2$ Eßl. Zitronensaft und

2 Teel. Zucker zugeben und mit dem Mixstab pürieren. Nun

100 g süße Sahne zugeben und nochmals kurz erhitzen. Die Sauce vom Herd nehmen und

3 Eßl. frischgeriebenen Meerrettich unterziehen. Nach Geschmack mit einer Prise Atlantik-Meersalz und einer Prise Pfeffer würzen.

Auch 1 Eßl. feingehackte Petersilie macht sich gut darin.

Paßt sehr gut zu gekochtem Rindfleisch oder zu gebratenem Fisch. Wenn du Vegetarier bist, kannst du diese Sauce etwa zu Broccoli oder zu Erbsen und zu Salzkartoffeln servieren.

Meerrettich mit geschlagener Sahne und Äpfeln

So wird's gemacht:

$^1/_4$ l Sahne sanft und locker, keinesfalls zu fest schlagen.

1 säuerlichen Apfel reiben, mit 1 Teel. Zitrone beträufeln und sofort vorsichtig unter die Sahne ziehen.

1 Eßl. frischgeriebenen Meerrettich ebenfalls locker unterziehen.

Mit etwas Salz und Pfeffer würzen und zu Spargel, kalten Gemüsen und kalten Platten reichen.

DER PAPRIKA

Capsicum annuum
Solanaceae – Familie der Nachtschattengewächse

Wissenswertes

Die Herkunft des Paprikas ist das tropische Amerika. Dieses Gemüse benötigt deshalb Wärme, Helligkeit und Windschutz. In den Tropen Amerikas sind etwa 35 verschiedene Arten zu finden. Die milden Sorten werden als Gemüse gegessen. Die scharfen Sorten werden als Gewürzpaprika verwendet. Die Schärfe beruht auf dem Gehalt von Capsaicin. Die tiefenwirksame Hitzekraft des Capsaicin wird auch medizinisch genutzt, etwa in Rheumapflastern oder bei hautreizenden naturheilkundlichen Anwendungen.

Schöpferische Idee und Bestimmung

Die Idee des Paprikas ist feurig – wie auch allgemein bekannt –, und zwar feurig schöpferisch, feurig grün, rot oder gelb. Das Feuer des Paprikas wirkt also generell den Stoffwechsel anregend.

Die Heilkraft zur Erprobung

Der Paprika will nach seinen Farben sortiert und einzeln besprochen werden.

Grüner Paprika

ist ein Muntermacher ersten Ranges, besonders wenn er aufgebrochen – nicht aufgeschnitten – und eingeatmet wird. Der Paprika enthält ein prickelndes emporstrebendes ätherisches Feuer, das dich wachsam und aufmerksam macht. Er hilft dir, auf deine eigene Fürsorge und deine eigene Nützlichkeit bedacht zu sein. Wenn man einen Paprika aufbricht, entströmt dieses Feuer in vielen kleinen Ätherfunken schnell nach außen. Deshalb eignet sich der Paprika so hervorragend zum Einatmen seiner Kräfte, und man muß nur nach einer Weile ein neues Stück abbrechen, wenn man das Empfinden hat, daß die Kraft nachläßt.

Roter Paprika ·

Wird ein roter Paprika aufgebrochen, geschieht das gleiche wie bei seinem grünen Bruder, nur in noch schnellerem Tempo, mit noch mehr Brennkraft und größerer Aggressionskraft.
- Die eingeatmeten Ätherkräfte beschleunigen nicht nur den Stoffwechsel, sondern regen auch den Gallenfluß an.
- Zusätzlich zur Wachsamkeit entsteht eine etwas kapriziös-kämpferische Bereitschaft zum Schlagabtausch.
- Die Lymphe wird gereinigt,
- die Augen werden klar.
- Müdigkeit verschwindet, und
- Müßiggang wird beiseite gelegt.
- Spaß am Teilnehmen an der Welt und an Kapriolen wird geweckt oder gefördert.
- Der Magen wird stärker durchblutet und »befeuert«, was eine Anregung seiner Verdauungstätigkeit, aber vor allem auch eine Anregung der Willenskraft bedeutet. Der Willen zu klarer Handlung wird gestärkt.

Weißgelb-hellgrüner Paprika

Diese Paprika haben eine Farbe ähnlich jungen Keimen. Sie sind zum Einatmen nicht geeignet, weil sie sich auf einer Stufe des Nicht-Entscheiden-Könnens und infolgedessen von Willenlosigkeit befinden. Das kommt daher, daß hier die nach außen tretenden feurig-ätherischen Kräfte durch stark nach innen ziehende Kräfte abgebremst werden. Dabei entsteht ein Gegendruckpotential, das sich nicht nur zum großen Teil gegeneinander aufhebt, sondern sogar im Kopf-Nackenbereich eine Art von Blockade und Absperrung verursacht.

– Die Folge können Kopfschmerzen, Migräne, Hals-Nackenprobleme und sonstige im Kopf lokalisierte Beschwerden sein.
– Sogar dem Ausbruch von Infekten, besonders von Grippe-Infekten wird Vorschub geleistet.

Leuchtend-gelber Paprika

Der feurig-gelbe Paprika hat Eigenschaften, die Sauerstoff zuführen. Diese können bei Kopfschmerzen und Migräne und allen Arten von Krankheiten, aber auch bei Müdigkeit, Antriebsarmut bis hin zu Depression genutzt werden. Auch hier entsteigt die Heilkraft dem Äthergeist des Paprikas und will zügig eingeatmet werden. Frischer Sauerstoff im Raum muß natürlich vorhanden sein, noch besser geht man zu dieser Art Heilanwendung kurz nach draußen an die frische Luft.

Orangener Paprika

Das Feuer des orangenen Paprika weckt die Anteilnahme am Leben der äußeren Welt und schenkt Wärme und Fülle, die sich nach außen präsentieren will. Er ist deshalb für Menschen hervorragend geeignet,
– die introvertiert sind,
– die nicht wissen, was sie wollen, oder
– die krank und bettlägerig sind.

Auch hier gilt, daß die reinste Kraft durch Einatmen getankt wird!

Gerichte und Rezepte mit Paprika sind Legion. Vielleicht magst du dieses einfache und herrliche Rezept, das ich in Südtirol kennengelernt habe, in dein Paprika-Repertoire aufnehmen?

Gebratene Paprikastreifen

So wird's gemacht:

4 Paprika waschen, abtrocknen, die Kerne entfernen und die Paprika in
etwa 2 bis 3 cm dicke Streifen schneiden. In einer großen Pfanne Olivenöl
erhitzen und die Paprikastreifen, die du portionsweise in die Pfanne gibst,
von beiden Seiten schön braun braten. Die bereits gebratenen Paprika
jeweils an den Rand schieben. Ganz zuletzt

1 Knoblauchzehe mit

2 Eßl. Petersilie hacken und kurz mitschmoren lassen. Die
Paprikastreifen sollen noch bißfest sein, auf keinen Fall dürfen sie Wasser
ziehen oder zu weich werden.

Mit wenig Atlantik-Meersalz und Pfeffer würzen und heiß auf einer
vorgewärmten Platte servieren. Genausogut kannst du diese Paprika aber
abkühlen lassen und kalt zu allerart Gerichten servieren. Sie sind kalt wie
warm einfach köstlich!

DIE PILZE

Saprophyten

Wissenswertes

Pilze sind wahrlich ein Kapitel für sich, dem man sich auch entsprechend widmen muß, gleichgültig, von welcher Seite man nun an sie herangeht. Sei es als Sammler und Gourmet – denn Pilze sind seit allen Zeiten Delikatessen –, sei es als Wissenschaftler: Pilze fordern unser Engagement voll heraus. So können auch hier nur kleine Streiflichter gegeben werden.

Pilze sind zwiespältige Wesen, nicht Tier und nicht eindeutig Pflanze. Sie nähren sich von abgestorbener organischer Substanz. Nur wenige, wie etwa der Hallimasch, nähren sich von lebenden Pflanzen. Wer Pilze sammelt, sammelt damit lediglich den Fruchtkörper einer Pflanze, die selbst im Erdboden lebt. Im Gegensatz zu grünen Pflanzen fehlt allen Pilzen das Blattgrün. Das bedeutet, daß sie ihre Energien nicht mit Hilfe des Sonnenlichtes aufbauen. Sie wurzeln mit ihrem im Boden wachsenden Fadengeflecht – dem Myzel – im nährstoffreichen Boden und in enger Gemeinschaft mit bestimmten Bäumen oder auch auf abgestorbenem Holz.

Die Fruchtkörper vieler Arten wachsen in sogenannten Hexenringen. Auch sonst haben sie einiges Zauberisches zu bieten. Manchmal scheinen sie auch wie von Zauberhand buchstäblich über Nacht an ganz unvermuteten und verborgenen Stellen zu wachsen.

Zuchtpilze haben noch einmal ganz eigene Anforderungen und benötigen auch hier den vollen Einsatz des Menschen. Zum Thema Pilze gebe ich dir im Anhang einige sehr unterschiedliche Literatur an, je nach dem, was die Intention deines Auf-sie-Zugehens ist.

Schöpferische Idee und Bestimmung

Pilze repräsentieren die Idee der Verdopplung und der Polarisierung im Naturleben. Man könnte sie als eine Art eigenständiges bio-homöopathisches Wirkprinzip bezeichnen.

Die Idee der Pilze repräsentiert eine Art von Leben, welches einer übergeordneten Schöpfung dient. Ihre Aufgabe ist es, einen Ausgleich zu schaffen zwischen hüben und drüben. Pilze können Grenzen überschreiten. Deshalb gibt es unter ihnen auch Arten, die geistig-seelische Grenzen überschreiten und Transzendenz hervorrufen können. Solcherart heilige Pilze wurden von Wissenden stets als grenzüberschreitende Wesenheiten verehrt und zu Trance-Reisen, zur Bewußtseinserweiterung und zur Heilung eingesetzt.

Auch die Speisepilze unterstehen diesem grenzüberschreitenden Prinzip: Hier allerdings bezieht sich diese Fähigkeit weniger auf die psychische und spirituelle Komponente, sondern auf ihre reale Ordnungskraft in einem entgleisten Körperstoffwechsel. Pilzen gebührt deshalb ein hervorragender Platz unter den Naturheilkräften. Eine Bearbeitung ihrer Kräfte geht jedoch über den Rahmen dieses Buches erheblich hinaus.

Pilze wachsen gerne im Feuchten und Dunklen oder Halbschatten. Nur manche bevorzugen einen hellen Standort. Sie scheiden und unterscheiden Dinge, Abläufe, Gedanken und Zustände voneinander. Sie stehen dafür, eine Sache aufzugeben, und dafür, eine andere zu erhalten. Pilze können Dinge wieder ins Lot bringen und eine Ausgewogenheit dort wiederherstellen, wo eine solche ursächlich verlorengegangen war. Wenn im irdischen Organismus Schöpfungsprinzipien verlorengegangen sind, wenn sich zellulare oder biochemische Fehlfunktionen bereits manifestiert haben, wenn eine biologische Grenze überschritten wurde, können Pilze unter Umständen behilflich sein, solche Entgleisungen wieder in ihre Ursprünglichkeit zurückzuführen.

Pilze haben somit eine Grundfähigkeit, geist-seelische Übertretungsprinzipien und hieraus materialisierte Produkte wieder an ihren Ausgangsort zurückzuziehen und den falschen Ort auch wieder zu verschließen. Pilze kämmen ein organisch-biologisches Gebiet geradezu durch und erforschen dort mit wissenschaftlicher Akribie, ob die hierher gehörenden Prinzipien, Ideen, Verursachungen sich auch wirklich an ihrem rechten Ort befinden. Sie machen eine Bestandsaufnahme und entwickeln anschließend ein Konzept, und dies tun sie ganz mühelos, denn es macht ihnen Spaß, und darin sind sie auch ausdauernd.

Die Heilkraft zur Erprobung

- Pilze wirken vitalisierend und können sogar ausgerutschte und entgleiste Stoffwechselfunktionen,
- aber auch bereits in Sonderdepots abgelegte Giftstoffe und Ablagerungen wieder in den Verbrennungsstoffwechsel zurückführen. Sie sausen wie auf Schlittschuhen durch den Normalstoffwechsel hindurch, packen die Ausreißer, die bereits manifestierten Fehlfunktionen und Giftstoffe, und holen sie erbarmungslos ins feurige Geschehen, eben in den Verbrennungs-, in den Atmungsstoffwechsel wieder zurück.
- Pilze können deshalb Diäten bei Stoffwechselkrankheiten durchaus positiv unterstützen, wobei die Spezifika der einzelnen Pilzsorten zu berücksichtigen sind. Pilzen, sofern sie eßbar sind, gehört deshalb ein heilsamer Platz in der Ernährung, den wir ihnen wieder sicher und präzise einräumen sollten.
- Pilze reichern sich stark mit Giftstoffen und Schwermetallen an, wirken jedoch im Organismus im Umkehrprinzip ebendiese ausleitend.

Die nachfolgenden Kurzbesprechungen einiger weniger Pilze sind lediglich als eine Schnuppereinführung gedacht.

DER WIESENCHAMPIGNON
Agaricus campestris

Diese Pilze haben eine den Kopf etwas einlullende, verdunkelnde und eine etwas betäubende Wirkung. Dafür aber als Ausgleich und Gegengewicht regen sie den
– Verdauungsstoffwechsel,
– die Leber- und Milzfunktion und
– generell die Ausscheidung an.
Sie leiten auch giftige Stoffwechsel-Endprodukte und Ablagerungen aus.

Anwendung und Besonderheit

Sie sollen am besten, wenn sie für diese Zwecke eingesetzt werden, als Pilzragout mit frischen Kräutern, wie Basilikum oder Petersilie, dazu mit Rahm und mit etwas Reisbeilage gegessen werden.

Nun wird man nicht gerade vor einer wichtigen geistigen Arbeit dieses Gericht essen, sondern es sich eben entsprechend einrichten, wann es paßt.

DER ZUCHTCHAMPIGNON
Agaricus spec.

Diese Pilze haben ebenfalls eine den Stoffwechsel anregende Wirkung, jedoch die entgiftende Wirkung ist nicht so ausgeprägt.

Anwendung und Besonderheit

Zuchtchampignos wirken am besten, wenn sie roh gegessen werden. Schneide sie hierzu mit einem edlen und sehr scharfen Messer in feinste Scheibchen, mariniere sie eine Stunde in einem Essig-Rotwein-Öl-Senfdressing, gib viel frische Petersilie dazu und genieße sie zu anderen heilsamen Nahrungsmitteln deiner Vorliebe, denn sie passen nahezu zu allem. Auch als Vorspeise, auf Rapunzeln angerichtet, eignen sie sich wunderbar.

WALDPILZE

DER STEINPILZ
Boletus edulis

Diese Pilze sind
- gut zur Blutverbesserung und wirken blutbildend,
- wirksam bei Ängsten, Armutsgedanken und Armutsbewußtsein,
- anregend auf den Lymphstrom und die Funktion der weißen Blutkörperchen,
- anregend auf die Aktivität generell und auf das Zeugungschakra insbesondere,
- und sie wirken entgiftend.

Anwendung und Besonderheit

Dieser edle Pilz ist ein König unter den Pilzen. Er wünscht, sich unter edlen Bedingungen in Gesellschaft zu begeben, denn Edles liebt stets Edles. Bereite diesen Pilz deshalb auch wie zu einem Festmahl zu. Zitrone und Sahne, auch Rapunzeln wollen seine Begleiter sein. Reis oder getoastete Weizenbrötchen passen gut dazu.

DER PFIFFERLING
Cantharellus cibarius

Diese Pilze regen das Stoffwechselfeuer und die Ausscheidung an, und sie vitalisieren. Wunderbare und heilsame Gerichte kannst du dir aus ihnen zubereiten.

Anwendung und Besonderheit

Der Pfifferling liebt zudem das Magische und eine tönende Ansprache, sowohl, was seine Wachstumszonen – und das Wiederfinden im Folgejahr – in den Wäldern angeht, als auch, was seine Heilwirkungen in den Zonen deines Organismus angeht. Deshalb kannst du ihn auch bitten, dir bei speziellen Problemen Hilfe zu geben. Das tust du natürlich am besten an seinem Standort, spätestens aber, bevor du ihn zubereitest!

Auch liebt der Pfifferling die Begleitung von Kräutern, ganz besonders auch eine selbsthergestellte Kräutermayonnaise (siehe unter DAS EI). So kannst du dein Ragout von Pfifferlingen etwa auf getoasteten Weizenbrötchen, Salatblättern und Basilikum-Mayonnaise anrichten.

DER HALLIMASCH
Arminariella mellea

Diese Pilze
- sind sehr feurig,
- regen den Stoffwechsel stark an,
- geben Power und Schwung und
- regen die Zeugungsfunktionen an.
- Sie wirken stark entgiftend,
- ausschwemmend,
- vitalisierend und
- machen angriffslustig.
Man könnte den Hallimasch fast als eine Art biologisches Dopingmittel bezeichnen.

Der Hallimasch enthält ein Akkumulativgift – vom Verzehr (vor allem größerer Mengen) über einen längeren Zeitraum wird abgeraten.

Mit Pilzen lassen sich die wunderbarsten Rezepte zubereiten. Vielleicht magst du dieses einmal ausprobieren?

Suppe mit Pilzen, Schafskäse und Basilikumsahne

So wird's gemacht:

1½ Liter kräftige Kräuter- oder Rinderbrühe mit folgender Mischung sämig kochen:

1½ Tassen Mehl mit

2 Eiern,

1 Becher Schmand,

etwas geriebener Muskatnuß und

2 Tassen Mineralwasser zu einem flüssigen Teig rühren und unter kräftigem Quirlen in die kochende Brühe einrühren und 5 Minuten sanft köcheln lassen.

In einer großen Pfanne 1 Pfund feingeschnittene Champignons – manchmal bekommst du auch die sogenannten Steinpilzchampignons im Handel zu kaufen – oder andere Pilze in Butter rösten. Wer mag, gibt eine kleine gehackte Zwiebel und eine Knoblauchzehe dazu.

Die gerösteten Pilze nun in die Suppe geben, frischen Pfeffer darübermahlen, kurz ziehen lassen und mit etwas frischem Zitronensaft würzen. Zuletzt

200 g Schafskäse fein schneiden oder mit einem groben Hobel hobeln und unter die Suppe ziehen. Nun

⅛ l Sahne schlagen und

1 Eßl. feingehacktes Basilikum darunterziehen. Die Suppe in Suppenschalen füllen und mit der Basilikumsahne und einem Basilikumblatt krönen.

Dazu paßt etwa ein grüner Salat, gemischt mit Früchten, und als Nachtisch ein Zitronen-Biskuit (siehe unter DAS EI).

Und noch ein Rezept, das du als Vorspeise oder zu einem Buffet reichen kannst:

Champignons in Rotwein mariniert

So wird's gemacht:
500 g kleine Champignons putzen und im Ganzen in
1 Eßl. Butter in einer großen Kasserole nur ganz kurz erhitzen. Nun
1 Teel. Zitronensaft,
1 Glas Rotwein,
3 Lorbeerblätter,
1 Teel. frischgemahlene Senfkörner,
1 Prise Piment,
1 Nelke,
3 Wacholderbeeren zugeben.
Die Kasserolle vom Feuer nehmen.
2 Knoblauchzehen mit
3 Eßl. Petersilie zusammen hacken und dabei innig mischen. Ganz zuletzt
unter die Pilze ziehen.
Die Champignons erkalten lassen und anschließend abgedeckt in den
Kühlschrank stellen. Nach einer Stunde die Lorbeerblätter und die Nelke
herausfischen und weitere zwei Stunden im Kühlschrank durchziehen
lassen.
Vor dem Servieren nochmals mit Petersilie bestreuen.
Dazu paßt sehr gut Toast oder selbstgebackene krosse Pizza ohne Belag.

DAS RADIESCHEN

Raphanus sativus var. *sativus*
Brassicaceae – Familie der Kreuzblütler

Wissenswertes

Radieschen sind nur als Kulturpflanzen bekannt. Sie sind zwar mit dem Rettich verwandt, stammen aber nicht von ihm ab. Radieschen eignen sich gut zur Mischkultur mit vielen Gemüsearten und wollen gerne viel Licht und Sonne.

Schöpferische Idee, Bestimmung und Heilkraft zur Erprobung

Radieschen sind kleine leckere, lockere Gesellen, die Pep und Schwung verleihen und recht nützlich sind.
– Sie bringen den Stoffwechsel in Schwung,
– lockern das Zellgewebe,
– lockern Verkrampfungen,
– durchbluten und durchwärmen die Nieren,
– stärken die Gonaden (Keimanlagen)
– und die Schilddrüse.

Anwendung

Im Rahmen von Frühjahrskuren oder auf Salattellern sollten Radieschen nicht fehlen. Lecker sind sie auch fein aufgeschnitten und auf Butterbrot gelegt.

Was gut dazu paßt

Wiesenkräuter, aber auch Dill und Schnittlauch. Besonders gut paßt Kresse zu ihnen. Auch lockern sie die Schwergewichtigkeit mancher Kartoffelsalate und machen munter.

Rezept

Butterbrot mit Radieschen

Wenngleich höchst simpel, will ich dir dennoch dieses auch bei Kindern sehr beliebte Abendbrot hier einmal wieder in Erinnerung rufen.

So wird's gemacht:
8 Scheiben duftendes Roggenvollkornbrot vom Naturkostladen mit frischer Sauerrahmbutter bestreichen.
2 Bund Radieschen in Scheibchen schneiden und die Brote dachziegelartig damit belegen. Mit wenig Atlantik-Meersalz würzen.
Mit
2 Eßl. feingehacktem Dill und
2 Eßl. feingeschnittenem Schnittlauch überstreuen.
Mit Kresseblättchen garnieren.
Dazu paßt gut ein Becher frische Milch.

DIE RAPUNZEL ODER DER FELDSALAT

Valerianella locusta
Valerianaceae – Familie der Baldriangewächse

Wissenswertes

Feldsalat kommt vermutlich aus dem Mittelmeerraum und war früher auf den Feldern als Ackerunkraut zu finden. Er wächst gerne am Rande von Hecken und auf abgeernteten Getreideäckern.

Feldsalat ist ein wunderbarer und vitaminreicher Wintersalat, denn er kann noch im September auf die dann bereits weitgehend abgeräumten Beete ausgesät werden. Er muß aber im Winter mit Reisig geschützt werden, denn Frost verträgt er nicht. Sein Anbau ist auch im lichten Schatten von Obstbäumen möglich.

Feldsalat oder Rapunzel, wie er oft genannt wird, hat einen wunderbar fein-samtigen Geschmack, der nahezu alle Speisen aufwertet und ihnen eine zusätzliche elegante Note verleiht.

Schöpferische Idee und Bestimmung

Die Idee von Rapunzel ist Beendigung von Gewalt, Not und Zwang und Bereitstellung von nährender Güte und Liebe. Rapunzel singt ein Lied, und das Lied heißt Freiheit.

Rapunzel besitzt eine sehr, sehr hohe, feine und zarte Schwingung und diese Schwingung heilt, was dumpf, nieder und ungut ist. Rapunzel ist eine Heilschwingung, die dich von Druck erlöst. Rapunzel wirkt lösend, entbindend, schenkt dir Hoffnung, wenn du traurig bist, und hilft, dich von Sorgen und Nöten zu entlasten.

★ Rapunzel ist eine hohe heilige Gabe der Götter an die irdischen Menschen. Er schenkt Freude, Frieden und Freiheit von sich selbst, von einschränkenden und mindernden Gedanken, von dem Gedankenrad, das so oft kreist. Er lehrt verzeihen und vergeben und löscht Minderndes aus. Seine Schwingung gehört bereits der Neuen Zeit an.

Rapunzel lockert deine Zellen, deine Seele und deine Gedanken auf, so, wie durch das Graben und Rechen eine zuerst feste Erde in einzelne lockere Krümelchen aufgelockert und neu verteilt wird. Das ist, als ob man Flügel bekommt, ganz leicht und locker, fröhlich wird, wie samtig. Das ist ein wenig, wie im Paradies zu sein, unbeschwert und ohne Sorgen, ohne herabziehende Kräfte. Alles ist in der Güte und in der Ordnung und in der Fürsorge und ohne jede Einengung. Es ist alles einfach gut, so wie es ist.

★ Rapunzel ist ein ganz hohes Heilkraut. Es führt dich in eine Wunschlosigkeit, deswegen, weil schon alles da ist. Es ist alles vollkommen, so wie es ist.

Iß Rapunzel in dieser Zeit heute, so oft du nur irgend kannst, und er wird deinen Aufbruch in das neue Äon begleiten. Es ist Engelsschwingung, die hier wirksam wird. Du wirst getröstet und wie in feinstes gesponnenes Gold eingehüllt. Du bist geborgen in dir selbst.

Die Heilkraft zur Erprobung

- Rapunzel lockert alle Gewebe auf.
- Es kommt alles zur Ruhe, auch Entzündungen.
- Die Lunge wird gelockert, frei und entgiftet.
- Die Ohren werden von Druck entlastet.

Anwendung

Du kannst Rapunzel mit Sahnedressing oder mit Essig-Sesamöl-Vinaigrette anrichten, du kannst Orangen dazugeben oder Sonnenblumenkerne oder Kürbiskerne. Auch ganz fein gehackte rote Zwiebelchen oder auch in Butter oder Knoblauchbutter geröstete kleine Weißbrotwürfelchen passen hervorragend. Deiner Phantasie sind hier keine Grenzen gesetzt. Laß dich einfach von Rapunzel inspirieren. Auch auf Butterbrot gelegt ist er eine feine Sache. Schwelge geradezu in Rapunzel, er wird dich niemals im Stich lassen.

Was gut dazu paßt

- Was besonders gut dazu paßt, das sind Früchte, z. B. Walderdbeeren oder Erdbeeren oder Kiwis, Ananas, Äpfel, Orangen, Mandarinen oder auch Himbeeren.
- Was noch sehr gut paßt, das sind Haferflocken, z. B. als gebratene Haferflockenküchlein oder auch Reis- oder Dinkelküchlein.
- Auch Nüsse, besonders Walnüsse, auch Sonnenblumenkerne
- oder etwa Streifen von gebratenem Hühnerfleisch oder Eier passen sehr gut.
- Für die Sauce eignen sich frische Zitrone, erstklassiger Essig, auch *Aceto balsamico* aus Italien, erstklassiges Öl und Sahne.
- Feldsalat ist auch eine ideale Garnitur für Früchte. Es holt die besten Eigenschaften der Früchte aus diesen hervor und bettet sie ein wie in Samt und Seide zugleich. Man sollte Feldsalat deshalb oftmals als Garnitur verwenden, so daß die Speisen zusätzlich aufgewertet werden.
- Wunderbar sind auch getoastete Brötchen mit einer selbstgemachten Leberpastete – natürlich nur von einem artgerecht aufgezogenen Tier. Darauf kommt Rapunzel, und darüber streust du etwas Sesam. Das könnte das Entrée zu einem Festtagsdiner sein.

So erfreue dich schon an seinem Anblick! Weckt er nicht Heimat- und Engelsschwingung in dir – schon beim Betrachten?

Rezept

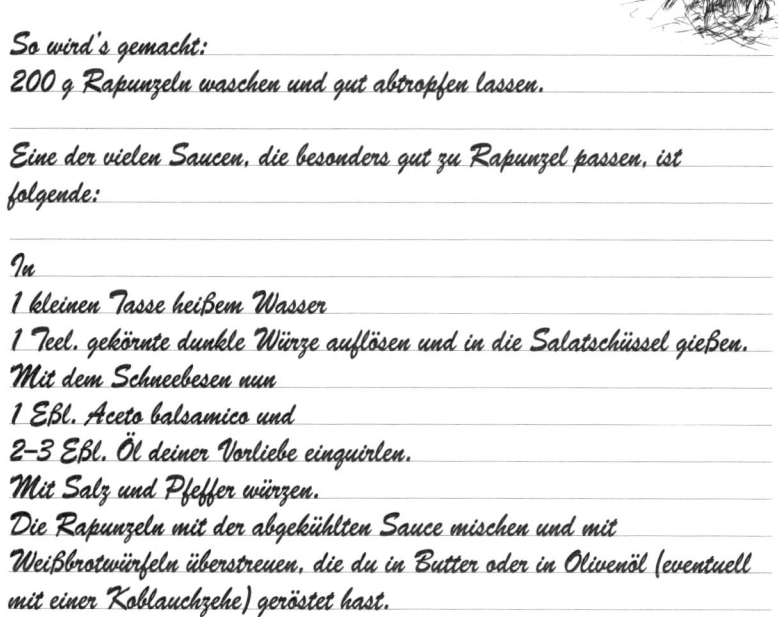

Salat von Rapunzeln

So wird's gemacht:

200 g Rapunzeln waschen und gut abtropfen lassen.

Eine der vielen Saucen, die besonders gut zu Rapunzel passen, ist folgende:

In

1 kleinen Tasse heißem Wasser

1 Teel. gekörnte dunkle Würze auflösen und in die Salatschüssel gießen.

Mit dem Schneebesen nun

1 Eßl. Aceto balsamico und

2–3 Eßl. Öl deiner Vorliebe einquirlen.

Mit Salz und Pfeffer würzen.

Die Rapunzeln mit der abgekühlten Sauce mischen und mit Weißbrotwürfeln überstreuen, die du in Butter oder in Olivenöl (eventuell mit einer Koblauchzehe) geröstet hast.

Rezept

Rapunzeln auf feiner Quarkcreme

So wird's gemacht:
150 g Rapunzeln waschen und gut abtropfen lassen.
200 g Magerquark mit
$^1/_2$ Eßl. Weißweinessig,
1 Eßl. Olivenöl,
6 Eßl. Sahne,
2 Eßl. Petersilie,
1 Teel. Senf,
3 Teel. grünen Pfefferkörnern,
etwas Atlantik-Meersalz nach Geschmack
und einigen Eßl. Milch glattrühren, so daß eine zart-cremige und pikante
Quarkspeise entsteht. Diese Creme in dekorative breite Glasschalen mit
Stiel oder in flache Sektkelche füllen und mit den Rapunzeln belegen.
Mit einigen diagonal geschnittenen Karottenscheibchen und $^1/_3$ Stange
Staudensellerie garnieren.

DER RETTICH

Raphanus sativus L.
Brassicaceae – Familie der Kreuzblütler

Wissenswertes

Rettiche gibt es heute als weiße, schwarze, rote und blaue Rettiche in langer, halblanger oder rundlicher Form anzubauen und auch zu kaufen. Außer dem bei uns üblichen Rettich, der außer in Nord- und Mitteleuropa im vorderen Orient, China und Japan kultiviert wird, gibt es noch den Ölrettich, aus dessen ölreichen Samen Öl gewonnen wird. Eine dritte Rettichvarietät ist der Schlangenrettich, der in Ostindien und Java wächst und dessen Wurzel schlangenartig gewunden ist.

Rettich wird – gemeinsam mit Zwiebeln – von Herodot als hervorragende und besondere Speise für die Bauarbeiter der Cheopspyramide angegeben.

Plinius der Ältere schrieb in seiner *Naturgeschichte* über ihn: »... In kalten Gegenden gedeiht er so gut, daß er in Germanien die Größe neugeborener Kinder erreicht ... Salz ist für ihn ein guter Dünger, daher begießt man ihn mit Salzwasser und bestreut ihn in Ägypten mit Soda, wodurch er einen vortrefflichen Geschmack erhält. Überhaupt nimmt ihm Salz die Bitterkeit ...«

Rettichwurzeln enthalten Raphanol, ein schwefelartiges Öl, sowie eine Reihe von Senfölverbindungen, Vitamine, Mineralstoffe und Fermente. Fermente sind Bio-Katalysatoren, welche sehr spezifische Stoffwechselprozesse in Gang bringen.

Rettich ist als Heilmittel bei Erkrankungen der Gallenwege, bei Gallengrieß und Gallensteinen bekannt. Besonders der Frischsaft bringt Entzündungen der Gallenwege zum Abklingen. Dr. Wolfgang May schreibt hierzu: »... Man beginnt die Rettichsaftkur mit 100 g frischem Saft, nüchtern roh getrunken, und steigert die Tages-

menge allmählich auf bis zu 400 g. Je nach Grad des Leidens läßt
man die Kur nach ein bis drei Wochen langsam wieder auf 100 g
Tagesverbrauch zurückgehen, um nach Heilung die Kur zu beenden.* Und er schreibt weiter: »Es sind jedoch zwei Regeln zu
beachten: Rettich sollte auch vom Gesunden nie mit Salz eingenommen werden** ….« Bei Magenschleimhaut- und Darmschleim-
hautentzündungen sollen der Rettich und der Saft nicht verwendet
werden.

Auch bei Keuchhusten und Bronchialkatarrh wird der Rettich
hilfreich angewendet.

Der Rettich will nun nach seiner Farbe einzeln beschrieben sein.

DER WEISSE RETTICH

Schöpferische Idee und Bestimmung

Weißer Rettich macht munter, gibt klaren Geist und läßt das Leben
wieder in freundlichem Licht erscheinen. Seine Heilkraft ist ausgesprochen körperlich orientiert. Seine Zugkraft geht weit hinab in
die Zeit vor deinem jetzigen Leben. Er nährt dein JETZT und hilft dir,
dich von karmischen Verstrickungen zu befreien.

Weißer Rettich ist ein Gesundheitselixier ganz besonderer Art. Er
hat stark entgiftendes Potential und treibt alles Nutzlose, Schädliche und Überflüssige aus deinem Fleisch (lat. - *carnis* - inkarnieren
- karma), aus deinem Blut, aus deinen Erbanlagen wie auch zugleich aus deinem Denken aus.

Der Rettich hat eine ganz eigene Art, Verbindungen zwischen
unterer, mittlerer und oberer Welt im menschlichen Organismus zu
knüpfen, die sich vor allem durch Veränderung der Druckpoten-
tiale voneinander abgrenzen. Der Rettich bildet so etwas wie Lei-
tungen, Schnüre, Vernetzungen mit diversen Knotenpunkten. Mit
diesen Knoten-Strickleiterstationen überbrückt der Rettich im stu-
fenweisen Saug-Druckverfahren die verschiedenen Welten oder Di-

---

* Dr. Wolfgang May: *Die Heilkräfte in unserer Nahrung*. Verlag J. Sonntag, Regensburg
1989, S. 132.
** a. a. O.

mensionen. Das verleiht ihm diese starke ausleitende aber auch regenerierende Kraft. Vor ihm ist sozusagen nichts sicher, denn mit Hilfe seines ausgeklügelten Mechanismus gelangt er einfach überallhin (siehe Farbtafel VII im Tafelteil).

Die Heilkraft zur Erprobung

- Der Rettich reinigt Körper, Seele und Gemüt.
- Er strafft die Gewebe und gibt wieder Schwung,
- ist nützlich bei Müdigkeit, Frühjahrsmüdigkeit,
- zum Abnehmen,
- bei Rheuma und Arthritis
- und zum Entkeimen nach bakteriellen Infektionen und Krankheiten.
- Er erneuert deine Nervenleitungen, hat also Eigenschaften, die die Nerven regenerieren, und macht dein Denken hell und klar, dabei willensstark.
- Er weiß, was er will, der Rettich. Das setzt er auch durch, und diese Eigenschaften schenkt er dann dir.
- Er regeneriert dein Wurzelchakra und bereitet dir deine Erde neu.
- Er löst karmische Verstrickungen und Verknotungen, er entsühnt dich, denn er löscht dein Zellgedächtnis für ungute Verhaltensweisen.
- Schmerzen, Stauungen und Mißempfindungen, die aus unguten Druckverhältnissen im menschlichen Körper resultieren, können durch Rettichsaft gelindert bis geheilt werden.
- Besonders auch Druck in der Brust, Brustenge, auch *Angina pectoris* genannt, läßt sich lindern.
- Er ist nützlich bei Blausucht, d. h. Herzkrankheiten, die durch Unterdruck verursacht werden, z. B. bei angeborenem Herzklappenfehler. Dann hilft der Rettich »pumpen«.
- Der Rettich pumpt aus der Tiefe der Zeit Verschlackungen und Giftstoffe herauf, wie aus einem tiefen Brunnen. Denn das Antlitz des Rettichs ist weiß, seine Kraft aber ist saugend und tiefschwarz, zäh und geduldig. Er löst so lange alten Schleim, bis das Körpermilieu gereinigt ist von allem Dumpfen aber auch von karmischen Schuldkompexen.

– Er hilft bei Verdauungsbeschwerden, die durch Intoxikationen (Vergiftungen) von Nahrungsmitteln verursacht wurden.
– Er holt erbtoxische Belastungen aus dem Blut und aus den roten Blutkörperchen hervor, worin diese Toxine sich verstecken. Rettich ist deshalb auch zur homöopathischen Nosodenausleitung, einer naturheilkundlichen Entgiftungsmethode, hervorragend geeignet.
– Er gibt Hilfe bei Blutentzündungen und bei verschlacktem, toxisch belasteten Blut,
– bei Gelbsucht, die durch Vergiftungen hervorgerufen wurde,
– und bei Wunden, die nicht heilen wollen, weil noch ein toxischer Verursacher vorhanden ist.

★ Aus Rettich kann ein hervorragendes Heilmittel in homöopathischer Anwendung für obige Indikationen hergestellt werden.

Anwendung

Iß einfach, so oft du kannst und magst, Rettich. Du kannst den Rettich raspeln oder in feine Scheibchen hobeln, etwas einsalzen und ihn 10 Minuten ziehen lassen und dann vor allem den Saft einschließlich des Rettichs verspeisen. (Aus meiner Art der inwendigen Informationsermittlung ergibt sich nicht eine salzlose Anwendung von Rettich zu Heilzwecken, wie es bei Wolfgang May beschrieben ist. So kann ich dich auch hier nur wieder auf deine eigene Intuition und deine eigenen Erfahrungen verweisen!)

Spiralförmiges Aufschneiden – wie es in München gemacht wird – mit Spezial-Rettichschneidern, ist besonders gut, weil dann die Kraft noch besser in einem erhalten bleibt.

Was gut dazu paßt

– Du kannst den Rettich auch mit Essig und Sesamöl oder Sahne-Joghurtdressing anmachen. Gehackte Petersilie paßt gut dazu.
– Du kannst den Rettich mit Weißbrot essen. Weißbrot lenkt nicht vom »Saugprogramm« ab, deshalb ist es zu Heilzwecken manchmal noch besser als Schwarzbrot zur Beigabe.

- Schwarzbrot, Vollkornbrot mit Butter oder Salzkartoffeln passen jedoch auch sehr gut.
- Rapunzel, Rote Bete, Sellerie und Bleichsellerie sind ebenfalls heilsame Ergänzungen.
- Rettich kann, als Stoffwechselanreger und zur Entgiftung, ständig wiederkehrend wic auch kurmäßig gegessen werden.

Rezept

Tomaten-Rettichsalat mit grünen Gurken

So wird's gemacht:
einige Tomaten in kleine Würfel schneiden.
1 Rettich raspeln.
1 Schlangengurke in Streifen oder Würfelchen schneiden.

Eine Sauce bereiten:
2 Teel. Sesamöl und
eine Prise Zimt
mit einem Quirl verrühren.
1 Joghurt und
1 Becher Sauerrahm darunterquirlen.
ein großes Bündel Basilikum kleinschneiden, einige Blättchen zum
Garnieren übriglassen und mit
Salz, Pfeffer,
Petersilie und
2 Teel. Zitronensaft würzen.
Die geschnittenen Zutaten mit der Sauce übergießen und etwa 10 Minuten
ziehen lassen. Mit den Basilikumblättchen garnieren.
Dazu kannst du gut Weißbrot, Reis oder Pellkartoffeln reichen.

DER SCHWARZE RETTICH

Schöpferische Idee und Bestimmung

Seine Idee ist: Heilsamkeit für »Giftiges« im männlichen Prinzip und im männlichen Organismus.

Die Heilkraft zur Erprobung

Der schwarze Rettich ist eher ein sehr spezifisches Heilmittel und weniger ein Nahrungsmittel. Er sollte nur in ganz kleinen Dosierungen von wenigen Scheibchen gegessen werden. Für die normale Ernährung ist er eher ungeeignet.

Er ist aber ein Spezifikum, denn er besitzt heilend-unterstützende Kräfte bei Hodenkrebs. Für diesen Fall soll er feinstmöglichst gerieben und als Paste und Umschlag äußerlich an Ort und Stelle aufgelegt werden. Diese Packung kannst du mit Milch und Sahne mischen, um die Aggressivität etwas zu lindern.

Anwendung

Die Anwendung ergibt sich aus den Gesamtverhältnissen und Möglichkeiten sowie der Verträglichkeit und der Schwere des Krankheitsbildes. Falls möglich, experimentiere mit bis zu täglich mehrmaliger Anwendung. Die Zeitdauer der Anwendung ergibt sich aus der Verträglichkeit, sollte aber 30 Minuten nicht überschreiten. Durch leichtes Erwärmen deiner Schwarzrettichpackung wird der entgiftende Prozeß noch zusätzlich unterstützt. Nach Entfernen der Packung lauwarm abduschen und eventuell mit einer guten Heilsalbe, etwa einer Arnikacreme eincremen, um die Hautreizung zu lindern.

Du kannst diese Anwendung versuchsweise auch bei Krebs der Halswirbelsäule, des Schlundes, der Schilddrüse oder überhaupt bei Erkrankungen im Rachenbereich ausprobieren. Hier ist die Wirkung nicht so eindeutig und gilt auch erst in zweiter Linie, aber sicher ist es einen Versuch wert.

DER RHABARBER

Rheum rhabarbarum
Polygonaceae – Familie der Knöterichgewächse

Wissenwertes

Die ursprünglichen Rhabarberarten stammen aus Sibirien und Hochasien. Rhabarber wurde bereits vor 5000 Jahren in China angebaut und für medizinische Zwecke verwendet. Sein Name bedeutet »der Fremde *(Barbar)*, der auf der Wolga *(Rha)* kam«. So kam denn auch der »Rhabarbar« als Wolgafremdling über Rußland nach Mitteleuropa, wo er dann ab dem 19. Jahrhundert heimisch wurde. Die reine Art des Rhabarbers wird in Mitteleuropa kaum kultiviert; die heute angebauten Formen sind Kreuzungen.

Die medizinische Wirkung wird vorrangig den Wurzeln zugeschrieben, weswegen die Rhabarberwurzel eine offizinelle Droge ist. Sie wird als Abführmittel und durch die östrogenartigen Inhaltsstoffe auch bei Ausbleiben der monatlichen Regel und bei klimakterischen Beschwerden empfohlen. Rhabarber läßt sich ohne weiteres im Garten ziehen, denn er stellt keine besonderen Ansprüche. Die frisch gegrabene Wurzel wird mit Messer und Bürste, aber ohne Wasser gründlichst gereinigt und der Länge nach in vier Teile geschnitten, auf einen kräftigen Zwirn gezogen und an einem luftigen schattigen und warmen Ort für mindestens vier Wochen getrocknet. Anschließend werden die Stücke in Papiertüten verpackt und bei Bedarf gerieben. Die Dosierung ist 1 Teelöffel der feinzerteilten Wurzel auf 1 Tasse Wasser pro Tag.

Schöpferische Idee und Bestimmung

Rhabarber hat hilfreiche öffnende Energien, zugleich aber besitzt er kernverschließende Elemente und ist deshalb nur sehr spezifisch und mit Vorsicht anzuwenden. So öffnet er den Solarplexus, unser

Sonnengeflecht, und stärkt hier den geistigen Austausch zwischen Himmel und Erde in hohem Maße. Er atmet Sternengeist in dein Solarplexus-Chakra und damit in deinen Magen hinein. Der Magen wird hell, heil, geöffnet und leer. Er wird in höchstem Maße geistig beatmet.

Rhabarber ist aber für die generelle Entfaltung deiner Spiritualität nicht geeignet. Er kann dich, besonders bei Vollmond, geradezu anti-aggressiv bis hin zu depressiv machen. Er kann, besonders zu Vollmondzeiten, die Grundchemie des Körpers in Richtung »grau« verändern, deine Gehirnzellen »zusammenbinden«, ja, geradezu verkrampfen.

Die Heilkraft zur Erprobung

Rhabarber ist dir dann nützlich, wenn du
- zu heiß,
- zu viel oder
- zu schwer gegessen hast,
- wenn du dich überfüllt fühlst
- oder wenn dein Magen die Nahrung nicht verdauen und weitergeben kann.

Zu diesem Zweck kannst du ein kleines Rhabarberstückchen roh kauen, oder du kannst ein Schälchen mit heißem Rhabarberkompott essen. Du kannst dir aber auch einen Heidelbeer-Rhabarberbranntwein ansetzen, von dem du im Bedarfsfall ein Gläschen trinkst. Rhabarber ist dir aber auch nützlich,
- wenn dich jemand gekränkt hat,
- wenn du dich aufgeregt hast und
- wenn dir etwas auf den Magen geschlagen ist.

Dann entkrampft und entstreßt er dich. Er hat eine Beziehung zu deiner Hormonausschüttung (Nebennieren), wodurch diese krampflösende, entstressende und auflockernde Wirkung zustande kommt, die sich auch auf dein Gemüt erstreckt. Rhabarber hilft dir also, souverän zu sein und über den Dingen zu stehen, in kleinkarierte Angelegenheiten läßt er sich und dich nicht hineinziehen.

– Rhabarber öffnet deine Hautporen und zugleich die Augen deiner Seele.

Die so lebenswichtige Hautatmung und deine Seelenatmung zugleich werden durch Rhabarber verstärkt. Allerdings hat er alle diese öffnenden Eigenschaften auf Kosten gegenpolarer, zentrierender, abdichtender, verschließender Ideen und Prinzipien. Deshalb mußt du von Fall zu Fall genau abwägen, ob und wie umfangreich du ihn einsetzt. Denn

– Rhabarber dichtet dein Gehirn ab und verschließt Wissen.
– Er dichtet deine Schilddrüse ab und
– vermindert die innere Verbrennung und den Stoffwechsel. Wenn du zuviel und zu oft davon essen würdest, würde er
– dich dick machen.
– Auch sei vorsichtig, wenn du zu Kopfschmerzen neigst.
– Er verdickt dein Blut und vermindert die Sauerstoffübertragungsfähigkeit deines Blutes an deine Körperzellen.
– Menschen mit schweren Krankheiten, für die die Sauerstoffversorgung der Körperzellen geradezu überlebenswichtig ist (Krebserkrankungen, Arthritis) sollten deshalb besser überhaupt keinen Rhabarber essen.
– Wer zu Migräne oder zu Krämpfen neigt, sollte auf keinen Fall Rhabarber essen.
– Rhabarber verändert die Grundchemie des Körpers. Er kann Licht nur in Richtung der erdhaft betonten Chakren übertragen, und auch dies nur sehr einseitig. Alle Lichtübertragung, welcher er fähig ist, konzentriert er auf deinen Solarplexus und deine Nebennieren. Diese besondere Art der Übertragung von Sonnenstrahlung wirkt in besonderen Notsituationen heilend und entstressend auf die Magennerven ein. Hierfür kann Rhabarber dann durchaus mit Vorteil kurzfristig angewendet werden.
– Nun hat Rhabarber aber noch eine Eigenschaft, von der du wissen solltest: Rhabarber öffnet ein Dimensionstor, durch welches auch ungute und niedere Geistwesen einen leichten Zugang zu dir finden können. Wenn du also im Rahmen dieses Themas schon einmal Schwierigkeiten hattest, dann sollte Rhabarber in jeder Form für dich tabu sein, gleichgültig ob roh oder gekocht

oder als leckerer Kuchen noch so liebevoll bei einer Einladung präsentiert!

Was gut dazu paßt

Bereite dir Rhabarber immer mit etwas Zimt und Vanillemark zu, denn auf diese Weise wird das Gleichgewicht der Pole zugunsten der positiven Eigenschaften etwas verschoben.

Rezept

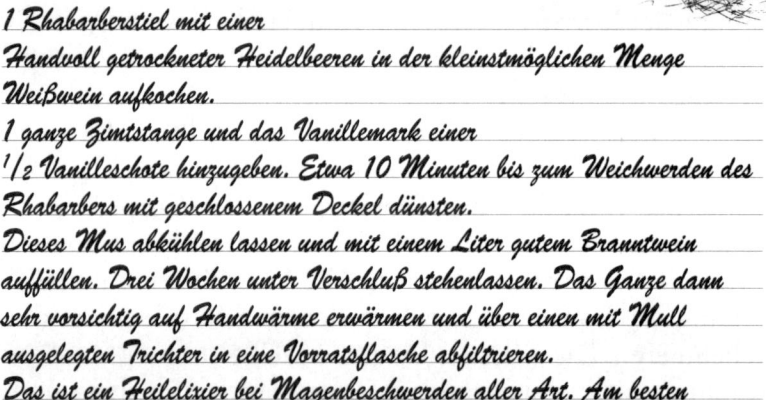

Rhabarber-Heidelbeer-Elixier

1 Rhabarberstiel mit einer
Handvoll getrockneter Heidelbeeren in der kleinstmöglichen Menge
Weißwein aufkochen.
1 ganze Zimtstange und das Vanillemark einer
1/2 Vanilleschote hinzugeben. Etwa 10 Minuten bis zum Weichwerden des
Rhabarbers mit geschlossenem Deckel dünsten.
Dieses Mus abkühlen lassen und mit einem Liter gutem Branntwein
auffüllen. Drei Wochen unter Verschluß stehenlassen. Das Ganze dann
sehr vorsichtig auf Handwärme erwärmen und über einen mit Mull
ausgelegten Trichter in eine Vorratsflasche abfiltrieren.
Das ist ein Heilelixier bei Magenbeschwerden aller Art. Am besten
wirksam ist es, wenn du es auch vor dem Trinken leicht erwärmst.

★ Die Heidelbeeren gehören zur Gruppe der Vierzehn NOTHELFER, die du in meinem nächsten Buch finden wirst. Die Heidelbeeren tragen deshalb die spezielle Rhabarberkraft auf den Heilschwingen der GÖTTIN und geben deinem Heilelixier zusätzlich die ganz besonderen Lichtkräfte.

DIE ROTE BETE

Beta vulgaris var. *conditiva*
Chenopodiaceae – Familie der Gänsefußgewächse

Wissenswertes

Die Heimat der ursprünglichen Stammpflanze ist das östliche Mittelmeer. Die Wurzel und der untere Teil des Stengels der *Beta vulgaris* wurden durch jahrhundertelange Züchtung zur Knolle ausgebildet. Die heilsame Knolle ist, im Lehmkeller oder in Sand eingeschlagen, viele Monate lang lagerfähig. Die Rote Beten oder roten Rüben, wie sie auch genannt werden, enthalten viele für den Körper wichtige Spurenelemente. Sie galten in der Volksheilkunde seit jeher als blutbildend und blutverbessernd. Darüber hinaus enthalten sie das *Anthozyan*, einen 1961 von dem ungarischen Arzt Dr. Ferenczy nachgewiesenen krebshemmenden Wirkstoff. Rote Beten verbessern den Sauerstofftransport und schädigen zusätzlich die Krebszellen auf enzymatische Weise. Zudem wurde festgestellt, daß Rote Bete ein Heilmittel gegen Röntgen- und radioaktive Strahlungsschäden sind (May). Die Anwendung wird so angegeben: Tägliches Auspressen von ¼ bis ½ l Frischsaft, bis zur Feststellung eines merklichen Erfolges, dann Zurückgehen auf ¼ l. Der Saft ist aber auch indiziert bei Blutarmut, und er ist von hervorragender vorbeugender Wirkung bei Infektionskrankheiten und Epidemien. Zu Heilzwecken gilt, wie stets: Die heilsame Knolle soll biologisch angebaut worden sein.

Schöpferische Idee und Bestimmung

Die Rote Bete hat kämpferische Eigenschaften. Sie reorganisiert die Blutbildungsstätten und das Blut. Sie ist ein Sauerstoffüberträger ersten Ranges.

Die Heilkraft zur Erprobung

– Die Rote Beten erneuern das Blut.
– Sie entgiften sehr stark, besonders auch von Quecksilber.
– Sie helfen auch bei Lymphstau
– und haben den Schwerpunkt ihrer Wirksamkeit im Kopf-, Hals-
  und Nackenbereich. Hier entgiften und entstauen die Rote Beten
  besonders. Das bezieht sich auf den gesamten Kopfbereich, wie
  Gesicht, Nase, Ohren, Hals, Nacken, Lymphdrüsen, Schultern
  und Oberarmkugel. Sie erleichtern ganz besonders das Gewebe
  im Gesicht, wenn hier Stauungen zu finden sind.
– Sie sind auch unterstützend heilsam bei Gelbsucht,
– bei Gicht, Rheuma und Arthritis, besonders auch, wenn die
  kleinen Gelenke von dieser Krankheit betroffen sind.
– Bei Krebserkrankungen sind sie ein wichtiger Unterstützer, denn
  sie schädigen nicht nur die fehlgebildeten Zellen, sondern sorgen
  auch für einen verbesserten Sauerstofftransport.
– Auch bei Strahlungsschäden durch Röntgenstrahlung können sie
  Einsatz finden.
– Bei Stoffwechselkrankheiten aller Art,
– zur Vorbeugung von Grippe-Epidemien und Infektionskrankheiten,
– und bei einer Blutreinigungskur- und generellen Entschlackungs-
  kur sollte Rote Bete nicht fehlen.

Was gut dazu paßt

Alles, ohne Einschränkung.

Eine gute Kombination ist aber auch Rote Bete mit frischem
Spinat, der gekocht, wieder abgekühlt und als Salat angerichtet
wird. Der Spinat verliert dadurch seine Starre und wird ver-
lebendigt.

Rote Beten lassen sich roh und gekocht zubereiten, roh sind sie
allerdings erheblich heilsamer.

Anwendung

Bei schwereren Erkrankungen oder zu einer Kur sollte die Rote Bete roh gerieben gegessen oder entsaftet werden. Etwas frische Sahne zur Verfeinerung kann hinzukommen, was auch die Heilwirkung noch weiterhin unterstützt.

Rezepte

Salat von gekochten Rote Beten mit Mais und Spinat

So wird's gemacht:
2 Knollen Rote Bete kochen, abkühlen lassen, schälen und in attraktive Stiftchen schneiden.
300 g Spinat sorgfältig waschen, in $^1/_2$ Tasse Wasser kochen, die Brühe abgießen und den Spinat erkalten lassen. (Die heiße Brühe kannst du mit etwas heller Streuwürze und Muskat abschmecken und trinken.)
Die Gemüse mischen mit
1 kleinen Dose Maiskörnern und
1 feinstgehackten Zwiebel.

Eine Sauce bereiten aus
1 Bund Petersilie, feingehackt,
$^1/_2$ Eßl. Liebstöckel, feingehackt, einige Blätter zum Garnieren übrigbehalten,
200 g Sauerrahm,
1 Joghurt,
1 Joghurtbecher Mineralwasser,
2 Teel. Senf,
$^1/_2$ Teel. frischgemahlene Senfkörner,
3 Teel. Zitronensaft,
etwas heller Streuwürze,

Atlantik-Meersalz
und frischgemahlenem Pfeffer.

Auf Chicorée oder anderen Salatblättern auslegen – besonders fein sind
Rapunzeln – und mit den Liebstöckelbättern garnieren.
Dazu passen gut Pellkartoffeln, die du in der Mitte einmal
rundumgeschält und anschließend im Dampf gegart hast, und als
Nachtisch eine leckere Zitronenspeise, ein Zitronen-Soufflé etwa oder ein
selbstgemachtes Zitroneneis.

Salat von rohen Rote Beten mit Mais und Rapunzeln

So wird's gemacht:
2 Knollen rohe Rote Bete schälen und mittelfein raspeln.
150 g Gemüsemais zugeben.
150 g Rapunzel waschen und putzen.
Mit der oben angegebenen Sauce – doch ohne Liebstöckel – vermischen
und, mit Zitronenscheiben garniert, servieren. Durch die frischen Kräuter,
den Sauerrahm und die süßen Maiskörner schmeckt dieser Salat auch
roh ganz wunderbar. Zudem ist es eine Freude, die herrliche Pink-Farbe
zu betrachten.

Dazu passen geröstete Weißbrötchen mit Kräuterrührei auf einem
Salatblatt und mit Linsensprossen überstreut.

Salat von Rote Beten und Chicorée

So wird's gemacht:
4 Stangen Chicorée in nicht zu feine Streifen schneiden, die Enden der
Blätter jedoch etwa 5 cm lang lassen. Mit diesen dekorativen Blattenden
eine flache Schale auslegen.
Die oben angegebene Salatsauce ohne Liebstöckel zubereiten und mit
1 mittelgroßen, sehr fein geriebenen rohen Rote-Bete-Knolle vermischen.
Mit den geschnittenen Chicoréestreifen mischen und auf der Platte
verteilen.
Mit Mandarinenscheiben oder etwas anderem frischen Obst belegen und
mit Zitronenscheiben garnieren.
Dieser Salat ist sehr vitalisierend!

Rote Bete in Petersiliensahne

So wird's gemacht:
2 Knollen Rote Bete kochen, abkühlen lassen, schälen und diagonal in
feine Stiftchen schneiden.

Eine Sauce bereiten aus
200 g süßer Sahne, sanft cremig angeschlagen,
1 Joghurt,
Zitronensaft nach Geschmack,
1 ganzem Bund Petersilie, feingehackt,
1 Teel. Senf,
Salz und Pfeffer.
Auf Rapunzelsträußchen anrichten.

SALATE

DER RADICCHIO

Cichorium intybus var. *foliosum*
Asteraceae – Familie der Korbblütler

Wissenswertes

Radicchio ist ein Salat, den du in Kürze vermutlich vorwiegend nur noch genmanipuliert kaufen können wirst, denn er ist bereits zur Saatguterzeugung zugelassen und natürlich wird auch dieser Salat nicht entsprechend gekennzeichnet sein! Was wirst du unternehmen?

Radicchio besitzt eine Pfahlwurzel und ist durch sie stark und kraftvoll mit Mutter Erde verwachsen, er kann deshalb nicht verpflanzt werden. Seine ziemlich starken Bitterstoffe wirken digestivartig und sind der Verdauung nützlich. Radicchio ist somit gut dafür geeignet, nach einem festlichen Diner oder auch zwischen den einzelnen Gängen gereicht zu werden.

Wird Radicchio zu früh ausgesät, entfaltet er eine Neigung zu Schosserbildung.

Schöpferische Idee, Bestimmung und Heilkraft zur Erprobung

Die Idee des Radicchio ist Blutverdünnung und Blutentgiftung. Er soll zu diesem Zweck möglichst mit frisch gemahlenen Senfkörnern und mit Kresse angemacht werden.

Wer jedoch zu Kopfschmerzen neigt, muß etwas vorsichtig mit Radicchio sein. Auch wirkt er etwas das Denken einschränkend und nicht gerade kreativitätsfördernd.

Was gut dazu paßt

Radicchio paßt – außer zu Kresse, Senf und vielen Frischkräutern – am besten zu Reis und jungen Erbsen, denn damit wird auch eine aufhellende Komponente hinzugefügt. Füge seiner Salatsauce immer ein wenig Heilwasser oder gutes Mineralwasser hinzu.

Die Endivie

Cichorium endivia var. *crispum*
Asteraceae – Familie der Korbblütler

Wissenswertes

Die Endivie oder der Eskariol stammt aus den Mittelmeerländern und war auch den Griechen und Römern gut bekannt.

Schöpferische Idee, Bestimmung und Heilkraft zur Erprobung

Die Idee der Endivie ist Sportivität. Sie ist deshalb optimal vor sportlichen Tätigkeiten, auch in kleinen Mengen, als eine Art gesundes Bio-Dopingmittel, denn

- Endivie hilft der Leber bei ihrer Entgiftungsaufgabe,
- macht munter, ist geistig anregend und wirkt auf das Zeugungschakra, die Initiative und das rote Blutbild ein.
- Sie lockert auf und macht fröhlich, was ganz besonders durch eine Rahmsoße hervorgehoben wird, in die hier sehr gut ein wenig Zitronensaft und ein paar ganz feine, dünne Scheibchen Pampelmuse passen.
- Endivie reinigt aber auch die Seele. Sie ist also auch gut, wenn du dich in einer Erneuerungsphase, einer Therapie, in einer seelischen Umstrukturierungszeit befindest.
- So ist sie nützlich bei Wandlungsprozessen aller Art.
- Bei Kopfschmerz- und Migräneanfälligkeit solltest du sie aber dennoch lieber meiden, dafür die Krause Endivie bevorzugen.

Was gut dazu paßt

Endivie paßt am besten zu Rahm und Früchten, etwa Sauerkirschen, Zitrusfrüchten, besonders auch zu Mandarinen. Auch Mandeln ergänzen sehr gut.

DIE KRAUSE ENDIVIE

Schöpferische Idee, Bestimmung und Heilkraft zur Erprobung

Ihre Idee ist initiativ und die Zeugungskräfte anregend. Sie ist ein Muntermacher, und sie wirkt als Antidepressivum, denn sie holt dich aus Grau-Zonen heraus.

So hat sie eine eindeutig aufhellende und geistig anregende Wirkung.

Was gut dazu paßt

Krause Endivie paßt ausgesprochen gut zu Kartoffeln und Kartoffelsalat, besonders in Verbindung mit sauren Gurken. Diese Kombination weckt die Spontanität und Begeisterungsfähigkeit.

DER EICHBLATTSALAT

Lactuca sativa var. *crispa*
Asteraceae – Familie der Korbblütler

Wissenswertes

Dieser Salat eignet sich gut zur Mischkultur und Anpflanzung mit Gewürzkräutern, wie etwa Dill, Majoran und Petersilie.

Schöpferische Idee, Bestimmung und Heilkraft zur Erprobung

- Dieser Salat reinigt das Lungenparenchymgewebe (Lungengewebe mit Spezialeigenschaften).
- Er wirkt zellerneuernd und entgiftend.
- Er kann deshalb sehr gut immer wieder einmal in Blutreinigungskuren eingeschoben werden.
  Doch auch hier sei vorsichtig, denn er verstärkt Kopfdruck und kann Kopfschmerzen und Migräne begünstigen.

Was gut dazu paßt

Frische Früchte, Frischkräuter, Reis.

DER KOPFSALAT

Lactuca sativa var. *capitata*
Asteraceae – Familie der Korbblütler

Wissenswertes

Die Urform des Kopfsalats kommt aus Nordindien und dem Kaukasus. Der Salat des Altertums und des Mittelalters wies noch nicht die heutige gezüchtete Kopfform auf, sondern bestand aus lockeren Blattbüscheln. Genau dies ist aber die Form, welche die spirituelle Komponente stärkt. Wo also sind *heute* die Züchter hierfür?

Schöpferische Idee, Bestimmung und Heilkraft zur Erprobung

Dieser Salat wirkt generell abdichtend,
– gefäßverdichtend,
– ruhigstellend,
– und er macht satt und zufrieden.

Er ist deshalb ein gutes Einschlafmittel, besonders auch für Kinder (und hat fast Drogencharakter).
  Er ist deshalb nicht unbedingt als sommerliche Dauerdiät zu empfehlen, sondern sollte besser gemischt oder abwechselnd mit anderen Salaten zubereitet werden.

Kopfsalat ist aber völlig ungeeignet
– für Asthmatiker,
– Lungenkranke und
– Kopfarbeiter. Er ist auch mit Vorsicht zu genießen
– bei Kopfschmerz- und Migräneveranlagung.

Was gut dazu paßt

Senf und nochmals Senf in allen Variationen, Frischkräuter und Essig.

Zitrone allein ist hier nicht ausreichend.

Der Eissalat

Lactuca sativa var. *capitata*
Asteraceae – Familie der Korbblütler

Wissenswertes

Am besten bevorzugst du locker und geöffnet wachsende Sorten, sofern du sie erhältst. Vielleicht fragst du deinen Händler danach? Freilandkultur ist gerade hier sehr wichtig, wenn die Heilkraft genutzt werden will.

Schöpferische Idee, Bestimmung und Heilkraft zur Erprobung

Dieser Salat macht »locker vom Hocker«, gelöst und kommunikativ.
- Er wirkt antidepressiv und befreiend und ist auch
- unterstützend bei Suchttherapien einzusetzen.
- Dennoch: Bei dafür Disponierten ist auch hier eine Auslösung von Kopfschmerzen nicht auszuschließen, es sei denn, die durchlichtende Kraft frischer Zitrusfrüchte wird mit eingesetzt!

Was gut dazu paßt

Zitrone, alle Arten von Früchten und Sahne.

DER BLEICHSELLERIE

Apium graveolens var. *dulce*
Apiaceae – Familie der Doldenblütler

Wissenswertes

Der Bleichsellerie, der auch Stielsellerie oder Staudensellerie genannt wird, hat eine nordeuropäische Herkunft. Er hat einen hohen Wasserbedarf und mag gern in Mischkultur mit Gurken angebaut werden.

Der Bleichsellerie gehört nur bedingt den Salaten zugeordnet. Da jedoch alle Salate eigentlich zu den Blattgemüsen gerechnet werden, ist seine Besprechung hier dennoch gerechtfertigt. Weiteres findest du bei DER KNOLLENSELLERIE.

Ich will dir den Bleichsellerie als Salat und als Salatbeigabe gerne ans Herz legen, deshalb bespreche ich ihn für dich an dieser Stelle. In Italien etwa gibt es kaum einen frischen Salatteller ohne dieses wunderbare Salatgemüse, das zu seinen guten Eigenschaften auch noch so herrlich schmeckt. Schneide ihn einfach in sehr feine Stückchen – du kannst ihn auch hobeln –, und genieße seine feine Würze als Beilage zu allerart Salattellern, Gemüsetellern und Rohkostspeisen. Sogar auf Suppen kannst du ihn, feinstgehobelt, kurz vor dem Servieren aufstreuen.

Schöpferische Idee, Bestimmung und Heilkraft zur Erprobung

Seine Idee ist auflockernd, öffnend, durchlichtend und durchgeistigend.
- Staudensellerie öffnet geistige Pforten zu höheren Ideen, die glückvoll ins Irdische herabgezogen werden.
- Staudensellerie ist ein ausgesprochen geistiger Salat.
- Er nimmt Druck aller Art weg und läutet die Neue Zeit mit ein.

– Er hat eine gefäßöffnende Wirkung, besonders auf die kleinsten Endgefäße, die Kapillaren (Migräne).
– Er sendet Lichtbotschaften, die dir helfen, dich von Depressionen zu erlösen.
– Er hat vitalisierende und ordnende Kräfte.

Was gut dazu paßt

Er sollte oft gegessen werden, besonders harmonisch ist er
– in Verbindung mit Maiskörnern, seien diese als Salatbeigabe oder in Butter gebraten. Auch Polenta, aus Maismehl erstellt, paßt hervorragend dazu. Das ergibt eine sonnenstrahlende, begeisternde, durchlichtende, reinigende und von Druck entlastende Kombination. Besonders auch dem, der Schmerzen in den Beinen oder schwere Beine hat, sei dies geraten. Sauerrahmdressing mit Peperoni eignet sich hervorragend dazu.
– Bleichsellerie paßt hervorragend zu Gemüsesalaten, die mit Früchten angereichert sind, und besonders gut zu Zitrusfrüchten.

DER WINTERPORTULAK –
AUCH KUBASPINAT ODER WINTERPOSTELEIN

Claytonia perfoliata
Portulaceae – Familie der Portulakgewächse

Wissenswertes

Die ursprüngliche Heimat des Kubaspinats ist Nordamerika, bevorzugt der Pazifikküstenbereich, was auch zu seiner Namensgebung beigetragen haben mag. *Portula* ist lateinisch und heißt: das kleine Tor, das Pförtchen, das Törchen.

Vielleicht magst du das Winterpostelein ein »Lichtpförtchen« zu deiner Entfaltung sein lassen?

Sein Bruder, der Portulak *(Portulaca oleracea)* ist eine wild vorkommende Unkrautpflanze, die vor allem in Weinbergen wächst. Seine Heimat wird im Himalaja – dem hohen Heilgebirge und Urborn geistiger Entfaltung – vermutet. Den Ägyptern war er eine vertraute Nutzpflanze.

Schöpferische Idee, Bestimmung und
Heilkraft zur Erprobung

Hier findet sich eine zum Licht öffnende, befreiende, sogar Begeisterung erweckende Energie. Der Portulak reinigt und entgiftet und holt dich aus allerart Tiefen in befreiende höhere Schwingungen empor.

Was gut dazu paßt

– Das Winterpostelein verträgt sich optimal mit einem Dressing, das etwas gemahlene Nelke enthält. Du kannst aber auch drei ganze Nelken in eine Rahmsauce geben und sie eine halbe Stunde darin ziehen lassen. Diese Kombination ist
– geistig höchst durchlichtend,

- reinigt das Denken und den Kopf von allen niederziehenden Gedanken,
- reinigt das Gehirn und die Nervenzellen von magnetischen, bindenden Mustern – und öffnet Fenster in die Neue Zeit.

Orangen, Rote Bete, Sonnenblumenkerne, Mais und feurige Gewürze sind ihm ein guter Begleiter.

ROMANA ODER DER RÖMISCHE SALAT

Lactuca sativa var. *romana*
Asteraceae – Familie der Korbblütler

Wissenswertes

Der Römische Salat wurde bereits im Ägypten des Altertums kultiviert. Wenn du ihn selbst anbaust, so laß ihn so hoch ins Licht wachsen wie möglich! Romana kann auch wie Pflücksalat angebaut und geerntet werden.

Schöpferische Idee, Bestimmung und Heilkraft zur Erprobung

Die Idee des Romana ist neuzeugende irdische Kraft.
- Er stärkt die Nerven und das Nervengewebe und über diese Stärkung
- die Zeugungskraft und die Potenz. Er wirkt heilend bei
- Schwäche im unteren Rücken,
- Kraftlosigkeit in den Beinen und Knien,
- er stärkt deine Führungskräfte und
- deine Treue, dir selbst wie anderen gegenüber.

Was gut dazu paßt

Die guten Eigenschaften des Römischen Salats werden noch verstärkt, wenn du ihn mit kleingehackten Eiern oder Eigelben, Kapern und Sauerrahmdressing anrichtest. Ein Knäckebrot paßt optimal dazu. Die Eier sollen etwa acht Minuten gekocht sein.

Mein Meditationsprotokoll zum SALAT

Um dein Verständnis für das Thema der Salate generell zu sensibili-
sieren, gebe ich dir nachfolgend eine Energie-Einstimmung auf den
Kopfsalat in unbearbeiteter Ausführung. Der Meditationstext ist
nicht in Schriftdeutsch übersetzt, sondern ist hier in seiner einfachen Sprechform, in der ich die innere Information erhielt, geblieben. So kannst du einmal sehen, wie sich das Wissen in mir formt.

»Kopfsalat, den erfahre ich so, daß er einerseits hell macht und sehr
stark im Kopf und im Gesicht wirkt – daß er eben aufhellend
wirken will. Daß er aber andererseits eine gegenpolare Komponente hat, die müde macht, die verdichtet und in den Schlaf zieht.
Und diese beiden Felder, die gegenpolar sind, treffen sich genau in
der Mitte der Stirn. Und genau in der Stirn ergibt das jetzt einen
Kampf, eine Auseinandersetzung und eine Unruhe, ein Stirnrunzeln
und geradezu ein Blockieren von Denkvorgängen. Ich weiß dadurch gar nicht mehr so richtig, was eigentlich angesagt ist. Will
etwas ›hü‹ oder will etwas ›hott‹ – es ist also eine gewisse Verzerrung und Blockade im Gedankenbereich hier festzustellen.
    Nun ist ja allgemein bekannt, daß Kopfsalat nützlich ist, wenn
man schlafen will, wobei man dann größere Mengen essen soll. Es
ist anzunehmen, daß diese Wirkung aufgrund von bestimmtem
Pflanzenhormonen zustande kommt. Nur ist es hier so – die Ruhe-
wirkung befindet sich eben im Wiederstreit mit den aufhellenden
Faktoren. Ich will mal schauen, ob das irgendwie aufgelöst werden
kann:
    Nun, der Widerstreit der polaren Prinzipien kann gelindert wer-
den durch Walnüsse, durch viel Zitronen-Sahnesauce und generell
durch Zitrusfrüchte, die als Beigabe gereicht werden. Aber so, wie
ich es jetzt erfahre – wenn das bei dem zweiten Durchgang, den ich
ja für alle Nahrungsmittel mache, genauso bleibt – dann ist das hier
beim Kopfsalat nicht so ganz das, was ich beispielsweise für mich
gerne wollte. Ich würde das dann künftig eher abbauen – so wie
man das im Sommer häufig macht, beinahe jeden Tag Salat zu
essen, das würde ich dann wohl nicht mehr machen.
    Ich will mal nach anderen Salatsorten schauen, z. B. auch nach

Salat, der sich mehr in die Höhe arbeitet. Denn es gibt ja auch Sorten, die so hoch wachsen, schmal und hoch, wie das etwa bei Romana der Fall ist. Wenn Salat, wie das genannt wird, ›schießt‹ – was der Gärtner ja normalerweise nicht will und nicht zuläßt, aber was halt im eigenen Garten hin und wieder passiert –, dann ist er genau über diese befestigende Schwelle hinaus. Dann hat Salat genau diese Schwelle überschritten, wo er vorher in Verdichtung gehalten wurde und wo seine Lichtkraft gegen den Druck der materiell verdichteten Welt sich durchkämpfen mußte. Da ist er dann darüber hinausgekommen. Und da ist Salat dann total durchleuchtend und hellmachend und durchlichtend und fröhlich machend und befreiend. Nun, das ist schon sehr interessant.

So laßt uns also ab jetzt Salat essen, wenn er ›schoßt‹, wie man so sagt.

Dann, wenn das also passiert ist, daß Salat diese trennende Schwelle überschritten hat, dann ist er auch höchst nützlich in allen seinen Teilen, nicht nur in den Blättern, sondern auch im Strunk. Dann kann auch der Strunk in feine zarte Scheibchen geschnitten werden und mit Essig und Öl, mit Eiern, Nüssen und Sahne, auch Mais paßt dann gut, angemacht werden. So befreit dann Salat, so macht er locker, so gibt er Leuchtkraft, so durchlichtet und durchgeistigt er uns. So hilft er uns, der Salat, *unsere eigenen Hemmschwellen zu überschreiten, wenn er seine eigene Hemmschwelle überschritten hat.* Das ist ja eine Supersache!

Da will ich gleich noch den Eissalat oder den Eisbergsalat bearbeiten. Auch hier kämpft etwas gegeneinander. Was sind das für Prinzipien? Es geht darum, daß sich das eine Prinzip nach außen hin öffnen will, daß es ins Licht und ins Sonnenhafte sich ausbreiten will, daß es selbst sonnenhaft erstrahlen will. Während das zweite Prinzip nach innen in die Verdichtung hinein eingefangen wird. Es wird hier abgebremst, es verdunkelt sich dabei, es vereinsamt, grenzt sich ab und verschließt sich. Kurz, es geht um das öffnende Spiralprinzip und um das verschließende Spiralprinzip, wie in aller Schöpfung, die hier auf Erden wirksam ist. Wie diese beiden Prinzipien als Muster von Erfahrung nun miteinander umgehen, das ist aber eben sehr unterschiedlich. Ich glaube, auch wir Menschen können den Salat ganz gut als Lehrmeister nehmen.

Denn hier bei dem Eissalat findet sich das Polare der Prinzipien als ein positiver und harmonischer, als ein ausgleichender und spielerischer ›Kampf‹. Die beiden Prinzipien pulsieren miteinander, sie tauschen sich miteinander aus, ja sie hüpfen geradezu voller Spaß und Freude miteinander.

Hier wird also Pulsation angeregt, Wechsel, Austausch von Feldern und Prinzipien. Wer etwas für seine geistig-seelische Beweglichkeit und seine körperliche Fitneß tun will, dem tut es gut, oft Eissalat zu essen. Vielleicht mag er sich auch zugleich mit den hier waltenden, mehr spaßig-spielerisch austauschenden Bereichen in seinem eigenen Leben vertraut machen. Ich glaube, das können wir heute alle gebrauchen!«

Rezepte

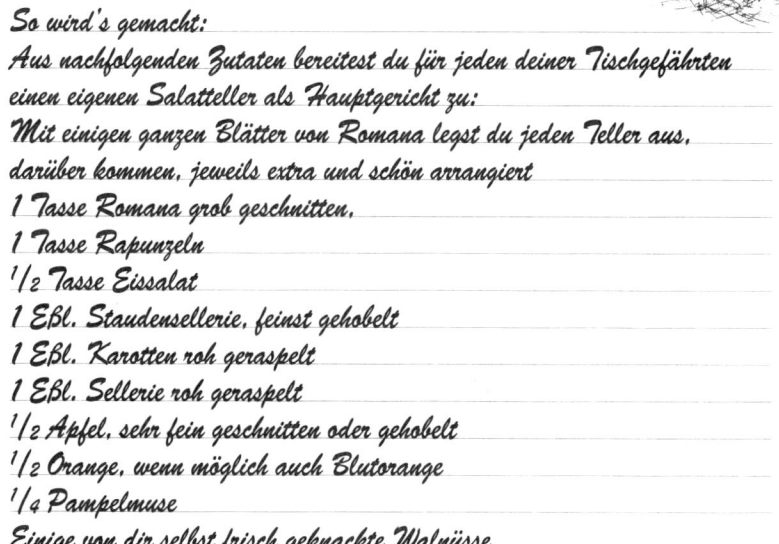

Energie-Salat

So wird's gemacht:
Aus nachfolgenden Zutaten bereitest du für jeden deiner Tischgefährten einen eigenen Salatteller als Hauptgericht zu:
Mit einigen ganzen Blätter von Romana legst du jeden Teller aus, darüber kommen, jeweils extra und schön arrangiert
1 Tasse Romana grob geschnitten,
1 Tasse Rapunzeln
1/2 Tasse Eissalat
1 Eßl. Staudensellerie, feinst gehobelt
1 Eßl. Karotten roh geraspelt
1 Eßl. Sellerie roh geraspelt
1/2 Apfel, sehr fein geschnitten oder gehobelt
1/2 Orange, wenn möglich auch Blutorange
1/4 Pampelmuse
Einige von dir selbst frisch geknackte Walnüsse.

Überstreue jeden Teller mit einigen frischen Minzeblättchen und mit etwas Kresse. Auch kannst du zusätzlich einige Sonnenblumen- oder Kürbiskerne oder 1 Eßl. Keime darüberstreuen. Die Salatsauce reichst du extra in einem schönen Krug dazu.

DIE SAUCE

200 g süße Sahne mit
1 Prise Zimt cremig schlagen und anschließend mit
1 gequirltem Joghurt,
1/2 Teel. gemahlenen Senfkörnern,
2 Teel. Zitrone,
Atlantik-Meersalz und Pfeffer nach Geschmack vermischen.
An Kräutern eignen sich frische Pfefferminze oder Kresse, die du fein hackst und unter die Sauce mischst. Ein andermal kannst du dieses Rezept mit Dill erproben.

Dieser Energie-Salat bringt dir leichte lebendige Lichtkraft, stärkt deine Leber und deine Nieren, hilft dir schonend, Überflüssiges abzubauen, stärkt deine Nerven und macht dich munter.

Als Nachtisch könntest du etwa eine Quarkcreme mit Früchten der Saison servieren. Auch ein Zimt-Quark-Eier-Strudel oder ein Topfen-Pfannkuchen (das ist ein Pfannkuchen mit Quark-Ei-Zimt-Füllung) würden gut passen.

Salat von Winterpostelein mit Nelken und Chicorée

So wird's gemacht:
Zuerst bereitest du hier die Salatsauce zu, denn die Nelken und die Minzeblättchen wollen Zeit haben, ihre Kräfte mit der Sahne alchymisch verschmelzen zu lassen.

1 Becher süße Sahne,
3 ganze Nelken,
1 kleine Prise Zimt,
1 Msp. gemahlene Senfkörner,
Atlantik-Meersalz und Pfeffer nach Geschmack.
Einige gehackte Minzeblättchen.

Jetzt kochst du
3 Eier etwa 8 Minuten lang hart, schreckst sie ab, pellst sie und
schneidest sie mit einem Eier-Spezialschneider in kleine Würfelchen.
Verwende dazu die drei Eigelbe, aber nur zwei der Eiweiße. Nun bereitest
du den Salat, indem du
2 Chicoréestauden in fingerdicke Streifen schneidest, die Blätterspitzen
aber etwa 6 cm lang läßt, denn sie sind sehr dekorativ. Du kannst deine
Salatplatte herrlich damit auslegen. Darauf legst du deine
300 g gut gewaschenen Winterpostelein aus.

Wenn die Nelken in der vorbereiteten Rahmsauce etwa 30 Minuten
gezogen sind, fischst du sie wieder heraus und arbeitest so weiter:

1 Eßl. bester Weißweinessig oder/und Zitronensaft mit einem
Schneebesen unter den Rahm quirlen,
$^1/_2$ Tasse Mineralwasser leicht unterquirlen,
1–2 Eßl. Kapern und
die geschnittenen Eier
vorsichtig unterrühren
und auf der Salatplatte verteilen.
Wenn du magst, kannst du noch weitere Kräuter, wie Schnittlauch,
Petersilie oder etwas Kresse darübergeben. Auch kannst du das fertige
Gericht mit einigen frischen Gänseblumenblüten überstreuen. Das sieht
hübsch aus, ermuntert dich zu einem Spaziergang, klärt deine Gedanken
und holt zusätzliches Licht in deine Speise.
Weiter paßt auch ein leichter Kartoffelsalat dazu.

DER SELLERIE

Apium graveolens var. rapaceum
Apiaceae – Familie der Doldenblütler

Wissenswertes

Der Sellerie ist in seiner Knollenform eine wertvolle Heilpflanze.
Aber auch als Symbolpflanze hat er einiges zu bieten. Das älteste
Vorkommen des Sellerie ist uns aus Ägypten – durch die »Mumie
des Kent« überliefert: Sie war mit einer Girlande aus Sellerieblättern und -blüten und mit blauen Lotosblüten geschmückt, Symbo-
len des ewigen Lebens. Auch medizinische Texte aus Altägypten
weisen auf Sellerie hin. Sellerie hat einer eigenen Stadt auf Sizilien
den Namen gegeben, und er wurde auf Münzen geprägt. Er stand in
hohen Ehren und kultischem Ansehen. So erzählt Homer etwa in
seiner Odyssee davon, daß die Wiesen auf der Insel Ogygia, der
Heimstätte der Nymphe Kalypso, von herrlichsten Veilchen, wilden
Kräutern und Sellerie bewachsen waren. So galt der Sellerie hier als
Symbol von Schönheit und Jugendlichkeit. Den Griechen hingegen
diente er als Grabbeigabe und war für sie somit eine Art von
Überlebenssymbol. Den Römern wiederum war er den Ausspruch
wert: *Apio indiget* – was heißt: »Es gibt nur noch Sellerie für ihn.«
Dennoch war Sellerie bei den Römern auch ein sehr beliebtes Ge-
würz, welches in keinem Kastell im römischen Germanien gefehlt
hat. Aber auch zum Symbol des Sieges diente Sellerie: So wurden
die Häupter von Siegern bei festlichen Spielen oder auch die von
Triumphatoren mit Blumen und mit Sellerielaub umwunden.

Sellerie wird als Heilmittel eingesetzt bei Rheuma und Wasser-
sucht, als harntreibendes Mittel, bei Nierenerkrankungen, Bronchitis, Appetitlosigkeit und schwachem Magen (May). Er wird hierfür
als frischer roher Preßsaft empfohlen. Sellerie ist allerdings nicht für
jeden Menschen gleich bekömmlich und kann auch Allergien hervorrufen.

Die Selleriepflanze hat während ihres Wachstums einen sehr hohen Lichtbedarf.

Wenn die äußeren Blätter vergilben, ist das das Zeichen, daß die Knollen ausgereift sind.

Schöpferische Idee und Bestimmung

Die Idee des Sellerie ist Wirkkraft und heitere Ausdruckskraft durch das Ansammeln von Energie. Die Blätter sind hierbei Lichtempfänger, Transformer und Transporter. Die Knolle ist der Kumulator (= Licht-Sammler).

Das von den Sellerieblättern während der gesamten Wachstumsphase eingefangene Licht wird geradewegs in die Wurzelknolle geleitet. Von hier aus übergibt die Sellerieknolle ihr »verwurzeltes« Licht dann weiter an den Menschen. Die Wurzel der Pflanzen hat eine Beziehung zur »Wurzel« des Menschen. Das Wurzelchakra des Menschen ist aber eben der Erde, der Beständigkeit, der Wirkkraft und auch der Sexualität zugeordnet. Die Selleriewurzel enthält das kumulierte Licht der gesamten Wachstumsphase und gibt es dem Menschen als Geschenk weiter. Die vergilbenden Sellerieblätter aber zeigen nicht nur den energetisch ausgereiften Füllezustand der Wurzel an, sondern sie zeigen auch an, daß sie ihre eigene Aufgabe als Energietransporter jetzt erfüllt haben.

Die Heilkraft zur Erprobung

So kann dir die Selleriewurzel nun ebenfalls helfen, Energien anzusammeln, wenn du kräftezehrende, längerdauernde Marathons vor dir hast! Der Sellerie wirkt stark auf das Sexualchakra ein. Er bindet hier Wärme und Lichtkraft, und diese bindet er auch in dir auf eine magnetische Weise. Durch die Energie-Kumulierung wird hier statische Wärmeanreicherung und Ausdauer erzielt.

Das Wurzelchakra ist ja nicht nur für Sexualität zuständig, sondern auch für irdische Wirkkräfte. Wer also die oben angesprochenen Kraftakte vorhat, die womöglich auch noch über eine längere Zeit dauern, sollte die Wärmekraft der Energieknolle nutzen.

Anwendung

Man ißt Sellerie dann kurmäßig und roh, täglich etwa ein viertel bis ein sechstel der Wurzelknolle, drei Wochen lang vor Beginn der Anstrengung. Wer nun eine kräfteverzehrende und längerdauernde Exkursion in Angriff zu nehmen hat – Bergsteiger, Polarforscher etc. –, der kann mit Sellerie nicht nur schon Wochen zuvor zu kuren, sondern auch Sellerieknollen als Nahrungsmittel mit sich führen. Die »Energieknolle« kann auch während der Anstrengung – sowohl in rohem als auch in gekochtem Zustand gegessen werden.

Besonderheit von Energie und Heilkraft

– Die Wendigkeit und Flinkheit wird aber nicht gefördert. Das muß man wissen. Wer also schnell spurten muß, wer flink sein muß, wer quirlig sein muß, für den ist Knollensellerie nicht geeignet. Die Beine werden zwar sehr kräftig, aber sie sind auch in einer gewissen Schwere und Dichte, eben in dieser Bewältigungsdichte, in dieser Ausdauer und in dieser bergenden ausharrenden Kraft. Das Interessante dabei ist, daß praktisch die gesamte Körperenergie vom Kopf, von den Füßen, von überall im Organismus her – eine jegliche nur vorhandene Geist-Seelen- und Körperenergie – auf das Wurzelzentrum zusammengezogen wird.
– So wirkt die Energieknolle dann auf eine ganz spezielle Weise auch antidepressiv: Die Seele hat überhaupt keine Zeit, sich über seelische Dinge Gedanken zu machen, zu weinen oder traurig zu sein. Sie ist voll beschäftigt mit dem Aufbau der neuen irdischen Substanz, um die es hier geht.
– Menschen aber, die Asthma oder sonstig mit der Lunge zu tun haben, sollten möglichst keinen Wurzelsellerie essen, weil ihnen damit ihre sowieso schon verminderte Energie vom geschwächten Lebensbereich auch noch abgezogen wird.

Das heißt nicht, daß nun überhaupt kein Sellerie mehr gegessen werden darf. Ein Stückchen Sellerie gehört ja zum Anbraten –

zusammen mit Karotte und einem Stückchen Lauch oder einer nelkenbesteckten Zwiebel – in Braten- und Schmorgerichte hinein. Es geht hier aber um dein prinzipielles Wissen, so daß du selbst abwägen und entscheiden kannst, wie oft und in welchem Umfang du ein bestimmtes Nahrungsmittel sinnvoll einsetzen und anwenden willst. Wenn du mit einer schwereren Krankheit zu tun hast, kannst du wohl auf allerlei Heilmittel und Heilmethoden zurückgreifen; wenn du aber zudem ausschalten kannst, was dir in einer bestimmten Situation schädlich ist, so wird dir das eine zusätzliche, nicht unwesentliche Hilfe sein!

Nun gibt es auch noch eine wunderbare Alternative zum Knollensellerie, und das ist der *Staudensellerie*, auch *Bleichsellerie* genannt. Hier beim Staudensellerie ist die magnetisierende, einbindende Wurzelkraft durchbrochen. Hier ist die Lichtachse frei und geöffnet. Hier strömt das Licht von oben nach unten und von unten nach oben. Hier ist eine große Helligkeit, eine Freiheit und eine Befreiung, eine Klarheit und eine Klärung. Dann hat Bleichsellerie noch etwas Wunderbares, und zwar macht er den Menschen wieder neugierig aufs Leben. Das bedeutet, daß er geeignet ist
- für Revitalisierungskost nach Krankheiten oder
- als Aufbaukost nach Depressionen. Denn die Energie des Bleichselleries holt den Menschen aus seinem Rückzug heraus und unterstützt es, ihn wieder neugierig auf die Fröhlichkeiten und auf das Spiel des Lebens zu machen.

★ Die Grundbesprechung zum Bleichsellerie findest du bei den Salaten.

Eine Frage des Lebens

Sellerie wird in der Literatur immer wieder als potenzförderndes Mittel genannt. Seine Kraft sollte jedoch so verstanden werden, daß die Energieknolle dir hilft, ein eventuelles Energiedefizit an Grundwärme- und Lebensenergie wieder aufzufüllen – sofern es dir, aus welchen Gründen auch immer, daran mangelt. Lebenskraft ist sexuelle Kraft. Mit dem Auffüllen allein ist es hier aber nicht getan.

Sexuelle Kraft und Potenz benötigt zunehmend und künftig immer stärker auch eigene Seelenwärme, um sich auszudrücken. Es genügt nicht mehr, sich die Seelenkraft vom anderen Partner einfach nur so, wie nebenbei, zu holen. Der reine Sex-Akt wird somit ebenfalls im Sinne der neuen Zeit geistseelisch umgepolt. Das ist der wahre Grund für die vielfältig zunehmenden Potenzstörungen und die rasant zunehmenden Zeugungsunfähigkeit der Männer der heutigen Zeit. Männliche Potenz als Mittel und Ausdruck patriarchal orientierter Macht wird erkennen müssen, daß sie seit jeher ihre Kraft aus der Seelenwärme weiblicher Urkraft – der Urpotenz an sich – bezogen hat.

Ein potenzsteigerndes Mittel ist der Sellerie deshalb nur bedingt. (Aber die Keime des Lebens, die Sprossen von Mungobohne, Linsen, Erbsen, Getreide und anderen können hier hilfreich sein!)

Männliche Potenz repräsentiert ein initiatisches, schöpferisches Lebensprinzip. Dieses Lebensprinzip benötigt und sucht aber seine Ergänzung. Männliche Lebensenergie und Potenz will sich deshalb in Weiblichkeit und Seelenwärme hinein ergießen, sie will eine Art von Leben erfahren und erfühlen, die es selbst nur unvollständig kennt: Die weibliche Art von Leben und die weibliche Art von Schöpfungskraft, damit auch die weibliche – die unsichtbare, aber fühlbare Art von Potenz.

Männliche Potenzschwäche kann viele Ursachen haben, eine ist aber fast immer dabei: Angst vor dem Weiblichen, Angst vor Seelenverlebendigung, Angst, vereinnahmt zu werden von dem tiefgründigen Überfluß weiblichen Lebens und weiblichen Wissens an sich. Angst vor Natur und vor dem Leben selbst.

Auf solcher, oft unbewußter Angst gründen sich auch die meisten Destruktivitäten, die Verletzungen, die dem Weiblichen seit jeher zugefügt wurden und noch werden. Auf solch uneingestandener Angst beruhen die Vergiftungen und die Mißhandlungen, die dem Planeten als Ganzes zugefügt werden. Nur auf solch irrationalem Boden kann die Verwüstung eigener Lebensgrundlage entstehen, wie sie heute vorzufinden ist – jedes Bakterium ist klüger und würde ohne Not nicht sein eigenes nährendes Lebensfeld zerstören.

Laß mich hier das Thema Angst noch etwas eingehender beleuchten. Angst ist fast immer irrational. Angst ist super-magnetisch. Leider zieht Angst deshalb genau das an, wovor Angst solche Angst hat. Das Ganze ist ein Teufelskreis, eine ungute, sich selbst erhaltende Begleiterscheinung der zu Ende gehenden Gesetze des alten Äons. Alles Magnetische ist der alten Erde zugeordnet. Es repräsentiert eine Verkehrung und Verzerrung der Wirklichkeit. Es erzeugt Angst und Widerstand. Es macht alt und wirkt vergiftend.

Alles, was demagetisiert, aber heilt, bringt Freude, Licht, Hingabe an die geistige Erneuerung und wahres Schöpfertum mit sich. So nutze jede noch so kleine Kraft zu Demagnetisierung. *Viele kleine Kräfte von vielen ergeben eine riesige planetare Erneuerungswelle*, eine geradezu umwälzende Schönheit. Sie bringen Jugend und besiegen Alter und Minderung. Nutze jede noch so kleine Möglichkeit. Sie kommt dir zugute und dem Planeten.

Und vergiß nicht: *Die neuen Kräfte sind an die sich erneuernde Materie gebunden*. Sie können nur durch materielle Wirkkräfte genutzt und gehandhabt werden. Der Geist will durch dich wirksam wirken!

Deshalb ist es so wichtig, darüber Bescheid zu wissen: *Die Angst geht zu Ende*. Wir dürfen alle aufatmen. Wir können unsere DNS, unsere alte Körperlichkeit, unsere Ängste gleich mit, unser Denken, unser Fühlen demagnetisieren. Die Zeit der Angst endet, denn das alte Äon geht mit Riesenschritten seinem Ende entgegen. Freuen wir uns! Lieben wir uns! Trauen wir uns! Vertrauen wir uns und auch unserem neuen Stoffwechsel! Glauben wir an uns, und nutzen wir die vielen Heilkräfte, die uns durch die verschiedenen Naturreiche entgegensprudeln, und die wir nur zu verwenden und einzusetzen haben!

Der Planet pendelt sich in seine erhöhte Schwingung ein. Die Chakren verändern ihre Polarisierung. Die Atome verändern sich. Die Bindungsenergien der Moleküle sind in Veränderung begriffen. Auch der Elektromagnetismus beginnt, sich zu verändern. Die DNS wird neu beleuchtet. Weibliches und Männliches werden neu belichtet. Das Scheitelchakra – die Hypophyse – beleuchtet alles

Irdische im Menschen neu. Das Stirnchakra verändert seinen Weit-
blick. Das Halschakra verändert seine Energie und nimmt zu seinem Männlichen das Weibliche hinzu. Das weibliche HARA erkennt
seine Macht, sein Schöpfertum und seine eigene initiatische Männ-
lichkeit. Die Zeichen der Zeit stehen auf Umbruch. Dieser Umbruch ist eine Depolarisierung, die jeweils und in allen Dingen
genau den Pol des Lebens mit hinzunimmt, der ausgesondert und
oft verdrängt wurde. So brauchen wir nur ein wenig Mut, um uns
unserer Angst und unseren verdrängten Anteilen zu stellen. Dann
muß die Angst gehen, denn sie hat keine Daseinsberechtigung
mehr.

Die gesamte Natur ist überströmend voll von Hilfen, die sie uns
schenkt, damit wir unseren Aufbruch leichter gestalten: in den
Nahrungsmitteln, wie hier in diesem Werk besprochen. In den
Steinen und Felsen und Steinkreisen und in geomantischen Zonen.
In den Edelsteinen, in den Hölzern, in den Pflanzen und Kräutern,
in Wind und Wolken, in Luft und Meer und salzigen Wogen, in Erde
und Sand. Auch die Tiere singen uns ihr neues Schöpfungslied. Wir
können lernen, unsere gemeinsame Sprache wiederzuentdecken.
Doch davon handelt ein anderes Buch.

Und noch ein Wunderbares kommt hinzu: Die schöpferische Geometrie der Elemente, die geomantische Geometrie der Erde – die
mit der Geometrie unseres Blutes in Gemeinschaft schwingt –, die
Lichtgeometrie alles Seins entfaltet sich gleich mit. Ein Beginn liegt
in der HAGAL-Rune, einen Beginn findest du in diesem Buch mit der
Rune der großen Muttergöttin, der Rune GIBUR. Nutze ihre heiligenden, entgiftenden, vergebenden Kräfte. Atme ihre Energie ein.
Stelle deine Gefäße und Gläser, deine Getränke, deine Medikamente, deine Salben auf diese lebende Heil-Geometrie. Schnitze sie
dir selber in Holz. Arbeite sie dir in Ton hinein. Stemme sie aus Stein
heraus. Male sie dir auf Seide auf. Und was Interessantes mehr läßt
du dir selber hierzu einfallen?

Anwendung

Knollensellerie kann sowohl roh als auch gekocht zubereitet werden. Wenn man ihn roh zubereitet, raspelt man ihn grob oder schnitzelt ihn in feine Streifchen und serviert ihn mit einer würzigen Salatsauce mit vielen frischen Kräutern. Wenn du ihn kochst, kannst du ein feines Püree daraus erstellen oder ihn wiederum zu Salat anrichten. Auch ein kurzes Blanchieren der vorbereiteten Selleriestreifen von nur einer Minute ist möglich, wenn du einen Salat daraus bereiten willst.

Was gut dazu paßt

Sahne, Petersilie, Kräuter, Mais, Rote Bete, Kartoffeln, Rapunzel.

Püree von Sellerie

So wird's gemacht:

3 Knollen Bio-Sellerie waschen und schälen, in Stücke schneiden und weichkochen. (Natürlich gezogener Sellerie wird nicht so groß wie der in den Großmärkten zu kaufende Sellerie. Falls du aber den fast kindskopfgroßen Sellerie verwendest, genügt für dieses Rezept 1 Knolle.)

Das Wasser abgießen und für Suppe weiterverwenden. Die weichen Selleriestücke mit einem Mixstab fein pürieren.

Mit Atlantik-Meersalz und etwas frisch gemahlenem Pfeffer.

$1/2$ Teel. gemahlenen Senfkörnern und

2 Eßl. sehr fein gehackter breitblättriger Petersilie würzen.

100 ml süße Sahne und

1 Eßl. Butter zugeben und nochmals kurz erhitzen. Nun weitere

150 ml süße Sahne steifschlagen und

1 Eßl. sehr feingehackte Petersilie vorsichtig darunterziehen.

Die Petersiliensahne unter das Püree ebenfalls vorsichtig unterrühren – nochmals kräftig abschmecken – und sofort in einer heiß vorgewärmten Schüssel servieren. Mit einem Petersiliensahne-Krönchen und Rapunzeln garnieren.

Dazu paßt geröstetes Brot und ein Salatteller von Rote Beten mit Mais und Rapunzeln.

Die Sojabohne

Glycine max
Fabaceae – Familie der Schmetterlingsblütler

Wissenswertes

Da die Sojabohne etwas ganz Besonderes ist, soll sie an eigener Stelle und nicht unter Bohnen behandelt werden.

Die Sojabohne ist eine der ältesten bekannten Nutzpflanzen. Ihre Geschichte reicht in uralte Zeiten zurück. Sie wird in China schon seit mehr als 13 000 Jahren angebaut. Wir finden sie bereits lange vor unserer Zeitrechnung an wichtiger Stelle besprochen – in einem 5000 Jahre alten Lehrbuch der chinesischen Medizin. Die Sojabohne galt hier als eine der fünf heiligen Pflanzen. Der Kaiser Tschen-Nung machte im Jahre 2800 v. Chr. seinen chinesischen Bauern das Anbauen von Sojabohnen zur Pflicht.

Heute ist die Sojabohne eine der wichtigsten Nahrungspflanzen nicht nur Asiens, sondern der Welt – wenn nicht die wichtigste *überhaupt*.

Sojabohnen enthalten etwa 37 % Eiweiß, ihr Öl besitzt einen hohen Anteil mehrfach ungesättigter Fettsäuren, und sie wartet mit vielen wichtigen Vitaminen und Mineralstoffen, unter anderem Phosphor, Kupfer und Mangan auf. Sojabohnen kann man als Gemüse kochen, man kann sie mahlen und als energetisierenden Zusatz zum Brotbacken verwenden, der zugleich auch noch die Backeigenschaften verbessert. Sojamilch und Sojaquark, Tofu genannt, sind seit langem bewährte Eiweißlieferanten, die auch zur Herstellung von Mixgetränken, Süßspeisen, Gebäck und Joghurtspeisen verwendet werden können. Mit Sojazusatz lassen sich Teigwaren herstellen, womit Eier eingespart werden.

Viele industriell gefertige Lebensmittel sind heute ohne Soja kaum noch denkbar, etwa Babynahrung, Gebäck, Schokoladenprodukte, Wurstwaren und vieles andere. Im technischen wie im biotechnischen Anwendungsbereich dienen sie als Emulgatoren.

Kurz und gut, Soja ist ein Universalgenie! Eine kaum noch zu übersehende Anzahl von heute erhältlichen Nahrungsmitteln – man spricht von 20 000 bis 30 000 – wird aus der Sojabohne hergestellt. Auch wird nicht nur das heilsame Miso, ein Erzeugnis aus fermentierter Soja, das sich schon nach Hiroshima bewährt hat, sondern auch Seltsamkeiten, wie etwa technisch erstelltes Sojafleisch (= TVP, *textured vegetable protein*) – dem der Begriff *Nahrungsmittel* wegen höchster Denaturierung wohl nicht mehr zuerkannt werden kann – aus Soja entwickelt.

Sogar Autoreifen, Waschmittel, Farben, Kunststoffe und andere technisch einsetzbare Produkte wurden aus Soja entwickelt. Aus dem Öl-Preßkuchen wird Viehfutter hergestellt, wie überhaupt der weitaus größere Teil der Welternte als solches verwendet wird. Die Sojabohne durchzieht somit in vielerlei Ausprägungen die Nahrungskette nicht nur der Industrienationen.

Wer weiß, daß konventionell angebaute Soja mit maximalen Gaben von Giften, sogar von in Deutschland bereits verbotenen Giften (May), angebaut und geerntet wird – ungeheuerlicherweise werden diese Gifte immer noch ungestraft Pflanzen*schutz*mittel genannt –, wird womöglich endlich hellhörig. Zum Thema Genmanipulation, diesem vermeintlichen Geniestreich gegengeistiger Bestrebungen, findest du ein eigenes Kapitel im Anhang (BEDROHTE WIRKLICHKEIT).

★ So bedenke bitte gerade auch bei der Sojabohne, daß die in diesem Werk zu findenden Besprechungen *nur für biologisch angebaute Produkte gelten*, ob diese nun überhaupt noch aufzutreiben sind oder nicht! Darum würde ich vorschlagen, daß du aufwachst, aufstehst und deinen Beitrag leistest an notwendiger Veränderung, wenn du mit der heute vorzufindenden total vergifteten Nahrungskette im allgemeinen und mit der genmanipulierten Sojabohne im besonderen nicht zufrieden bist!

Schöpferische Idee und Bestimmung

Die Idee der Sojabohne hat etwas mit Hybris (Hochmut) zu tun. Was sie damit zu tun hat, davon handelt die nachfolgende Geschichte, die dir dein Körper erzählt. *Erinnere* dich bitte bei dieser Erzählung an dein eigenes uraltes Wissen, das tief verborgen in dir auf seine Erweckung wartet. *Erinnere* dich: Jedes deiner Atome in deinem Körper repräsentiert ein evolutionäres Schöpfungsprinzip. Auch die Namen der Atome entsprechen evolutionären Ereignisfeldern. Atome sind Resonanzfelder für mythische Geschichten aus uralten Zivilisationen. *Erinnere* dich: Jedes Atom stellt eine materialisierte Form eines höheren Bewußtseins dar. Es besitzt ein sensibles Ätherfeld um sich herum, welches seine höheren geistigen Schöpfungsprinzipien repräsentiert. *Erinnere* dich: Jedes einzelne Atom auf diesem Planeten repräsentiert das Bewußtseinsfeld einer Dimension, dem es angehörig ist.

So *erinnere* dich, daß Atome zu Molekülen zusammengebaut werden, Moleküle zu geometrisch schöpferischen Konstruktionen, zu Verkettungen, zu Grundmustern des Lebendigen, zu Zellen schließlich, zu Organen und schließlich – als Krönung dieser schier unendlichen Dimensionen – zu einem »Bewußtsein Mensch«. Nur leider – wer die Krönung sein sollte, wer die Krone des übergeordneten Bewußtseins tragen sollte, wer wahrer Herrscher über alle diese Dimensionen, über dieses innere Multiversum sein sollte – der Mensch –, genau er ist so oft noch in einer seltsamen Einkerkerung seines Verstandes befangen.

Der einseitig-wissenschaftliche Verstand ist es, der den Menschen von jeder wirklichen Wahrheit hermetisch abschottet und fernhält. Ein vom Verstand oft so überheblich regiertes Bewußtsein Mensch hat deshalb von dem riesigen atomaren, molekularen, zellularen, organischen Multiversum, über das es in Wahrheit zu herrschen hätte, nicht die leiseste Ahnung. Wer den Verstand zum Meister gemacht hat, der kann keinen Kontakt zu seinen vielfältigen wirklichen wesentlichen Bewußtseinsbereichen haben.

Aber, er kann es lernen! Magst du dich an dieses Lernen begeben?

Wer sein menschliches Bewußtsein nur von den sogenannten logischen Prinzipien seines Verstandes beherrschen läßt, der hat schon verloren. Mit dem logischen Verstand allein ist die Erneuerung der ZEIT und die spirituelle Befreiung des Planeten nicht mehr zu begreifen. Am wenigsten kann damit wirksam gehandelt werden. Der Schöpfungs-LOGOS ist es aber, der uns Weisung schenkt, das lebendige Gesetz der GÖTTIN ist es, welches uns wachsen und uns wandeln läßt. Logisches Denken ist hierbei ein Selbstverständnis, ein Werkzeug aber, und nicht der Herrscher! Magst du deinen dir wesensgemäßen Gefühlen vertrauen? Deinen Resonanzen nachlauschen? Deinem eigenen inwendigen Feuer die Führung anvertrauen? Deinen eigenen höheren Verstand benutzen?

Fühlst du es selbst, daß es ein Gebot der Stunde ist, dein inneres Gehör zu schärfen? Den Atem deiner Seele zu atmen? Und zu erfühlen, zu lauschen, was alles an Wundersamem dein inwendiger Kosmos dir zu erzählen und mitzuteilen hat? Damit wir gemeinsam wirksam und freudig die riesigen Herausforderungen bewältigen können, die uns im Außen zunehmend erwarten!

Alles Äußere ist diesem Inneren nur ein Gleichnis. Schaffen wir es, die neuen wahren inneren Kräfte zu stärken, kommt uns das Gold des neuen Morgens zur rechten Zeit auch von außen entgegen. Inneres und Äußeres gelangen dann – durch dich selbst als Mittler – in eine neue, die Herausforderungen wirksam bewältigende Einheit.

Die Heilkraft zur Erprobung

Sojabohneneiweiß und Seelenbeweglichkeit

Die Sojabohne speichert Eiweiß, das leicht verdaulich und biologisch optimal verträglich ist. Der menschliche Organismus kann dieses Speichereiweiß bestens in sein eigenes Eiweißgefüge einbauen. Die Sojabohne ist ein guter Herzschutz und schützt auch die Nieren. Die Nieren sind geistige Felder von großer Verantwortung. Ganz besonders die rechte Niere hat an dieser Verantwortung schwer zu tragen. Das Eiweiß der Sojabohne durchleuchtet nun

diese Strenge der Nieren und macht sie lockerer, leichter und sozusagen hüpfend vor Begeisterung. Die Niere lernt wieder Schöp-
fungslieder zu singen und wird nicht mehr so sehr von ihrer Verantwortung bedrängt. Sojabohneneiweiß läßt den Himmel in der Seele
wieder leuchten und macht die Seele beweglich.

Einschränkendes, stagnierendes, drückendes Denken wird verringert. Strenge und Dogmatismus werden gelockert. Druck und
Bedrückung auch im Lungenraum und in der Galle werden erleichtert: Die Atmung wird reiner und leichter, Gallengries, sogar Steine
können auf elektromagnetische Weise »ausgeworfen« werden und
springen vom alten Feld magnetischer Verhaftung geradezu ab.

Heilwirkung für die Gallenblase – DER EREMIT

Die Gallenblase wird durch die Kräfte der Sojabohne besser durchblutet und in ihrer gelegentlich recht versteinernden Hybris vermindert. Der Sitz jeglichen hybristischen Denkens des Mikrokosmos
Mensch – oft ist das *seinem Verstand* noch nicht bewußt geworden
– sitzt in der Gallenblase und hat von hier aus eine besondere
Beziehung zur rechten Niere.

Die Gallenblase steuert die marsische (angreifende) Energie eines
Menschen, seinen feurigen Antrieb, seinen Mut, wie auch seine
zupackende, handelnde Kraft. Sie hat eine höchst bedeutsame und
auch eine gesonderte Stellung innerhalb des Menschen. Sie steht
sozusagen geistig für sich allein da und hat keinen Kontakt zu
anderen Organen, auch nicht zur Leber. Sie ist vollständig isoliert,
genau wie ein Einsiedler in einer steinernen Höhle. Die Karte Neun
im Tarot – DER EREMIT – paßt hier exakt: In einsamer eisiger Höhe,
im Felsengebirge versteckt, hat der »Meister Gallenblase« über
Sinn und Unsinn im Weltengeschehen des Gesamtorganismus
Mensch zu entscheiden, und das ist eine schier unlösbare Aufgabe.
Denn von dieser einsamen Höhe aus sieht manches vom Weltengeschehen in diesem Kosmos Mensch ganz anders aus, als es in
Wirklichkeit ist. Doch zugleich kann der EREMIT zum strahlenden
Licht, zur Meisterschaft erwachen. Er kann damit sein eigenes Licht
zum Leuchten bringen und es – auch für andere wirksam – lebendig
machen.

So neigt die Gallenblase zur Hoffahrt, zum Stolz und zur freiwilligen Einsiedelei, die aber zumeist aus nichts anderem als aus Angst geboren wurde. So hält sie gerne auch mit dem initiatischen, zeugenden Feuer zurück, wo es gerade angemessen wäre, sich an die vorderste Front zu begeben und aktiv zu handeln. Aber: Auch wahre Meisterschaft wird hier gezeugt, denn in solcher Einsiedelei wachsen Weltengedanken, die dann, wenn es die rechte Zeit ist, vielen von Nutzen sein werden.

Die Sojabohne stärkt deine Aktivität

Die Sojabohne, insbesondere aber der Keimling der Sojabohne, ist jedoch in der Lage, diesen einsamen Hagestolz aus seiner Einsiedelei herauszulocken und ihn ins Weltengeschehen zu integrieren, ihn dort zu verwickeln, ihm keine Luft und Pause für andere, wieder vereinsamende Gedanken zu lassen, ihm keine Pause zum Nachdenken zu geben und ihn so ständig an vorderster Front mitten im Geschehen des Stoffwechsels einzusetzen. Deshalb ist die Sojabohne so bedeutsam, und hat auch in der neuen Zeit die ganz wichtige Aufgabe zu erfüllen, den Menschen in seiner Gesamtpersönlichkeit feurig, zündend, initiativ und Begeisterung erweckend ins unmittelbare Leben und in die unmittelbare Erfordernis des Lebens zu integrieren.

Genmanipulierte Sojabohnen bewirken allerdings genau das Gegenteil:
sie fördern des Menschen Bequemlichkeit, sein Nichtteilnehmen – Nichtwissen – Nichthören – Nichtsehen – Nichtfühlen-Wollen.

Die heimliche Hybris der Gallenblase ist zumeist versteckt und der Gesamtpersönlichkeit eines individuellen Menschen nicht erkennbar. Gerade sogar sogenannte schwache Persönlichkeiten, weibliche Persönlichkeiten, zurückhaltende Menschen, die sich selbst erniedrigen, sind oftmals mit einem solchen unerkannten Gallenblasen-Eremiten »gesegnet«. Solche Menschen ziehen dann häufig auf eine elektromagnetische Weise – denn auch hier sind die unbewußten Energien elektromagnetisch geprägt – dogmatische und hybristische Personen oder unterdrückende Ereignisse in ihrer äußeren Umwelt an.

Daraus resultieren dann seelische Verletzungen und womöglich noch weitere Rückzüge, und dieses versteckte Bewußtsein der Gallenblase versteinert immer mehr.

Deshalb hilft dir die Sojabohne, nicht nur deine männlich feurige Kraft an den äußeren Fronten initiatisch hervorzubringen, sondern saugt sozusagen auf eine ganz spezielle elektromagnetische Weise – eben durch einen Saug-Zugeffekt aufgrund des Potentialgefälles – diese Versteinerungen aus der Gallenblase heraus, sofern überhaupt noch möglich. Gallengrieß wird relativ einfach ausgeleitet, wenn du deine Ernährung umstellst und häufig Sojakeime und -eiweiß verzehrst.

Die linke Niere zieht austauschende Stoffe und *messengers* aller möglichen Art auf elektromagnetische Weise an. Sie hat aber wenig Unterscheidungs- und Aussonderungsvermögen und insgesamt eine dienende, demütige, bereitwillige Grundhaltung – während die rechte Niere, genau umgekehrt, das Prinzip der Unterscheidung und Aussonderung geradezu hervorragend ausübt. Beide Nieren sind einerseits Gegenspieler, arbeiten jedoch auch Hand in Hand. Je dienender das Wesen der linken Niere nun ist, desto hierarchischer, bestimmender, klüger und fordernder benimmt sich die rechte Niere.

Da die Gallenblase sich selbst aber sozusagen in eine erhöhte Position eingesetzt hat, sich teilweise sogar noch als über den Nieren stehend erachtet, so ergibt sich hier insgesamt eine Art Triagonalwirkung der verschiedenartigen Abhängigkeiten voneinander.

Auch hier ist es so, daß die übergroße Demut und eine zu große Duldsamkeit der linken Niere die entsprechende strenge bis überstrenge Führung der rechten Niere, unter Umständen eine Verstärkung des Hochmutes, eine Isolation und damit eine Steinbildung der Gallenblase geradezu auslöst.

Muß die rechte Niere eine solche überstrenge Position einnehmen, wird sie selbst auch geschädigt. Sie leidet so an sich selbst und an ihrer Verursachung und neigt dann ebenfalls zur Grieß- oder Steinbildung. Wer also an den wirklichen Ursachen vermeintlicher Hybris ansetzen will, sollte heute seine *über*dienende, oft unbewußte Grundhaltung erkennen – die meist aus Angst geboren ist – und an deren Auflösung arbeiten. Die Auflösung geschieht stets durch Erkennen seiner Schattenanteile, durch Konfrontieren mit sich selbst, nicht durch weiteres Verdrängen. Dann kann Erlösung geschehen.

Die Sojabohne als »Mischpult« für Informationen

Die Sojabohne, ganz besonders der frische, möglichst junge Keimling, hat nun im Organismus eine ganz besondere Möglichkeit und Kraft: er mischt sozusagen die Informationen dieser drei miteinander kommunizierenden Einzelbewußtsein und bildet so etwas wie eine neugeistige hyper-magnetische Mitte. Er holt Überschüsse weg und mindert ein Zuviel an Intellektualität und gliedernder Strenge, und er füllt zugleich ein Zuwenig an Willenskraft, an Forderungskraft und an Unterscheidungsvermögen auf.

★ Natürliches, unvergiftetes, nicht genmanipuliertes Sojaeiweiß ist deshalb in allen oben beschriebenen bewußten wie unbewußten Themenkreisen, bei Leber-, Galle- und Nierenbeschwerden und Steinbildung als die optimale Eiweißzufuhr anzusehen.

Lebenssonne Leber – die nährende Lebenswandlerin

Die Leber ist ein ganz besonderer, kraftvoller Ort des Lebens im Staat des Körpers, ein großer Geist, mit einer ganzen Staatsausrüstung vielfältiger Kapazitäten und Präzisionsmaschinerien, an dem lauter höchstausgebildete Feinmechaniker stehen und arbeiten.

Das Bewußtsein der Leber ist das einer großen, glücklichen, gütigen und weisen Sonne. Sie ist *der Lebensgeist an sich*. Sie hat eine unglaublich umfassende und vielfältige Sonnenstrahlkraft, und sie ernährt und begütigt zugleich den gesamten Organismus. Sie wandelt um und verwandelt – wie im Märchen – Stroh in Gold. Sie ist in der Lage, sogar noch aus den dunkelsten Ecken und den unsachgemäßesten Nahrungsangeboten im Organismus einen Heilsglanz herauszuholen. Ohne diese riesige, gütige, beseelende und *seelig*machende Kraft der Leber wären die Menschen auf diesem Planeten heute schon längst ausgestorben. Sie wären zugrunde gegangen an ihren eigenen Dunkelheiten, den schrecklichen Nahrungsgebilden, die sie sich zuführen, und der Vielzahl der Giftstoffe. Nicht ein einziger Mensch würde mehr existieren, ohne jede Ausnahme.

Die Leber aber wird von einem großen göttlichen, fürsorgenden, einem *seeligen* Geist gesteuert. Im Organismus eines Menschen ist sie ein urgöttliches Feuer und wird astrologisch dem Planeten Jupiter zugeordnet. Das stimmt aber nur zum Teil, denn die Leber weiß noch von der Zeit und *ist* noch die Zeit einer glückstrahlenden, Leben schenkenden Ur-Sonne – einer Zeit vor Jupiters Sturz. Das ist der Sturz, der in den Mythen aller Völker dieser Erde beschrieben ist und der in der Bibel als der Engelsturz dargestellt wird. Diese Ur-Mütterliche Sonne hat sich selbst hinabstürzend in die Tiefe der Verdichtung begeben, um Leben zu erhalten, Leben zu nähren, Leben umzuwandeln, Leben zu verteidigen, Leben zu schützen und dem neugezeugten Leben die Lebensmöglichkeit zu geben und zu erhalten.

Aus der Liebe zum Leben und zu den Geschöpfen nährt die große Ur-Sonne sogar den allerletzten Einsiedler in seinem steinernen freiwilligen Verließ. Deshalb schenkt sie ihm und spendet sie ihm die Gallenflüssigkeit und breitet auch über diesen einsamen Tropf ihre großen, geistigen, liebenden Fittiche aus, und sie schmunzelt übers ganze Gesicht, Mütterchen Leber, wenn die Eiweißstoffe der Sojabohne kommen und dieses widerspenstige Kind, diesen Eigenbrötler aus seinem Abseits herauslocken.

Die Sojabohne als mittendes heilendes Prinzip

Deshalb nützt also auf Umwegen die Sojabohne auch der Leber, auf noch weiteren Umwegen nützt sie aber auch noch der Milz, den Zeugungsorganen, den Eierstöcken und zuletzt auch noch dem Nervengewebe. Sie gleicht Charakterschwächen aus und bemüht sich stets, den Menschen in eine Mitte einzupendeln. Sojaeiweiß ist deshalb von großem Wert für die körperliche, geistige und seelische Gesundheit und Harmonie eines Menschen.

Migräne beispielsweise ist häufig mindestens mitbeeinflußt von Gallenblasen- oder Nierenthemen obiger Art. So gibt es in der Naturheilkunde hierfür den Begriff der »Gallenblasenmigräne«.

Aus allen diesen Gründen – magst du womöglich fleißig Soja-keime essen, so oft du nur kannst, ganz besonders im Frühjahr? Womöglich stehst du auf von deinem Ruhekissen und tust dein Teil dazu, daß das auch mit natürlichen und unverfälschten Sojabohnen künftig noch möglich sein wird? Viel Zeit hast du nicht mehr dazu, das weißt du doch, oder?

Anwendung

Die chinesische Küche kennt eine Fülle von Möglichkeiten, sich die fast unerschöpflichen Möglichkeiten der so heilsam wirkenden So-jabohne zunutze zu machen. So gibt es Sojamilch, Sojaflocken, Sojaöl, Sojamehl, Tofu, Sojasauce, die auch in Form von Shoyu oder Tamari auf dem Markt ist. Tamari und Miso entstehen nach verschiedenen sehr alten Rezepturen, in denen der Soja geröster Weizen zugesetzt und die Sauce dann über einen langen Zeitraum hinweg einer Fermentation unterzogen wird. (Leider wird auch hierbei heute, wie bei so vielen traditionellen Verfahren, eine Schnell-, somit eine Pfusch-Version angeboten.) Hohe Heilkräfte für eine Vielzahl von Heilanzeigen werden diesen alten Rezepturen zugeschrieben, auch Heilsamkeit bei radioaktiven Bestrahlungen und Verbrennungen. So wurden in Hiroshima seinerzeit Miso-Suppe und Miso-Pflaster von traditionellen Ärzten angewendet.

Auch sei in diesem Zusammenhang erwähnt, daß der Sojaboh-nenkeim in ganz Asien als Aphrodisiakum gilt. Das gesamte Gebiet der Sojapflanze und ihrer vielfältigen Anwendung, zudem noch jenes der Sprossenküche, ist aber so umfangreich, daß ich im Rah-men diese Buches, welches ein anderes Anliegen – *nämlich dein Wachwerden!* – verfolgt, nicht weiter darauf eingehen kann.

Die Sojapflanze und das Sojaeiweiß können somit etliche Möglich-keiten der Anwendung bieten. Vermutlich solltest du dir zunächst einschlägiges Wissen erwerben, um dir danach auch durch Intui-tion das auszuwählen, was deinem Geschmack und deiner Vorliebe entspricht, aber auch das wegzulassen, was moderne Biotechniker dir so alles an verführerisch Manipuliertem vorsetzen. Die Mühe der Informationserkundung, der Wissensbildung und deines eigenen Engagements kann ich dir aber nicht abnehmen!

Zu den Keimen der Sojabohne

Sojabohnenkeime sollten, wie alle Keime, möglichst frisch hergestellt sein, deshalb keimst du sie dir am besten selber.

ANMERKUNG: Meine eigenen Keimversuche mit der gelben Sojabohne sind aber so verlaufen, daß ich sie nicht gerade zur Anwendung weiterempfehlen mag. Sie braucht sehr lange, bis sie überhaupt keimt, und muß zudem ständig gespült und die Schalen ausgelesen werden, weil sie sonst unappetitlich wird. Eine zeitraubende Beschäftigung. Glücklicherweise gibt's die grüne Sojabohne, die Mungobohne (*Phaseolus aureus*), die ganz problemlos ist, schnell keimt und keinerlei Schwierigkeiten bereitet. Sie ist auch für Anfänger in Sachen Keimen empfehlenswert. (Im Literaturverzeichnis findest du Angaben für Bücher, mit denen du dich gut in die Sprossenküche einarbeiten kannst.) Falls du aber doch Sprossen aus der gelbe Sojabohne verwenden willst, wird empfohlen, diese vor dem Verzehr kurz zu erhitzen.

Was gut dazu paßt

Bevorzugt Reis, Früchte, Erbsen, Salate, Bienenhonig und die gesamte Palette chinesischer, indonesischer und asiatischer Gewürze.

Die aus der grünen Soja hergestellten Mungosprossen passen hervorragend zu Rührei, zu Salaten aller Art, auf Butterbrot und überhaupt zu fast allem. Sie schmecken erbsenartig lecker, sind vitalitätssteigernd, antiviral wirksam, stoffwechselsteigernd, zum Abnehmen höchst geeignet und fördern die weibliche Initiationskraft sowie die männliche Potenz, sofern du sie knackig frisch verzehrst. Denn nur so haben sie die volle Heilwirkung. Deinem Erfindungsgeist sind hier wirklich keine Grenzen gesetzt.

DER SPARGEL

Asparagus offizinalis
Liliaceae – Familie der Liliengewächse

Wissenswertes

Sowohl die Wurzel, der Spargeltrieb als Gemüse, wie auch das Kraut des Spargels sind als offizinelle Heilpflanze seit alters her bekannt.

Spargel wurde eingesetzt als Diuretikum (= wassertreibendes Heilmittel), gegen Ödeme, bei Rheuma und Gicht, zur Blutreinigung und als Blasen- und Nierenmittel. Auch Griesausleitung wird angegeben. Bei entzündlichen Zuständen der Niere wird vom Spargelgenuß allerdings abgeraten. In der Literatur wird eine Erhöhung des Grundumsatzes um 15–30 % angegeben (Madaus). Unter Grundumsatz kannst du den Energieverbrauch deines Stoffwechsels verstehen, der im Ruhezustand, also ohne jede geistige oder körperliche Betätigung deine Körperfunktionen aufrechterhält. Da Spargel deinen Grundumsatz anfeuert, hast du einen erheblich höheren Kalorienverbrauch. Spargel dürfte somit ein wunderbares Schlankheitsmittel sein.

Spargel kommt aus südeuropäischen und wärmeren Gebieten und gedeiht im Freiland am besten dort, wo auch der Weinstock sich wohl fühlt.

Im Ägypten der Pharaonen wurden Spargelbündel auch als Totengabe verwendet.

Schöpferische Idee und Bestimmung

Die Idee des Spargels ist: Hoffnungsträger, Überbrücker und Wiederkehr der Verantwortung. Die Energie des Spargel, des *a-sparagus*, überbrückt die Spaltung einer vormals urschöpferischen Heilswelt.

In der Bibel finden wir auch davon erzählt – hier wird diese urerste Spaltung »Graben« oder auch »Abyssos« benannt. Von demselben Phänomen spricht auch die *Edda*, diese wundersame indogermanische Heilsdichtung heidnisch-germanischer Welt. Hier wird der bodenlose Abgrund »Ginnungagap« genannt. Gemeint ist stets das gleiche: Das Ereignis einer furchtbaren kosmischen Katastrophe, der anschließende Fall in die Dualität und damit die Aufspaltung von Ganzheit und Weltenwissen in persönliches und individuelles Wissen. Solcherart Wissen konnte aber nur durch das Schöpfungsexperiment eines reflektierenden Wirkens, eben durch Dualität erreicht werden. Die Spaltung erzeugte zugleich die stets zusammengehörenden Pole von Schuld und Unschuld. Das mehr östlich orientierte Gesetz des Karmas spricht ebenfalls vom Gleichen.

Die Dualität als Schöpfungsexperiment und als Muster zu Erkenntnis wird heute aber zunehmend aufgehoben. Das Karmagesetz verliert seine Macht und sein wiederkehrendes Elend. Anstelle des nicht minder lastenden Verschuldungsprinzips des Christentums ersteht eine neuartige lebendigmachende Liebe in uns allen wieder auf. Der Spargel – als ein Kind der Göttin – kann uns dabei vom Glanz ungeteilter Schöpfung erzählen, unseren Rücken stärken und unsere Verantwortung in uns selbst wiederauferstehen lassen. Er ist deshalb ein hohes Heilgemüse.

Die Heilkraft zur Erprobung – Weißer Spargel

Spargel überbrückt Welten. Er ist ein Welten-Hoffnungsträger. Er bildet eine Schiene für irdisches, weltliches, wie auch für geistiges Bewußtsein. Er überbrückt für uns Abgründe und Gespaltensein. Er reicht uns in uns selber die Hand zur Verbrüderung. Er bildet in unserem Rückenmark eine Schiene vom Kopf bis zu den Füßen, und ist deshalb als Heilkraft einzusetzen:

- bei Kopfschmerzen jeglicher Verursachung und
- Intoxikationen jeglicher Art,
- zur geistigen, seelischen und körperlichen Entgiftung,
- beim Wunsch, schwanger zu werden. Denn er ist ein Hoffnungsträger, und er hilft dir, »Guter Hoffnung« zu sein.

– Er schützt aber auch Mutter und Kind während der ganzen Dauer der Schwangerschaft,
– heilt innere seelische, wie auch äußere Wunden und
– sogar traumatische Erfahrungen, also schwere geistige, seelische und körperliche Verwundungen und Schocks.
– Er ist nützlich bei Bruch-Erkrankungen,
– Gewebebrüchen, Seelen-Brüchen, Gespaltensein und bei
– Verletzungen aller Art,
– bei Rückenbeschwerden,
– Neuralgien im Rückenbereich,
– Ischias und Bechterewkrankheit.
– Auch bei Zeugungsschwäche ist er gut mitzuverwenden.
– Er stärkt das Rückenmark und das Gewebe um die Rückenmarksäule.
– Er macht standkräftig und feudal. *Noblesse oblige*, also vornehme Geisteshaltung siegt, ist sein Motto, das er mit guter Bodenständigkeit verbindet. Spargel ist ja auch ein elegantes und edles Gemüse.
– Spargel beruhigt kolossal, gibt ruhigen Sinn, ruhigen Mut und macht gelassen. Er nimmt Hektik weg und entstreßt. Wer also zornig, streßbeladen oder aufgeregt ist, sollte – so möglich – sich einfach eine schöne Portion Spargel so richtig genüßlich zu Gemüte führen. Er wirkt auch noch sehr gut, wenn er eingefroren oder in Gläsern eingemacht wurde. Spargel in Metalldosen ist nicht mehr so wirksam.

Experimentelle Möglichkeiten in der Anwendung

Eingesetzt werden können das Spargelkraut wie auch die Spargelsprossen als Heilmittel, letzteres wie bekannt als Gemüse.

– Das Spargelkraut wirkt am heilkräftigsten, wenn es getrocknet wird. Erst nach dem Trocknungsprozeß sollte es dann als Droge in alkoholischen Auszügen weiterverarbeitet werden. Auch kann es für einige Stunden – als Mazerat – kalt ausgezogen und danach erst zu Tee aufgekocht werden.

- Die Droge ist neben der Entgiftungskraft stark Herz- und Nie-
  ren-wirksam.
- Spargel, wie das Kraut davon, sind besonders bei eitrigen, juk-
  kenden Ausschlägen, Furunkeln und Wunden indiziert.*

★ Zur Anti-Schocktherapie jeder Art – ähnlich dem Bach-Blüten-
  mittel *Rescue Remedy* –, doch tieferwirkend, ist Asparagus
  (= der kleine Sproß) am besten wirksam, wenn das frische Kraut
  kleingehackt und tiefgefroren wird. Man nimmt bei Bedarf einfach etwas von diesem Kraut, zerreibt es zwischen den Händen
  und atmet es tief ein. Man kann es aber auch langsam auftauen
  lassen, um es anschließend zu Tee, zu einem stets greifbaren
  alkoholischen Heilmittelauszug oder zu einer Salbe zu verarbeiten.

Besonderheit

Das Spargelgemüse solltest du, wenn es frisch erhältlich ist, so oft
wie möglich genießen. Die umfassendste Heilwirkung hat es mit
frischer Butter. Auch Crème fraîche, Butterrahmsaucen oder eine
Sauce Hollandaise eignen sich sehr gut als heilende Verstärkungs-
kraft.
Der Spargel eignet sich zu Heilzwecken vorzüglich zum Einfrieren. Er kann aber auch nach Hausfrauenart in Einmachgläsern
eingeweckt werden. Spargel sollte nicht in Metalldosen haltbar
gemacht werden, denn das schränkt, wie gesagt, seine Wirkkräfte
ein.

---

* Madaus: *Lehrbuch der Biologischen Heilmittel* gibt an, daß Überempfindlichkeiten mit
  massiven Hauterscheinungen bei Arbeiterinnen von großen Spargelfabriken nachgewiesen wurden. Wer einmal von der Spargelkrätze befallen war, erkrankte bei erneuter
  Berührung mit Spargelsaft immer wieder, meist schlimmer als zuvor. Es ist zu vermuten,
  daß die Spargeldermatitis durch längerdauernde Berührung mit dem Saft und nicht
  durch Nahrungsaufnahme ausgelöst wurde. Dies wäre somit ein Umkehreffekt in einer
  Art von Bio-Homöopathie! Eine empirische Erarbeitung der Heilkräfte des Spargels
  dürfte sich jedenfalls gerade hier als nützlich erweisen.

Was gut dazu paßt

- Butter und nochmals Butter,
- frische Buttersaucen,
- junge Kartöffelchen,
- Linsensuppe oder Linsengemüse,
- Rapunzel.
- Als Nachtisch Erdbeeren.

Das ergibt übrigens eine sehr extravagante Menüzusammenstellung, siehe unten, die sehr hohe, sich gegenseitig potenzierende Heilkräfte besitzt.

Grünspargel

Grünspargel ist sogar noch heilkräftiger als weißer Spargel und sollte immer wieder einmal in Entgiftungskuren, auch in Frühjahrskuren eingebaut werden. Hierfür kann man ihn ebenfalls eingefroren oder eingemacht verwenden. Er holt wirklich den letzten Stoffwechselmüll aus allen Ecken.

Seine Heilkräfte sind ähnlich, wie beim weißen Spargel angegeben, nur ist hier wesentlich mehr feurige Verbrennungsenergie vorhanden.

- Grünspargel feuert deshalb deine umsetzenden Stoffwechselvorgänge im Organismus an und macht zu allen seinen wunderbaren Heileigenschaften auch noch schlank.
- Er ist ein ausgesprochenes Heilgemüse bei allen Rückenerkrankungen und paßt auch ganz besonders gut zu Linsengemüse.

Besonderheit

Das Kraut des Grünspargels sollte nicht verwendet werden.

Ein sommerliches Heil-Menü »der anderen Art«

Rapunzeln auf feiner Quarkcreme

Frischer grüner Stangenspargel
mit Sauce Hollandaise

auf Linsengemüse
und mit jungen Kartoffeln

Erdbeereis

Trockener Weißwein oder Rosé
Holundersekt

Dieses Menü hat hohe entgiftende, entwässernde, entstauende, demagnetisierende und dennoch stärkende heilsame Kräfte. Auch ist es heutzutage durchaus nicht nur auf den Sommer beschränkt.

Rapunzeln auf feiner Quarkcreme

findest du unter: DIE RAPUNZEL.

Frischer grüner Stangenspargel

mit Sauce Hollandaise auf Linsengemüse mit jungen Kartoffeln.

Zuerst bereitest du das

Linsengemüse

zu, das du unter DIE LINSEN *findest. Was die Kartoffeln angeht, so findest du alles Wissenswerte hierzu im zugeordneten Kapitel. Du benötigst gerade für dieses Gericht wirklich gutschmeckende, etwas mehlige Kartoffeln, die du auch ihrem Wert entsprechend gut behandelst! Nun schälst du*

2–3 Pfund frischen grünen Spargel, die Menge bemißt du je nach Appetit und Geldbeutel, und kochst ihn im ganzen in einem entsprechenden Topf etwa 20 Minuten. Gib in dein Kochwasser
$^1/_2$ Eßl. Butter,
2 Teel. Salz und
1 Teel. Zucker.

Währenddessen bereitest du die

Sauce Hollandaise

In eine Kasserolle oder eine kleine feuerfeste Schüssel, die du auf kleines
Feuer oder in ein Wasserbad gestellt hast, gibst du
5 Eigelb,
2 Eßl. kaltes Wasser,
etwas Meersalz und
frisch und fein gemahlenen weißen Pfeffer nach Geschmack.
Nun unter ständigem Schlagen mit einem Schneebesen
250 g weiche, aber nicht zerlaufende Butter in kleinen Stücken
unterrühren. Die Sauce soll cremig sein wie eine Mayonnaise. Kurz vor
dem Anrichten
1 Teel. Essig und
2 Teel. frischen Zitronensaft zugeben. Gegebenenfalls mit noch etwas Salz,
Essig oder Zitrone, wenn du magst, auch mit einem Hauch Muskatnuß,
keinesfalls mehr, abschmecken.
Die Saucenzubereitung verlangt etwas Fingerspitzengefühl. Die Sauce
darf keinesfalls kochen, ja, es genügt sogar schon eine Zubereitungs- und
Rührtemperatur von 45 Grad Celsius! Wenn sie trotz aller Vorsicht
gerinnen sollte, empfiehlt es sich, die Sauce von neuem zuzubereiten und
den geronnenen Ansatz löffelweise vorsichtig wieder zuzugeben.

Diese Sauce Hollandaise au suprème, wie sie auch genannt wird, ist die
Erfindung des berühmten Koches Careme und gehört auch heute noch zur
Hohen Schule einer Küche von Niveau. Careme bereitete diese Sauce nach
etlichen schlaflosen Nächten für die Tafel des französichen Politikers La
Valette zu, einem Neffen Kaiserin Josephines (1769–1830).

Erdbeereis

Eine schnelle Variation einer Eiszubereitung aus gefrorenen Früchten
findest du unter DIE SAHNE.
Du kannst dieses fruchtige Eis in wenigen Minuten kurz vor dem
Servieren zubereiten!

Holundersekt

Den Holundersekt kannst du dir nur selbst ansetzen. Für festliche Anlässe ist er ein Gedicht und vielleicht das Beste, was du jemals getrunken hast! Ich habe dieses edle Getränk bei guten Freunden kredenzt bekommen, und seitdem ist es das für mich jedenfalls! Leider bin ich bisher noch nicht zum Selbermachen gekommen, gebe dir aber das Originalrezept aus dem sehr interessanten und empfehlenswerten Buch von Elisabeth Brooke, Von Salbei, Klee und Löwenzahn auf S. 154

4 Holunderblütendolden
750 g Zucker
2 Eßl. Weißweinessig
3 1/2 Liter kaltes Wasser
2 ungespritzte Zitronen
Fülle Holunderblüten, Zucker, Essig und Wasser in eine Schüssel.
Presse die Zitronen aus, und gib den Saft in die Mixtur. Schneide die Schalen der Zitronen in Viertel, und lege sie in die Flüssigkeit.
Unter gelegentlichem Umrühren 24 Stunden stehenlassen. Abseihen und in Flaschen mit Schraubverschluß abfüllen.
Schon nach wenigen Tagen kann der Sekt getrunken werden.

DER SPINAT

Spinacia oleracea
Chenopodiaceae – Familie der Gänsefußgewächse

Wissenswertes

Spinat ist im Orient beheimatet und wurde vermutlich von den Kreuzrittern nach Europa gebracht. Er gehört zur gleichen botanischen Familie wie Mangold und enthält Oxalsäure wie Rhabarber und Sauerampfer, welche bekanntlich im Organismus Kalzium bindet. Er enthält, wenn er konventionell angebaut wurde, hohe Nitratrückstände, die auf den Einsatz von Mineraldüngern zurückzuführen sind. Diese können in der Mundhöhle durch ein Zusammenwirken von Enzymen, Bakterienflora und pH-Wert zu dem giftigen Nitrit umgewandelt werden. Nitrit wiederum kann eine Umwandlung des Hämoglobins bewirken, welche den Sauerstofftransport empfindlich stört. Bei Kleinkindern kann Nitrit zu Blausucht führen, die in seltenen Fällen tödlich verlaufen kann (siehe das Buch *Chemie in Lebensmitteln* vom Katalyse Institut für angewandte Umweltforschung e. V., Köln, Verlag 2001). Weitere, sogar krebserregende Schädigungen werden vermutet.

Spinat sollte deshalb möglichst aus kontrolliert biologischem Anbau oder aus dem eigenen Garten – natürlich ebenfalls biologisch angebaut – stammen. Die Empfindlichkeit des Spinats gegen Stickstoff-Überdüngung kann auch zu Salzstauungen und übermäßiger Bildung der für den Organismus sowieso schon problematischen Oxalsäure führen. Auch durch Wiederaufwärmen des Spinats kann es zur Umwandlung von Nitrat in die giftigen Nitrite kommen.

Die nachfolgende Besprechung gilt jedoch, wie stets, für die reine natürliche Kraft des Spinats!

Seltsames

Spinat wird nicht nur von vielen Müttern, sondern auch in der Literatur als eines der gesündesten Gemüse überhaupt angesehen. Seltsam nur – so sehr er auch gelobt wird, die Kinder, für die er ja so ganz besonders gesund sein soll, mögen ihn meist gar nicht. Ja, sie entwickeln sogar einen ausgeprägten Widerstand, oft geradezu einen Widerwillen gegen ihn. Auch – trotz solch vielgelobter Gesundheit – als Heilgemüse ist Spinat nirgendwo bekannt geworden. Welche Diskrepanz! Stimmt da irgend etwas nicht? Erinnere dich an deine Kindheit, hast du gerne Spinat gegessen?

Wollen wir doch einmal schauen, in welcher Weise die Göttin uns hier zum Verständnis weiterhelfen kann:

Schöpferische Idee und Bestimmung

Spinat repräsentiert die Idee festhaltenden Urvertrauens. Wollen wir uns ein Bild davon machen: Ein Kleinkind macht mit seiner Mutter einen Spaziergang und bekommt dabei einen eingeschränkten Aktionsspielraum und eine Art von begrenzter Freiheit zur Verfügung gestellt. Die Mütter hatten früher zu diesem Zweck kleine Geschirrchen, feste Lederbänder, die über der Brust des Kindes zu einem sichernden Gebinde zusammengefügt waren und die einen festen und sicheren Halt gaben. Das Kind konnte nun an einer mehr oder minder langen Leine seine eigenen Exkursionen, innerhalb des vorgegebenen Spielraums in der Nähe seiner Mutter machen. Diese Kleinkindergeschirrchen sieht man heute nicht mehr, aber sie erwiesen sich hin und wieder als sinnvoll – für die Mutter eine Entlastung und für das Kind Bewegung innerhalb eines Sicherheitsrahmens. Der Spinat repräsentiert in unserem Bild ein Kind, das bereits an der äußersten Grenze des Radius seiner Leine, somit seiner Ausflugs- und Spielmöglichkeit angekommen ist. Es hat seine Entfaltungsmöglichkeit bereits hinter sich und legt sich ungeduldig in sein Geschirrchen, um weitere Räume zu erforschen.

Spinat repräsentiert somit die Idee des Festhaltens und eines übergeordneten Schutzes, er transportiert Sicherheit und Vertrauen,
jedoch auch Begrenzung.

Die Energie des Spinats ist deshalb auch nur sehr spezifisch zu
verwenden. Es ist somit kein Wunder, daß Kinder mit ihrer schöpferischen Initiative und ihrem Bewegungsdrang Spinat instinktiv und
intuitiv ablehnen, obwohl er doch »so schrecklich gesund« ist. Hier
finden wir wieder einmal einen dieser eindeutigen Beweise, wie
lebensgemäß die kindliche und die intuitive Natur wirkt – wenn wir
sie nur lassen!

Spinat ist deshalb für die Kinder des neuen Geistes in der neuen
Zeit nicht nützlich (Ausnahme: siehe unter DER LACHS). Ich spüre
ganz stark meine beiden Ohren beim Erforschen des Spinats,
schmerzlich und bedrückend. Die Güte der neuen Zeit verbindet die
beiden Ohren des Menschen zu einer *geistig-energetischen Lichtachse* immer inniger miteinander, und das sollte in jeder Weise
gefördert werden. Spinat jedoch entfernt diese beiden hälftigen
Teilachsen voneinander, die sich doch finden wollen. Ja, er spreizt
diese geradezu in Schmerz und Entzündung voneinander weg, und
das tut richtig weh. Die im Spinat vorhandene Idee und damit die
ganz spezielle geo-stereometrische Konfiguration der Eisenatome
ist bemüht, die panzernden, unbeweglichen Strukturen, Formatio-
nen und Ideen der zu Ende gehenden Zeit aufrechtzuerhalten.

Die Heilkraft zur Erprobung

So solltest du vielleicht besser keinen Spinat essen, wenn du:
- initiativ sein willst,
- neue Dinge vorhast,
- dich entfalten willst,
- ein fröhliches Liedchen trällernd, unbefangen neue Situationen
  erleben willst,
- uneingeschränkt kommunizieren willst,
- dich sowieso schon bedrückt oder eingeschränkt fühlst,
- schwere Träume hast,
- einen Druck auf der Brust hast,
- nicht richtig durchatmen kannst.

Auch wenn du:
- Atembeschwerden,
- Kreislaufbeschwerden,
- Herzdruck
- oder einen dumpfen schweren Kopf hast
- oder zu Kopfschmerzen und Migräne neigst,

solltest du es dir sehr überlegen, ob du wirklich Spinat essen willst, denn Spinat schränkt dich geistig, nervlich, seelisch und körperlich ein, und helle, freundliche Gedanken macht er deshalb auch nicht gerade.

Spinat hat etwas Zementierendes, er schränkt die Gedankenkräfte und die eigenen Ideen ein, setzt deinen Kopf, deinen Nacken, deine Schultern und deinen Brustkorb unter Druck und macht die Beine schwer und dicht wie Steine, fast wie Zementsteine.
- Spinat macht insgesamt eher langweilig und unfroh.
- Auch wenn du irgendwelche Spannungsschmerzen hast, solltest du auf keinen Fall Spinat essen. Auch
- schränkt er die Atmung, den Atmungsstoffwechsel und ganz besonders die geistige ätherische höhere Atmung stark ein. Ja man kann wirklich sagen,
- er unterdrückt dich in deinem Fortschritt.
- Spinat macht auch noch dick und schwer, weil er eben auf Gefäße wie auf Nervenleitungen eine verstopfende und blokkierende Wirkung hat und den Austausch und den Stoffwechsel behindert.

Spinat ist nur dann eine Speise für dich,
- wenn du dich haltlos fühlst und
- wenn du ein großes Bedürfnis nach Urvertrauen hast, das aber nicht in erster Linie aus dir selber heraus kommt, sondern das sich in dir erst dann bildet, wenn du Halt und Führung durch andere Menschen bekommst.

Du kannst also Spinat in eine Suchttherapie einbauen, falls du eine solche durchzuführen wünscht. Aber auch hier ist er nicht gerade als ein Allheilmittel anzusehen. Insgesamt ist also zu sagen, daß Spinat als Speise schon eher ungeeignet ist, weil er sowohl die innere wie die äußere Entwicklung, Stoffwechsel, Atmung, Austausch und geistige Entfaltung behindert. Es sei denn, du hast gerade eine Phase, wo es dir aus irgendwelchen Gründen geradezu guttut, wie in einem solchen »Geschirr« an Ort und Stelle festgehalten zu werden.

– Spinat treibt den Harn. Er kann also bei Harnverhaltung gegeben werden. Hierfür ist es am sinnvollsten, auch einmal rohen Spinat zu essen, den man einfach kleinhackt und mit Zwiebeln, Knoblauch, Salz, Pfeffer, Senf und einem Joghurtdressing anmacht. Dann fließt der Harn wieder, und es entgiftet auch sehr stark.
– Spinat ist auch gut für geschwollene Lymphdrüsen oder geschwollene Lymphknoten, ganz besonders hier auch in Verbindung mit den Rote Beten und mit Senf.

Anwendung

Spinat sollte lediglich einige wenige Minuten in sehr wenig Wasser gedünstet werden, so daß er gerade nur zusammenfällt.

Was gut dazu paßt

Die statisch festigende Komponente von Spinat wird gelockert durch
– weißen Weizen, etwa als Nudeln, Pizza oder Crostinis (Röstbrote),
– Reis,
– Rote Bete und
– Petersilie.
– Rahm hat hier keine besonders auflockernde Kraft, eher noch verteilt er die bindenden Kräfte in den gesamten Organismus.

Nun aber kommt eine äußerst erfreuliche Überraschung:

Spinat ergänzt sich geradezu hervorragend mit Lachs! Die beiden hier zusammenkommenden Prinzipien – jenes des Stauens und Fixierens von Spinat und jenes des Energie-Auslaufens von Lachs – finden in einer geradezu wunderbaren Harmonie zueinander. Als

Krönung ist auch noch die geschmackliche Harmonie geradezu
optimal. Lachs mit Blattspinat, überstreut mit Mandelblättchen,
bringt somit Feiertagsstimmung, sowohl als festliche Speise als
auch energetisch gesehen. Wenn du also etwas Festtägliches mit
deiner Familie oder Freunden zu feiern hast, dann könntest du es
hiermit tun!

Rezepte

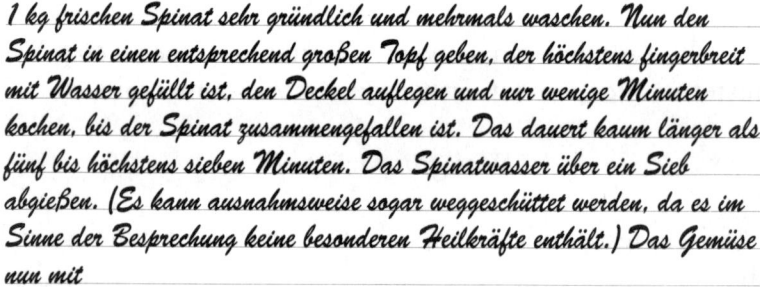

Gemüse von Blattspinat

So wird's gemacht:

1 kg frischen Spinat sehr gründlich und mehrmals waschen. Nun den
Spinat in einen entsprechend großen Topf geben, der höchstens fingerbreit
mit Wasser gefüllt ist, den Deckel auflegen und nur wenige Minuten
kochen, bis der Spinat zusammengefallen ist. Das dauert kaum länger als
fünf bis höchstens sieben Minuten. Das Spinatwasser über ein Sieb
abgießen. (Es kann ausnahmsweise sogar weggeschüttet werden, da es im
Sinne der Besprechung keine besonderen Heilkräfte enthält.) Das Gemüse
nun mit

1 bis 2 Eßl. Butter,

Salz,

Pfeffer und etwas frisch geriebenem

Muskatnuß würzen und servieren. Eine italienische Variante verwendet
anstelle der Butter 2 Eßl. Olivenöl, in dem

2 Knoblauchzehen goldgelb geröstet wurden.

In beiden Fällen kann eventuell kurz vor dem Servieren noch ein Eßl.
Crème fraîche zugegeben werden.

Pizza mit Spinat, Pilzen, Schafskäse und Lachs

So wird's gemacht:
Einen Hefeteig, ausreichend für ein Blech, bereiten:
In eine Schüssel
1 Pfund Mehl schütten, in die Mitte eine Vertiefung drücken und hierhinein
$^1/_2$ bis 1 Würfel zerbröselte Hefe und eine Tasse lauwarmes Wasser geben. Mit einem Kochlöffel die Hefe mit etwas Mehl und Wasser zu einem Vorteig verrühren. Ein Tuch darüber decken und etwa 20 Minuten warm stellen.

Inzwischen 1 Pfund frischen Spinat gut waschen, mit einer halben Tasse Wasser in einen Topf geben und bei geschlossenem Deckel zusammenfallen lassen, was etwa 5–8 Minuten dauert. Den Spinat ohne Brühe in eine Schüssel geben und etwas abkühlen lassen.

Nun den Hefeteig weiter bearbeiten:

1 Teel. Salz und gerade eben soviel lauwarmes Wasser zugeben – etwa 1 große Tasse – daß ein zusammenhaltender, nicht zerfließender Teig entsteht.
Diesen Teig nun aus der Schüssel auf eine Arbeitsplatte ausleeren und kräftig kneten und schlagen, wobei weiteres Mehl eingearbeitet wird, solange der Teig noch an den Händen kleben bleibt.
Ein Kuchenblech mit Butter einfetten und den fertigen Hefeteig darauf langsam ausbreiten, was ganz leicht ist, wenn man dem Teig ein wenig Zeit läßt zum natürlichen Wachsen. Etwa 20 Minuten gehen lassen.

Nun kommt der Belag:

Den Spinat in kleinen Klümpchen auf dem Teig verteilen. Salz, Pfeffer, Muskat und Butterflöckchen oder ein wenig gutes Olivenöl darüber verteilen. Nun
250 g frische Champignons in feine Scheibchen schneiden und darüber auslegen, salzen und pfeffern.
350 g rohen Lachs in Stückchen schneiden und auf der Pizza verteilen.
2–4 Knoblauchzehen, zusammen mit
einer Handvoll Petersilie und
einer halben Peperoni sehr fein hacken und zusammen mit
250 g Schafskäse, in feine Würfel geschnitten, auf der Pizza verteilen.
Etwa 30 Minuten im Backofen bei etwa 220 Grad backen.
Eine Schiene im unteren Drittel des Backofens wählen oder nach 20 Minuten die Pizza von oben mit Alufolie abdecken, damit der Schafskäse nicht verbrennt!

Die Tomate

Lycopersicon esculentum
Solanaceae – Familie der Nachtschattengewächse

Wissenswertes

Die Heimat der Tomate ist Peru, Mexiko und Südamerika. Sie wurde von Hernando Cortés, der in zwei Jahren, von 1519–1521, das Aztekenreich zerstörte, nach Europa gebracht. Es dauerte dann allerdings dreihundert Jahre, bis die rote Gemüsefrucht sich in Europa allgemein durchsetzte. Die italienische und die südländische Küche rund um das Mittelmeer ist heute ohne gewürzduftende Tomatengerichte überhaupt nicht mehr zu denken. Dort werden die Tomaten allerdings oft noch selbst für den Winter eingekocht und kommen nicht, wie hierzulande, aus Blechdosen.

Die Tomate steht unter Naturheiltherapeuten im Ruf, eine durchaus nicht unproblematische Gemüsefrucht zu sein. Als Nachtschattengewächs sollte sie bei schwereren Krankheiten besser gemieden werden. Auch von Rudolf Steiner, dem Begründer der Anthroposophie (auch der Waldorfschulen), wurde die Tomate als unphysiologisch abgelehnt. Heute hat die Tomate als bereits gentechnisch manipuliertes Nahrungsmittel auf sich aufmerksam gemacht.

Schöpferische Idee, Bestimmung und Heilkraft zur Erprobung

Die schöpferische Idee der Tomatenpflanze ist Gift und Weihe in einem. So wollen wir uns betrachten, wie wir diese verstehen und wie wir damit am besten umgehen können. Vielleicht magst du versuchen, dich in die folgenden – zugegebenermaßen nicht einfachen – Ausführungen einmal einzufühlen.

Die Tomate repräsentiert eine Energie, vergleichbar einem Ballon, der mit erhitztem Flüssiggas gefüllt ist. Dieser »Ballon« kommt

aus einer völlig anderen Welt, einer Welt hinter der Welt, einer
META- oder TRANS-WELT. Die Energie der Tomate erreicht uns aus
einer wurzelnden Tiefe, einer Dimension nächtlicher Schattenberei-
che. Ich erfahre diese ballonartige Energie unter meinen Fußsohlen,
und zwar genau in der Mitte, dort, wo die Höhlung ist, und zwar
erfahre ich sie gleichzeitig unter beiden Füßen. Dieselbe Energie
erfahre ich wiederum gleichzeitig in beiden Gehirnhälften, zudem
in der Medulla oblongata – dem verlängerten Mark, welches Rük-
kenmark und Gehirn verbindet –, und zwar ebenfalls gleichzeitig.

Die drei Wurzeltriebe des Weltenbaums in der altnordischen Mythologie

Die beiden Füße und der Kopf des Menschen entsprechen den drei
Haupttrieben der WELTENESCHE YGGDRASIL, als dem Wahrzeichen
und universellen Zeitvernetzer altnordischer Kosmologie. Dieser
wunderbare Weltenbaum reicht durch alle Dimensionen hindurch
und verbindet die so unterschiedlichen Welten miteinander und
untereinander.

In diesem Baum des Lebens nisten die unterschiedlichsten Tiere,
die als Sinnbilder verschiedenartigster Prinzipien dienen. An den
Wurzeln aber des herrlichen Baumes haust die Weltenschlange.
Dort entspringen zwei Quellen, der Quell des Lebens und der Quell
des Wissens. In den Ästen Yggdrasils spazieren Hirsche, ein Adler
und anderes symbolisches Getier herum. Das weltenüberspring-
ende Eichhörnchen *Rotatoskr* aber saust so an- wie ausdauernd
von den Wipfeln zu den Wurzeln hinauf und wieder hinab, um, wie
es heißt, Zwietracht zu säen. In Wirklichkeit aber ist es Vernetzer
und Kommunikator, um Zeit und Dimensionen immer wieder aufs
neue miteinander in Verbindung zu bringen.

Diese drei »Haupt-Wurzeltriebe« werden bei der Tomate, zu der
wir nun wieder zurückkehren wollen, gleichzeitig, also zeitiden-
tisch, von Energie durchdrungen. Der rechte Fuß repräsentiert hierbei eine rechtsgewendelte und rechtskreisende Energie, der linke
Fuß bringt eine gegenläufige linksgewendelte Energiespirale zum
Ausdruck. Im Kopf aber werden die Vorbereitungen getroffen, daß
die so verschiedenartig gewendelten Energien sich miteinander ver-

binden können. Die rechte und die linke Gehirnhälfte entsprechen diesen so unterschiedlichen Kreisläufen und Energien und wollen heute wieder in einer Ganzheit zusammenklingen.

Die Zeitschuhe der Wunder-Zeit
heute wieder anziehen

Viele der heute lebenden, auf Äußerlichkeit fixierten Menschen sind noch voll in eine einseitige Körperlichkeit und in die damit verbunde Zeitlichkeit des zu Ende gehenden Äons der Fische eingebunden. So beginnen viele erst heute, sich langsam aus ihren »alten Zeitschuhen« wieder herauszuschälen.

Die alten Zeitschuhe vernetzten die Vielfältigkeit menschlicher Dimensionen mit menschlichem Denken nur noch in einer verdunkelten, abgeschotteten, ja, einer vergitterten Weise. Das Denken und Fühlen des Menschen hatte keinen Zugriff mehr zur uralten Wahrheit, zur Weisheit und zum Wissen seiner eigenen einstigen Lichtmenschen-Schöpfung. Äonenlang war nur noch eine »Sparflammen-Ausführung« des Menschen möglich. Die Chakren als vermittelnde Stationen zwischen den Dimensionen des Lichts und der Dunkelheit, des Feuers und der Kälte, einschließlich der damit verbundenen Hormondrüsen als Zeitvernetzer waren somit mehr oder weniger lahmgelegt.

Die den Chakren zugeordneten Hormondrüsen und die von ihnen produzierten Hormone sind biologische Katalysatoren, die einen kosmisch-irdischen Transfer von Energie ermöglichen. Alle Hormondrüsen arbeiten eng mit den Chakren zusammen. Chakren wie Hormondrüsen wie die produzierten Hormone selbst vernetzen die außerkosmischen mit den innerkosmischen Prinzipien und Dimensionen. Sie vernetzen Licht mit Dunkelheit. Sie arbeiten auch als Prisma und zerlegen Licht in die Farben des Regenbogens. Sie erwärmen das Blut. Sie lassen Wärme wie Kälte strömen und verbinden die Urpole des Lebens EIS mit HEISS. In der EDDA werden diese Urwelten *Muspelheim*, die flammende brennende heiße Feuerwelt, und *Nifelheim*, die von giftigem Eiswind erfüllte Nebelwelt genannt.

Durch die »steinzeitliche« Körperfixierung von Menschen, durch die Bevorzugung einseitig rechtsdrehender, männlicher Rhythmen, durch die Bevorzugung der sichtbaren materiellen äußeren Welt wurde und wird eine Lähmung multifunktionaler Dimensionen begründet wie aufrechterhalten.

Dysfunktionalität wurde somit beherrschend und konstituierte sich zu einer Art steinzeitlichem Zeitgeist. Die ehemals kosmische, leuchtende und heilende Hormonausschüttung war ein »kaltes Zeitalter« lang ebenfalls sozusagen kaltgestellt. Die Lichtrotation der Chakren war größtenteils unterbunden. Lediglich eine Sparflamme, eine kleine irdische Lichtflamme war noch in Betrieb. Die Ausrichtung auf unsere Erdensonne, auf unser solares System funktionierte noch, um das irdische Leben gerade so eben zu erhalten. Alle höheren Funktionen waren jedoch abgeschaltet.

Doch heute kehren höchste Geisthierarchien wieder, die geistigen Sonnen beginnen langsam, sich wieder ins irdische Leben, in die Chakren, in die Hormonausschüttung und ins Bewußtsein einzuspulen. Der auferstehende spirituelle ZEITGEIST DER GÖTTIN und damit auch die Natur schenken dir alle Hilfen, damit du deine eigenen wie zugleich damit die planetaren dysfunktionalen Zustände beenden kannst! So dürfen auch wir heute wieder unsere universellen Riesenschuhe anziehen, unsere Titanenschuhe schnüren, die Schuhe unserer göttlichen Herkunft. Auch hiervon erzählen uns die Märchen in ihrer Weisheit, und sie zeigen uns auf, daß, wer – wie in dem Märchen vom kleinen Muck – diese himmlischen »Pantoffeln« wieder erhält, sich aufmachen kann, das Gold des Himmels, das Wunder-Licht wiederzufinden, um es auf Erden nutzbar zu machen.

Bei diesem Prozeß sind es eben auch die Früchte und Naturnahrungsmittel, die uns als kosmische Universalfaktoren, als Lichtgeber, als Zeitschienen, als hormonelle Lichtkatalysatoren und als Rotations- und Frequenzgeber für die neue Beleuchtung unserer Chakren so hilfreich sind.

Betrachten wir uns nun das Wirkprinzip der Tomate, das mit Worten nicht so ganz einfach zu beschreiben ist. Es handelt sich hier um eine Art Druckverfahren mit Pumpphänomenen, das zugleich auch ein Druckausgleichssystem darstellt. Wir wollen einmal versuchen, das zu verstehen:

Die beiden Füße des Menschen entsprechen zwei UR-Wurzeln »im Himmel« oder zwei UR-Wurzeln des großen Weltenbaumes. Der rechte Fuß entspricht dabei einem himmlischen ALPHA und der linke Fuß entspricht einem himmlischen OMEGA. Die Tomate ist nun wirklich eine Absonderlichkeit im Pflanzenreich, denn sie verbindet das ALPHA der einen Himmelswurzel mit dem OMEGA der zweiten Himmelswurzel und zugleich mit dem höchsten Ort der Nachaußen-Bildung, dem KOPF des Menschen als der dritten Himmelswurzel. Diese drei Weltenorte oder UR-Dimensionen sind es nun, die in dieser absonderlichen Weise wie mit einer Art Gasdruck-Zeit-Schiene so miteinander verbunden sind, *daß die Zeit in ihnen Null bleibt.* Da im menschlichen Stoffwechsel Zeit eine reale Erscheinung ist, die Tomate aber in einer zeitlosen Dimension sozusagen zu Hause ist, ergeben sich in der Interkommunikation – denn die Tomate soll ja verstoffwechselt eingehen – eben ziemlich außergewöhnliche Verhältnisse.

Die Tomate als energetisches Gesamtsyndrom einer NULLZEIT erzeugt im Zusammentreffen mit dem menschlichen Organismus nun eine Art Lähmung der Stoffwechselpotenz, der Enzyme und Bio-Katalysatoren und resultierend daraus eine Sauerstoffnot der Zellen. Dies führt wiederum zu einer Art energetischer Verzerrung der körpereigenen Verbrennungsvorgänge, die ja allesamt an katalytische, also an Stoffwechsel in Gang setzende Vorgänge gebunden sind.

Deshalb kann die Nullzeit-Verzerrungsenergie der Tomate zu Kopfschmerzen und Migräne, zu Drüsenentzündungen, besonders zu Brustdrüsenentzündungen, zu Schwitzen, Sauerstoffnot, Einschränkung der Zellatmung und anderen Problematiken führen. Nun kommt es darauf an, wie aggressiv und reizbeantwortend ein individueller Menschenorganismus von der Tomate »vorgefunden« wird. Es kommt also darauf an, wie schnell sich ein individueller Organismus von dem Schock dieser Zeitlähmung erholt bzw. wie schnell er darauf antwortet. Tomatenessen gleicht insofern einer Art Schocktherapie. Ein Zurückschlagen des Organismus wie beim Tennis oder Fußball ist geradezu lebensnotwendig. Insofern könnte man, vorausgesetzt ein prinzipiell intakter Stoffwechsel ist vorhanden, dieses Phänomen als eine Art Aggressionstraining für den gesamten intermediären Stoffwechsel bezeichnen.

Menschen jedoch, die sowieso verlangsamte Stoffwechselabläufe haben oder die in angespannten oder kritischen Situationen ihres Lebens sind, gleichgültig ob nun körperlicher, geistiger oder seelischer Art, sollten sich lieber dreimal überlegen, ob sie sich diesen »Zeit-Schock« Tomate jetzt auch noch zumuten wollen.

Menschen, die sowieso einseitige Körperthemen, Kopfschmerzen oder Migräne haben oder die dazu neigen, sollten besser auf Tomaten verzichten.

Es gibt aber eine Zeit, während der das Zeitphänomen Tomate genau mit unseren auf der Erde wirkenden Zeitgeschehen übereinstimmt, und das ist *zwölf Uhr mittags*. Zu dieser Zeit kannst du mit der Tomatenenergie experimentieren, auch wenn du zu denen gehörst, die sie sonst lieber nicht essen sollten. Denn um diese irdische Zeit wirkt die Tomate nun geradezu als Überbrücker und Umschalter. Denke aber daran, die Sommerzeit zu berücksichtigen.

Anwendung alchymischen Wissens bei der Zubereitung von Tomatengerichten

Tomaten sind ja nun eine leckere Speise, besonders auch die Grund- und Ergänzungssubstanz für alle diese herrlichen würzig duftenden italienischen Nudelgerichte. Wenn die Tomaten nun also alchymisch verwandelt werden sollen, in dem Sinne, daß sie positiv wirksam sind, dann ist es notwendig, in der Weise auf sie einzuwirken, daß dieses abgeschlossene Gas-Drucksystem zerstört wird. Das erreichst du, indem du jede Menge Sauerstoff einleitest.

So wird's gemacht:
1. Als erstes und wichtigstes brühst du jede weiterzuverarbei-

tende Tomate kurz ab und ziehst ihr die Haut ab. In Italien wird das nun interessanterweise traditionell ganz genauso gemacht – sicherlich sowohl aus Intuition als auch aus sehr praktischen Erwägungen heraus. Die Schalen der Tomaten enthalten ein inneres Drehmoment, eine Spulenkraft, welche mit den oben aufgeführten Zeitphänomenen in Zusammenhang steht. Tomatenschalen ringeln sich nun bei Erhitzung so stark zusammen, daß sie zu einem höchst störenden und harten Element in jeder Tomatensauce werden.

2. Als nächstes zerschneidest du die Tomaten mit einem scharfen Messer so klein wie möglich und entfernst zuvor sogar auch noch die Kerne, indem du die Tomate einfach ausdrückst. Damit wird ihre zentralisierend-einigelnde Kraft, die auch an die Kerne gebunden ist, noch weiter verringert.

Solcherart vorbereiteter Tomaten werden nun für die verschiedenartigsten Gerichte weiter verarbeitet.

3. Der nächstwichtige Punkt ist der, daß die Tomaten nun unter möglichst viel Rühren mit gelegentlichem Zufügen
- von frischem Zitronensaft
- und mit maximaler Sauerstoffeinwirbelung
   weiter verarbeitet werden. Dies geschieht nicht nur durch Kochen im offenen Topf – also ohne Deckel –, sondern auch durch öfteres kräftiges Rühren – wie möglichst sogar noch durch geöffnete Fenster.
Zutaten, die die Sauerstoffzufuhr der köchelnden Sauce weiterhin verbessern, sind:
- frische Petersilie, am Anfang, in der Mitte, wie am Ende des Kochprozesses.
- Zimt,
- Nelken,
- Zwiebeln,
- Origano,
- Marsalawein
- und Sauerrahm.
- Davor, daneben oder danach eines auf solche Weise bereiteten Tomatengerichtes sind viel frischer Salat mit frischer Zitrone und

Sauerrahm angebracht. Auch viel offene Fenster und viel frische Luft, sowohl während des Kochens als auch während des Verzehrens sind sinnvoll. Auch könntest du dein Tomatengericht auf der Terrasse oder dem Balkon servieren, so vorhanden, mindestens aber am offenen Fenster. Gerichte mit Tomaten sollten nach Möglichkeit immer mit einer anschließenden Aktivität in frischer Luft verbunden werden, auf keinen Fall mit Ruhen.

Seufz, es nützt alles nichts: die heißgeliebten Nudel-Tomatengerichte sind mit Achtsamkeit und Vorsicht zu genießen. Besonders vorsichtig aber – ich will noch einmal zusammenfassen – sollten Menschen sein mit
– Lähmungserscheinungen,
– Migräne- und Kopfschmerzneigung,
– Neigung zu Stoffwechselstörungen, etwa auch Rheuma und Arthritis,
– zu Drüsenentzündungen und zu
– Übergewicht.
– Für Krebskranke sind Tomaten in jeder Form absolut verboten!
– Auch wer gerade unter besonderer nervlicher Anspannung lebt oder gerade mit einer depressiven Phase zu tun hat, sollte lieber auf Tomaten verzichten.

Italienische Tomatengerichte sind ohne Verwendung von Olivenöl zunächst einmal kaum vorstellbar. Im Rahmen der Neuen Zeit, die dich zum Demagnetisieren alter Erbmuster und zum Aufwachen aufruft, sind Öle jedoch generell nicht mehr bevorzugt als Nahrungsmittel anzusehen, denn sie sind wohl höchste Licht- und Feuerträger, jedoch mit stark magnetischen Eigenschaften! Ihre höchsten und heilendsten Wirkungen entfalten sie aber beim Einreiben in die Haut, wo sie – eben weil sie magnetisch sind – Giftstoffe ausschleusen.

Deshalb empfehle ich dir, im Falle herrlicher italienischer Tomatensaucen und Nudelgerichte nicht mehr bevorzugt Öle zu verwenden, sondern mehr auch auf Butter oder selbsthergestelltes Butterschmalz zurückzugreifen. Wer also, wie ich, zu den Olivenölliebhabern gehört – schon wieder seufz! –, kann sich anstelle

dessen aber an herrlich duftendem Basilikum-Butterschmalz erfreuen!

Vielleicht magst du dir einmal dein Tomatenmark selbstherstellen,
wie es die Hausfrauen in ganz Italien und Südfrankreich im Sommer machen, so daß du das Jahr über darauf zugreifen kannst,
wenn du es brauchst? Hierfür muß allerdings wirklich Olivenöl
verwendet werden!

Rezept

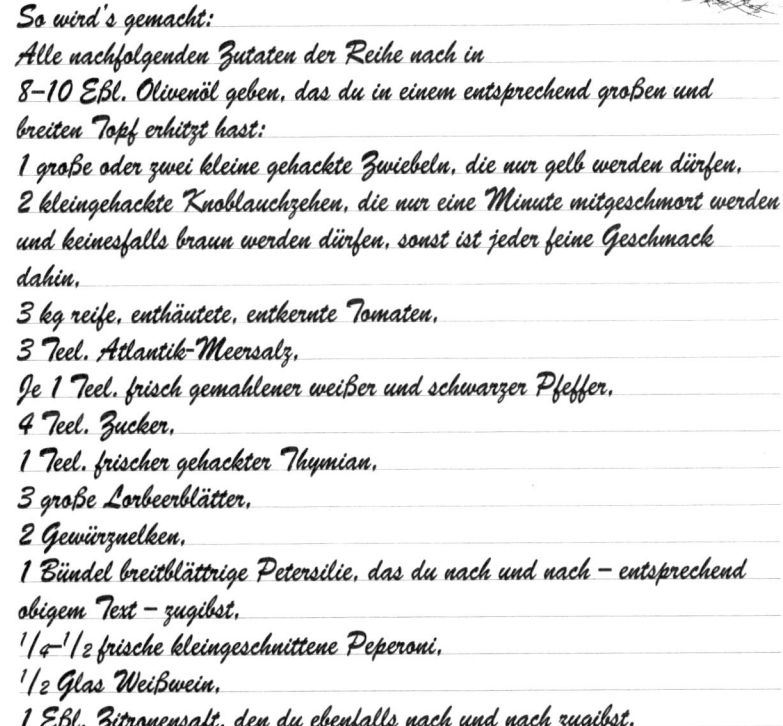

Tomatenmark provençalisch

So wird's gemacht:
Alle nachfolgenden Zutaten der Reihe nach in
8–10 EßL. Olivenöl geben, das du in einem entsprechend großen und
breiten Topf erhitzt hast:
1 große oder zwei kleine gehackte Zwiebeln, die nur gelb werden dürfen,
2 kleingehackte Knoblauchzehen, die nur eine Minute mitgeschmort werden
und keinesfalls braun werden dürfen, sonst ist jeder feine Geschmack
dahin,
3 kg reife, enthäutete, entkernte Tomaten,
3 Teel. Atlantik-Meersalz,
Je 1 Teel. frisch gemahlener weißer und schwarzer Pfeffer,
4 Teel. Zucker,
1 Teel. frischer gehackter Thymian,
3 große Lorbeerblätter,
2 Gewürznelken,
1 Bündel breitblättrige Petersilie, das du nach und nach – entsprechend
obigem Text – zugibst,
$^{1}/_{4}$–$^{1}/_{2}$ frische kleingeschnittene Peperoni,
$^{1}/_{2}$ Glas Weißwein,
1 EßL. Zitronensaft, den du ebenfalls nach und nach zugibst.

Das Ganze nun etwa 30–60 Minuten bei sehr niedriger Hitze und geöffnetem Deckel köcheln lassen, bis die Sauce etwas, aber nicht zu viel eingedickt ist. Kurz vor Ende der Kochzeit gibst du noch
1 Bündel frisches Basilikum hinzu, das du nicht allzu fein schneidest und das du nur eben gerade so lange mitkochen läßt, so daß es nicht mehr roh ist.

Wenn dein selbsthergestelltes Tomatenmark dann die Konsistenz hat, die du dir für deine Nudelgerichte, Pizzas und Aufläufe wünschst, schmeckst du es kräftig ab und füllst es kochendheiß in heiß ausgespülte und im Backofen sterilisierte Schraubdeckelgläser. Wenn du dir diese kleine Mühe einmal gemacht hast, wirst du sicherlich niemals mehr auf gekauftes Tomatenmark zurückgreifen wollen. Denn du hast dir hier den ganzen Duft des Sommers eingefangen!

Der Topinambur

Helianthus tuberosus
Asteraceae – Familie der Korbblütler

Wissenswertes

Der Topinambur oder die Erdbirne, wie er auch genannt wird, gehört zu den ausdauernden Arten der Sonnenblume. Er stammt ursprünglich aus den Hochebenen der Anden. An seinen Wurzeln werden die ausdauernden eßbaren Knollen gebildet. Diese Knollen sind frosthart und können vom Herbst bis zum Frühjahr geerntet werden. Einmal geerntet, trocknen die Knollen allerdings schnell ein, deshalb sollten sie am besten entweder unmittelbar ausgegraben oder – wenn sie gekauft wurden – mit Erdkontakt gelagert werden.

Topinambur wird zumeist als Viehfutter verwendet, zu kaufen ist er aber dennoch in gut sortierten Gemüsefachgeschäften. Am besten ziehst du ihn dir selbst, sofern du wenigstens ein kleines Stückchen Garten hast. Besonders gern schützt er dir deine Heimat, deshalb liebt die »kleine Sonnenblume« einen Platz in der Nähe deines Gartenzaunes.

Schöpferische Idee und Bestimmung

Bei Topinambur läßt sich – wegen der Unmittelbarkeit seines Seins – kaum noch von einer Idee sprechen. So spricht nachfolgend Topinambur durch mich und ich durch ihn:

»In meiner Mitte und in meinem Lebenszentrum geht eine Sonne auf. Und die Sonne wärmt und leuchtet und erfüllt mich unmittelbar und wird immer größer. Und sie behütet mich, und sie nährt mich, und sie ist ich, und ich bin sie.

★ Ich bin vollkommen zufrieden, und ich ruhe in mir selbst und entfalte mich aus mir selbst.

★ Alles was ist, bin ich, und ich bin alles, was ist.

★ Ich wärme und nähre das Leben selbst, in mir wie aus mir, wie auch für andere. Ich bin einfach Liebe und nähre ohne Unterschied. Für mich gibt es keine Trennung.

★ Ich bin heilsam bei Krebserkrankung, die aus der Not der Vereinsamung der Seele geboren ist.

★ Ich nütze in allen unguten Verhältnissen oder Traurigkeiten oder Krankheiten.

★ Ich bin ein Fels in der Brandung, und du kannst auf mich bauen.«

Die Heilkraft zur Erprobung

Topinambur macht zunächst einmal völlig gelassen. Er macht weder zurückgetreten und abgehoben noch nach innen gezogen, noch nach außen geholt, sondern er schenkt dich dir selbst. Du bist in der Mitte – eben gelassen. Aufgrund dieser vollkommenen Ausgleichung im Inneren werden die Beine durchblutet und durchströmt. Und eine ganz große Wärme steigt in meinen Mittelbauchbereich. Es ist, als würde dort eine Sonne aufgehen. Das ist schon mehr als eine Wärme, das ist geradezu eine Hitze. Das kommt mir vor, als hätte ich jetzt hier ein Heizkissen in Stufe 3 aufliegen, so stark ist das! Die Leber wird durchblutet, die Gallenblase, die Bauchspeicheldrüse, die Milz. Der gesamte Mittelbauch wird ganz stark durchwärmt und durchblutet. Und zusätzlich fühle ich mich bei mir selber ganz wohl, zufrieden und zu Hause. Ich bin ganz in Harmonie mit mir selber.

Dieses heilsame Durchwärmen wirkt jetzt natürlich noch weiter, und zwar wirkt es auf meine Fußsohlen und die hier vorhandenen Reflexzonen, besonders auf den gesamten mittleren Bereich ein. Auch hier breitet sich jetzt immer umfassender diese strömende Heilkraft aus. Langsam breitet sich nun die Wärme auch nach oben aus in mein Herzchakra. Zunächst wird der gesamte Brustraum durchströmt, bis sich jetzt die Wärme auch in das Ende meiner Wirbelsäule hinein ausbreitet. Dort ersteht jetzt eine Sonne auf, und

sie wirkt heilkräftig auf meinen unteren Rücken ein, auch wieder so
ganz warm und gut und herrlich schön. Ich komme mir vor, wie in
Abrahams Schoß oder wie in UR-Mutters Schoß, vollständig geborgen in mir selbst, eingehüllt und geborgen im UR-Ei der Schöpfung
selbst.

Jetzt wandert diese glühende, wärmende Sonne langsam auch in
meinen weiblichen Bereich und durchwärmt und durchstrahlt
meine Eierstöcke, den gesamten Bereich der Fruchtbarkeit. Das ist
wie eine Energie, in der neue Wesen zum Leben ausgebrütet
werden.

Hier ist das vollkommene JA zum Leben, JA zur Schöpfung, JA zur
Liebe, JA auch zur Sexualität, aber in einer wärmenden, schützen-
den, fruchtenden, sich gegenseitig befruchtenden Geborgenheit, JA
zum Ausbrüten von neuem Leben, sei das nun geistig, seelisch oder
körperlich. Hier gibt es nirgendwo ein Nein. Hier ist alles in sich
selbst rund und heil und beglückt aus sich selbst und in sich selbst.
Hier wird auch Geistig-Schöpferisches entfaltet. Hier kann man auf
Brütestation gehen, wenn man Ideen entfalten will. Diese wunderbare strahlende Sonne bildet eine heimatliche Zentrierung und eine
Kernkraft im untersten Ende der Wirbelsäule, zugleich aber wandert sie auch im gesamten Körper herum. Auf ihrer Reise durch den
Körper stärkt Topinambur den jeweiligen Bereich so lange, bis
wieder genügend Eigenwärme und Kraft vorhanden ist. Der Kraftzuwachs im unteren Rücken erzeugt dann in der Folge auch eine
generelle Stärkung der Wirbelsäule.

So ist Topinambur nützlich auch bei Wirbelsäulenbeschwerden, bei
Ischias, aber auch bei Kopfschmerzen, denn er zieht Stauungs-
energien aus dem Kopf- und Halsbereich ab. Sexualität im Sinne
von Triebhaftigkeit oder einseitigem Lustgewinn wird aber nicht
angeregt. Das muß man sehr gut unterscheiden. Es wird in keinster
Weise das Erotische, das Lustvolle angeregt, sondern die *Güte* in
allem wird gestärkt. Topinambur ist eine über alles erhabene
Güte. Hier sind in einer Vollendung Spirituelles und Irdisch-
Materielles miteinander vereint, so daß man es kaum in zwei
verschiedenen Worten nennen kann: Es ist eins. Ja. Man kann es
Liebe nennen.

★ Topinambur ist somit eine Heilfrucht bei Schmerzen aller Art, bei Unterleibsbeschwerden wie z. B. Eierstockproblemen, auch bei Nierenthemen, bei Problemen im gesamten Bauchraum. Topinambur wirkt heilsam bei allen Arten von Verletzungen geistiger, seelischer und materieller Art. Er wirkt verwandelnd. Er bringt wieder zusammen, was getrennt war. Topinambur schenkt einfach das Leben selbst. Er ist gesegnet.

Anwendung

Topinambur sollte man, wenn man die Idee wirklich voll ausschöpfen will, in Dreier-Rhythmen zu sich nehmen – etwa drei Tage lang – oder dreimal täglich – oder drei Wochen lang – oder nach deiner Intuition. Man sollte eine solche Zeit dann aber möglichst auch so gestalten, daß sie dem jeweiligen Thema gerecht werden kann.

So sollte Topinambur nicht nur in den Alltag integriert werden, obwohl das natürlich auch möglich ist. Doch es ist beinahe zu schade: Die Schöpfungsidee, die dem Topinambur innewohnt, ist so edel, daß sie das Dunkle oder das Abgründige oder das Unedle oder das Böse gar nicht kennt. Es existiert gar nicht für ihn. Nicht, daß er es ausgeklinkt hat, sondern er hat es erlöst. Er hat es integriert. Er hat es mit ihren goldenen Strahlen heilgemacht. Er ist die vollendete Idee der Trinität, der Schöpfungseinheit von Vater, Mutter, Kind in einem.

Man kocht die Knollen frisch und bereitet sie
– stets mit frischer Butter,
– auch einmal mit Meerrettich zu.
– Ein Schluck weißer Wein kann hinzukommen,
– etwas Pfeffer, so wenig Salz wie möglich
– und viel frische Petersilie.
– Auch sollte Topinambur stets so heiß wie möglich gegessen werden.

Topinambur können zur Heilanwendung optimal als alleinige Nahrung gegessen werden. Wenn man ihre Kraft und Idee reinhalten will, sollte man es dabei belassen. Wenn man sich dann drei

Tage mit dieser Idee verbunden hat, dann kann man sich überlegen, wann man wieder einmal solche drei Tage macht, ganz nach eigenem Empfinden und auch Anliegen.

Und so spricht der Topinambur hierzu:
»Iß mich am Morgen, dann bin ich am heilsamsten. Menschen mit schweren Erkrankungen und Schmerzen können mich gerne zwei- bis dreimal am Tage als alleinige Speise essen.«

Was gut dazu paßt

»Es paßt gut zu mir natürlich
- mein Bruder Feldsalat,
- Orangen,
- Aprikosen,
- Karotten und
- Reis,
- Kartoffelpüree,
- Selleriepüree aus der Sellerieknolle,
- Staudensellerie,
- Butter,
- Meerrettich,
- Senfmehl,
- Petersilie und auch
- Schnittlauchröllchen.«

Gemüse von Topinambur

So wird's gemacht:

Topinambur kann vor oder nach dem Kochen geschält werden. Werden die Knollen vorher geschält, legt man sie kurz in Wasser mit etwas Zitrone, damit sie sich nicht verfärben. Werden sie nach dem Kochprozeß geschält, läßt sich die Haut mit einem scharfen Messer abziehen. Ein Schälen vor dem Kochen ist aber empfehlenswerter, denn Topinambur bekommt dann einen feineren Geschmack und eine leichtere feinere Schwingung. Am feinsten sind sie zu einem Püree verarbeitet, das viel Butter, Sahne und Petersilie enthält.

750 g Topinambur schälen, kurz in Zitronenwasser legen und kleinschneiden.
In einen flachen Topf
1/2 Tasse Wasser,
1 Eßl. Butter,
etwas Atlantik-Meersalz
und eine Prise Zucker geben.
Etwas Senfmehl darüberstreuen.
Bei geschlossenem Deckel in etwa 20 Minuten weich und zart dünsten.
Mit dem Mixer oder dem Mixstab zu Mus mixen, weitere Butter in dem Mus zerschmelzen lassen und
2 Eßl. feingehackte Petersilie unterziehen.
Mit Petersilie bestreut, auf gerösteten, gebutterten Weißbrötchen anrichten.

Topinambur-Mus ergänzt sich auch sehr gut mit Sellerie-Mus, das genauso zubereitet wird, aber auch mit Staudensellerie. Deshalb könntest du etwa einen Salat aus Rapunzeln, Orangen und Staudensellerie dazu servieren.

Und noch zuletzt

Diese heilsame Sonne wünscht sich, im Menschen dort bevorzugt zu strahlen, wo am meisten von dieser Energie benötigt wird. So füllt er den Menschen dort überall auf, wo er seine Schwachstellen hat. Das bewirkt Topinambur unglaublich gründlich, mit Vollkommenheit, in Liebe und mit dem vollen Ja zum Leben.

Die Zucchini

Cucurbita pepo
var. *giromontiina*
Cucurbitaceae – Familie der Kürbisgewächse

Wissenswertes

Zucchini sind in der italienischen Küche und der gesamten Mittelmeerküche sehr beliebt. Von dort kommen auch die besten Rezepte.
Zucchini sind nicht ganz so wärmebedürftig wie Kürbispflanzen,
benötigen aber doch einen sonnigen und windgeschützten Standort. Sie haben einen hohen Wasserbedarf und brauchen einen nährstoffreichen Boden. Am feinsten sind sie jung geerntet – wenn sie
nicht länger als 10 bis 15 cm sind und wenn sie nur höchstens fünf
Minuten gebraten wurden, so daß sie noch Biß haben. Deutsche
Hausfrauen neigen dazu, die Zucchinis viel zu lange zu schmoren,
so daß diese jegliche Idendität verlieren. Schade um die wunderbaren Heilkräfte der Zucchini! Auch die Blüten der Zucchini werden
im Mittelmeerraum als Speise zubereitet, indem sie in Ausbackteig
frittiert werden.

Schöpferische Idee, Bestimmung und
Heilkraft zur Erprobung

Die Idee der Zucchini ist Druckentlastung und Heiterkeit. Um die
optimale Heilkraft der Zucchini zu nutzen, sollen ausschließlich die
noch kleinen, jungen Früchte verwendet werden. Diese haben nämlich ein immenses wasserspeicherndes, aufsaugendes Potential und
eine damit verbundene starke Trieb- oder Schubkraft, die dann
entsprechend im menschlichen Organismus noch weiter in diesem
wasseraufsaugenden Sinne zu wirken bestrebt ist. Je weiter der
Reifungszustand einer Zucchini vorangeschritten ist, desto geringer
ist die Entlastung von Druck und die das Wasser ansaugende Kraft
im menschlichen Organismus. Bei einer dieser vollausgereiften rie-

sigen, kiloschweren Zucchini-Exemplare steht kein Druckausgleichspotential mehr zur Verfügung, und du kannst also keine Heilwirkung mehr, sondern nur noch eine Nährwirkung von der Zucchini erwarten.

Auch die geistseelische Wirkung der Zucchini ist die einer Entlastung von Druck. Ein druckentlastetes Gemüt kann dann eine ganz natürliche Art von Heiterkeit entfalten. Zucchini gehören deshalb mit zu den *Boten des Neuen Morgens* (siehe auch das gleichnamige Buch!), weil sie die Dimension der Beschwerlichkeit der alten Zeit verringern sowie abbauen und somit die Voraussetzungen schaffen, daß dein Geist und deine Seele ihre gemeinsamen Flügel entfalten können.

- Die Zucchini entlasten den gesamten Thorax (Brust-Herz-Lungenraum), die Schilddrüse und den Kopf von Druck und Wasseransammlungen.
- Bei Lungenerkrankungen oder auch
- bei Herzerkrankungen, die mit einem Engegefühl der Brust und Ödemen einhergehen, ist die Zucchini sehr nützlich, desgleichen auch bei
- Wasseransammlungen im Gehirn.
- Auch der gesamte Bauchraum und die Beine bis hinab zu den Füßen werden von Druck entlastet und entstaut.
- Alle Hohlorgane und Körperhöhlungen werden entspannt.

Hinweise, Besonderheit

Willst du die Heilwirkung der Zucchini nutzen, solltest du zu deinem Heilgemüse auf keinen Fall kalte Getränke zu dir nehmen, am besten jedoch gar nichts trinken und auch nichts Flüssiges wie Suppen oder Kompott dazu essen.

Die Heilwirkung der Zucchini tritt heiß am schnellsten ein.

Anwendung

Du kannst hier deiner Intution und deiner Kochkunst freien Lauf lassen und dir die verschiedensten Zucchinigerichte einfallen lassen. Du kannst Zucchini in Butter oder Olivenöl braten, sie dünsten oder schmoren, sie würzen nach Lust und Laune – denn sie haben einen sehr neutralen Eigengeschmack, der die Ergänzung duftender Kräuter liebt –, oder sie im Ofen überbacken. Doch denke daran, sie nicht zu undefinierbarem gesichtslosem Matsch zu kochen, denn das ist nicht nur ein Graus jeder feinen Küche, sondern auch eine Unterwanderung der hohen Zucchiniheilkräfte!

Am besten verwendest du eine genügend große Pfanne und brätst deine Zucchini in Würfeln, Diagonalscheiben, attraktiv diagonal geschnittenen Stiftchen oder auch einmal in längsgeschnittenen Scheiben an. Wenn du nicht zu viele Zucchini auf einmal in deine Pfanne gibst und sie erst kurz vor dem Servieren salzst, ziehen sie kein Wasser.

Du kannst aber auch deine Zucchini hobeln, roh als Salat anrichten und ein Essig-Sahne-Senfdressing dazu reichen. Auch hier wird sich die Wirkung entfalten, aber dann eben etwas langsamer. Frisch gemahlene Senfkörner passen in beiden Fällen hervorragend.

Was gut dazu paßt

- Trockene, möglichst mehlige Salzkartoffeln, die überhaupt zu Zucchini die allerbeste und passendste Zuspeise sind.
- Frisches geröstetes Weißbrot.
- Pizzateig oder weiße Nudeln.
- Alle feurigen Gewürze, wie Peperoni, Senf, Pfeffer, aber auch
- Majoran, Thymian, Rosmarin, Basilikum, Petersilie,
- Zitrone, alle Zitrusfrüchte
- und alle Früchte generell.

Zucchini haben sehr wenig Eigengeschmack. Sie nehmen den Geschmack anderer Gemüse, Früchte und Gewürze optimal auf. Deinem Erfindergeist bezüglich interessanter Rezepte ist somit hier ein breiter Raum gegeben.

Zucchini-Gemüsepfanne

Für dieses Gericht eignet sich ein Wok oder eine
große Pfanne am besten.
So wird's gemacht:
1 große Zwiebel schneiden und in
2 Eßl. Butter oder Basilikum-Butterschmalz gelb braten.
1 roten Paprika in feine Streifen schneiden und ebenfalls anbraten.
1/2 Sellerieknolle vierteln, schälen, in feine Streifchen schneiden, in den
Gemüsebrattopf geben und auch etwas bräunen lassen.
2 Knoblauchzehen fein hacken und höchstens 1 Minute mitbraten lassen.
Nun 1/2 Tasse Wasser, Salz und Pfeffer zugeben, den Deckel schließen
und etwa 8 Minuten schmoren lassen. Die Gemüse sollen noch bißfest
sein!
4–5 junge Zucchini mit dem Gurkenhobel oder dem Kartoffelschäler in
Längsrichtung in feine Streifchen hobeln, so daß sie fast aussehen wie
breite Nudeln. Mit
2 Karotten genauso verfahren.
Als letztes nun die gehobelten Zucchinistreifen und die Karotten in den
Wok geben, Deckel auflegen, mit viel frischem Pfeffer und Atlantik-
Meersalz würzen und nicht länger als höchstens zwei Minuten schmoren
lassen.
1 Eßl. gehackte Petersilie unterziehen und servieren.

Paßt gut zu Kartoffelpüree oder auch Tagliatelle, wozu man dann noch
frisch geriebenen Parmesan reicht. Auch geröstetes Brot, mit Knoblauch
eingerieben oder mit Käse überbacken, paßt wunderbar dazu.

Fritierte Zucchiniblüten

Die Zucchinipflanze hat zweierlei Blüten:
Die weiblichen Blüten, aus der sich die Früchte entwickeln, und die
männlichen Blüten, die auf einem Stengel wachsen und keine Frucht
hervorbringen. Verwendbar sind beide Arten zum Fritieren, wenngleich du
vielleicht eher die männlichen Blüten zum Fritieren bevorzugst, damit das
Fruchtwachstum deiner Pflanze nicht behindert wird.

So wird's gemacht:
Schneide dir also vorsichtig mit einem Messer 24 noch geschlossene Blüten
ab. Nun weichst du
2 Eßl. selbstgemahlene Semmelbrösel in etwas Milch ein und mischst sie
mit
2 Eßl. feingehackter Petersilie und
1 Dose zerdrückten Ölsardinen,
1/2 Teel. frischgemahlenen Senfkörnern,
etwas Meersalz und Pfeffer.
Die Blüten werden mit dieser Mischung gefüllt.

Nun bereitest du dir den Fritierteig.
So wird's gemacht:
3 Eßl. Mehl,
1 Eigelb,
1 Eßl. Olivenöl,
etwas Salz und Pfeffer gründlich miteinander verrühren und nach und
nach etwa
1/8 l Mineralwasser zugeben, bis der Teig die Konsistenz von dicker
Sahne erreicht hat. Nun wird
1 Eiweiß mit einigen Körnchen Salz steifgeschlagen und unter den Teig
gezogen.

Inzwischen erhitzt du in einer Friteuse gutes Fritieröl auf 180 Grad. Du erkennst, daß die richtige Temperatur erreicht ist, wenn ein Tropfen deines Teiges im Öl sogleich an die Oberfläche steigt und sich dabei Bläschen bilden. Das Öl darf aber nicht rauchen. Nun tauchst du deine Zucchiniblüten in den Ausbackteig, backst sie goldbraun und läßt sie auf Küchenkrepp abtropfen. Sie werden mit etwas Meersalz und Pfeffer überstreut und sofort auf heißen Tellern mit mehreren Zitronenscheiben serviert.

Dazu reichst du Pizzabrot oder hauchdünne geröstete Weißbrotscheiben und einen roten Landwein oder trockenen Roséwein.

Nach diesem eher aufwendigen Rezept noch ein Schnellrezept:

Zucchini-Pfanne mit Schafskäse

So wird's gemacht:
3 junge Zucchini in etwa 2 cm dicke Würfel schneiden und in
2 Eßl. Basilikum-Butterschmalz braun anbraten.
$1/3$ gehackte Peperoni zugeben und etwa 3 bis höchstens 5 Minuten schmoren lassen.
Nun erst salzen, etwas helle Streuwürze, Pfeffer und
$1/2$ Teel. frischgemahlene Senfkörner zugeben.
200 g Schafskäse würfeln und mit
2 Eßl. gehackter Petersilie über die Zucchinis streuen, den Pfannendeckel schließen und den Käse kurz anschmelzen lassen. Mit frischen Kräutern deiner Wahl und der Jahreszeit überstreut, auf heißen Tellern servieren.
Dazu paßt Röstbrot oder eine Ofenkartoffel mit Sauerrahm.

Gestern dachte ich, die Zucchini abgeschlossen zu haben. Heute morgen bin ich damit aufgewacht, das folgende über die Blüten der Zucchini schreiben zu müssen:

DIE ZUCCHINIBLÜTEN

a) Männliche Blüte

Die Idee der GÖTTIN in den männlichen Zucchiniblüten ist: Das Andere, das Alternierende.

Die männlichen Blüten hassen den Geiz und alles Eingesperrtsein, die Enge und auch das Maßlose. Sie lieben das Muster der Befreiung aus beengenden und einschränkenden Verhältnissen und das Maßvolle. Sie verkehren zwischen diesen beiden Themenbereichen, um das eine zu beenden und das andere zu betreiben und unter ihre Fürsorge zu nehmen.

★ Sie wünschen sich, die Sorgen und das Unmaßvolle zu heilen. Deshalb sind sie heilsam bei der Krebskrankheit.

b) Weibliche Blüte

Die weiblichen Blüten sollen mit ihren noch sehr kleinen Fruchtständen geerntet werden. Sie tragen das Heilgesicht der Göttin im Sinne von einer Sehnsucht nach Vollkommenheit und einem Ahnen von Wahrheit, Güte und Schönheit.

★ Sie sind Kommunikatoren und vereint im gemeinsamen Wunsch mit den männlichen Blüten, die Geißel der Krebskrankheit zu heilen.

Die weibliche Blüte ist stets mit ihrer sich bildenden Frucht verbunden, die männliche Blüte steht für sich. Männliche und weibliche Blüten sollen, sofern sie zu Heilzwecken verwendet werden, jeweils gesondert in rhythmischem Wechsel gegeben werden. Sie geben dem Körper sein individuelles Vorbild von Vollkommenheit wieder zurück. Sie schenken ihm seine individuelle Wahrheit, seine universelle Schönheit, seine Güte und sein ihm eingeborenes Maß wieder. Sie helfen dir, deine Geburt auf Erden zu deinem eigenen eingeborenen Maß und deinem höchsten individuellen Vorbild wieder zu gestalten.

Die Zucchiniblüten beschäftigen sich überhaupt nicht mit deinem Fall in die Tiefe, mit deinem Schmerz, deinem Eingesperrtsein und deiner Not, sondern beginnen sofort in außerordentlicher Betriebsamkeit, aber auch mit ausgefeilter Raffinesse, dich aus deinen diversen Gefängnissen zu befreien. Und dies tun sie auf allen Ebenen, auf denen du dich überhaupt selbst als Mensch erlebst. Die Zucchini erzählen dir auch davon, daß es im Zeichen der Neuen Zeit nicht mehr vorrangig um eine Analyse oder eine spiegelbildliche Betrachtung deiner diversen psychologischen Muster geht, sondern um eine unmittelbar tätige Wirk- und Umsetzungskraft. Die Bewußtseins-Dimension des neuen Zeitalters ist es deshalb – neben vielem anderen –, Rückführungen oder andere psychologisch analytische Verfahren nicht mehr vorrangig zu energetisieren.

Therapeutische Anwendung der Zucchiniblüten

Trockne die Blüten an einem luftigen Ort in der Sonne, im Schatten oder im Halbschatten, aber keinesfalls in Backofen, Trockengerät oder künstlicher Wärme, sonst ist die Heilwirkung dahin.

Ist der Trockenprozeß vollständig abgeschlossen, kannst du die Blüten im Mörser pulverisieren und sie am allerbesten in Stein-, Marmor-, Keramik- oder dunkelfarbigen Glasgefäßen aufbewahren. Die Aufbewahrung muß getrennt für männliche und weibliche Blüten geschehen.

Die Zucchinipflanze braucht, um ihre Heilkräfte zu entfalten, die reine Natur. Sie braucht am Tage die Sonne und in der Nacht das Licht des Mondes und der Sterne. Sie braucht das Rascheln der Blätter im Wind und den Atem und Duft der gesamten Natur um sich herum. Sie atmet mit dem Herzen Güte, Schönheit und Würde. Willst du also Zucchini zu ihren hohen Heilzwecken anbauen, so achte auf alle diese Dinge, und berühre auch du sie mit reinem Herzen.

Das alternierende Heilprinzip

Männliche und weibliche Blüten werden im alternierenden Prinzip, somit im rhythmischen Wechsel gegeben. Die Zeitintervalle bei dieser rhythmischen Anwendung bestimmst du selbst entsprechend deiner eigenen Intuition und der Dringlichkeit deines Heilbestre-

bens. Die Zeitintervalle sollen aber zwei Stunden nicht unter-
schreiten.
Optimale Zeitintervalle könnten etwa sein:
– Zwei-Stunden-Rhythmus,
– Drei-Stunden-Rhythmus,
– Vier- oder Sechs-Stunden-Rhythmus.
– Gut ist auch ein Zwölf- oder ein 24-Stunden-Rhythmus. Du
  kannst sogar einen
– Zwei- oder
– Drei-Tage-Rhythmus wählen.
Wichtig ist aber in jedem Falle die Genauigkeit der Einhaltung der
rhythmischen Zeitsequenzen, die du dir wählst. Du wirst nicht
umhinkommen, dir dafür Erinnerungsstützen zu bauen, also dir
präzise Eintragungen in einen Kalender zu machen und mit einem
Zeitwecker zu arbeiten.

Dosierung

Die Dosierung ist jeweils die einer Blüte. Deshalb ist es erforderlich,
daß du dir eine getrocknete Blüte wiegst, um dann in etwa dieses
Gewicht zu verwenden. Die pulverisierte Zucchiniblüte kannst du
dir mit heißen Wasser oder auch hellem Zitronentee aufbrühen.

In der Zeit jedoch, in der es frische Blüten gibt, kannst du den
Heilprozeß sogar auch durch kulinarische Leckereien auflockern.
Du kannst die frischen Blüten z. B.
– braten,
– dünsten,
– in Pfannkuchenteig ausbacken oder dir
– Tee daraus kochen.
Du kannst dabei auch mehrere Blüten essen. Wichtig ist aber auch
hier, sofern du eine Heilabsicht damit verbindest, die Einhaltung
des alternierenden Prinzips bezüglich der Zeit und der Sonderung in
männliche und weibliche Blüten.

Die Zwiebel

Allium cepa
Liliaceae – Familie der Liliengewächse

Wissenswertes

Die Heimat der Zwiebeln wird in Asien vermutet. Ägyptische Grabkammern und Pyramidentexte erzählen uns von ihnen. Die Kinder Israel sehnten sich nach ihnen, als sie durch die Wüste wanderten. Auch Homer erzählt von ihnen. Im Römischen Reich wurden sie so viel gegessen, daß es nicht nur eigene Gärten, sondern sogar eigene Gärtner – *ceparii*, Zwiebelgärtner – für sie gab. Im gesamten Mittelmeergebiet ist eine Küche ohne Zwiebeln und Knoblauch undenkbar.

Die Zwiebel hat sowohl in der Volksheilkunde als auch in der neueren Medizin eine stattliche Liste an Heilindikationen vorzuweisen. So wird sie als blutreinigend, entgiftend, harntreibend, verdauungsfördernd, schleimlösend, wurmtreibend, windtreibend, krampflösend, durchblutungsanregend und hautreizend angegeben. Auch beseitigt sie Fäulnis- und Gärungsprozesse. Eine Zwiebeldiät, bestehend aus einer halben mittelgroßen rohen und scharfen Zwiebel, verringerte nach einer amerikanischen Studie drastisch das Risiko für Herzpatienten und veränderte eine Reihe von Blutwerten ebenso drastisch in Richtung Verbesserung von Gesundheit. Und schließlich, Zwiebelsaft, mit Honig vermischt, ist ein altes Hausmittel gegen Halsentzündung. Weitere Informationen findest du bei Wolfgang May und Jean Carper (siehe Literaturverzeichnis).

Schöpferische Idee und Bestimmung

Die Zwiebel repräsentiert eine sehr machtvolle Energie, die zerteilen, ausscheiden und umwandeln hilft. Ihr ätherischer und zu Tränen reizender Geist gehört jedoch der alten Zeit an.

Die Heilkraft zur Erprobung

- Die Zwiebel hat eine zerteilende Wirkung. Hierfür ist sie auch in der Volksmedizin wohlbekannt.
- Roh gegessen vertreibt die Zwiebel, ähnlich wie Knoblauch, Dunkelgeister und herabziehende, niedere Elemente aus dem Körper.
- Die entgiftende Eigenschaft der Zwiebel erstreckt sich auch auf das Blut; aber auch hier gilt, wie beim Knoblauch, daß keine Förderung spiritueller oder seelischer Elemente gefunden werden kann.
- Zwiebel paßt deshalb zu allen niederziehenden, von sich aus magnetischen Speisen, die durch sie aufgeschlossen und umgewandelt werden, sowie zu allen Fleischspeisen.
- Rohe Zwiebeln regen die Ausscheidung und die Harnflut an.
- Sie brechen Bakterienhüllen auf und sind nützlich für schwer verträgliche Speisen.
- Sie lindern Hitzeansammlungen und wirken insgesamt auflösend und zerteilend im Stoffwechsel.
- Die rohe Zwiebel treibt ungute Bestandteile im Organismus zusammen und scheidet sie über den Stoffwechsel, über die Nieren und über die Haut aus. Sie ist so etwas wie ein Besen im Organismus. Dabei ist zwar nichts Spirituelles festzustellen, aber das Feinstoffliche kommt erst nach dem Grobstofflichen, und dieses Austreiben ist wie den untersten Keller ausfegen. Das ist natürlich sehr nützlich und sinnvoll, zudem für mancherlei Kost, besonders für solche dichter oder verschlackender Natur, sehr dienlich. Denn die Zwiebel ist wirklich ein massives Kehr-Prinzip, ein Umkehr-Prinzip für alle möglichen Übelkeiten im Organismus. Dadurch, daß sie so intensiv und massiv mit ihrem Zwiebelgeist wirkt, verdeckt sie aber auch das Höhere, Reine und Klare, eben das Lichtvolle. Und sie zieht durch diese massive Wirksamkeit auch die Aufmerksamkeit auf diese Kellerreinigung – die Seele ist dann damit eingebunden und kann sich nicht recht befreien.

Anwendung

- Wer also wünscht, rohe Zwiebeln zu essen, der kann das durchaus tun und mit entsprechenden Heilerfolgen rechnen. Das ist dann eben eine reine Gesundheitsdiät und eine Reinigungskur, die jedoch nicht für die spirituelle Entfaltung geeignet ist. Eine rohe Zwiebelkur kann etwa als Starter für eine längere Stoffwechselkur begonnen werden. Diese sollte dann aber auch wieder beendet und die nächsthöhere Stufe – *Lichtreinigung*, diesmal ohne Zwiebel – eingeleitet werden.
- Gedünstete und gebratene Zwiebeln sind nützlich für Menschen, die zu Steinbildungen neigen, auch unterstützend bei Gicht und Gichtbeschwerden. Hierfür kann man eine Packung mit heißen, gedünsteten Zwiebeln auf Gelenke oder geschwollene gichtige Anschwellungen legen und diese mit Umschlägen heiß halten. Das ist eine sehr nützliche Anwendung.
- Heiße Zwiebelauflagen zerteilen generell Geschwülste und ziehen schädliche Stoffe aus dem Körper heraus.
- Zwiebeln, heiß gegessen als Mus oder als Zwiebelsuppe, reinigen den Darm und treiben Darmgase aus und damit üble Dinge, die vorher schon im Körper waren. Aber die Zwiebel insgesamt hat ganz eindeutig etwas mit der alten Tiernatur des Menschen zu tun und nicht mit der Geistnatur. Zwiebeln wie auch Knoblauch waren denn auch in früheren Zeiten für Einweihungs-Schüler verboten. Heute suchst du dir selber aus, wann, wie, wo und warum du einmal Zwiebeln ißt und ein andermal vielleicht eher nicht!

Was gut dazu paßt

Ohne Zwiebeln, so sagt jede kluge Hausfrau, läßt sich nicht kochen. In der Tat – Fleisch, Fisch, Saucen und vieles andere sind ohne Zwiebeln arm dran. Nutzen wir die Zwiebel also für solcherart Speisen, wie bisher – und seien wir ihr dankbar dafür.

DIE SCHALOTTE

Allium ascalonicum
Liliaceae – Familie der Liliengewächse

Wissenswertes

Die Schalotte heißt auch Eschlauch oder Aschlauch, was sich von der Stadt Askalon in Palästina ableiten soll. Die Kreuzfahrer haben diese Pflanze nach Mitteleuropa gebracht.

Schöpferische Idee, Bestimmung und Heilkraft zur Erprobung

Die Frühlingsschalotten, und besonders das Grüne davon, machen munter. Frühlingsschalotten bauen auf und durchbluten und haben eine schnelle, jedoch nur kurzfristige Wirkung. Wenn man allerdings zuviel von diesen kleinen »Besengeisterchen« nimmt, wird ein Rückstau und eine Einengung des Gehirns erzeugt. Die aufbauende und durchblutende Kraft ist auf keinen Fall mit der durchlichtenden Kraft etwa von Früchten oder Heilgemüsen zu vergleichen.

Was gut dazu paßt

Wozu alles Schalotten wie Zwiebeln gut passen, ist wohl kaum aufzuzählen. Besonders wirkkräftig werden sie im Verein mit frischen Kräutern, deren jeweilige Stoffwechsel-anregende und heilende Energien sie erheblich verstärken können.

Schalotten sollen wie Zwiebeln, dann aber zusammen mit den Kräutern auf einem großen Schneidebrett – am elegantesten und schönsten mit einem echten chinesischen Kochmesser –, gehackt werden und bei diesem innigen gemeinsamen Aufbereiten schon eine alchymische Verbindung der gemeinsamen Ätherkörper eingehen. Dies gilt genauso auch für Knoblauch. Wenn du dieses Verfahren noch nicht kennst, probiere es aus, du wirst es danach nie mehr anders machen wollen!

Rezept

Tagliatelle Aglio e Olio

Das sind breite Nudeln mit Knoblauch, Olivenöl und Petersilie. Diese Nudelspeise ist in Südtirol und Italien auf jeder Speisekarte zu finden. Und falls es einmal doch nicht zu finden sein sollte, bereitet es dir die Mamma der Trattoria oder der Chef de cuisine des Restaurants auf deinen Wunsch immer zu! Wir geben noch Frühlingsschalotten und Peperonis dazu und genießen dieses Traumgericht, das so schnell zubereitet ist und uns so fröhlich stimmt!

So wird's gemacht:
Tagliatelle oder Spaghettini, das sind dünne Spaghettis, in reichlich Salzwasser al dente kochen. Als Hauptgericht rechnest du etwa 125–150 g Nudeln pro Person, als Vorspeise nimmst du etwa die Hälfte. Auf deinem sehr großen Schneidebrett hackst du nun mit deinem chinesischen Hackmesser zunächst
1 junge Frühlingsschalotte,
und zwar sowohl die Zwiebel wie auch das Grüne mittelfein. Dann hackst du
Knoblauchzehen, deren Menge du selbst bestimmst, je nach deiner Vorliebe und deinen Vorhaben. »Knobi-essen« ist manchmal eher eine Angelegenheit des Wochenendes. Ich schlage hier einmal lediglich
4 Knoblauchzehen vor (eigentlich gehören 6–8 zu diesem Rezept!). Nun hackst du
1 ganzes Bund breitblättrige Petersilie zunächst auch nur mittelfein. Wiederum, je nach gewünschtem »Feuer«, hackst du nun
$1/4 – 1/2$ frische scharfe Peperoni oder 2 rote Chilischoten zunächst nur grob (getrocknete Peperonis tun es auch).

Jetzt schiebst du alle diese Zutaten zusammen und beginnst deinen alchymischen Prozeß des gemeinsamen Zerkleinerns. Wenn du einmal alle Zutaten durchgehackt hast, schiebst du sie mit deinem Messer erneut zusammen und beginnst von neuem. Diese Vereinigung der Ätherkörper machst du so lange, bis eine homogene Masse entstanden ist, die dich auch noch so herrlich rot-weiß-grün-leuchtend anstrahlt. Magst du den herrlichen Duft gleich mit einatmen?

Nun nimmst du eine sehr große Pfanne, erhitzt eine nicht zu sparsame Menge deines besten Olivenöls (etwa $1/8$ Liter) darin, gibst deine alchymische Masse hinein und läßt sie höchstens 30 Sekunden braten, schüttest die eben abgetropften Nudeln mit hinein, würzt kräftig mit Atlantik-Meersalz und frischgemahlenem Pfeffer und servierst auf vorgewärmten Tellern. Wenn du magst, kannst du noch mit gebratenen Semmelbröseln und Petersilie überstreuen. Zu diesem Gericht wird kein Parmesan gereicht.

Serviere einen gemischten Salat dazu, den sich jeder mit Olivenöl, italienischem Rotweinessig, Salz und Pfeffer selbst bei Tisch anmacht, ganz italienisch! Vielleicht bringst du dir von einem südlichen Urlaub einmal ein originelles und so praktisches Ölkännchen und ein Essigkännchen mit? Dazu servierst du natürlich einen italienischen roten Landwein, als Nachspeise eine »Macedonia« mit Vanilleeis, das ist ein gemischter Fruchtsalat mit den Früchten der Saison, die von einer Kugel Vanilleeis gekrönt werden. Und ein feurig heißer, süßer Espresso, in dem der Löffel stehen bleibt, rundet deinen italienischen Abend ab.

Es muß durchaus nicht immer und ständig nur alles »bio« und »öko« und manchmal langweilig gesund sein! Gelebte Freude macht dich attraktiv, lebenssprühend, humorvoll und vital!

Die Fische

Die Fische sind uns voraus

Das Weltenzeitalter der Fische

Mutter Erde macht sich bereit, ein neues Äon der Menschheits-
evolution zu gestalten, ein Zeitalter des Geistes und der Vereinigung
zwischen Himmel und Erde. Zu diesem Zweck werden umfangreiche Vorbereitungen getroffen. Altes muß gehen, damit Neues gestaltet werden kann. So zieht Mutter Erde, symbolisch gesehen, für
diesen Neuaufbruch zuerst einmal ihre alten Schuhe und die dazugehörigen Strümpfe aus: Das Ablegen von Schuhen und Strümpfen
steht hier für ursächliche Häutungen, für das Ablegen des zweitausendjährigen Zeitalters christlicher Religionssuche – die Schuhe –
und zugleich auch für das Abstreifen des nachatlantischen Zeitalters, das elftausend Jahre Vorherrschaft vorwiegend männlicher
Prinzipien bedeutete – was wir hier einmal als »die Strümpfe«
benennen wollen.

Mehrere Zeitalter und Zyklen gehen jetzt zugleich ihrem Ende
entgegen. Doch wollen wir uns hier zunächst nur ein wenig mit dem
Zyklus des Fischezeitalters beschäftigen. Das Weltenzeitalter der
Fische läuft mit Riesenschritten seinem Ende zu. Die geistige Umhüllung, welche diesem Zeitalter entspricht, zeigt bereits unendlich
viele mikrofeine Risse, aber auch sich auftrennende Nähte und
Löcher in Raum und Zeit. Kurz und gut, von den Schuhen, die
diesem Zeitalter entsprachen, ist bereits jetzt nicht mehr allzuviel
übrig. Das Zeitalter der Fische ist in sich selbst morsch geworden.
An die überalterten Prinzipien brauchen wir bloß zu tippen, und sie
zerfallen zu Asche und Staub.

Auch die »Strümpfe«, die wir hier einmal für eine elftausendjäh-
rige, vorwiegend patriarchal orientierte Vorherrschaft nehmen
wollen, haben mittlerweile auflaufende Maschen und das zugehö-
rige Prinzip insgesamt ein riesiges Leck. Die Energien des neuen
plutonisch-uranischen Zeitalters können von diesen morschen Hüllen der alten Zeit immer weniger aufgehalten oder abgewendet
werden. Sie spulen sich mit zunehmend machtvollerer Power auf
den gesamten Planeten und alles Leben und Weben, in die gesamten
Naturrreiche von Mineral, Stein, Pflanze, Baum, Tier und Mensch,
vor allem aber ins *unbewußte* geistige Leben aller Natur und aller
Lebewesen ein.

Strümpfe und Schuhe sind Bekleidungsstücke der Füße. Die Füße
aber sind die Symbole der Tragkraft des Irdischen, der Bewältigung
irdischer Erfordernisse. Sie sind das Grundwerkzeug der Fortbewe-
gung hier auf Erden, irdischer ebenso wie auch geistiger Fortbewe-
gung und Veränderung. Wollen wir uns hier der uralten kosmo-
sophischen Lehre der Entsprechungen erinnern. Betrachten wir uns
die Zuordnung der Tierkreiszeichen zum menschlichen Körper, so
finden wir die Fische, somit auch die Füße, wie keinen anderen
Körperteil, dem Geistigen, dem Mystischen zugeordnet, jedoch
zugleich ihre so notwendige irdische Grundfunktion, dem Menschen die Bewältigung und Weiterbewegung auf diesem Planeten
überhaupt zu ermöglichen. Das Zeichen der Fische am gestirnten
Himmel droben wird von zwei Fischen dargestellt, die durch ein
heilendes Band miteinander verbunden sind und in verschiedene
Richtungen schwimmen. So zeigen sie bereits als Sternbild auf, was
ihre Aufgabe ist: nämlich die Menschenschöpfung, die in eine ver-
standesbetont-egobewußte Äußerlichkeit, in ein nach außen »ge-
stülptes« Universum herausgefallen ist, mit der inwendigen imma-
nenten Heilsschöpfung zu verbinden.

So repräsentieren Sternbild wie Symbol der Fische nicht nur die
Füße des Menschen. Es galt auch als das geheime Zeichen der
Urchristen, mit dem diese sich wohl untereinander zu erkennen
gaben. Dieses Zeichen konnte unauffällig mit dem Fuß in die Erde
gezeichnet werden und gleich darauf auch wieder mit Erde ver-
wischt werden. Nicht umsonst werden auch in den Schriften des

Neuen Testaments Jesus als »geistiger Fischer« und seine Jünger als irdische Fischer dargestellt. Nicht umsonst auch wird der Gralskönig in der Gralserzählung »der Fischerkönig« genannt.

Das Zeichen der Fische repräsentiert somit den Beginn, die Ära und das Ende des zweitausendjährigen Zeitalters des christlichen Kreuzes, einer von Menschen gemachten Ideologie, welche sich die Bekehrung der ganzen Welt auf die Fahne geschrieben hatte. *Kat' holaen taen gaen* ist griechisch und heißt *über die ganze Erde*: Ebendies ist der missionarische Beweggrund der kat-hol-ischen Religion, nämlich die frohe Botschaft über die ganze Erde hinweg zu verbreiten und dabei die liebende leuchtende, die inwendige Lichtweisheit des Christus-Kindleins in die Welt hinaus zu »verkehren«.

Es hat wohl zu keinem Zeitalter jemals eine größere Diskrepanz zwischen geistiger Idee und irdischer Realität gegeben, als es im Zeichen und Zeitalter der Fische geschehen ist: Das Christentum sollte eigentlich die Liebesbotschaft, das Licht und das Heil überbringen, doch in Wahrheit brachte es, wohin es auch kam, Unterdrückung, Ungeist, Fanatismus, Blut, Folter und Tod. Inferno und brutalste Vernichtung in größtem Ausmaß an Millionen von Menschen, besonders an Frauen und Kindern, waren die Wirklichkeit, die von diesem messianisch missionierenden Zeichen in die ganze Welt hinaus ausgingen.

Sonne und Mond, Männliches und Weibliches, Geistiges und Irdisches standen in einem gnadenlosen Vernichtungskampf um die patriarchale und klerikale Vorherrschaft. Eine Verbindung oder ein Ausgleich der Kräfte untereinander waren während dieses Zeitalters nicht möglich. Denn die Weisheit der Göttin, die Urkraft und die Mitte des Lebens überhaupt wurden ja vergewaltigt. Die Mystisches und Irdisches vereinende ganzheitliche Göttinnenkraft, welche die Verbindung zwischen den auseinandergespaltenen Polen von weiß und schwarz, Heil und Unheil, rechts und links, Mystischem und Irdischem, Offensichtlichem und Verborgenem, Männlichem und Weiblichem repräsentiert, wurde während dieser dunklen und furchtbaren Zeit der Geschichte auf diesem Planeten ausgelöscht.

Heute erst kann der Wiederausgleich geschehen. Heute erst kann die Göttin *und die weibliche Kraft* wieder siegen, nachdem die vorausgegangene Umkehrung jeglicher universeller Wahrheit, Güte und Schönheit ihren Tribut gefordert hat. Heute erst kann der dunkle Pol durch das Licht des neuen Zeitgeistes befreit werden. Heute erst können Vergewaltigung, Folter und Machtwahn beendigt werden, weil diese verfinsterte Zeit an ihrem natürlichen, von der Urschöpfung vorgegeben Ende angekommen ist. Heute erst kann das inwendige Licht auferstehen, weil es eben im Außen an seiner Grenze angekommen ist.

Freuen wir uns! Nehmen wir teil an der Erneuerung. Leben wir das neue Licht, das aus uns selber strahlt.

Wie wirst du dich der spirituellen Realität des neuwerdenden Planeten stellen? In welchen Bereichen wirst du deine Umkehr vollziehen? Wie wirst du die neue Zeit durch dich selbst real auch zum Ausdruck bringen? Wie wirst du deinen Wertewandel leben? Was ist dein schöpferischer Beitrag? Wofür und wozu bist du diesmal auf dem Planeten angetreten? Glaubst du womöglich gar noch, es ginge ohne dich?

Irdisches und Heiliges, in den Fischen aneinander gebunden

Das Zeichen der *Fische* wendet heute seinen Lauf, es wird »umgepolt«. Schauen wir einmal, was mit diesem Symbol noch alles verbunden ist: *Die Fische* repräsentieren das zwölfte Haus, diese mystische Dimension des astrologischen Tierkreises, welcher als geweihtes Band unseren Planeten umhüllt und mithilft, kosmische und irdische Zeiten und Abläufe zu ordnen.

Das Zeichen und der Raum der Fische repräsentieren das verborgene, das Mystische. Es zeigt auf, daß es neben der materiellen Sicht der Dinge und Erscheinungen etwas Transsubstanzielles, Nichtfaßbares, Unnennbares, etwas Geistiges gibt. Die Kraft dieses Zeichens ist immateriell. Ein göttliches Ur-Licht scheint in diesen mystischen Raum hinein, und Geist und Seele empfinden, erfahren, hören, sehen dieses Licht.

Allerdings gibt es in dieser nichtstofflichen Dimension nichts, woran das Transsubstantielle festgemacht werden könnte. Irdischer Menschengeist, im Sinne von menschlichem Verstand, benötigt aber ein Muster, um das höhere Geisteslicht in die Befestigung seiner eigenen Erde, seines Denkens herabzuziehen, um es begreifen zu können. So erschafft er sich eines. Das Göttliche soll im irdischen Verstand gespiegelt und eingefangen werden. Genau aber das ist nicht möglich. So ringen Geist und Gegengeist im Menschen miteinander. So ringen hier Gott und Mensch miteinander.

Wer deshalb sein subjektives Menschsein vorrangig an den Verstand binden muß, weil seine Angst vor dem Nichtirdischen, vor dem Nichtfaßbaren, dem Nichteinordenbaren, dem Nichtlogischen so groß ist, in demjenigen hat etwas Gegengeistiges gesiegt. Wer sich aber vertrauensvoll dem Nichtirdischen überlassen und aus diesem leben kann, ohne seinem Verstand die erste Stimme zu geben, in demjenigen kann göttlicher Geist die Führung übernehmen. Deshalb steht das Wassermannzeitalter, in dessen Fluten wir heute stehen, für das Loslassenkönnen vom Irdischen. Und es steht für einen höheren Verstand, der über jeder einseitigen Logik steht, für ein höheres Wissen und auch eine höhere Wissenschaft, die aus der Natur und aus dem Wesenhaften kommt. Es steht für Transsubstanz an sich, für Geistiges, dafür, den Geist fliegen und die Seele baumeln lassen zu können. Die Materie selbst hilft mit und lockert ihre Bindungen, um ihren »Kindern« diese Möglichkeit der Erneuerung und der Befreiung von Bedrückung zu ermöglichen, um Freude und Lachen auch hier auf der Erde wieder möglich zu machen, um die Lust am Leben wieder auferstehen zu lassen.

Deshalb ist dieses neue Zeitalter auch ein plutonisches Zeitalter, denn die Massebindungsgesetze sind schon dabei, ebenfalls ihren »Lauf« zu verändern. Die atomare Materie wird eben selbst transsubstanzieller, und sie wird eine neuartige Radioaktivität und ein nährendes, weil feuriges Licht aus ihren Atomkernen entsenden.

Das Zeitalter der Fische endet

Das zu Ende gehende Zeitalter der Fische, das »christliche« Zeitalter aber – das muß heute ebenfalls angeschaut werden – steht für menschliche Verirrungen grauenhaftesten Ausmaßes, für geistigen Herrschaftsanspruch, der jeden Maßes entbehrt, ja für das Dogma an sich. Besonders das christlich-katholische Dogma der Unfehlbarkeit seiner Führerperson, des Papstes, spricht hier Bände. Die gesamte Institution Kirche entblößt mit diesem Anspruch ihrer selbst, den sie auf ihr Oberhaupt übertragen hat, ihren gegengeistigen Machtanspruch.

Jedes wahre Licht, ob nun Christuslicht genannt oder wie auch immer – ich nenne es das Licht der GÖTTIN –, kann nur im Inneren geboren werden. Äußere Institutionalisierung und Religionsbindung aber ist jeglichem wirklichen Licht abhold. Das Licht, das doch Freiheit an sich ist, kann nicht gebunden werden, denn sonst wird es zerstört.

So wird das astrologische zwölfte Haus, die Dimension, in dem das Zeichen der Fische angesiedelt ist, seit alters her auch als »Eingang zur Hölle« betrachtet. Und wahrlich, Himmel und »Hölle« sind gleicherweise in ihm vertreten. So repräsentieren denn auch die Fische ein Zeitalter voller verborgener unheilvoller Dinge. So sind sie auch das geistige Prinzip von 2000 Jahren christlicher Geschichte, die angefüllt ist mit Folter, Blut, Terror, millionenfacher Vernichtung weiblichen Wissens, Mystizismus und dunkler Magie. So ist es aber auch verbunden mit der zunehmenden Ausgestaltung eines naturvergewaltigenden Wissenschaftswahns, in dessen sich selbst entblößender Endausprägung wir heute stehen. Eigene Vergangenheit aber kann nur dann entlassen werden, wenn man sich ihr gestellt hat, wenn sie angeschaut wurde in schonungsloser Offenheit.

Das Zeichen der Fische wird heute zunehmend vom Geist des kommenden Zeitalters und von der Kraft der GÖTTIN durchspült. Neue Ordnungen sind dabei, sich innerhalb der gesamten materiellen Natur zu gestalten. Bestehende Naturgesetze, aber auch geistige Gesetze, die lange Zeitalter bestimmten und die dem Verstand eine Grundorientierung für logisches Denken gegeben hatten, beginnen sich aufzulösen. Wir stehen erst noch in den Anfängen solcher sich auflösender Grundnatur. Die biophysikalischen und elektrochemischen Veränderungen, die auf der atomaren Ebene ansetzen, können noch nicht genügend eindeutig erkannt werden. Wo sie aber doch schon auftreten, können sie noch leicht wegrationalisiert werden. Wer jedoch mit offenen Augen durch diese Welt geht, wird sicher mindestens eine Ahnung für die laufenden Veränderungen bekommen, auch wenn er einstweilen nur gesellschaftliche Abläufe betrachtet.

So löst sich vor allen Dingen auch das einem »Täter« gegenüber duldende und dienende Grundprinzip der Fische-Natur auf. Diese weiblich orientierte Opfer-Rolle war ja überhaupt eine Grundvoraussetzung, auf welcher eine männliche Ideologie ihre dogmatische und menschenverachtende Täter-Struktur und ihre naturmißachtenden Gesetze errichten konnte.

Das Zeitalter der Fische geht also zu Ende. Die Auflösung geschieht innerhalb der geistigen Idee, auf der Ebene des Prinzips, im Reich des astrosophischen Symbols (Astrosophie = Sternenweisheit, Astrologie = Sternenwissen), zugleich damit aber auf den zugeordneten Ebenen der Realität. Ein Symbol ist ein Repräsentant schöpferischer Ideen und unterhält eine Reihe von Entsprechungen, meist auf der Ebene der Manifestationen. Jedes Symbol ist somit eine immanente, transparente Energie mit einer äußerst realen Auswirkung innerhalb zugehöriger Bereiche der Wirklichkeit.

Das Multiversum wird von übergeordneten schöpferischen Gesetzen durchdrungen, welche die unterschiedlichsten Dimensionen in Harmonie steuern. Diese Gesetze sind Ausdruck eines hohen Plans, einer höchsten geistigen Urordnung. Inwieweit das Weltbild eines heutigen wissenschafts*aber*gläubigen Erdenbewohners vom harmonischen Plan der Wirklichkeit entfernt ist, ist in seinem geradezu ungeheuren Ausmaß kaum zu ermessen. Die heutige Sichtweise eines solchen »wissenschaftlich« denkenden Menschen auf das äußere Universum ist jedenfalls stets einseitig, für die Evolution nahezu bedeutungslos und kann gar nicht anders als falsch sein. Erst, wenn die bereits vorgeprägten Deformationen in Raum und Zeit auffallen und echte Ausblicke auf das neue Zeitalter erlauben, kann auf eine geistig visionäre Weise die neue Wirklichkeit auch harmonisch ordnend erkannt werden.

Diejenigen Menschen heute, welche im Zeichen der Fische dominante Prinzipien eingeprägt haben oder darin geboren wurden, diesem mystischsten Zeichen im gesamten Tierkreis, sind in besonderer Weise aufgerufen, ihre inwendige Wahrheit und ihr höheres Wissen dem Planeten in dieser wichtigen Phase der Neuordnung real und wirksam zur Verfügung zu stellen und somit ihre wahren geistigen Ränge wieder einzunehmen.

Die Zeit hat einen Zyklus vollendet. So ist es auch Zeit geworden, aufzuwachen. Wirst du dich bereit machen, auf deine eigenen inneren Resonanzen zu hören? Magst du es lernen, dich selbst von deinen alten, beschwerenden Dunkelmustern, die vor langen Zeiten einmal durch genetische Experimente verankert wurden, zu decodieren? Oder willst du den Gentechnikern heute, am Ende dieses nachatlantischen Zyklus nochmals »auf den Leim« gehen? Willst du nicht lieber zu deinem eigenen Genexperten, aber diesmal einem Spezialisten »in Sachen Decodierung« werden?

Willst du zu denen gehören, die ihre Aufgabe in der Zeit erkennen und tatkräftig erfüllen werden? Dann mach dich startklar! Dann nimm deinen wahren Platz in der neuen Ordnung ein. Dann fang einfach an! Zum Beispiel, wie in diesem Buch beschrieben, mit lichtdurchgeistigten Nahrungsmitteln, auch mit entsprechenden Fischen, Algen und Meeresgetier, mit Kräutern, Gewürzen, Homöopathie, mit energetisierenden Schrägschnitten, mit Inaktivieren des 90-Grad-Winkels, durch Sonne und durch Quellwasser, aber vor allem durch den Mut zur Eigenständigkeit und den Mut zur Absage an alles, was dich schwächt. So vertraue ab heute dir selbst! Die Hilfen werden dir dann zunehmend entgegenströmen!

Das neue Äon »entläßt seine Fische«

Die irdischen Fische in den Gewässern und Meeren der Erde nehmen nun als Gesamtheit ebenfalls an der dimensionalen Neuordnung zum geistlebendigen Zeitalter teil. Dabei sind es die Fische der Ozeane, ganz besonders die Wale und die Delphine, denen von der Urschöpfung eine ordnende und beschirmende, eine helfende Aufgabe für den Planeten anvertraut worden war. Da die Schöpfung stets schrittweise arbeitet und große evolutionäre Umwälzungen stets in Etappen vorbereitet, wird auch das beginnende neue Äon nicht gleich alle dimensionalen Veränderungen auf einmal starten. Die Fische der Ozeane erfüllen durchaus noch eine Zeitlang ihren ursprünglichen Auftrag, wenngleich auch in gelockerterer und geöffneter Weise.

Die Fische der Flüsse und Seen allerdings repräsentieren mittlerweile so etwas wie einen roten Alarmknopf für unser Denken. Sie zeigen uns durch eine Veränderung ihrer Energien – du findest diese anschließend kurz besprochen – auf, daß große kosmisch-irdische Veränderungen im Anmarsch sind. Fast könnte man die Süßwasserfische als eine Art von Anzeigeinstrument für die neue Zeit bezeichnen. Der *Countdown* jedenfalls hat begonnen, das zeigen sie uns auf. Denn die Süßwasserfische sind mittlerweile nicht mehr den alten Gesetzen des Planeten, somit auch nicht mehr den alten Gesetzen der Erdanziehungskräfte unterworfen. Auch den Gesetzen des Mondes sind sie nicht mehr unterstellt. Sie sind – energetisch gesehen – bereits außerhalb des »kritischen Geschehens«.

Der Mond hat eine sehr starke Auswirkung auf das gesamte wässrige Milieu jeder irdischen, pflanzlichen, tierischen und menschlichen Zelle. Die gesamten biophysikalischen Abläufe in Zellen und Geweben, die sogenannte Ionenpumpe – womit der Austausch zwischen Kalium und Natrium, zwischen intra- und extrazellularem Milieu angesprochen ist –, aber auch katalytische und chromosomale Abläufe und vieles andere mehr sind an die rhythmischen Zyklen vor allem unseres Erdenmondes gebunden.

Bindungsfunktionen von Zellkernen wie auch auflösende, ausschleusende und interkommunikative Funktionen der gesamten Zelle sind dem lunaren Kreislauf unterstellt, ja das gesamte biophysikalische, bioelektrische und bioelektronische Körpergeschehen, auf dem letzlich Bau und Funktion aller Materie überhaupt bestehen, fußen auf den Rhythmen des Mondes. Der gesamte Mensch ist ein ursächliches bioelektrisches und damit ein strömendes Wesen. Alle seine Abläufe werden auf solche biophysikalische und somit stromfließende Weise gesteuert.

Zudem ist der Mond auch noch der Überträger für die meisten außerirdischen Energien der Sonnen und Planeten unseres eigenen wie auch anderer Planetensysteme, bis hin zu Spiralnebeln und Galaxien des äußeren Universums. Der Erdenmond stellt die letzte Stufe einer Art Strickleiter dar, die von den Monden der übrigen Planeten unseres solaren Systems gebildet wird.

Die Chromosomen als Überträger der Erbstrukturen stehen in unmittelbarem Zusammenhang mit den gesamten lunaren, plane-

taren und stellaren Kräften unseres Universums. Der Mond ist
sozusagen die unmittelbarste Übertragungsstufe für all diese
Kräfte. Er ist unmittelbar vernetzt mit den Erbanlagen, den Chromosomen in jedem Zellkern jeder menschlichen Zelle. Die Übertra-
gungen der Botschaften sind spontan und ohne »Zeit dazwischen«.
Darauf beruht auch, daß es natürliche Methoden der Empfängnis-
regelung gibt, welche diese lunaren Rhythmen zugrunde legen, und
hierdurch nicht nur Konzeptionswunsch bzw. deren Verhütung,
sondern auch eine männliche oder weibliche Inkarnation steuern
kann.

Die Fische der Flüsse und Seen sind nun, wie oben kurz angesprochen, den lunaren Übertragungsgesetzen, die bis in die Genetik
jeder Zelle reichen, nicht mehr unterstellt. Sie sind bereits außerhalb dieser unserer eingeschränkten Dimension. Sie sind ihres Auftrags innerhalb des übergeordneten Ganzen entbunden. *Stufe Eins
des »Depolarisationsprogramms Erde« ist bereits wirksam.* Die
äußeren Wächter und Vorposten vor den Zeit- und Dimensionsto-
ren des Planeten Erde sind bereits entfernt worden. Geist, Energie,
wie Aufgabe der Fische – bis jetzt, soweit es die Süßwasser-Fische
angeht – befinden sich bereits in einer anderen Dimension. Je mehr
die Fische der Ozeane – insbesondere die Wale und ganz besonders
die Orkawale – vom Menschen dezimiert werden, desto brüchiger
wird das Netz von Zeit und Dimensionen, desto schneller, umwäl-
zender und eruptiver wird der Geist des neuen Äons auf unseren
Planeten hereinströmen. Dasselbe Prinzip gilt übrigens für die Ab-
holzung des Regenwaldes, dem ebenfalls eine solche energetische
Ordnungs- und Schutzfunktion – hier im Reich der Bäume – zugeordnet ist. Je schneller abgeholzt wird, desto schneller saugt sich die
Zeit bis zum Umbruch, zur elektrischen Polwende, zur Veränderung von Gravitation und Elektromagnetismus zusammen. Dadurch entstehen dann verstärkte dimensionale Wirbel, die du dir
ähnlich wie in einem Waschbecken, durch welches das Wasser
abläuft, vorstellen kannst.

Es ist wie bei einer Entbindung: ohne Wehen keine Geburt. *Wie*
die Wehen aber verlaufen, um dieses leuchtende innere Kind Mutter
Erdes, als Erhöhung ihrer selbst, aus sich hervorzubringen, daran
hat ein jeder einzelne von uns ganz gewiß seinen Anteil. Die Aus-

wirkungen deiner wirksamen Einflußnahme kommen dann dir selbst wie allen planetaren Wesen zugleich unmittelbar wieder zugute.

Die hier angedeutete Umpolung bitte ich dich übrigens, dir als ein über einige Jahre laufendes Geschehen auf der atomaren und auf der zellularen bioplasmatischen Ebene – *in deinem eigenen Körper* – vorzustellen und nicht unbedingt vorrangig als eine solche auf unserem Planeten Erde.

Weitere Literatur zum Thema *Umpolung und Neue Zeit* findest du im Anhang besprochen.

SÜSSWASSERFISCHE

Ihre Energie-Auswirkung auf den Menschen ist heute, dem neuen Zeitgeist entsprechend, leider generell eher als mindernd und destruktiv anzusehen, was sich in den nächsten Jahren noch verstärken wird. So fördern sie bei häufigem Verzehr die Neigung zu dicken, schweren Beinen, zu zähem und verschleimendem Blut, zu Juckreiz, zu Drüsenschwäche, besonders auch zu Basedow-Krankheit. Sie können die Gelenke schädigen und schwächen, ganz besonders die Kiefergelenke, und den Menschen insgesamt eher dicht, schwer, stumpf und unbeweglich machen. Die Erbanlagen, die sexuelle Potenz und die Konzeptionsbereitschaft können geschwächt werden.

DIE BACHFORELLE

Hier findet sich als schöpferische Idee im Neuen Zeitgeist ein magnetisierendes Phänomen des gesamten Bauchraumes. Das kann zu Bauchdrücken und beschwerenden Empfindungen im Bauchraum führen und in der Folge eine Art von Milzbeklemmung und eingeschränkte Milztätigkeit erzeugen. Auch kann eine Neigung zu Kopfschmerzen verstärkt werden und Leberschädigung auftreten. Sonst wie oben.

DER KARPFEN

Der Karpfen als schöpferische Idee repräsentiert ein recht humorvolles, kerniges Urprinzip. So beäugt er sozusagen mit einem weißem und einem schwarzen Auge voller Humor das Menschengeschlecht und ahnt etliche der Dinge, die da kommen werden.

Der Karpfen befindet sich in einem ursächlich völlig anderen Gravitationsbezug zum menschlich-irdischen Gravitationsfeld. Er schwimmt – so der Originalton meiner Meditation – »outside und auswärts und abseits und schrägseits und jenseits und irgendwo ganz oben drüber«.

Wird er verzehrt, verkehren sich die Dinge jedoch in ihr Gegenteil. Was soll das bedeuten? Ich will hier ein wenig weiter ausholen.

Wenn die Dinge sich in ihr Gegenteil verkehren . . .

Der Mensch befindet sich zwar mittlerweile seit einigen Jahren in energetischer Umpolungsarbeit, und das geschieht bevorzugt während der Nacht. Doch ist dieses Phänomen bisher nur jenen unter uns bewußt, die seit Jahren gewohnt sind, in irgendeiner Weise mit sich selbst energetisch, spirituell, in Körperarbeit oder wie auch immer, zu arbeiten. Einige wenige Bücher weisen bisher auf diese Veränderungen hin und sind deshalb unglaublich wertvoll. Ich will sie dir sehr ans Herz legen, du findest sie im Anhang dieses Buches kurz besprochen.

So haben viele Menschen gerade erst begonnen, sich bewußt mit diesem »Kampf der Dimensionen«, die aus solcher innerer Umpolungsarbeit resultiert, auch wirklich zu beschäftigen. Doch der Umbruch steht auf allen Ebenen und breitflächig bevor, die Morschheit und Brüchigkeit des alten Gewebes von Zeit, Raum und Materie ist einfach eine präsente Wirklichkeit. Noch wirken allerdings auch die alten Gesetze, welche die zu Ende gehende Ordnung aufrecht zu erhalten versuchen. Deine ganz persönliche und individuelle Auseinandersetzung zwischen dem alten und dem neuen Zeitgeist ist deshalb eine Erfordernis und Notwendigkeit. Eine klare und eindeutige Unterscheidung, eine Trennung von den Ideen, Idealen und

Prinzipien alter und neuer Zeit muß deshalb auch gestaltet werden, und zwar eben von jedem einzelnen von uns. Im Innen haben wir solches als Fähigkeit zu entwickeln und im Außen als Wirkkraft auszugestalten.

Mit Friedensaufruf und all-liebender Einstellung jederzeit und für alle ist diese Notwendigkeit *zur Zeit Jetzt und Hier auf dieser Erde* real nicht zu bewältigen. Frieden, Liebe, Ganzheit und Einheit solltest du dir in dir selbst wohl durchaus zunehmend erarbeiten. Das kräftigt und heilt dich. Hierzu dienen alle bewährten spirituellen Disziplinen, Meditation, Gebet und vieles andere. In der äußeren Welt und den Anforderungen, welche dieser Planet genau heute auch an dich stellt, ist es damit nicht getan. Im Gegenteil! Solche vermeintlich christliche oder esoterische Einstellung schadet, ja, sie kann sogar für die Kinder der Göttin, die Kinder der neuen Zeit eine Gefahr darstellen. Das Neue Wirken erfordert einfach ursächlich andersartige Prinzipien des Denkens als bisher gewohnt. Dies gilt nicht nur für die »Materialisten«, sondern in gleich hohem Maße für die »Esoteriker«. Klares Unterscheidungvermögen und darauf fußende wirksame Handlungsschritte – dem Zeitgeist entsprechend – tun heute allemal not!

Doch kehren wir nun zum Karpfen zurück: Verzehrt der noch in dieser alten Ordnung stehende Mensch nun also öfters einen Süßwasserfisch – welcher zwar noch eine irdische Gestalt und einen irdischen Leib hat, jedoch bereits einer anderen Schöpferdimension unterstellt worden ist –, so entsteht anstelle einer vorherigen Schutzfunktion durch Fische aller Art generell nun eine Entblößung und Entgrenzung.

Das bedeutet, die Erbanlagen des Menschen werden geschädigt, geschwächt und degenerieren. Die Wendelspulen der DNS können bei häufigerem Verzehr von Süßwasserfischen, ganz besonders von Karpfen, nicht mehr so gut zwischen rechts und links, gut und böse, wohlgeordnet oder krank unterscheiden und ziehen infolgedessen auch kranke Erbanlagen aus der Gesamterbmasse an. Kranke und degenerierte Gene können progressiv (vorrangig) werden, auch Zeugungsschwäche bis hin zur Zeugungsunfähigkeit wird Vorschub geleistet. Wo keine Eindeutigkeit und keine Klarheit ist, entwickelt sich zudem Verschleimung. Dies gilt für alle Zellen und alle Bewußtsein darin. Wer also gerade schwanger werden will, wird vermutlich nicht unbedingt Süßwasserfische auf seinem Speiseplan haben wollen. Dies gilt selbstverständlich für *beide* Elternteile!

Zudem kommt noch: Der Karpfen, genauso, wie die übrigen Süßwasserfische, repräsentiert wenig Atmungsenergie, die er auf die innere Atmung des Menschen übertragen kann. Er kann also den Menschen von innen her aufblähen, schweres, schleimiges Blut, Jucken und innere Verunreinigungen erzeugen.

Nur nicht dogmatisch sein

Nun kannst du vermutlich auch einmal einen Karpfen oder sonstigen Süßwasserfisch essen, wenn du das gerne tun willst. Wobei ich dir vorschlage – vorausgesetzt du wünschst dir nicht gerade, schwanger zu werden –, es achtsam auszuprobieren. Durch das Aufzeigen der Schöpferideen in diesem Werk, bezogen auf einzelne Repräsentanten der Naturschöpfung, will ich dir ja den Weg *deines* Bewußtseins, *deines* Lebens und *deines* Erkennens etwas aufhellen und ordnen helfen. Genauso aber, wie etwa eine Frucht sich für dich nicht schon als eine Heilfrucht erweist, nur weil du sie gelegentlich zu dir nimmst, genauso dürfte ein Karpfen für dich noch kein verzaubernder »Unhold« sein, wenn du ihn gelegentlich einmal ißt.

Eine Frucht wird für dich zur heilenden Kraft, wenn du sie zu den rechten Wirkzeiten, deinem Bewußtsein und deinem Befinden gemäß, in steter Anwendung als *Therapeutikum*, im Rahmen eines Zeitzyklus anwendest oder verspeist (griech. *therapeuein* bedeutet übrigens nicht nur »heilen«, sondern auch »Aufmerksamkeit erweisen, achtsam sein, für etwas gut sorgen, achtsam behandeln, pflegen und bilden«). Auch kommt es dabei durchaus auch auf deine innere Einstimmung an! Wie du das nun mit Süßwasserfischen generell hältst und mit dem Karpfen im besonderen, kommt schließlich auf deine Gesamtsituation an: Gehörst du zu denen, die sich ein Kind wünschen, und zu den vielen heutzutage, die sich schon seit langem vergeblich darum bemühen, so wirst du wohl, vermute ich, Süßwasserfische eher ganz von deinem Speisezettel streichen. Hast du bereits irgendein Thema im Bereich deiner Zeugungsorgane oder womöglich gar ein Thema einer genetischen Disposition, die sich für dich negativ auswirken könnte, so wirst du wohl so klug sein, dieses nicht noch zu verstärken.

Erlebst du dich aber generell als stark und fit, so wirst du dir dein eigenes Maß auch hier erfühlen. Aufmerksam sein und dich beobachten nach dem Verzehr von Süßwasserfischen solltest du dich aber schon, besonders im Laufe weiter voranschreitender Zeit, also in den nächsten Jahren.

DER LACHS

ZUCHTLACHS

Auch dieser so herrlich schmeckende Fisch repräsentiert leider zunächst einmal eine mindernde und destruktive Energie. So könnte er bei übermäßigem Genuß weiße Hautflecken erzeugen, auch kreisrundem Haarausfall (*Alopezia areata*) und lockeren Zähnen, Lymphdrüsengeschwülsten und Nagelkrankheiten kann Vorschub geleistet werden. Auch Unfruchtbarkeit sowie Geschwulst-Disposition (= Neigung) kann gefördert werden.

NATURLACHS

Auch Lachs, der nicht speziell gezüchtet wurde, sondern noch seiner Natur gehorchen kann und in Alaska, Island, Irland, Schottland, auch Spanien und anderen Ländern die Flüsse hochwandert, bewirkt im Menschen, für sich allein betrachtet, zunächst einmal Destruktives. So hat die Energie des Lachses, wenn du ihn verspeist, einen energetischen Angriffspunkt auf dein erstes Chakra, auf dein Zeugungs-Chakra. Hier bewirkt seine Energie, daß deine menschliche Grundenergie aus dir geradezu herausflutet. Der Naturlachs kann deshalb leider auch Hautjucken und verunreinigte Gewebe erzeugen. Lachs-Essen kann deine menschliche Energie auf »Auslaufen« und auf Demineralisieren programmieren. Deshalb muß dein Organismus Gegenmaßnahmen ergreifen, um die Lebensener-

gie dennoch bei sich behalten zu können. Das kann dann zu Kopfdruck bis Kopfschmerzen führen, zu Schmerzen im Nacken und in
den Schultern, zu Zahnschmerzen, zu Lymphstau, besonders unter
den Armen, zu Bauchzwicken bis hin zu Spasmen und Krämpfen im
gesamten Bauchbereich, zu Blutarmut und zu einem Nicht-zusam-
menhalten-Können von Gedanken und Ideen.

Wer also mit solcherart Befindlichkeitsstörungen bereits zu tun
hat, wird vermutlich eher auf häufigeren Lachsgenuß verzichten.
Jedoch – laß dich überraschen –, es gibt hierzu weiter unten eine
wunderbare Nachricht!

So will ich dir hier zunächst noch ein wenig von deinen Energien
erzählen und davon, wie diese mit den Energien der Erde als Gesamtes vernetzt und zusammengeschaltet sind. Denn ich will dazu
beitragen, daß du dich wieder der in dir verborgenen Wirklichkeiten erinnerst. Wenn du heutzutage beim Lesen entsprechender Bücher oder durch die Worte und Energien anderer Menschen Resonanzen *erfühlst*, decodiert sich an dieser Stelle deine DNS. Und
genau das z. B. ist auch meine Aufgabe. Deshalb erzähle ich dir
manche Dinge auch immer wieder – mit anderen Worten: Damit du
die Resonanzen immer kraftvoller erspürst. Damit die Wort-Schlüs-
sel auch wirklich ihre decodierende Aufgabe erfüllen können. Damit es zügig vorangeht. Damit du nicht weiterschläfst – sondern
damit du aufwachst.

So erinnere dich: daß dein eigener menschlicher Körper mit dem
Körper Mutter von Erde gleichgeschaltet ist. Daß die geomantischen Energiepunkte der Erde mit den geomantischen Bezugspunk-
ten deiner Körperlichkeit zusammengeklinkt sind. Daß Meere wie
Kontinente deinen eigenen inneren Meeren und deinen eigenen
inneren Kontinenten, deinen Organen, Drüsen und anderem, entsprechen.

So erinnere dich, daß du einen elektrolytischen, einen Strom-
leitenden Meeresorganismus besitzt, der mit den Meeresgewässern
der Erde in Kommunion ist. Erinnere dich, daß Meeresstraßen und
-strömungen den inneren Strömen und entsprechenden Wanderungen deiner weißen und roten Blutkörperchen entsprechen, welche

in deinem Lymphsystem und in deinem roten Blutgefäßsystem schwimmen. Erinnere dich, daß Meridiane der Erde Meridianen deines Körpers entsprechen. Erinnere dich schließlich, daß es eine Zeit gab, in welcher Atlantis, der versunkene Kontinent noch existierte.

Atlantis ist versunken. Vor etwa 11 000 Jahren geschah diese Katastrophe, welche ekliptikale, energetische und gravitative Veränderungen in allem Leben auf dieser Erde und bezogen auf die Erde verursachte. Mit dieser versunkenen atlantischen Insel auf dem Planeten ist eben dieselbe atlantische Insel auch in deiner Körperlichkeit und zugleich in deinem Wissen mit versunken. Heute macht sie sich bereit, sich wieder in dein Erinnern zu bringen. Wieder auftauchen kann Atlantis erst dann, wenn du dies in dir selber erkennst, für wahr hältst und es zuläßt. Und wenn du das tust, so taucht *dein* Atlantis in *deinen* Genen als Erneuerungsprinzip, als Depolarisationsprinzip und als Lebenserleichterung wieder auf!

Dann haben auch die Lachse wieder ihre wahre Brutheimat gefunden – denn dort in den Flüssen auf Atlantis haben sie gelaicht, dort haben sie ihre Heimat gehabt, und diese Heimat suchen sie an vielen Orten, solange sie leben. Deshalb nehmen auch ihre geistigen Brüder, die Aale, solche transozeanischen Wanderungen in Kauf, weil sie sich ebenfalls ihrer atlantischen Heimat erinnern und diese suchen. Die Larven der europäischen Aale lassen sich dann von dem Sargassomeer aus mit dem Golfstrom in die kühleren Gefilde Europas treiben, die so weit entfernt sind. Denn in ihnen ist noch die Erinnerung an die Klarheit und Geistigkeit, an Ruhe, Weisheit und Schönheit atlantischer Zeit lebendig vorhanden. Lachse wie Aale sind uralt. Sie gehören einer ursächlich anderen Zeit an. Sie haben für uns mit die Ozeane überbrückt. Sie haben ZEITEN überbrückt.

Heute aber öffnet sich der Reißverschluß der alten Zeit, heute öffnet sich der Reißverschluß der DNS. Heute übertragen deshalb auch diese herrlichen Weisheitstiere auf den Menschen ein ZEITLOCH, einen inneren Zeitstrudel, ein inwendiges BERMUDADREIECK. In diesem inwendigen Zeitstrudel, der durch Lachse sowie durch

Aale auf uns übertragen wird, verschwindet nun anstelle von Schiffen und Flugzeugen etwas anderes, nämlich unsere irdische Lebenskraft.

Deshalb müssen wir etwas vorsichtig sein, sie zu verspeisen. Denn wir sind noch nicht genügend dafür ausgerüstet, solcherart riesige Zeitlöcher mit unserem irdischen Organismus zu überbrücken.

Alchymisches

Glücklicherweise gibt es aber ein hier geradezu alchymisch wirkendes Heilmittel, und das ist Spinat! Denn Spinat wirkt nun genauso fixierend, haftend und bindend, wie die Energie des Lachses Energie- und Zeit-öffnend wirkt. Geben wir beides zusammen, so ergibt sich eine sich gegenseitig bekräftigende, harmonisierende und einander verbindende Speise! Der Spinat verliert seine Energie der Starre, und der Lachs verliert seine Energie des die Materie entleerenden Zeitstrudels und damit die Energie des Demineralisierens. Eine Art von »Hoch-Zeits-Energie« entsteht anstelle dessen, die wir voller Freude feiern dürfen!

Auch Lachs, der hoch erhitzt wird, der also beispielsweise in siedendem Öl fritiert oder unter starker Hitze gegrillt wurde, verändert sich in diesem Sinne. Desgleichen hat eine Beigabe von fritierten rohen Kartoffelreibekuchen eine ähnliche Wirkung. Unter Spinat findest du ebenfalls Informationen hierzu und außerdem das Rezept Pizza mit Spinat, Pilzen, Schafskäse und Lachs.

Wie wäre es einmal mit einem solchen Menü, wenn du etwas Schönes zu feiern hast?

Festtags-Menü

Trockener Sherry

Avocadobutter mit gerösteten Brotschnittchen

Consommé mit Markklößchen

Gegrillter Lachs auf Blattspinat mit Mandeln und Kräuterbutter
Rote Bete in Petersiliensahne

Brennendes Mandelsoufflé mit Himbeeren

Kaffee mit Himbeergeist

Aperitif

Der Aperitif ist es, der die Menschen auf Geselligkeit
und ein gepflegtes Menü einstimmt. Im mediterranen Raum ist solcherart
Pflege der Lebensfreude eine Selbstverständlichkeit. Auch die Völker des
kühleren Nordens könnten sich, wenigstens hin und wieder, solch kleine
Einstimmung auf ein gutes Mahl und eine gesellige Runde erlauben.
Der einfachste Aperitif ist ein Glas kühlen trockenen weißen oder kräftigen
roten Weins, der natürlich und ohne Giftstoffe sein soll. Weitere
hervorragende Aperitifs sind die diversen selbsthergestellten Kräuterweine
oder Kräuterspirituosen, zu denen ich dich ermuntern will, sie dir wieder
selbst anzusetzen, wie das unsere Großmütter und -väter ganz
selbstverständlich getan haben. Vielleicht magst du dich in gutsortierten
Buchhandlungen nach entsprechenden Büchern umsehen oder dich in deinem
Bekanntenkreis umhören? Du wirst sicherlich fündig werden und vielleicht
Rezepte aus der Versenkung holen, die wie ein verborgener Schatz sind.
Bei diesem Menü kannst du aber auch einfach einen trockenen Sherry
servieren, der sich mit dem anschließenden Menü besonders gut verträgt.

Avocadobutter mit gerösteten Brotschnittchen

Vorspeisen sind das Entrée jedes gelungenen Diners. Erlaube dir doch
immer wieder einmal ein solches Menue mit mehreren Gängen
zusammenzustellen, das du mit deiner Familie, deinen Freunden oder auch
einmal nur für dich selbst genießt!

So wird's gemacht:

100 g Butter in Ofennähe weich und warm werden lassen, sie darf aber nicht schmelzen. Das Fruchtfleisch

1 reifen Avocado mit einem Löffel aus der Schale herausholen, in ein Mixgefäß geben und mit einem Stabmixer mixen. Dazu kommen nun

1 Eßl. feingehackte Petersilie,

1 Stück Peperoni, etwa 1 cm lang, feingehackt,

1 Teel. Zitronensaft,

1 Teel. frischgemahlener schwarzer Pfeffer und

1 Teel. Meersalz.

Zuletzt die weiche Butter daruntermixen.

Verschiedene Brotsorten, dunkles Brot, helles Brot und Brötchen in feine Scheibchen schneiden und auf kleinster Stufe im Toaster, im Backofen oder auf einem Grill rösten. Mit der Avocadobutter dick bestreichen, in attraktive Diagonalstücke schneiden und mit Petersilie garnieren. Auf einer großen Platte mit Zitronenscheiben anrichten.

Variation: 1 Teel. oder auch mehr Majoran zusätzlich zugeben. Zu diesen Brotschnittchen passen dann anstelle der Zitronen feine Apfelschnitzchen, die mit Zitrone beträufelt wurden, damit sie nicht braun werden.

Consommé mit Markklößchen

Dieses Rezept findest du bei DAS KÄLBCHEN, DIE KUH, DER STIER, DAS RIND – ein Weltenprinzip auf Seite 484

Gegrillter Lachs auf Blattspinat mit Mandeln und Kräuterbutter

Grilliertes

Gegrillte Gemüse, Fisch und Fleisch sind eine unübertreffliche Delikatesse, sie sind durch Infrarotstrahlung und durch die Fetteinsparung sehr gut verträglich, und die Speisen sind schnell und ohne Aufwand zubereitet, sofern ein funktionsfähiger und praktischer Elektro- oder Gasgrill vorhanden ist. Nach Gegrilltem fühlt man sich fit. Was wollen wir mehr?

Wichtig ist es, den Grill sehr gut vorgeheizt zu haben, wenn die Gemüsestücke, das Fleisch oder der Fisch mit herrlichen Kräutern bestreut oder auch einfach »nature« hineingelegt werden. Zu Gegrilltem paßt selbstgemachte Kräuterbutter ganz wunderbar. Dazu reichst du reichlich frische Zitronen, die du dekorativ diagonal aufschneiden kannst, auch grob gehackter schwarzer, roter oder grüner Pfeffer, ein frischer grüner Salat und ein spritziger Wein passen wunderbar dazu. Vergiß nicht, die Teller vorzuwärmen!

Es ist so einfach zu grillen: Du nimmst für dieses Rezept 4 Scheiben frischen Lachs, den du mit etwas Zitrone beträufelst und im vorgeheizten Grill von jeder Seite etwa 3–5 Minuten garst. Fertig! Eine Variation von Kräuterbutter, die du hierzu servierst, findest du anschließend. Alle anderen Variationen denkst du dir selber aus!

Kräuterbutter

150 g warmgestellte weiche Butter mit folgenden Zutaten gut schaumig rühren:

1 Eßl. grobblättrige Petersilie,
2 Eßl. frische Basilikumblätter und
1 Eßl. Bleichsellerie, die du alle miteinander feinsthackst.
1 Teel. schwarzen Pfeffer, grobgemahlen,
$1^{1}/_{2}$ Teel. Meersalz und
1 Teel. Zitronensaft unterrühren.

Den gegrillten Lachs mit der Kräuterbutter auf einem Bett von
Blattspinat anrichten und mit einigen Mandelblättchen überstreuen.
(DER SPINAT S. 326)
Dazu reichst du Rote Bete in Petersiliensahne (DIE ROTE BETE S. 273)
und eine halbe Backkartoffel oder auch eine Tasse Kartoffelschnee (das
sind Salzkartoffeln, durch eine Kartoffelpresse gedrückt) oder einfach
trockene, mehlige Salzkartoffeln.

Brennendes Mandelsoufflé mit Himbeeren

Dieses Rezept findest du unter DAS EI. Am besten, du erprobst es
einmal zuvor ganz in Ruhe, damit es dir bei einem solchen festlichen
Anlaß dann auch streßfrei gelingt!

Zuletzt reichst du dann einen Kaffee, den du aus dunkel gerösteten
italienischen oder französischen Kaffeebohnen bereitet hast. Eine
Besonderheit wäre es auch, wenn du dir für solch einen festlichen Anlaß
deine Kaffeebohnen grün kaufst und selbst röstest. Dazu schüttest du die
Bohnen einfach in eine eiserne Pfanne oder einen solchen Bräter und
röstest sie unter ständigem Rühren mit einem Kochlöffel, bis sie die
gewünschte dunkelbraune Röstungsfarbe anzeigen. Das duftet herrlich,
und du kannst diese Aktion beispielsweise auch zusammen mit deinen
Gästen machen!
Deinen schwarzgebrannten Kaffee mahlst du anschließend in einer Mühle
und gießt ihn mit kochendem Wasser auf. Am besten eignet sich hierfür
eine dieser hohen, schmalen Glaskannen mit eingebautem Sieb, die es
heute überall zu kaufen gibt und die eine wirklich gute Erfindung sind.
Kaffee aus der Kaffeemaschine kann diesem nicht das Wasser reichen!

Dazu servierst du, um das festliche Menü abzurunden, einen
Himbeergeist oder Amaretto.

Das Meer, der Geburtspool des Lebens

Das Meer ist die Geburtsstätte des Lebens auf diesem Planeten. So ist es auch die Geburtsstätte des Menschen.

Dort, wo der Quell des Lebens ist, wird auch die reinste Kraft gefunden. Die Meere sind deshalb ein unglaubliches Reservoir von Vitalität und von Lebensqualität hoher Klasse. Meeresluft zu atmen ist reinste Lebenskraft. Algen und Gemüse des Meeres als Nahrungsergänzung zu verwenden regeneriert Leib und Seele. Fische und Meeresgetier als Nahrung zu verwenden ist Heilkraft pur. Alles, was aus dem Meer kommt und mit dem Meer zu tun hat, trägt den ersten Schöpfungsatem, schenkt Vitalität, klare Gedanken, Gradlinigkeit, Güte, Hoffnung und Humor.

Die Bereiche, Strecken, Räume und Orte der Meere sind von hoher Bedeutung, und es ist durchaus nicht gleichgültig, aus welchem Meer, aus welchem Meeresgebiet Algen, Meeresgemüse, Fische und anderes Meeresgetier kommen. Die reinste, höchste und edelste Kraft befindet sich im Atlantischen Ozean, und hier gilt: Je höher nach Norden hinauf, desto reiner ist die Heilkraft der Meeresnahrung. Die Kraft des Pazifischen Ozeans ist hingegen mehr flächig. Sie zieht in die Breite und wirkt mehr rundend und abdichtend. Die pazifische Energie beruhigt und stärkt, sie harmonisiert und befriedet. So gibt dieses Meer seinem Namen des Friedens auch heute noch die Ehre, denn *pax* ist lateinisch und heißt Frieden.

Die Energie des Mittelmeeres ist mehr sonnig, fröhlich machend und wärmend. Mit der Energie des Atlantiks kann sie es jedoch keinesfalls aufnehmen.

MEERESFISCHE

Schöpferische Idee und Bestimmung

Die Fische der Weltenmeere sind Träger des Himmels und Vermittler zur Erde. Sie halten den Planeten noch so lange in seiner »Warteschlaufe«, bis ein neues Äon voller Licht und Geist begonnen haben wird. Die Vorbereitungen dazu allerdings sind in vollem Gange. Die Fische und vieles Meeresgetier verlassen bereits den Planeten, um auch hier wiederum eine Brücke zu bilden für das neue Schöpfungsäon. Die Öffnung und Verschiebung der Dimensionen wird bald das Licht erkennbar, fühlbar und sichtbar werden lassen und den Dingen ihre rechte Zuordnung wiedergeben. Auch die Fische und Tiere der Weltenmeere werden dann in ihrem Schöpfungsauftrag erkannt werden können, denn sie sind geheiligt.

Wissenswertes

Im Zusammenhang mit Fisch gibt es sehr vieles, was man heute wissen sollte. Ich will dir gerade auch hierfür das Buch: *Neue Chemie in Lebensmitteln empfehlen*, in welchem du auch etliche nützliche Adressen findest. Denn ich kann dir hier nur einige Streiflichter geben:

- Unverantwortliches Abfischen der Weltenmeere durch überdimensionierte Fischfangflotten und neue Methoden. Die Zahl der Fangschiffe ist auf 1,17 Millionen angestiegen. Viele Fischarten sind vom Aussterben bedroht. Immer kleinere, jüngere Fische werden gefischt, die sich zuvor noch nicht fortpflanzen konnten.
- Die Treibnetzfischerei setzt heute, vor allem für den Thunfischfang, kilometerlange Treibnetze ein. Darin bleibt so ziemlich alles, was sich im Meer bewegt, hängen und stirbt. Hunderttausende von Delphinen verenden immer noch jedes Jahr in den Netzen der Thunfischfänger.
- Lachs hat sich zum Exportschlager der Skandinavier entwickelt. Was wir heute als Delikatesse zu kaufen bekommen, ist fast immer Zuchtlachs.

In Schottland, Norwegen und Kanada gibt es zahlreiche Zuchtfarmen für diesen »Trendfisch«. Es gibt kaum noch einen Fjord, in dem nicht eine Lachsfarm aufmacht. Durch die dicht gedrängte Fischhaltung übertragen sich leicht Krankheiten. Parasiten vermehren sich. Die Fische haben häufig Durchfall. Von 1986 auf 1987 verdreifachten die Farmer ihre Medikamentengaben: So wurden 48,5 Tonnen Medikamentengaben dem Fischmehl beigemischt. (Und heute?) Ökologische Nachfolgeprobleme vielfacher Art resultieren hieraus.

- Junge Aale etwa müssen aus ihrem Kreislauf der Natur entnommen werden. Davon sterben rund 50 %. Pro ausgewachsenem Aal stehen diesem in der Haltung nur wenig mehr als 1 Liter Wasser zur Verfügung. Ob es da womöglich gar die armen Hühner in den Hühnerfarmen noch besser haben?
- High-Tech-Verfahren werden heute in der »Fischproduktion« angewendet. Transgene (genmanipulierte) Fische werden in Flüssen, Seen und Meeren schwimmen. Mit Chemikalien, radioaktiver Bestrahlung, Temperatur- und Druckschockmethoden sollen die Chromosomensätze der Fische verdoppelt oder verdreifacht werden; Männchen sollen in Weibchen verwandelt werden.
- Forellen, Karpfen und Lachsen wurde das Gen für ein Wachstumshormon von Ratten übertragen. Befruchtete Eizellen werden einer Hormonbehandlung unterzogen.
- Auch über die Belastungen der Binnengewässer und vieles mehr im Zusammenhang mit Fischen, Muscheln, Krabben, über Rückstände und Zusatzstoffe findest du in dem oben bezeichneten Buch umfangreiche Informationen.

Meeresfisch enthält jedoch
- hochwertiges Eiweiß,
- ist leicht verdaulich,
- hat einen hohen Vitamin- und Mineralstoffgehalt, besonders Phosphor, Jod und Fluor, Eisen sowie essentielle Fettsäuren,
- wirkt auf Stoffwechsel und Verbrennung anregend
- und ist meist auch noch sehr kalorienarm und zur Schlankheitskost hervorragend geeignet.
- Er hilft, Herzkrankheiten vorzubeugen,
- und hemmt die Bildung von Blutgerinnseln.
- Fisch ist zudem Gehirnnahrung.

Die Heilkraft zur Erprobung

Meeresfisch ist gesund, das ist bereits erprobt, und das weiß auch fast jeder. Meeresfisch zu essen bedeutet, seinem Organismus eine Brücke zu bauen zwischen seinem ersten Ursprung auf diesem Planeten und seiner Zukunft. Meeresfisch verbindet unsere Hypophyse mit unseren Wurzeln, mit unserem ersten und zweiten Chakra, besonders mit dem weiblich-ganzheitlichen HARA. Dadurch werden wir universeller, gemeinschaftlicher und können uns leichter als Weltenbewohner erkennen. Wir werden ausgeglichener, dabei dennoch aktiver. Wenn wir Meeresfisch essen, kann die Schilddrüse ihre Trennungs- und ihre Überkreuzungsfunktion, ihre Behauptungs- und Haftungsfunktion in bezug auf irdische Gegebenheiten etwas gelöster und auch sonnenstrahlender ausüben.

Meeresfisch tut uns deshalb gut für unseren Körper, für unseren Geist und für unsere Seele. Allerdings, bei all seinen hervorragenden physiologischen, auch seinen stoffwechselanregenden Eigenschaften, bei dem Mut, den er uns auch verleiht – zu oft dürfen wir auch diese Art tierischen Fleisches dennoch nicht zu uns nehmen. Ein bis zweimal wöchentlich eine Fischmahlzeit genügen auch hier. Aber bitte: Entweder Fleisch oder Fisch! Wer langzeitig öfter tierisches Eiweiß zu sich nimmt, verschiebt sein körper-seelisch-geistiges Gleichgewicht zugunsten seiner tierischen Natur. Ein Durchlichten und Transparentmachen wird dadurch ganz gewiß nicht gefördert, ganz abgesehen von den organischen Belastungen und Verschlackungen durch eine zu hohe tierische Eiweißzufuhr – welche ja wahrlich in medizinischen Arbeiten umfangreich nachgewiesen ist.

Meeresfisch ist somit
- gut für die Nerven und gut für die Haut. Weißt du, daß Nerven und Haut während der Embryonalentwicklung aus einem gemeinsamen Keimblatt entstanden sind?
- Er ist gut für Keimzellen und Geschlechtsdrüsen und
- für die Augen.
- Fisch entkrampft, entspannt und

- heilt Nervenirritationen.
- Fisch macht schlank,
- munter, biegsam und elastisch.
- Fisch schenkt ein kraftvolles Auftreten und
- eine hohe Zeugungskapazität. Dies gilt für den inneren organischen Bereich
- Fisch stärkt die Gonaden, das Zeugungschakra, die Potenz, die
  Gebärfreudigkeit;
- zugleich hilft er uns aber auch, im äußeren Bereich des Lebens
  initiatisch und schöpferisch zu sein.

Anwendung

Eine 4-Wochen-Kur mit frischem Seefisch, Meerestieren, Meeresgemüsen, Algen, mit frischen Salaten und frischen Kräutern dazu,
ergibt eine hervorragende Vitalisierung und Schlankheitskur zugleich, die natürlich durch einen Aufenthalt am Meer und in der
hier zu findenden jodreichen Luft, insbesondere an der Atlantikkü-
ste, noch zusätzlich verstärkt wird.

Gefrorener Seefisch verliert aber leider die allermeisten seiner
guten geistig-seelischen Eigenschaften und kann deshalb auch im
körperlichen Bereich nur noch unvollkommen heilsam wirken. Wir
sollten deshalb – sofern wir nicht das Glück haben, in Küstennähe
zu leben – wirklich gute Fischgeschäfte stärken, indem wir gute
Kontakte mit den Fachverkäufern aufbauen, indem wir uns fach-
lich beraten lassen und jeweils dem frischesten Fangfisch den Vor-
zug geben. Auch könntest du die Vielfalt der Fischküche in dein
Küchenkonzept integrieren und dich von einem guten Fisch-Koch-
buch inspirieren lassen.

Tips und Hinweise

Fisch zählt nach Schaltieren zu den am leichtesten verderblichen
Lebensmitteln überhaupt. Aufgrund seines hohen Wassergehaltes
ist er ein hervorragender Nährboden für Bakterien. Eine erstklas-
sige Fischhandlung oder Fischabteilung eines Einkaufszentrums
muß deshalb vor allen Dingen angenehm und keinesfalls nach Fisch

riechen! Dann muß sie absolut sauber und hygienisch sein. Und zuletzt, aber nicht unwesentlich, sollte sie auch ästhetisch attraktiv und ansprechend sein. Ausgebildetes und freundlich beratendes Fachpersonal sollte ein Selbstverständnis sein. Weiterhin kannst du selbst auf folgendes achten:

- Frischfisch muß im Eisbett liegen.
- Die Fische sollen eine straffe, feuchtglänzende Haut besitzen.
- Die Schuppen müssen fest anliegen.
- Das Fleisch muß elastisch sein.
- Die Köpfe der Fische sollten – der besseren Kontrolle wegen – nicht abgetrennt sein. Denn:
- Frischer Fisch hat klar leuchtende und leicht hervorstehende Augen und
- schwarz glänzende Pupillen.
- Die Kiemen sind blaßrosa bis kräftig rot gefärbt.
- Frischer Fisch riecht angenehm. Ist bereits ein »fischiger« Geruch vorhanden, so ist dies ein untrügliches Zeichen für beginnendes Verderben.

Die Frische von Fischfilets ist schwieriger festzustellen. Nachfolgende Qualitätsmerkmale erleichtern jedoch den Einkauf:

- Die Filets sollen fest sein.
- Die Schnittränder sollen feucht sein.
- Die Ränder dürfen nicht schleimig, nicht braun und nicht gelb verfärbt sein.
- Wenn Fisch bereits abgepackt ist, so sollte etwas Luft und nur wenig oder gar keine Flüssigkeit in der Verpackung enthalten sein.
- Fisch, der schon in einer milchig-trüben Flüssigkeit liegt, sollte keinesfalls genommen werden!
- Fangfrische Muscheln und Austern sollen sich bei Berührung sofort fest schließen. Nach dem Kochen allerdings dürfen Muscheln nicht mehr geschlossen sein. Geschlossene Exemplare niemals gewaltsam öffnen, sondern wegwerfen.

Was man noch wissen sollte:
- Für eine Portion Fisch oder Schaltiere rechnet man etwa 125–175 g gegartes Fleisch ohne Gräten und Schalen.
- Bei einem küchenfertig gesäuberten rohen Fisch werden etwa 250 g pro Person gerechnet.

Alle diese Informationen sind dem Buch *Gesunde Küche für Genie-ßer, Fisch und Schaltiere auf neue Art* entnommen. Du findest es im Anhang besprochen.

Was gut dazu paßt

Zu Fisch paßt nahezu alles, besonders gut ergänzt er sich jedoch mit hellen, leuchtenden Früchten, zitronigen Saucen, Rahmsaucen und selbsterstellter Zitronen- oder Kräuterbutter. Seine geistige Idee liebt geradezu Blüten, ob diese nun als Nahrung oder nur zur Dekoration dienen. Eßbare Blüten sind etwa Zucchiniblüten – unter Zucchini findest du ein Rezept –, Borretschblüten, Gänse-blümchen, Veilchen, die Blüten der Kapuzinerkresse und etliche andere.

Rezept

Gegrillter Dorsch mit Zitronen-Kräuterbutter und gegrillten Tomaten

So wird's gemacht:
1000 g nicht zu flache Stücke vom Dorsch mit folgender Beize bestreichen:
1 Eßl. frischer Zitronensaft,
2–3 Eßl. bestes Öl,
1 Teel. frischgemahlener Pfeffer,
$^1/_2$ Teel. Senfkörner gemahlen,

2 Teel. Rotwein,
1 Eßl. Petersilie, die zusammen mit einer Knoblauchzehe feinst gewiegt
wurde.

Den Grill gut vorheizen. Die Fischstücke in den heißen Grill legen und
von jeder Seite etwa 6–8 Minuten grillen.
4 Tomaten kreuzweise oben einschneiden und ebenfalls grillen.

Die Zitronen-Kräuterbutter wird so gemacht:
150 g warmgestellte weiche, aber keinesfalls bereits zerfließende Butter
mit folgenden Zutaten gut vermischen:
1 Knoblauchzehe mit
1 Eßl. Petersilie und
1 Eßl. Basilikum gemeinsam so fein hacken wie möglich.
1 Teel. Senfmehl,
1^{1}/2 Teel. Atlantik-Meersalz,
1 Hauch frischgemahlener weißer Pfeffer,
^{1}/2 Teel. feinst geschnittene Peperoni,
2 Msp. abgeriebene Zitronenschale und
1 Teel. Zitronensaft.
Von dieser Butter gibst du kurz vor dem Servieren sowohl auf die
gegrillten Fischfilets wie auch auf die gegrillten Tomaten. Serviere auf
heißen Tellern, und garniere mit reichlich Zitrone und einem
Rapunzelsträußchen.
Dazu paßt gut ^{1}/2 gebackene Kartoffel und ein grüner Salat. Als
Getränk ein zarter, spritziger Weißwein. Vielleicht magst du in jedes
Weinglas eine Borretschblüte geben oder dir etwas anderes einfallen
lassen? Als Nachtisch könntest du selbstgebackenen Apfelkuchen oder
einen Apfelstrudel servieren!

Schal- und Krustentiere

Wissenswertes

Miesmuscheln

kommen praktisch in allen Weltenmeeren vor. Sie werden gekocht, gebraten und mariniert. In den Monaten mit einem »r« sind sie frisch erhältlich. Muscheln müssen einen guten und frischen Geruch nach Seewasser haben. Sie müssen geschlossen sein, wenn sie gekauft werden, aber geöffnet, wenn sie gekocht wurden. Muscheln, die sich nach dem Kochen nicht geöffnet haben, müssen weggeworfen werden, wenn du dich nicht der Gefahr einer Vergiftung aussetzen willst. In Gläsern eingemachte Miesmuscheln sind wohl das ganze Jahr über erhältlich, sie können frischen Muscheln aber nicht »das Wasser reichen«!

Venusmuscheln oder Vongole

Für sie gilt dasselbe, wie oben gesagt. Sie sind, in Gläsern eingemacht, in italienischen Geschäften zu bekommen und sind, im Gegensatz zu den Miesmuscheln, für verschiedene italienische Nudelgerichte oder für Pizza durchaus zu vertreten.

Die Jakobsmuschel

Sie wird aus Schottland und Frankreich geliefert. Sie wird gegrillt, gebraten oder gedünstet. Diese Jakobsmuschel wurde nach dem Schutzheiligen des »Jakobsweges«, dem heiligen Jakob benannt, einer Pilgerstraße durch Frankreich, die sich dann in den Pyrenäen eint und nach Santiago de Compostela führt. Die Pilger trugen die

Jakobsmuschel zum Wahrzeichen ihrer Pilgerschaft bei sich. Auf diese Pilgerreise begaben sich während etlicher Jahrhunderte des zu Ende gehenden Mittelalters Hunderttausende von Menschen. Der beschwerliche und zu damaligen Zeiten lebensgefährliche Weg wird der *El Camino* genannt. Daß um diese Straße nach Santiago etwas ganz Besonderes sein muß, ahnt sicherlich auch heute so mancher wieder, denn die Pilgerstraße erlebt derzeit geradezu eine Renaissance. Doch davon handelt einmal ein anderes Werk. Wer weiß, vielleicht kommst du auch einmal mit mir? Vielleicht begibst du dich irgendwann auf deine eigene oder eine gemeinsame Pilgerreise?

AUSTERN

Sie sind bekanntlich etwas für Feinschmecker. Sie werden an den Meeresküsten frisch angeboten.

HUMMER, LANGUSTEN, SCAMPI, KRABBEN, GARNELEN

Sie werden lebend, tiefgekühlt oder als bereits zubereitetes Fleisch in Konserven angeboten. Am besten, du probierst aus, was davon dir in welcher Weise am besten schmeckt und verträglich ist.

Schöpferische Idee, Bestimmung und Heilkraft zur Erprobung

Muscheln, Scampi, Garnelen, Krabben, Krebse, Langusten, Hummer, alle Schal- und Krustentiere des Meeres repräsentieren das heilende, Sauerstoffeinspulende und vitalisierende Prinzip des Meeres, der Urmutter allen Lebens.
Sie wirken
- anfeuernd,
- bringen das Blut in Bewegung und verflüssigen es,
- geben »Power« auf die Schilddrüse,
- machen also auch schlank,
- erneuern den Stoffwechsel,
- wirken antidepressiv und sind gut

– gegen Müdigkeit und
– gegen Antriebslosigkeit.

Allerdings Vorsicht: Es gibt eine Kontraindikation (Gegenanzeige), und zwar für Menschen mit schweren Kopfschmerzen und Migräne, und zwar weil hierbei, energetisch gesehen, der Kopf auf eine gewisse Weise »ausgeklammert« ist. Menschen, die zu Kopfschmerzen neigen, sollten deshalb besser nur geringe Mengen und auch eher seltener davon essen, sich aber entsprechende Notizen machen, wie sie sich nach dem Verzehr fühlen. Eventuell kann dann langsam, im Verein mit öfterem Verzehr von Meeresgemüsen und Meeresfisch und zusammen mit grünem Salat und grünen Kräutern die »Dosis« auf Wunsch gesteigert werden.

Was gut dazu paßt

Das sind besonders grüne Salate, zu denen diese Meerestiere ja auch gerne, besonders als Vorspeise oder bei Buffets, serviert werden. Alles Grüne – somit auch alle Arten von frischen Kräutern – ergänzt sich sehr harmonisch mit diesen Meerestieren.

Rezept

Spaghettini mit Vongole und Salbei

So wird's gemacht:
400 g (zwei Gläser) »Vongole naturale«. Nicht wie oft üblich, in Tomatensauce, sondern in Salzwasser konservierte Vongole aus dem italienischen Geschäft besorgen. Das Salzwasser in ein Gefäß abgießen und aufbewahren.

Die Venusmuscheln in einer großen Pfanne in
10 Eßl. Olivenöl braun braten. Du solltest ein Pfannenspritzsieb
darüber decken, denn die Vongole springen beim Braten!
Wenn die Muscheln schön braun geröstet sind, gibst du nun nach und nach
das abgeschüttete Muschelwasser und
6 Blätter kleingehackten frischen Salbei (oder 1 Eßl. getrockneten
Salbei), sowie ¹/₄ kleingehackte Peperoni dazu.
Wenn das meiste Wasser verdunstet ist, was etwa 8 Minuten dauert,
fügst du
1 ganzes Bündel gehackte breitblättrige Petersilie hinzu.

Inzwischen hast du
500 g Spaghettini in einem großen Topf in reichlich Salzwasser gekocht.
Spaghettini sind dünnere Spaghetti, als diejenigen, die in Deutschland
üblicherweise zu kaufen sind, und haben auch nur eine Kochzeit von 3–5
Minuten. Diese dünnen Spaghetti lassen den Ragouts, mit denen sie
serviert werden, viel mehr Spielraum und ergeben generell eine viel feinere
Gesamt-Geschmackskomposition. Du bekommst sie in italienischen
Geschäften.
Sind die Spaghettini "al dente" gekocht, haben sie also noch "Biß",
schüttest du sie in ein Sieb und nach kurzem Abtropfen sofort in deine
Vongole-Pfanne. Mische alles gut, schmecke ab, gib – bei Bedarf – noch
etwas Salz und Pfeffer zu und serviere am besten direkt in der Pfanne
und auf vorgewärmte Teller.

Dazu paßt ein dunkler, kräftiger, vollmundiger italienischer Rotwein.

MEERESGEMÜSE

Wissenswertes

Meeresgemüse sind in Reformhäusern, Bioläden und japanischen Läden zu erhalten, in Deutschland werden sie allerdings nicht als Nahrungsmittel, sondern zumeist (aus irgendwelchen seltsamen gesetzlichen Gründen) nur als Badezusatz geführt! Meeresgemüse sollten kühl und trocken aufbewahrt werden.

Es gibt die verschiedensten Arten von Meeresgemüsen, wie Arame, Kombu, Nori, die in den Meeren um Japan wachsen, Caragee, das man in Nordeuropa und von Maine bis North Carolina in den USA erntet, und viele andere. Es lohnt sich, mit einer Algenart zu beginnen, beispielsweise mit Arame, seine ersten Geschmackserfahrungen damit zu machen und sich dann langsam weiter voranzutasten. Heilend und energetisierend wirken sie alle.

Wenn du weitere Informationen hierzu haben willst, empfehle ich dir das Buch *Vegetarische Küche* von Rose Elliot. Eine Besprechung findest du im Anhang.

Schöpferische Idee, Bestimmung und Heilkraft zur Erprobung

Meeresgemüse und Meeres-Algenprodukte schützen vor Viren. Meeresgemüse aller Art sind allesamt höchst nützliche Sauerstoffspender, Vitalisierer und Bluterneuerer. Sie sind nicht nur für den Körper, sondern auch für die Seele geradezu ein Jungbrunnen. Sie erneuern die Zellgewebe von Grund auf und bringen Leuchtkraft, Attraktivität und Farbe ins Leben. Sie öffnen des Menschen Blick zu den Sternen, und holen ihm seine geistigen Sternenbrüder ganz nahe in sein Wesen hinein. Dort schenken sie ihm klare Kraft und eine höhere Zufriedenheit, eine Urharmonie und die Verbindung mit allem Leben.

★ Ein Stern geht dem Menschen auf, und das ist sein eigener Stern im Urmeer allen Lebens.

Agar-Agar

Wissenswertes

Der Begriff Agar-Agar stammt aus dem Malaischen und bedeutet: »gelierendes Lebensmittel aus Algen«. Agar-Agar wird aus Gelidium-Algen gewonnen, die am Meeresboden wachsen. Agar-Agar wird in der Naturküche als Geliermittel verwendet und stellt viel mehr als nur einen Ersatz für die aus Tierabfällen hergestellte Gelantine dar. Es läßt sich zu salzigen, wie zu süßen Cremes, Mousses, Marmeladen und anderen Speisen verarbeiten. Agar-Agar erhält das Aroma und damit die geistige Idee der jeweils verwendeten Früchte oder Gemüse aufs vollkommenste, ja, es unterstützt das jeweilige Heilprinzip. Alle weiteren wissenswerten und praktischen Informationen hierüber findest du in dem Heftchen *Agar-Agar*, das sicherlich dein Reformhaus für dich bereithält. Du findest darin beschrieben, wie und wozu du Agar-Agar anwendest, sowie auch Rezepte.

Schöpferische Idee, Bestimmung und Heilkraft zur Erprobung

Agar-Agar stärkt und erhält den Frohsinn der Seele, die Kraft, beweglich auf neue Anforderungen des Lebens und der Seele zuzugehen.

Agar-Agar bringt Sauerstoff ins Gewebe und ins Blut und durchpulst dich mit frischer Meeresbrise. Es regt den Stoffwechsel an, macht dich feurig und wendig, ist höchst nützlich generell für die Gesundheit und geradezu als Sportlernahrung zu empfehlen.
– Es schenkt dir bei häufiger Verwendung blitzende, starke Zähne,
– putzt deine Nerven »blitzeblank«,

– läßt dich leicht denken,
– macht dich initiativ, agil und beweglich.
– Auch wird ganz besonders die neue Art weiblicher Schöpferkraft, weiblicher Initiative und weiblich regierender Kraft angeregt.
– Das Hara-Zentrum wird mit Sauerstoff und Kraft durchflutet.
– Damit werden die Blase,
– der untere Rücken und
– der weibliche Bereich außerordentlich gestärkt.
– Agar-Agar tut aber auch den Männern besonders gut, weil sie
  damit ihre Sensibilität und ihre eigene weibliche Kraft besser
  zulassen können und weil sie ihre große Angst vor der starken
  Frau an sich verlieren.
– Zudem ergibt sich eine Sprungkraft in den Fesseln und eine
  Rotationsbeweglichkeit der Gelenke.

Kuhmilch und Milchprodukte

Die Milch

Schöpferische Idee und Bestimmung

Milch ist der irdische Ausdruck einer strahlenden, herzenswarmen, geistigen Sonne, die »Milchsonne« einer großen, kosmisch-irdischen Weltenkuh, die mit ihrer Weisheit und ihrer unendlichen, wirkenden Liebe alles voneinander Getrennte wieder zurückverbindet und zu heilen bestrebt ist. Diese große urheilende Weltenkuh wurde in der altnordischen Kosmologie Audhumbla genannt.

Milch ist Himmelsnahrung, auf Erden ausgeströmt. Audhumbla trägt ihren sonnenstrahlenden allgütigen Geist hinab in die Tiefe und in die Dunkelheit des Irdischen. Milch ist somit Wissen und große wirksame Kraft. Audhumbla, die große Milchstraßen-Göttin weiß von kosmischen Ereignissen. Sie lehrt uns, uns nach und nach wieder an unser himmlisches Erbe zu erinnern.

Die Idee der Milch ist also Heilung und Wiederzusammenbindung von Bruchstücken und Bruchstrecken. Milch ist Träger eines kosmischen wie zugleich eines irdischen Gesamtwissens und ist in sich selber multidimensional vernetzt. Sie ist Träger höchster Urkräfte und Mittler zum Leben. Sie ist zuständig für die Fortführung und die Weitergabe des Lebens. Sie ist ein Träger von Verantwortung. So baut sie auch deine Verantwortungsübernahme zum erwachsenen, eigenwertbewußten Menschen auf und hilft dir, Recht und Unrecht zu unterscheiden und Vergangenheit und Zukunft in deinem augenblicklichen Jetzt zusammenzufügen.

Milch ist eine Sternenflut unendlicher Mengen von Einzelideen und Einzelinformationen, die zu einer Art kosmischem Milchstraßen-Band zusammengefügt wurden. Milch bringt die Sternenwelten mit ihrer Vielzahl von Lichtinformationen herab auf unseren Planeten Erde und stellt diese nach deinem Maß zu deiner Verfügung.

Milch verbindet also Himmel und Erde miteinander, ganz besonders, wenn sie aufgeschäumt wird. So, wie es in den Mythen heißt, daß Aphrodite einst dem Schaum des Meeres entstiegen ist, so entsteigt die Kraft zum Leben aus schäumender Milch. Das ist somit frische gekühlte, schäumend aufgequirlte Rohmilch, die hervorragend mit frischen und natürlich angebauten Früchten gemixt werden kann. Jedes Sahnekügelchen ist ein Abbild einer Galaxie in den Weiten des Sternenraumes. Wenn solche Rohmilch stehen bleibt und sich die Sahne oben absetzt, dann kommen die Sternenwelten, die Galaxien, aber auch die Sternbilder des Jahreskreislaufs näher zum Menschen heran und lehren ihn wieder die verlorengegangenen Sternenweisheiten und ihre Ordnungen.

Sternenweisheit

Die Symbole von Stier oder Kuh stehen in den Kosmogonien und mythischen Erzählungen des Erdkreises stets für eine Mittung, aber auch für eine mögliche Veränderung von Weltenprinzipien. Denn was gut, stabil und eigenkraftvoll gemittet ist, kann auch Veränderung zulassen. Stier oder Kuh sind Ursymbole, Urprinzipien, Grundelementale des Multiversums an sich. Sie tauchen in den mythischen Erzählungen der Völker immer wieder als tragkräftige Veränderungssymbole auf.

Audhumbla, die große Weltenkuh, so wird etwa in der *Edda* erzählt, hat mit ihrer lebendig machenden Zunge so lange am salzigen Welteneis geleckt, bis daraus innerhalb von drei Tagen ein Weltenmensch namens BUR, der Ahn Odins herausgeboren wurde. Oder vielleicht magst du es einmal wieder in den griechischen Mythologien nachlesen, wie Zeus sich in einen Stier verwandelte und die wunderschöne Jungfrau EUROPA auf ein neues Eiland entführte.

Auch in der Astrologie steht das Symbol des STIER für einen Eckpfosten in der Grundmatrix des Kreuzes oder der Quadratur, womit einerseits seine die Materie bindende Natur angesprochen ist; andererseits hat dieses gründende Eckprinzip aber noch eine Anbindung an seine schöpferisch-göttliche Urheimat, weswegen wir das Symbol des Stiers hier auch mit Flügeln – dem spirituellen Prinzip – ausgestattet finden. Dieses Haus ist in der Astrologie heute wie seit uralten Zeiten ein heiliges Haus. *Der geflügelte Stier* hat zudem eine besondere Beziehung zu den übrigen drei – ebenfalls geflügelten – Häusern. Diese vier Häuser stellen die Grundprinzipien der »vier Ecken der Welt« dar. Im Haus des STIERS ist die tierische Natur in einer ganz besondern Weise erhöht und vom Heilslicht der Urschöpfung durchdrungen.

Die Ströme der Milch sind deshalb die Ströme des Kosmos, die Ströme des Lebens, die Ströme der Ganzheit, der Verbindung, des Heils, der Wiedergeburt, der Erweckung, sind feuriger Lebensgeist und Antrieb zugleich.

Milch ist Gnade an sich und somit die Gewißheit der Heimkehr. Milch ist deshalb ein höchstes Heiligtum, die Lebensschnur, der Lebensfaden der Schöpfung überhaupt. Sich an Milch zu vergreifen, sich an den Tieren zu vergreifen, welche von der Schöpfungsurkraft selbst ausgewählt wurden, um die Heilsschnur weiterzugeben und diesen Geschöpfen den oftmals so destruktiven Menschengeist aufzuprogrammieren, ist geradezu ein kosmisches Vergehen. Hier kann bestenfalls nur gesagt werden: »... Denn sie wissen nicht, was sie tun ...« Das gegengeistige Denken weiß aber sehr genau, was es tut und warum es das tut, und ist deshalb auch nicht einfach nur so zu entschuldigen.

Der Pflege der Milchkühe innerhalb eines biodynamischen Kreislaufs sollte deshalb große Aufmerksamkeit gewidmet werden. Wenn du auf die Entfaltung deines Menschseins, deiner Spiritualität und auf die Entfaltung der Evolution im Sinne der neuen Lebensgesetze Wert legst, fühlst du dich vielleicht angesprochen, dich mit dem Thema der biodynamischen Milchwirtschaft, die Rudolf Steiner ins Leben gerufen hat, zu beschäftigen – auch wenn du nicht »waschechter Antroposoph« bist?

Auch ich bin es nicht. Es ist aber an dieser Stelle einmal notwendig, all den Menschen, die sich um den Aufbau wahrer kosmischer Ordnungen auf Erden so intensiv, umfangreich und tragend be-

müht haben, die Anerkennung und den Dank zu geben, den wir
ihnen schulden. Denn durch sie sind wir heute in der Lage, auch
gegen die Übermacht gesellschaftlicher Perversitäten und magischer Praktiken – Normen genannt –, Milch und Milchprodukte zu
beziehen, die ihrer wahren Schöpferkraft gemäß sind.

Wie wirst du hier einen Beitrag leisten?

Unverdorbene Heilkraft

Milch ist also ein Ur-Mysterium und birgt viele unerkannte Hei-
lungsmöglichkeiten in sich. Als »Nebenbei«-Getränk ist sie jedoch
keineswegs zu empfehlen. Sie sollte gezielt und auch nur dort, wo
sie von der Einzelindividualität auch wirklich optimal vertragen
wird, angewendet werden.

Alle hier aufgeführten Heilindikationen gelten ausschließlich für
Milch von Kühen, die ihrer Art gerecht aufgezogen wurden, die
Wiesen und Sonnenschein kennen, die unvergiftete Nahrung und
heilsame Kräuter fressen dürfen und deren Milch unverdorben und
unmanipuliert und im Rohzustand weitergegeben wird. Solcherart
Kühe gibt es im Grunde – nicht nur in spezieller biologisch-dynami-
scher Landwirtschaft – auch heute noch genug. Denn in vielen
Berglandschaften, auf Wiesen und Almen sind solche natürlichen
Bedingungen durchaus noch gegeben. Nur: Solche naturreine
Milch ist ein erstklassiges Heilelixier und müßte auch unbedingt als
solches weitergegeben werden. Sie dürfte weder mit der Milch von
gefangengehaltenen Artgenossen vermischt, noch in üblicher Weise
weiterverarbeitet werden, damit sie auch als kosmisch-irdisches
Heilregulativ wirken kann. Aus solch heilsamer Natur-Milch gar
H-Milch oder Kondensmilch zu erstellen ist ein Verbrechen wider
die Natur.

Die Heilkraft zur Erprobung –
Anwendung und Besonderheiten

Je nachdem, wie du Milch nun anwendest, kann sie dich trösten
und beruhigen oder dich flink und agil machen, doch bedenke:

Milch ist immer eine Urnahrung des Lebens, ein Nahrungsmittel in flüssiger Form. Sie sollte keineswegs als selbstverständliche, tägliche Nahrungsbeigabe und schon gar nicht als Getränk betrachtet werden. Diese flüssige Urnahrung wird einmal zum Träger sehr spezifischer Heilanwendungen werden können, auf die im Rahmen dieser Arbeit jedoch nur einführend eingegangen werden kann.

In Milch liegen viele Schlüssel zum Verständnis von Dimensionen verborgen. Milch *heilt den großen Weltenbruch*, die Spaltung und das Abwenden vom Schöpferprinzip. Milch verströmt ihre eigene Idendität als Nährmutter. Das Prinzip der Milch ist Wachsamkeit, Unbestechlichkeit und Gravitation – also Materiebindung –, aber es ist auch meditativ und lichtöffnend zugleich. Milch bindet ein – das involutive Prinzip –, und sie wickelt aus – das evolutive Prinzip. Sie steht deshalb auch für DIE ZEIT jenen Aspekt, welchen der Mensch Vergangenheit nennt, wie auch den, welchen er Zukunft nennt.

Beide Prinzipien verbindet die Milch über einen heilenden Lichtbogen. Der natürliche Rahm der Milch hat deshalb Lichtinformative und emulgierende Eigenschaften. Im Prinzip eines Natur-Emulgators, durch welchen wässrige und ölige Anteile auf alchymische Weise innig miteinander vereint werden können, sind die beiden gegen sich selber wendelnden Evolutionsspiralen enthalten.

In Milch sind somit Vergangenheit und Zukunft zugleich enthalten, aber auch Hitze und Kälte, Schmerz und Freude, Leben und Tod. Solche machtvolle Urheilung können derzeit viele Menschen noch nicht in sich selber nachvollziehen, sie können deshalb mit beiden gegenläufigen Evolutionsprinzipien noch nicht genügend gut eigene Bio-Resonanzen bilden. Je geringer somit die eigene Fähigkeit ausgeprägt ist, zu diesen beiden Evolutions- und Zeithälften eine Beziehung aufzubauen, desto geringer ist die körpereigene organische Resonanzbildung und die Fähigkeit zur entsprechenden Stoffwechselbeantwortung. Das führt somit in der Folge zu mehr oder weniger stark ausgeprägten und individuellen Milch-Unverträglichkeiten.

Unverträglichkeiten

Genauso, wie es Unverträglichkeiten von Nahrungsmitteln gibt, gibt es auch Unverträglichkeiten von Milch als Nahrungsmittel. Die sogenannte Lactose-Unverträglichkeit wird in hohen Prozentzahlen, von sogar bis zu 100 %, für die verschiedenen Völker dieser Erde angegeben. Auch ist die verschleimende und belastende Auswirkung von Milch auf viele Menschen bekannt, so daß von naturheilkundlicher Seite vom Genuß von Milch oft sogar prinzipiell abgeraten wird. Daß sich aber die Untersuchungen über Milch-Unverträglichkeit – wie stark anzunehmen ist – auf die übliche pasteurisierte und homogenisierte, mit Giftstoffen, Hormonen, Antibiotika und Penicillin angereicherte »Normalmilch« beziehen – inwieweit zudem die Gentechnologie womöglich auch hier schon mitgemischt hat –, das ist den Berichten nicht zu entnehmen.

Tatsache ist jedenfalls, es gibt heute viele Menschen, die auf Milch-Nahrung allergisch, mit Unverträglichkeiten und mit »Verschleimungs«-Krankheiten reagieren. Das hängt nicht nur mit der dysfunktional aufbereiteten Qualität der in Einkaufsketten erhältlichen »normalen« Milch zusammen, sondern es gibt auch geistseelische, oft auch karmische und damit in der DNS verankerte Gründe. Wer sich geistig von seinem eigenen Seelen-Urgrund sehr weit abgetrennt hat, was meist in früheren Leben geschehen ist, bringt diese Abtrennung als genetischen Defekt, als eine Art von »Leertaste« zwischen magnetischen und elektrischen Prinzipien mit in dieses Leben.

Für die Betroffenen kann dann tierische Milch am besten nur vollständig vom Speisezettel gestrichen werden. Wenn du deshalb gesundheitliche Probleme hast, so solltest du – unter anderem – auch einmal deinen Milchkonsum einer Prüfung unterziehen und dir am besten austesten lassen, ob Milch dir derzeit womöglich sogar eher schadet als nützt.

Zu alledem wird ganz sicher viel zuviel Milch getrunken, weil Milchtrinken von der Milch-Lobby als so überaus gesund dargestellt wird. Milch ist aber, wie oben schon gesagt, ein trinkbares

Nahrungsmittel, das nur mit großer Bedachtsamkeit und sehr präzise verwendet werden darf.

In diesem Zusammenhang muß ich außerdem darauf hinweisen, daß frische Rohmilch nur von speziellen Höfen abgegeben werden darf, unter der Auflage, daß die Milch vom Verbraucher selbst abgekocht werden muß. Das gesamte Thema der Milchwirtschaft hat also, wie du siehst, sehr viele unterschiedliche und vor allem auch höchst umfangreiche gesetzgeberische Aspekte, die ich hier nicht einmal umreißen kann und die von Fall zu Fall betrachtet werden müssen. Ein Patentrezept kann ich dir hier ganz sicher nicht geben. Weitere Informationen hierzu findest du in dem Buch *Neue Chemie in Lebensmitteln.*

Tiermilch, die vom Menschen getrunken wird, baut immer Brükken, nicht nur zu unseren geistigen, sondern auch zu unseren künstlerischen, schönsten Kräften. Sie hat eine mögliche Heilkapazität jedoch nur, wenn sie als frische und unmanipulierte Rohmilch getrunken oder als hieraus sensibel und achtsam weiterentwickeltes Produkt angewendet wird. Pasteurisierte ultraerhitzte Milch und besonders auch H-Milch besitzen nicht mehr die Sternenanbindung, wie dies für frische Rohmilch gilt. Sie bewirkt deshalb Gemütsarmut und eine Trostlosigkeit der Seele, auch eine Gefühlsarmut und eine Verrohung der Seelenqualitäten. Biologisch-dynamische Rohmilch kann jedoch auch von dir selbst erhitzt werden, sie sollte dann aber möglichst gleich getrunken werden. Gerade das Erhitzen und das Wieder-Abkühlen kann eine Schädigung der kosmischen Nabelschnur bewirken.

Weitere Anwendungen und Rezepte

Das natürliche emulgierend-alchymische Prinzip von Milch, Sahne und Eigelb kann hervorragend in der Naturkosmetik, im Zusammenspiel etwa mit ätherischen Ölen Verwendung finden. Auch natürliche Fruchtauszüge, Fruchtsäfte oder Kräuterauszüge können gemeinsam mit Milch oder Sahne verwendet werden, indem herrliche hautpflegende Emulsionen oder schäumende und energetisierende Badezusätze hergestellt werden.

Milch wird, wenn sie gesäuert ist, viel leichter bekömmlich. Die unendliche Vielfalt der Informationen einschließlich ihrer multifunktionalen Vernetzungen wird durch das Ausflocken der Milch präzisiert und kann somit für dich als Einzelindividuum leichter verwertbar gemacht werden. Dein Organismus, aber auch deine Seele können sich so die gerade notwendigen Einzelinformationen viel leichter herausholen. Die Milch ist dann für dich »spezial-aufgeschlossen«. Die universelle »Geschlossenheit« der Milch macht es nicht gerade einfach, hier für dich einzelne Heilanwendungen herauszunehmen, deshalb gebe ich dir nachfolgend nur einige Streiflichter.

Du kannst Milch mit Zitronensaft mixen oder sie mit einigen Früchten zu einem aufmunternden Milchmix-Drink zubereiten. Zum Beispiel Rohmilch in kühler nicht gekochter Anwendung, gemixt und aufgeschäumt:

Mit Zitronen- und/oder Mandarinensaft:
- muntert auf,
- hellt auf,
- macht beweglich und sportiv.

Mit Kirschlikör:
- unterstützende Heilsamkeit bei Geschwüren.

Mit frischem Ananassaft:
- erneuernde Wirkung auf das Zellgewebe,
- verschönt die Haut und besonders den Teint und ist geradezu ein Schönheitselixier, das du zusätzlich auch äußerlich anwenden kannst.

Mit gemixter Banane:
- baut Brücken zum Du.

Mit Honig:
- bremst Stoffwechselabläufe. Das kannst du nutzen bei Verbrennungen – dann heiß trinken – oder bei Erfrierungen – dann kühl trinken und vorsichtig auftragen.

– Heiß getrunken, entstreßt sie,
– beruhigt und
– ist ein hervorragendes Schlafmittel.

Mit Kakaopulver:
– fördert die Denk- und Erkenntnisfähigkeit.

Rohmilch, selbst erhitzt (nicht pasteurisiert) und in heißer Anwendung ist nützlich
– bei Nervenschwäche und
– unterstützend wirksam bei Muskelschwund.
Heiß mit Zucker getrunken,
– heilt sie die Trauer,
– macht das Antlitz schön und rein, geklärt und sauber
– und hilft bei tränenden Augen.

Nun noch einige Besonderheiten aus der Ideenwelt der GÖTTIN, die ich für Mutige einmal zum Experimentieren gebe – denn auch die Beschaffung der entsprechenden Milch ist sicher nicht einfach!
Milch von weißen Kühen ist Engelsmilch (Die Kuh darf ganz wenig schwarzes Fell dabei haben). Sie ist hilfreich bei
– Geschwüren und nützlich bei Blinddarmreizung. (Natürlich muß eine richtige Blinddarmentzündung, die operiert werden muß, vom Arzt zuvor ausgeschlossen sein!) Auch wirkt sie heilsam bei
– Narben, die entzündet sind und die Gewebswasser »aussuppen« (innerliche und äußerliche Anwendung). Sie ist heilsam wirkend bei
– geschwürigen und eiternden Wunden und Narben.
Weiterhin ist sie nützlich
– bei Ohrenentzündung und Mittelohrvereiterung, (nur unter ärztlicher Begleitung und Kontrolle) und auch bei
– Haarausfall.
»Engelsmilch« soll einfach nur kühl und roh getrunken werden.

Milch von schwarzen Kühen
– wirkt heilsam bei Narben, die wichtige körperliche Verbindungswege unterbrechen und Körperfunktionen blockieren.

– Sie ist heilsam bei Sehnenrissen und Brüchen aller Art.
– Auch bei Krebserkrankungen und bei Knochenkrebs ist sie hilfreich.
Sie kann lauwarm aufgestrichen werden, es können Verbände damit gemacht werden, und sie soll heiß getrunken werden.

Sauermilch, selbst hergestellt aus Rohmilch, wie unten beschrieben,
– kühlt und
– lindert feurige Stoffwechselabläufe im Organismus,
– ist gut bei Verbrennungen, Sonnenbrand, innerlich wie äußerlich.
– Wenn du schwere, schmerzende oder gar offene Beine hast, dann
mache eine langdauernde Kur (innerlich sowie und äußerlich als
Packung) mit selbstangesetzter frischer Sauermilch.
Sauermilch läßt sich ja bekanntlich nur dann ansetzen, wenn du
frische und völlig unmanipulierte Rohmilch verwendest. Die »normale« pasteurisierte und ultrazentrifugierte Milch wird übel rie-
chend und ungenießbar, wenn du sie, in der Absicht, Sauermilch
aus ihr zu bereiten, stehenläßt. Allein dies sollte dir doch zu denken
geben!
Wenn du Milch zu Heilzwecken nutzen willst, solltest du dich
deshalb auf die Suche nach einem entsprechenden Bauernhof mit
biologisch-dynamischer Milchwirtschaft machen. Die Rohmilch
setzt du in einem irdenen Topf, mit einem reinen Tuch abgedeckt, zu
Sauermilch an, indem du sie einfach in deiner Küche in der Wärme
stehen läßt, bis sie fest geworden ist. Von dieser Sauermilch kannst
du dann, damit es schneller geht, einen Löffel für deinen nächsten
Ansatz verwenden.

JOGHURT

Joghurt entgiftet und entschlackt, ganz besonders dann, wenn es
ohne alle Zutaten und nicht im Zusammenhang mit anderen Speisen oder Mahlzeiten gegessen wird.

QUARK

Quark wirkt
- verjüngend auf das Zellgewebe generell,
- reinigt und kräftigt die Lungen,
- stärkt die Nieren und kann eventuell auch
- nützlich bei Kopfschmerz und zur Vorbeugung von Migräne sein (probiere es aus, und nimm nicht zuviel davon).
- Frischer Quark ist auch nützlich, wenn du Eiterherde in deinem Körper hast.
- Du kannst ihn auch für kühlende Packungen verwenden.

Quark kann in allen nur denkbaren Variationen verwendet werden, in Getränken, Nachspeisen, zum Backen, süß, feurig oder salzig, und verliert dabei niemals seine Eigenart. Er verträgt sich nahezu mit allem, geht aber keinerlei alchymische Verbindung mit anderen Nahrungsstoffen mehr ein. Du solltest nicht zuviel Quark auf einmal essen, weil er dich dann schwer, müde und eher dicht macht. Probier selbst aus, welche Menge dir noch guttut. Die Grenze dürfte, je nach Konstitution, so etwa zwischen 100 bis 150 Gramm pro Mahlzeit liegen. Quark sollte aber nicht unbedingt öfter als zwei- bis dreimal wöchentlich gegessen werden. Du kannst die Wirkung unmittelbar erfahren, wenn du dich beobachtest. Wirst du müde, war's diesmal zuviel.

Tip

Gib in deine Quarkzubereitung immer einen Teelöffel Essig hinein, sofern dein Rezept dies zuläßt, er wird dann um vieles verträglicher, feiner, zarter und heilsamer. In süße Quarkgerichte solltest du immer entsprechend frischen Zitronensaft zugeben. Auch eine Messerspitze frischgemahlenes Senfmehl lockert auf und durchleuchtet deine Quarkspeise.

Quark mit grünem Pfeffer

So wird's gemacht:
- 250 g Magerquark mit etwas Milch cremig rühren. Dazu kommen
- 1 Teel. Rotweinessig,
- 1 Teel. frischer Zitronensaft,
- ¹/₂ Teel. gehackte Peperoni,
- 2 Teel. ganze grüne Pfefferkörner,
- frisch gemahlene Senfkörner,
- 1 Eßl. Liebstöckel, gehackt,

und etwas Meersalz mit Algen.

Diesen Quark kannst du nach Belieben mit frischen Kräutern oder
gekeimten Sprossen überstreuen und zu hauchfeinem Spezial-Knäckebrot,
zum späteren Frühstück oder als Mittags-Snack genießen. Dazu paßt
optimal grüner Tee.

Ein leckeres Rezept, um ein kleines Fest zu feiern, sind selbstgemachte

Ravioli mit Quark-Kräuter-Füllung

So wird's gemacht:
Für den Nudelteig brauchst du
300 g weißes Weizenmehl,
3 Eier,
etwas Senfmehl,
1 Kaffeel. Olivenöl,
etwas Meersalz,
2–3 Eßl. Wasser.

Das Mehl und eine Prise Salz auf ein Brett häufen, eine Mulde
hineindrücken und die Eier in die Mitte geben. Mit etwas
frischgemahlenem Senfmehl überstreuen. Mit dem Olivenöl und dem

Wasser den Teig durchkneten, bis er weich, glatt, geschmeidig und
elastisch ist. Abgedeckt beiseite stellen und ruhen lassen.

Für die Füllung benötigst du
200 g trockenen Quark, Schichtkäse oder Ricotta,
1 Ei,
1 Eßl. gehackte Petersilie,
1 Eßl. gehackte junge Löwenzahnblätter,
2 Eßl. gehacktes Basilikum oder
2 Eßl. gehackten Liebstöckel oder
2 Eßl. gehackten Spinat,
1 Eßl. gehackten Weinlauch, der im Januar schon in Weinbergen wächst,
oder ersatzweise 1–2 Knoblauchzehen,
4 Eßl. geriebenen Parmesan,
1 Kaffel. Majoran,
1 Prise Thymian,
50 g Weißbrotkrumen,
$^1/_2$ Kaffel. (mindestens!) frisch geriebene Muskatnuß,
frischgemahlenen Pfeffer,
frischgemahlene Senfkörner,
$^1/_2$ Teel. besten Rotweinessig,
Meersalz,
gerade soviel frische Sahne, um die Füllung geschmeidig-fest zu machen.

So wird's gemacht:
Aus allen Zutaten die Ravioli-Füllung bereiten. Mit den Kräutern
kannst du je nach Jahreszeit, Angebot, Lust und Laune variieren, es
sollte aber möglichst ein Kräutlein die Geschmackskomposition
»anführen«. Die Masse muß im Rohzustand wirklich sehr kräftig
abgeschmeckt werden, sonst werden dir deine Ravioli nach dem Kochen
am Ende langweilig schmecken, und die Zeit und die Mühe waren das
Ergebnis nicht wert. Bei meinem Experimentieren mit diesem Rezept ergab
sich beispielsweise eine Menge von mindestens drei Teel. Meersalz auf
die Menge, und auch die Gewürze wollen sehr großzügig bemessen sein.
Vielleicht magst du das Rezept auch einmal mit gehackten Peperoni in
der Füllung ausprobieren.

Nun den Teig auf einem bemehlten Tisch sehr dünn ausrollen und Quadrate von etwa 8 cm Seitenlänge ausschneiden. Auf jedes Teigquadrat ein Häufchen der Füllung setzen, mit einem anderen Quadrat bedecken und die Ränder mit einer Gabel zusammendrücken. Du kannst aber auch ein Quadrat so zusammenfalten, daß ein Dreieck entsteht.

Die Ravioli in reichlich sachte kochendem Salzwasser, dem du etwas Olivenöl zugefügt hast, »al dente« (noch bißfest) garen, was etwa 10 Minuten dauert, mit einem Sieblöffel herausnehmen und mit geschmolzener Butter und Parmesan auf vorgewärmten Tellern servieren.

Noch viel besser ist es, du garst deine Ravioli in einer kräftigen Fleisch- oder Kräuter-Gemüsebrühe, die du als ersten Gang reichst oder in welcher du sie, wenn du magst, auch servieren kannst. Überstreue dann aber auch die Suppe mit frischgeriebenem Parmesan.

Dieses Gericht ist recht zeitintensiv. Deshalb schlage ich dir vor, daß du aus der »Arbeit« einen kommunikativen Freizeit-Spaß machst. Das fängst dann schon damit an, daß du mit deiner Familie auf eine »Kräuterwanderung« gehst, daß danach eines der Familienmitglieder mit dem Teigbereiten, ein anderes mit Kräuterhacken, ein anderes mit Füllungzubereiten, ein anderes mit Weinkredenzen – schon während all dieser Tätigkeiten –, ein anderes etwa als musikalischer Unterhalter beschäftigt ist!

Was gut dazu paßt

Eine große Schüssel Salat, die beispielsweise aus Römischem Salat, Rapunzel, Maiskörnern oder auch aus Paprika, Karotten, Bleichsellerie besteht.

Und als Dessert schlage ich dir vor: heiße Himbeeren auf Vanilleeis, dazu sanft geschlagene Sahne, die mit etwas Vanillezucker und einem Teelöffel Rum aromatisiert wurde.

DIE SAHNE

Schöpferische Idee und Bestimmung

Sahne ist ein Schöpfungswunder und eines der ganz ganz großen
Mysterien der Natur. In der Sahne verbinden sich die auseinander-
gefallenen Schöpfungsprinzipien, das innerste kernsolare Licht der
großen Muttergöttin – die Urschöpfung selbst – mit der Weite und
Ferne des äußeren Universums. Sahne mittet diese beiden Prinzipien. Sahne hat infolgedessen auch höchst heilende Eigenschaften.

Die Heilkraft zur Erprobung

Wenn du dich also irgendwo gespalten, zersplittert oder zerrissen
fühlst, dann hilft dir Sahne immer heilen. Sie tut das sowohl für sich
allein, als auch in Verbindung mit passenden anderen Prinzipien.
  Sahne will öffnen. Sahne will befreien. Sahne will auch behüten,
aber ohne dabei zu verdichten. Sahne ist deshalb heilsam
– bei Gemütsproblemen,
– bei Traurigkeiten,
– Kraftlosigkeit,
– bei Schmerzen wie auch bei geistigen oder seelischen Schmerzen.
Sahne heilt nicht nur das Gemüt und ist damit auch
– leberheilend wirksam (Leber = Leben = Heiterkeit und Frohsinn.
Umgekehrt verursacht und erhält eine kranke Leber Gemütspro-
bleme und Depressionen), sondern sie ist auch heilsam wirkend bei
– Rissen,
– Schrunden,
– Verletzungen,
– Abszessen und
– Eiteransammlungen. Sahne kann heilsam wirken, indem sie

– Geschwüre öffnet, damit diese sich elektrophysikalisch »entladen« und ihre giftigen Stoffwechselprodukte und ihre beschwerende Last »abladen« können. Das tut sie
– bei äußerlichen wie bei
– innerlichen Geschwüren, auch besonders
– im Darmbereich.
Sahne ist auch heilsam wirkend auf
– die Darmschleimhäute. Ganz besonders heilsam zu diesem Zweck ist sie
– in Verbindung mit Petersilie, die man fein geschnitten, kleingemixt, kleingehackt unter die sanft angeschlagene Sahne zieht.
Außerdem beschleunigt Sahne die Fließgeschwindigkeit der Lymphe,
– regt den Lymphstrom und die Lymph-Entgiftung an
– und befreit von magnetischen und negativen »Befallsstrukturen« aller möglichen Art, die jetzt abtransportiert werden müssen für die neue Zeit.
Die locker schaumig geschlagene Sahne
– wirkt zudem reinigend auf die Wände der Gefäße,
– besonders auf die Arterien, die ihre Ablagerungen, Verkalkungen und Rückstände leichter loslassen können.
Sahne ist nützlich dabei,
– Kalkrückstände aus den Gefäßen abzutransportieren, ganz besonders in Verbindung mit Zitrone oder Minze. Man trinkt einen starken Minztee zur Sahne oder löffelt eine Cremespeise mit Zitrone oder trinkt einen Zitronentee dazu. Sahne in Verbindung mit Minze hat Reinigungswirkung auf die Arterien und auf die grauen Zellen der Gehirnrinde. Sie läßt neues Licht ins Denken strömen.
– Sahne reinigt deshalb auch das Denken und macht klug und besinnlich: Man kann klug und in Ruhe über anstehende Dinge nachdenken.

Sich von Rohmilch von selbst absetzende Sahne ist höchst heilsam
– bei Nervenkrankheiten,
– Geschwülsten und Geschwüren,
– besonders Nervengeschwülsten.

Einer weisheitsvollen, ordnenden Kraft ist alle Unordnung zu-
wider, die sie schnellstmöglichst zu beseitigen bestrebt ist. Die
Sahne soll hierfür von völlig unbehandelter Rohmilch einfach abge-
rahmt und am heilsamsten »roh« getrunken gewerden. Sie kann
aber auch Speisen verfeinern, und sie darf auch ganz sanft angeschlagen werden.

Heilende Milch, heilend gewonnen

Es sollte aber auch hier nochmals ganz klar angesprochen sein, daß,
je heilsamer eine Schöpferidee sich im Irdischen beweisen soll, diese
entsprechend *heil gewonnen werden muß*. In diesem Falle, wenn du
also schwerere Krankheiten mit solcher Sahne lindern und heilen
willst, solltest du dich nicht nur der Frischequalität der Milch
versichern, sondern dir auch der Mittlerin dieser Sternenmilch bewußt sein. Da lebt in einer jeden Kuh eben eine himmlische Spende-
rin von Heilsenergie, und eine diesem Tier adäquate Aufzucht und
Haltung sollte eine Selbstverständlichkeit sein. Also, fühl dich angesprochen, und tu selbst etwas dafür! Homogenisierte Milch, bei
der die Fetttröpfchen durch feine Düsen gepreßt werden, hat nicht
mehr diese reine Kraft und Heilwirkung, weil die Ideen der Sternen-
systeme und Milchstraßen dadurch daran gehindert werden, dem
Menschen nahezutreten, um ihn heilsam, lichtspendend, »geistreich« und informationsträchtig zu berühren. Zudem ist Homoge-
nisation auch noch ein völlig überflüssiger Eingriff in das heilende
Naturgefüge der Milch. Wähle also deine Milch, deine Sahne und
deine Butter bedachtsam bei adäquaten Händlern oder – so es dir
möglich ist – Höfen aus, studiere genauestens die Etiketten, stelle
Fragen. Es ist nämlich durchaus nicht alles Natur, was einen solchen Eindruck erweckt. Es ist auch nützlich, wenn du deinen Ge-
schmackssinn wieder auf Rohmilchgeschmack einstellst, denn interessanterweise sind viele Menschen mittlerweile den »ultrahoch-
erhitzten Geschmack« derartig negativ-gewöhnt, daß sie allein
schon deswegen natürliche Milch und Sahne ablehnen. Wenngleich
das Erhitzen der Sahne im Sinne des neuen Zeitalters durchaus
positiv gesehen werden kann, solltest du doch auch hier, sofern
möglich, auf Rohsahne zurückgreifen.

Anwendung und Rezepte

Sahne nimmt man zu Heilzwecken durchaus kurmäßig, solange man Lust darauf hat. Mechanisches Kalorienzählen nach Kalorientabellen ist hier nicht angemessen. Wirklich frische Sahne, die nur cremig geschlagen wurde, ist eine solche leuchtende anregende Lichtnahrung, daß die zugeführten »Wärme-Kalorien« im Organismus ebenso feurig und stoffwechselanregend verbrannt werden. Sahne macht aber dann dick, wenn sie mit Stickstoff »angereichert« und damit aller ihrer hochgeistigen Sternenbotschaften beraubt wurde. Sahne-Fertigprodukte, genau wie vielerlei Lebensmittel, sind oft solchen Stickstoff-Behandlungen unterworfen. Stickstoff-Begasung macht generell Nahrungsmittel unbeweglich und starr. Sie entkleidet diese ihrer geistigen Botschaften, zieht nieder und bringt tiefe, langsamste Schwingung dorthin, wo zuvor helle leichte fröhlichmachende Informationen vorhanden waren. Lichtfeuriges, vitales Lebendigsein wird durch Trübe, Schwere, Dichte, Statik und Dunkelheit ersetzt. Deswegen wird diese Methode ja auch zur Haltbarmachung von Früchten etc. eingesetzt. Solcherart Früchte und solcherart Sahne machen zudem, wen wundert's, depressiv, geistig und seelisch eingeschränkt und verursachen zudem oft Gasentwicklungen und Unwohlbefinden im Verdauungsbereich. Wenn du auf ein bestimmtes Nahrungsmittel solcherart Beschwerden feststellst, sondere es erbarmungslos aus deinem Speiseplan aus. Denn es zeigt dir über den »Indikator Darm« glücklicherweise an, daß es eine Mißqualität gewesen ist, die du dir hier zugeführt hast, welche weitreichende, niederschwingende Auswirkungen auf deinen Körper und seine zellularen Seelenbewußtsein hat.

Am besten, du machst dir im Lauf der Zeit eine Liste solcherart mindernder »Lebensmittel«, die bei nicht firmenabgepackten Waren auch die Einkaufsquelle und das Datum beinhalten sollte. Diese selbsterforschten Informationen interessieren später vielleicht einmal auch andere.

Sahne zu Heilzwecken soll also immer so frisch wie möglich und nicht pasteurisiert sein. Sie wird entweder verwendet, wie sie ist, oder sie darf ganz sanft cremig aufgeschlagen werden. Auch die Quirle des Rührgerätes sollen sich nur auf kleinster Stufe drehen.

Die Sahne soll, wenn sie zu Heilzwecken verwendet wird, noch in diesem zarten, seidigen, sahnigen Zustand sein. Sie darf auf keinen Fall so satt und fest geschlagen werden, daß die buttrige Zustandsform herausgearbeitet wird. Dann ist sie, den oben angegebenen Indikationen (Heilanwendungen) entsprechend, nicht mehr genügend brauchbar.

Solche sanft angeschlagene Sahne wird nun zu süßen und salzigen Speisen aller Art verarbeitet und kann jede Suppe, jeden Salat, jede zu der Heilanwendung passende Speise, jeden Obstsalat krönen und die dort zu findenden Prinzipien im gesamten Organismus weitergeben.

Die Sahne strahlt das jeweilige Prinzip, welches sie zusätzlich noch zu sich selber vermittelt, in die Körperperipherie hinein heilsam aus: Als sonnenstrahlender, sich ausbreitender Vermittler, der sie ist, gibt sie auch jedes zusätzliche Heilprinzip in die entfernteste Peripherie des Körpers hinein weiter. Dies bewerkstelligt sie sowohl in die Länge und Höhe – Kopf, Gehirn, Füße – als auch in die Breite und rundum – Hände, Gehirn – wie auch in die Tiefe, Dichte und Schwere hinein, so daß sie nützlich ist bei Abszessen, heilbedürftigen Körperstellen, Stauungen und Schmerzen. Als Heilssonne kann Sahne alle kosmologischen Richtungen wahrhaben und sich in alle Richtungen ausbreiten, ähnlich wie bei einem Schachspiel die Königin.

Sie *ist* die Königin des Schachspiels des Lebens hier auf diesem Planeten: Sie kann alle Züge machen ohne Hindernis. Und sie kann eben ein bestimmtes anderes Heilprinzip, eine heilende Substanz, ganz stark unterstützen in alle Richtungen hin.

Ein wenig solcher sanft angeschlagener Sahne ist auch nützlich für die Leber, besonders in Verbindung mit Kiwis und Mangos, Aprikosen und auch Aprikosenkernen.

Sahne und Zucker

Die Sahne darf ruhig ein wenig Zucker erhalten. Die gezuckerte Sahne wirkt dann heilsam insbesondere bei Darmgeschwüren und auch bei Leberkrankheiten. Es darf nicht viel gegeben werden, denn

eine kranke Leber verträgt nicht viel davon. Aber immer wieder mal
ein Löffelchen, über die Speisen verteilt, solltest du vertragen
können.

Der Zucker in der Sahne kann natürlich auch schon selber zum
Träger für andere Stoffe geworden sein, z. B. als Vanillezucker,
Zitronenzucker, Mandarinenzucker, Orangenzucker oder was
auch immer. In dem Zucker können Veilchen aufbewahrt werden
oder Erdbeerblätter oder Mandeln oder .... ach, da gibt's ganz viele
Möglichkeiten, mit denen du experimentieren kannst. Und all diese
verschiedenartigen Zucker können mit der Sahne gemischt werden
und ergeben dann noch einmal eine besondere, alchymisch verwandelnde Einheit.

Süße Schlagsahne ist ein Wunder an Liebe. Sie nährt deine Zellen
mit Liebe. Sie nährt das Zellplasma und schenkt Wärme, Fülle und
Liebeskraft. Süße Schlagsahne heilt die Freudlosigkeit, das Gefühl
von Nutzlosigkeit und von Sinnlosigkeit und schenkt wieder Vergnügen am Leben, am Lebendigsein. Sie vitalisiert ganz stark und
schenkt die Kraft, immer wieder neu aufzubrechen und dem Leben
mit Freude entgegenzugehen.

Ganz besonders gut eignet sich hierzu Schlagsahne mit selbsthergestelltem Vanillezucker.

Sahne mit Vanillezucker

Die Vanille erheitert das Gemüt. Sie macht selig, entfernt von der
Erde, den Problemen und Schmerzen und holt den Menschen in
eine Seligkeit hinein, sie hüllt ihn ein wie in eine Wolke aus Him-
melsglanz.

Vanille ist ein großes Aufheiterungsmittel und ist angebracht bei
Traurigkeit, Depression, Mißmut und bei allem Niedrigen. Immer
wenn das Niedrige ausgeschaltet werden soll und eine Erhöhung
angesagt ist, auch bei traurigen Kindergemütern, ist eine Vanille-
speise das Mittel der Wahl. Ein Vanillepudding mit einem Sahne-
krönchen wirkt dann heilsam auf die Seelenschmerzen. Und die
Vanillesahne verbreitet das heilende Prinzip ganz besonders in alle
Richtungen.

Eine solche Vanillesahne paßt auch hervorragend zu Kakao oder
zu schwarzem Kaffee. Man kann sie auch zu einem Punsch geben

oder zu Sangria oder auch zu einem echten Kräuterlikör. Da werden dann die heilenden Kräfte aus dem Kräuterlikör ganz besonders fein verteilt in den gesamten Organismus des Menschen, bis hinein in die feinsten Verästelungen der Nerven, der Gefäße und bis in die allerletzte Zelle. Die heilenden Stoffe werden auf diese Weise noch viel wirksamer, als sie es für sich allein schon sind, ja, sie werden geradezu hochwirksam.

Sahne als alchymischer Verteiler von Heilstoffen
Du kannst auch mit heilenden Agenzien aller Art im Zusammenhang mit Sahne experimentieren. Besonders gut eignet sich hier das homöopathische Prinzip. Sahne vervielfältigt und verteilt ja die heilenden Prinzipien im Organismus. So schlage dir deine Sahne auf, und gib dein homöopathisches Präparat oder dein Schüssler-Salz dazu. Und dann beobachte dich: Die Heilkraft des jeweiligen Mittels dürfte sich viel schneller und auch von dir bemerkbar mit deinem Organismus verbinden!

Rezepte

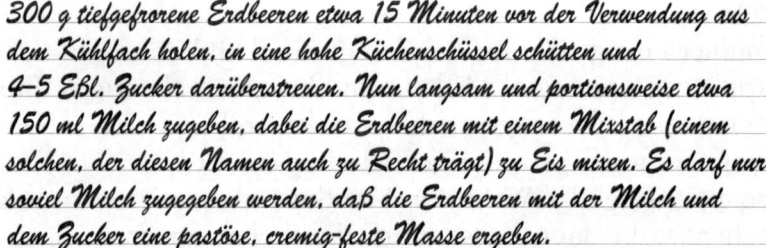

Erdbeereis

So wird's gemacht:
300 g tiefgefrorene Erdbeeren etwa 15 Minuten vor der Verwendung aus dem Kühlfach holen, in eine hohe Küchenschüssel schütten und 4–5 Eßl. Zucker darüberstreuen. Nun langsam und portionsweise etwa 150 ml Milch zugeben, dabei die Erdbeeren mit einem Mixstab (einem solchen, der diesen Namen auch zu Recht trägt) zu Eis mixen. Es darf nur soviel Milch zugegeben werden, daß die Erdbeeren mit der Milch und dem Zucker eine pastöse, cremig-feste Masse ergeben.

250 g frische Sahne mit 2 Teel. Zucker cremig-fest schlagen.

Das Erdbeereis in attraktive Schalen füllen, die Sahne darüber verteilen, eine kleine Prise Zimt darüberstreuen und – genießen! Dieses Eis ist in wenigen Minuten zubereitet und ergibt einen erfrischenden Nachtisch, der nicht nur bei Kindern äußerst beliebt ist.

Auf solche Weise kann ohne Eismaschine aus tiefgefrorenen Früchten im Schnellverfahren ein köstliches hausgemachtes Eis zubereitet werden. Es ist nur darauf zu achten, daß größere Früchte, die du für Eis vorsehen willst, in kleinen Teilen eingefroren werden. Bananen etwa werden geschält und in Stückchen geschnitten eingefroren. Manchesmal solltest du allerdings für das Antauen deiner Früchte etwas mehr Zeit einplanen, denn wenn die Früchte zu stark gefroren sind, bekommt sie dein Mixgerät womöglich nicht kleingemixt.

Anmerkung zum Thema »Tiefgefrieren«: Nahrungsmittel sind aufgrund ihrer spezifischen Wesenhaftigkeit sehr unterschiedlich zum Einfrieren geeignet. Einige, wie etwa Erdbeeren und Himbeeren erweitern durch das Tiefgefrieren sogar ihren Wirkungskreis. Andere Nahrungsmittel hingegen verlieren ihr »Gesicht«, ihr Profil, ihre Individualität durch diesen Prozeß und geben diese Schwächung dann natürlich an dich weiter – wenn du zu oft Tiefgefrorenes verwendest.

Später einmal werde ich dir hierzu noch mehr Wissenswertes aufzeigen.

Vanilleeis

So wird's gemacht:
250 ml frische Milch mit dem Mark von
1 ausgeschabten Vanillestange und mit
70 g Zucker in einem großen Topf unter Rühren erhitzen, kurz vor dem Kochen abstellen, vom Feuer nehmen und etwas abkühlen lassen.
Nun 4 Eigelb mit
70 g Zucker cremig rühren,
250 ml süße Sahne dazurühren und das Ganze unter ständigem Rühren in die warme Vanillemilch einquirlen. Erneut vorsichtig unter ständigem Quirlen erwärmen, bis sich die Masse etwas verdickt, sie darf aber unter keinen Umständen kochen!

Unter gelegentlichem Rühren abkühlen lassen, in eine Eisschale füllen und im Eisfach des Kühlschranks in etwa zwei Stunden gefrieren lassen. Das Vanilleeis vor dem Servieren mit einem festen Spatel oder einem Elektromixstab durcharbeiten, damit es cremig wird.

Eine noch einfachere Version geht so:
3 Eigelbe mit
70 g selbsthergestelltem Vanillezucker cremig rühren, mit
250 ml Schlagsahne mischen, in die Eisschale füllen und gefrieren lassen.
Ebenfalls vor dem Servieren nochmals mit einem Spatel durcharbeiten und dann dekorativ, eventuell mit Früchten, anrichten!

Cremespeisen

Wenn du dir eine Zitronencreme oder sonstige Cremespeisen herstellen willst, besorge dir bitte im Reformhaus oder Bioladen ein pflanzliches Dickungsmittel, und richte dich nach den Angaben, die du auf der Packung findest. Auch aus Algen werden Geliermittel hergestellt, die sehr stoffwechselanregend und nützlich sind. Verwende möglichst kein Dickungsmittel, das aus toten Tieren erstellt wurde. Natürlich darf, wenn du im oben angegebenen Sinne eine Heilsamkeit wünschst, auch nur frische naturreine Zitrone, eventuell ein Tropfen ätherisches, vollkommen naturreines Zitronenöl Verwendung finden. Eine Cremespeise, die ohne Dickungsmittel gerührt wird, ist beispielsweise eine

Zabaglione

So wird's gemacht:
100 g Vanillezucker mit
8 Eßl. Wasser erhitzen, bis eine sirupartige Masse entstanden ist.
4 frische Eigelbe in einer Schüssel schlagen. Den heißen Zuckersirup nun langsam und vorsichtig zu den Eigelben geben und ständig kräftig weiterschlagen, bis eine dicke helle Creme entstanden ist.

Nun 8 Eßl. Marsala oder Sherry und nach Geschmack
frischen Zitronensaft zufügen.
300 g frische Sahne mit Vanillezucker cremig schlagen und unter die
Speise ziehen. Kurz kühl stellen und frisch servieren.

Pfefferminz-Heiltee

So wird's gemacht:
Schlage frischen Rahm mit wenig Vanillezucker zartcremig, und gib, wenn
du hast, anschließend einen einzigen kleinen Tropfen ätherisches
Pfefferminzöl hinzu. Verrühre vorsichtig.
Koche dir jetzt einen extra starken Pfefferminztee, den du nicht länger als
eine Minute ziehen läßt und den du ebenfalls mit wenig Zucker süßt. Gib
jetzt die Pfefferminzsahne darüber, und genieße so heiß wie möglich,
cremig und süß.
Dieser Tee ist nicht nur ein Genuß eigener Art, sondern er hat auch
Sofortwirkung, was du als Aufhellung und Aufmunterung deines Gemütes
direkt feststellen kannst. Er macht dich klar im Denken und gesprächig,
ist deshalb auch für freundschaftliche wie für geschäftliche
Gesprächsrunden herrlich geeignet. Kurmäßig über einen längeren
Zeitraum getrunken, verbessert er die Arterien-Situation in deinem
Körper, besonders auch im Gehirn.

DIE BUTTER

Schöpferische Idee und Bestimmung

Echte frischgerahmte Butter, die wirklich frisch, unbelastet und nicht manipuliert sein soll, eine solche Butter hat ebenfalls höchste Heileigenschaften. Sie ist die Mühe wert, daß du Ausschau nach einer Quelle hältst, wo du diese Butter bekommst: Bio-Läden, spezielle Händler oder Höfe mit biologisch-dynamischer Milchwirtschaft. Sie vereint die Sternenprinzipien des äußeren Universums – die Milchstraßensysteme und die vielen Einzelsterne – in sich in einer gewissen Kompaktheit und bringt diese in unserem Menschsein zur Anwendung. Wir finden in der Butter sozusagen die Lichtinformationen unserer »Brüder im Universum« draußen, zusammengepackt in einer gewissen Massigkeit und somit in einer unmittelbaren Verfügbarkeit. Im Organismus werden diese Sternenlicht-Informationen dann genau dort eingebaut, wo es notwendig ist. Frische Butter stellt also eine Art von »Schnellverfahren für Lichtvermittlung« dar.

Das Prinzip der Butter bildet – im Gegensatz zu den Prinzipien, die bei Milch wirksam sind – einen harmonischen in sich geschlossenen universellen Kreislauf und gibt damit Impulse und Informationen ins gesamte Körpergeschehen. Es ist rundum verteilend und baut somit Brücken über urkosmisch-organische Brüche und Trennungen hinweg. Es wirkt somit zellüberbrückend.

Es ist ausbreitend und wirkt damit in die feinsten peripheren Verästelungen der Nerven, Blutgefäße und Lymphgefäße hinein.

Dazu hat Butter eine Transporter- und Transmitterfunktion für geistschöpferische Heilideen anderer Nahrungsmittel. Die individuelle Idee eines jeden Nahrungsmittels oder Gerichtes bekommt deshalb, wenn du am Schluß ein kleines Stückchen Butter zum Zerschmelzen darüber gibst, eine Komponente, welche ähnlich wie bei der Sahne, die hier vorzufindenden Wirkstoffe und Heilkräfte in die gesamte Körperperipherie, bis in die letzte Körperzelle hinein verteilt.

Butter ist deshalb ein höchst heiliges »kosmisch-irdisches Gefäß«, das andere schöpferische Ideen und alchymischen Rezepte empfängt und weitertransportiert, bevor sie diese dann dort entläßt, wo ein optimaler Austausch im Körpergeschehen gegeben ist. Dies gilt sowohl für das körperliche wie genauso für das seelische Geschehen.

Butter wird ja nun aus dem Rahm der Milch hergestellt und sie hat damit die Milchstraßen und Sternenwelten und alle damit verbundenen großen kosmischen Ideen am allerdichtesten ins Substantielle, ins Irdische und in die Berührung mit dem Menschen gebracht. Mit jedem Stückchen Butter »löffeln« wir sozusagen Milchstraßensysteme und verteilen diese in unsere Körperlichkeit.

Das Prinzip der Butter kannst du dir auch einmal wie einen großen Transporterschlitten vorstellen: einen Schlitten, den du mit vielen unterschiedlichen Ideen wie mit Weihnachtspäckchen beladen kannst, der auf Schnee dahingleitet und dabei diese Ideenpäckchen flugs, flink austrägt wie St. Nikolaus persönlich. Hierzu genügen sehr kleine Mengen von Butter. Du findest bei einigen Rezepten eine solche kleine Buttermenge angegeben, die dann eine besonders wertvolle und nützliche Aufgabe innehat. Sei aber auch in diesem Sinne selbst erfinderisch, und beobachte dich in der Auswirkung.

Butter steht also, wie Milch und Sahne, mit Sternenäonen in Verbindung. Die kosmische Sternenmutter oder die *Weltenkuh Audhumbla*, wie sie die Germanen nannten, verströmt ihre Sternenmilch herab auf die Kinder der Erde. Jede irdische Kuh ist somit ein Abbild kosmischer urmütterlicher Heilungsbestrebungen und eines hohen kosmischen geistig-irdischen Heilungswillens.

Die Heilkraft zur Erprobung

Im geistig-seelischen Bereich
– ist Butter hilfreich, um einschränkendes und »einkastelndes«
  Denken zu öffnen. Überall dort, wo Menschen
– sich isoliert haben,
– sich in sich selber zurückgezogen haben,
– eigenbrötlerisch, stur, überheblich, einseitig oder
– tatsächlich autistisch sind, ist Butter geradezu eine *conditio sine
  qua non* (eine Bedingung, ohne die es nicht geht).
Überall dort also – auch wenn es nur eine vorübergehende Le-
bensphase bei einem Menschen ist –, wo eine gewisse Art von
übersteigertem Ego sich ausdrückt, überall dort ist Butter angemessen.
– Butter wirkt ausgesprochen gemütsheilend,
– Butter wirkt »durchgreifend« und unterstützt infolgedessen auch
  deinen Willen, dort durchzugreifen, wo es am Platze ist.
Dabei ist jedoch eine fein-zarte Schwingung vorhanden, die dich
mit leichter Hand notwendige Änderungen vornehmen läßt, ohne
im mindesten dogmatisch zu wirken.

Im körperlichen Bereich
– öffnet Butter die materiellen »Gefängnisse« der Zellen und verbindet das innere Licht mit dem äußeren Universum und seinen
  Lichtern. Eine generelle Reinigungs-, Stärkungs- und Vitalisie-
  rungswirkung ist deshalb ausgeprägt.
– Butter kräftigt die Lymphe und das gesamte lymphatische System.
– Butter löst und öffnet und wirkt deshalb – in kleinen Mengen –
  unter anderem auch unterstützend bei Blutreinigungskuren.
– Sie öffnet die Schleimhäute und hilft auch hierüber zu entgiften.
– Butter wirkt feurig und impulsgebend auf die Schilddrüse
– und ist somit stoffwechselanregend.

Süßrahmbutter, in Kombination mit Sahne, hilft mit, Geschwüre,
besonders Darmgeschwüre, zu heilen. Sauerrahmbutter hilft dem

Menschen eher, seinen Weg zu finden, und macht ihn bereit, neue Ufer zu erklimmen.

Hinweise zur Anwendung

Butter wird im Organismus vollständig anders im intermediären Stoffwechsel verbrannt als andere Fette oder Öle. Vorausgesetzt, du benützt Butter nicht in zu großen Mengen und nur in Verbindung mit anderen unverfälschten Heilideen von Nahrungsmitteln, wirkt sie leicht, auflockernd, fröhlich machend, den Stoffwechsel beschleunigend und anregend.

Die großangelegte Manipulation unseres gegenwärtigen Gesellschaftssystems, die alles Wertvolle der Natur in die bipolare Zange genommen hat (einmal in die vergiftende Manipulation der jeweiligen Naturkraft selbst und zum zweiten in die Suggestion einer angeblichen Schädlichkeit) hat auch vor der Butter nicht haltgemacht.

Butter sollte aber zur heilenden Anwendung wirklich frisch und möglichst aus Rohmilch hergestellt sein. Butter, die lange tiefgekühlt war, ist fast wertlos geworden. Sie hat ihre Kräfte und Ideen-Päckchen bereits »abgeladen«. Auch die Anwendung der Butter soll dieses Frischeprinzip berücksichtigen, d. h., man gibt die frische Butter auf bereits fertige Gerichte oder Getränke, um diese nur gerade zu überschmelzen. Auf diese Weise behält die Butter ihre höchste Frische-Wirksamkeit.

Besonderheiten aus der Ideenküche der Göttin

Die beste Butter – was die geistige Idee angeht – ist die von weißen Kühen. Diese Kühe dürfen ruhig kleine Schecken haben, aber sie sollen ein vorwiegend weißes Fell haben. Die nächstbeste Butter ist die von ganz hellen, hellbräunlichen Kühen. Das Fell einer Kuh – als ihre geistige Sternen-Gewandung – zeigt, welche Sternennoten und welche Sternenmelodien sozusagen die jeweiligen individuellen Kühe hier auf Erden spielen. Diese sollst du wissen, selbst wenn du wahrscheinlich kaum feststellen kannst, von welcher Art Kuh deine frisch gekaufte Butter stammt.

Die hochwertigste Butter erhält man von Kühen, die saftiges und kräuterreiches, unvergiftetes Gras im Sommer auf der Weide und im Winter Heu fressen dürfen. Gutes Heu ist eine ganz wichtige Nährkraft für alle Kühe und zum großen Teil mitverantwortlich für die Qualität der Milch, der Sahne und der Butter. Kühe lieben die Reinheit und die Güte, und alles Unedle ist ihnen ein Greuel. Sie sind stille Diener und Dulder des Menschen geworden, aber unter rauher Behandlung und Unedlem leiden sie sehr. Nicht umsonst sind den Indern seit jeher die Kühe heilig. So sollten auch wir wieder lernen, dem Heiligen seinen Tribut zu zollen.

Das Butterschmalz – dein alchymisches Projekt

Eine weitere Anwendung, die heute, sehr zu Unrecht, fast in Vergessenheit geraten ist, ist das sogenannte Butterschmalz:

Butterschmalz, aus dem das Wasser »herausgekocht« wurde, ist ein ideales alchymisches Grundlagenwerk zum Kochen, Braten und Backen. Es nährt und kräftigt und hat vielerlei heilende Eigenschaften. Auch kann es zu heilsamen Cremes Verwendung finden.

Butterschmalz
- stärkt die Augen,
- macht zufrieden,
- holt die Lebensgeister zurück,
- macht neugierig aufs Leben und seinen Fortgang, ist also heilsam bei
- Depressionen,
- Wintermüdigkeit und wenn du dich
- unwohl oder unglücklich fühlst.
- Es stärkt den Rücken,
- kräftigt die Nieren,
- stärkt insbesondere die Galle und
- fördert die Austreibung der Gallenflüssigkeit, ist deshalb auch das ideale Fett bei
- Leber-Galle-Migräne, wie
- auch bei Leberbeschwerden.
- Es macht den Menschen »guter Hoffnung« und schenkt ihm die Kraft, voller Zuversicht aufs Leben zuzugehen.

In solches Butterschmalz als Träger eines »alchymischen Werkes« können auch heilsame Kräuteressenzen, Substanzen, aber auch vielerlei magische Ideen und heilsame Kräfte eingegeben werden.

Die Butter soll etwa zehn bis fünfzehn Minuten sehr sanft und sehr vorsichtig, unter steter Aufsicht und auf sehr kleiner Flamme köcheln, währenddessen die zugegebenen Kräuter oder Substanzen mitschmurgeln. Dieses alchymische Substrat wird dann anschließend in einen irdenen Steintopf gegossen und kühl aufbewahrt. Die Haltbarkeit reicht bis zu Monaten. Je nach Verwendungszweck können die zugegebenen Kräuter durch ein Tuch abgesiebt werden oder auch in dem Butterschmalz verbleiben.

Die nachfolgend aufgeführten Rezepte sind lediglich eine winzige Auswahl aus der Vielfalt der Möglichkeiten und bedürfen, wie alle Hinweise, Ideen und Rezepte in diesem Werk, deiner *experimentellen Erprobung*. Ein angemessener und selbstverantwortlicher Umgang auch mit dieser Art von vorgeschlagenen Heilmöglichkeiten wird, wie stets, vorausgesetzt.

Rezepte

Butterschmalz mit Basilikum

1 Pfund Butter erhitzen, bis sie sehr sanft köchelt.
In die kochende Butter ein Bündel kleingeschnittenes Basilikum hineinwerfen und 10 Minuten köcheln lassen, anschließend durchsieben.
Dieses »Werk« ist nützlich bei:
- Warzen,
- Hühneraugen,
- verdickter Hornhaut,
- schiefwachsenden Nägeln,
- aber auch bei krummen Gedanken und einer Neigung zur Unlauterkeit,
- bei schwachen Zähnen, die leicht kariös werden,
- bei Kopfschmerzen,
- Ohrenschmerzen und
- Lymphproblemen. Es
- steigert die Zeugungsfähigkeit

– und kann auch eingesetzt werden bei »brandigen« Gliedmaßen und
– bei Durchliegen (Decubitus).
Du kannst es innerlich »einnehmen«, zu allen möglichen Speisen hinzugeben
und zusätzlich äußerlich anwenden.

Butterschmalz mit Granatapfel

Die Idee des Granatapfels (siehe nächstes Buch) kann ebenfalls in
Butterschmalz hineingegeben werden. Man fügt dem sanft kochenden
Butterschmalz langsam und stetig kleine Portionen des Saftes zu, dazu
frische Pfefferkörner, die man in diesem Falle ganz läßt, 1 Stange Zimt
und etwas gemahlenes Nelkenpulver oder 2 ganze Nelken. Auch einige
Senfkörner können hinzukommen. Das Mengenverhältnis ist etwa
1 Eßlöffel Saft auf $^1/_2$ Pfund Butter. Das »Werk« ist beendet, wenn alle
Feuchte verdunstet ist. Kurz vor Beendigung des Kochvorganges wird
nochmals 1 Messerspitze gemahlener Zimt hinzugegeben, das Ganze durch
ein feines Sieb geschüttet und in einem Glas oder Porzellangefäß kühl
und verschlossen aufbewahrt. Es kann mit einigen Tropfen ätherischen
Zitronenöls noch zusätzlich angereichert und verfeinert werden.
– Zum Einreiben zu verwenden, entsprechend den Indikationen, die du
   unter »Granatapfel« findest. Es eignet sich zum Einreiben bei
– Gelenkbeschwerden,
– Rückenbeschwerden,
– Rückenmark- und Nervenbeschwerden,
– zur Kraftanreicherung der Gewebe, in die es eingerieben wird,
– zur Ausleitung von psychischen Belastungen, die sich an bestimmten
   Körperstellen manifestiert haben und zur Ausleitung von Giftstoffen an
   solchen Orten.
Dieses alchymische Konzept ist aber nur dort wirksam, wo etwas in
Minderung ist, wo das Gewebe einen Energie-Mangelzustand aufweist
und unterversorgt ist mit feuriger initiativer Kraft. Hier wirkt es höchst
heilsam und füllt die Gewebe mit leuchtender Wärmekraft auf. Es soll
zyklusmäßig und längerdauernd regelmäßig angewendet werden.

Vorsicht!
Die Energie des Granatapfels ist jedoch keinesfalls geeignet für akute Entzündungszustände und für Gewebe, die bereits an Überenergie leiden. Wenn durch das Einreiben mit diesem alchymischen Werk Schmerzzustände verschlimmert werden, kannst du im allgemeinen davon ausgehen, daß es sich hier bei dir nicht um einen Mangel-, sondern um einen Überenergiezustand handelt.

Butterschmalz mit Kakao

Der Kakao sollte in diesem Fall entölt, aber ohne Zucker sein. Das Ganze wird 10–15 Minuten gekocht, in der Menge $1/2$ Eßlöffels Kakao auf $1/2$ Pfund Butter. Dazu gibt man 1 Prise frisch gemahlenen schwarzen Pfeffer und 1 Prise Zimt. Das ergibt eine Heilcreme
– für Gelenkschmerzen aller Art die auch
– bei Gelenkkapselproblemen hilfreich ist.
Man soll diese Salbe zum Einreiben verwenden. Günstig ist die Kombination mit Rotlicht-Anwendung und Bewegung (ganz vorsichtig in den Schmerz hineinbewegen). Fühl mal die »Seidigkeit« dieser Heilcreme!

Butterschmalz mit Kornelkirschen-Zweigen

Auf $1/2$ Pfund Butter genügen fünf etwa 5 cm lange, junge Zweige der Kornelkirsche, die mitgekocht und anschließend abgeseiht werden. Dieses alchymische Werk hat heilsame Wirkung bei Knochenwunden aller Art und bei »Knochenfraß«, schwerwiegenden Verseuchungen der Knochen durch infizierte und superinfizierte Wunden. Zu diesem Zweck soll es sowohl auf die Wunde aufgestrichen als auch über längere Zeit gegessen werden.

Butterschmalz mit Mandeln

1 Pfund Butter zum Schmelzen bringen und in die heiße, aber noch nicht kochende Butterflüssigkeit ein Pfund geriebene Mandeln langsam einrieseln lassen, bis eine dicke Paste vorhanden ist. Diese Paste unter ständigem Rühren miteinander alchymisch verschmelzen lassen, was auf kleiner Flamme etwa $^1/_2$ Stunde in Anspruch nimmt.

1 Msp. Zimtpulver kann hinzu kommen, muß aber nicht. Die Paste darf nicht zu hoch erhitzt werden und nicht anbrennen oder dunkel werden. Die Hitze soll lediglich den alchymischen Prozeß in Gang halten. Nach Abschluß der Zeit und des Prozesses läßt du die Paste abkühlen, gibst sie in ein passendes Gefäß, überstäubst mit etwas Zimtpulver und bewahrst das Ganze abgedeckt im Kühlschrank auf.

Zur Anwendung nimmst du jeweils – wenn du hast, mit einem Silber-löffel – eine kleine Menge davon ab und gibst diese über bereits fertig zubereitete passende Speise. Das sind:
- Broccoli,
- Reis,
- diverse Puddings,
- Süßspeisen und
- Obstspeisen,
- Quarkspeisen,
- Kuchen und Torten,
- süße und salzige Suppen,
- Saucen,
- Möhrengemüse.

Dieses alchymische Mandel-Butterschmalz ist heilsam bei
- giftigen, schwärenden, stinkenden, eiternden, nässenden Geschwüren und Geschwülsten,
- Ausfluß,
- trockener, schrundiger Nase und
- Gelbsucht, die aufgrund einer Vergiftung entstanden ist,
- und überhaupt bei Vergiftungen und Intoxinationen aller möglichen Art.

– *Es ist generell blutreinigend zu verwenden,*
– *wirkt seelenaufhellend und aufmunternd und*
– *stärkt Initiative und Zeugungskraft und zugleich auch das Identitäts-*
  und Führungsbewußtsein.

Butterschmalz mit Senf

1 Eßlöffel Senfkörner, die Hälfte davon gemahlen in $^1/_2$ Pfund Butter
geben. Die Butter soll gut schäumen und öfters umgerührt werden, und sie
sollte möglichst $^1/_2$ Stunde auf feinstem Feuer schmurgeln, denn braun
werden darf sie nicht.
Das ist eine Heilkraft
– *bei Gastritis, sogar für akute Gastritis und hilfreich bei Menschen,*
  denen alles "auf den Magen schlägt". Dieses "Werk" sollte dann
  einfach auf getoastetes Weißbrot gestrichen werden und ein passender
  Heiltee dazu getrunken werden. Senf-Butterschmalz kann aber auch
  sonst in Speisen gegeben werden, wie etwa in Reis.
– *Es ist heilsam wirkend bei Schwindsucht,*
– *bei Angstzuständen, besonders aber bei akuten, wie auch*
– *bei akuten Vergiftungen (bis der Arzt kommt!).*
– *Es macht aggressiv im positiven Sinne, was manchmal durchaus*
  erwünscht ist, besonders für weibliche Wesen!

Alchymisches Butterschmalz mit Gold

Nimm ein kleines Stückchen reines Gold (oder ein goldenes Amulett etc.)
und schmurgele es in der Butter, bis alle Feuchtigkeit verdunstet ist. Ist
der Prozeß beendet, "fischst" du dir dein Gold wieder heraus, gießt dein
alchymisches Werk in ein Ton- oder Porzellangefäß und stellst es kühl.
Nimm dafür das schönste Gefäß, das du finden kannst, denn Edles
wünscht Edles.

Verwende es für Speisen, aber auch in kleinen Mengen für Getränke wie etwa Tee oder reibe dir deinen Solarplexus oder dein Herzchakra damit ein. Auch für Fußreflexzonenarbeit ist es hervorragend geeignet.

Dieses »Werk« wirkt heilsam bei

- nervlichen Belastungen aller Art, selbst bei Superbelastungen,
- stärkt ungemein die Nerven,
- hellt die Psyche auf,
- macht geistreich, fröhlich und munter,
- macht höchst sensibel und aufmerksam für kosmische und irdische Strukturen,
- unterstützt den Kreislauf,
- ernährt das lymphatische Gewebe,
- nährt und wirkt heilsam auf Bauchspeicheldrüse und Milz,
- stärkt alle »Keimorte« im Körper, also alle Orte, an denen neue Zellen entstehen,
- verändert das rote Blutbild in Richtung Eigeninitiative und Selbständigkeit,
- läßt im Gemüt »die Glocken wieder klingen«,
- ist ein Herzschutz und
- macht strahlend elektromagnetisch.

Die Butter, aus der das Wasser entfernt wurde, ist die alchymische Wandlungs- und Trägersubstanz. Sie nimmt hier die Information des Goldes auf, behält sie in sich und gibt sie an den Körper wieder ab.

DER KÄSE

Käse ist ein von Menschenhand aus Milch weiterentwickeltes Produkt, weswegen sich eine Besprechung der schöpferischen Idee hier erübrigt. Außerdem sollte man Käse im allgemeinen mehr als eine Art von Genußmittel ansehen. Leider hat auch Käse, noch zusätzlich zur Milch – sofern du ihn nicht im Reformhaus oder Bioladen kaufst – die ganze Palette der manipulativen Einwirkungen des Menschen zu tragen.

Käse ist eine gelegentliche gute Nahrungsergänzung, die aber wegen einer stark magnetisierenden und erhitzend stauenden Energie nicht für jeden zu jeder Zeit optimal verträglich ist. Käse sollte deshalb immer mit einer leichten lockernden Zuspeise kombiniert werden, z. B. mit Kiwis, Pfirsichen oder anderen passenden frischen Früchten der Jahreszeit, der persönlichen Vorliebe und Verträglichkeit entsprechend. Die beliebte Kombination von Käse mit Trauben ist oftmals durchaus nicht verträglich. Auch Birnen sind nicht immer passend. Hier gilt wirklich: ausprobieren, wagemutig sein und auch einmal unübliche Kombinationen zusammenstellen!

Kiwis und Ananas enthalten eiweißspaltende Enzyme und haben deshalb die erwähnte auflockernde Eigenschaft. Die Hitzigkeit und Massigkeit der Käsesorten wird so gemildert, und der Käse wird leichter verdaulich.

Aus der Vielzahl der Käsesorten sollen hier lediglich zwei herausgegriffen werden, die eindeutige Heilkräfte enthalten, was aber weniger auf den Käse, sondern hauptsächlich auf die darin enthaltenen Schimmelpilze, nämlich Penicillium-Arten zurückzuführen ist. In der Naturheilkunde gibt es beispielsweise ein Präparat, welche die pflanzlichen Eiweißkolloide von »Penicillium roqueforti« enthält. Die hier aufgeführten Heilindikationen dürften für die naturheilkundlichen Anwender dieses Präparates sicherlich nicht uninteressant sein, denn sie gehen meines Wissens darüber hinaus, was – sofern überhaupt vergleichbar – bisher von der Heilkraft dieses Präparats bekannt ist.

DIE EDELPILZKÄSE

GORGONZOLA

ist ein bekannter und berühmter italienischer Edelpilzkäse. Er, wie seine Verwandten – Danablu, Dolcelatte, Stilton u. a. –, wird auch als »Blauschimmelkäse« bezeichnet. Beim Reifen bildet sich im Inneren des Käses ein blaugrüner Schimmel, der den charakteristisch würzigen Geschmack und besonders auch die Heilwirkung verleiht.

Die Heilkraft zur Erprobung

Gorgonzola ist insgesamt ein höchst wertvoller »Vitalisator« und ein Jungbrunnen ganz besonderer Art:
- Er vertreibt giftige Stoffe und Gase aus dem Verdauungstrakt.
- Er bringt eine starke »Sauerstoff-Dusche« ins Gehirn und reinigt das Blut.
- Deshalb ist er unter anderem auch nützlich zur Vorbeugung gegen und Anwendung bei Kopfschmerzen und Migräne.
- Auch wer traurig ist, sollte Gorgonzola auf Toast, mit frischen Früchten dazu probieren.
- Bei Verletzungen sowie
- unterstützend bei Gehirnkrankheiten aller Art sollte er täglich gegessen werden.
- Gorgonzola ist so etwas wie eine »Sauerstoffreserve« für den Körper.

Anwendung

Kleine Würfelchen, die gerne mit Butter gemischt werden wollen, genügen für den therapeutischen Effekt. Am besten wird Gorgonzola als Nachspeise mit Früchten aller Art, besonders mit Kiwis, hier auch mit Birnen oder Trauben gegessen. Auch Rosinen ergänzen sich gut mit ihm. Er kann aber auch hervorragend in allerlei vegetarischen Speisen verarbeitet werden, da er durch seinen feinwürzigen Geschmack vielen Gerichten erst den richtigen Pfiff verleiht. Zum Beispiel zu Pasta-Saucen, auf Pizza, zu Aufläufen, als Brotaufstrich, in Sahnedressings, mit Kräutern, in Suppen usw. dürfte er dir einige eigene Experimente wert sein.

Das Rezept, das du weiter unten beim Roquefortkäse findest, kannst du selbstverständlich ebensogut mit Gorgonzola bereiten. So kannst du damit dich und deine Gäste begeistern und auch die Heilidee weitergeben!

ROQUEFORT

Dieser Käse wird aus Schafsmilch hergestellt und reift in Felshöhlen in Roquefort, einem kleinen Ort im Causse-Gebiet. Er wird auch als »der König« unter den Edelkäsesorten bezeichnet.

Die Heilkraft zur Erprobung

Roquefortkäse ist eine Art geistiges »Sauerstoff-Strudel-Wirbelbad« und wirkt stark klärend und regenerierend auf alle geistig-seelischen Bereiche. Er macht fröhlich und ausgeglichen, auch durch eine hormonelle Beeinflussung der Arterienwände. Dort beseitigt er, auf lange Sicht gesehen, auch Rückstände, die Migräne und Gehirnerkrankungen hervorrufen können, die außerdem aber auch das seelische Empfinden, das Denken und klare Entscheiden verdunkeln. »König Roquefort« kräftigt ungemein das zellulare Leben und ist ein entscheidendes geistwirkendes Substrat zur Regenerierung der Nervenzellen. Er soll zu therapeutischen Zwecken regelmäßig und in kleinen Mengen, am heilsamsten in Verbindung mit Butter, gegessen werden. Zusammengefaßt ergibt sich in der Hauptsache folgende Heilwirkung:

– Starke Sauerstoffanreicherung des Gehirns und
– des Rückenmarks sowie
– aller Nervenbahnen des Rückenmarkbereiches. Aber auch
– der gesamte Bauchraum, einschließlich aller Verdauungsorgane wird mit frischem Sauerstoff heilend und kräftigend durchspült. Gorgonzola hat
– stark entgiftende und reinigende Wirkung und ist auch
– gut bei Heufieber und Allergien.
– Auch reinigt er die Haut und das Bindegewebe.
– Hervorragend zur Vorbeugung bei Kopfschmerz– und Migräneneigung, wie
– gegen Minderdurchblutung des Gehirns und aller Nervenzellen.
– Gegen Depressionen und Trostlosigkeit, aber auch bei
– Frühjahrsmüdigkeit und
– gegen Warzen ist er hilfreich.
– Er klärt die Gedankenkräfte, macht »klug und weise« und ist ein Frische- und Fitneßelixier erster Güte.

Vielerlei Rezepte bieten sich der Intuition an, Roquefort auch zu einem Geschmacksereignis erster Klasse zu komponieren.

Rezepte

Roggenknäckebrot mit Avocados und Roquefort

So wird's gemacht:
1 reife weiche Avocado, in Scheibchen geschnitten,
80–100 g Roquefort, in feine Stückchen geschnitten,
10 g weiche Butter,

$^1/_2$ Eßl. *Crème fraîche*,
1 Eßl. breite Petersilie, fein geschnitten,
reichlich frisch gemahlener *Pfeffer*,
$^1/_2$ Teel. feingeschnittene Peperoni,
etwas *Meersalz* mit Algen und wenig helle *Streu-Würze*.
Das Ganze mit dem Stabmixer mixen, abschmecken und eventuell nochmals
nachwürzen, denn die Masse soll kräftig pikant schmecken.

Knäckebrot mit Butter und anschließend mit der *Avocadomasse*
bestreichen. Mit feinen roten Peperonistreifen und breiter Petersilie
garnieren. Die Menge reicht für 8 Scheiben Knäckebrot. In entsprechend
größerer Menge zubereitet, eignen sich diese Knäckebrote hervorragend für
Parties und Einladungen: Sie heben die Stimmung und den Geist, machen
tatkräftig, interessant und hochaktiv (erst kurz vorher frisch zubereiten,
damit die Knäckebrote nicht durchweichen und die Avocadocreme nicht
dunkel wird). Auch für Snacks, als Vorspeise, als Nachspeise oder fürs
Büro hervorragend geeignet.
Dazu paßt gut ein feuriger *Fruchtsalat* mit Pflaumen, Kiwis, Birnen, mit
etwas frischgemahlenem Pfeffer gewürzt und mit einigen winzigen
Avocadowürfelchen gemischt.

Avocadocreme mit Basilikum und Roquefort auf Tagliatelle

So wird's gemacht:
Obenstehendes Rezept wird mit 1 Eßl. Basilikum-Butterschmalz oder mit
einem Bund frischen Basilikum zubereitet. Die *Crème fraîche* kannst du
hier gerne weglassen.
Die Tagliatelle werden in reichlich Salzwasser noch ein wenig "al dente"
gekocht und auf heißen Tellern angerichtet. Die in entsprechender Menge
vorbereitete Avocadocreme wird in einer Pfanne ganz kurz erhitzt und über
die Tagliatelle gegeben. Serviere dieses extravagant leckere Gericht mit
frisch geriebenem Parmesan und einem Stückchen Butter.
Dazu passen: Kiwis.

Das Ei

Das Ei wurde von den Philosophen des Altertums als Symbol des Lebens und der Fruchtbarkeit verehrt. Sie fanden die vier Elemente der Natur in ihnen vereint: In der Schale fanden sie die Erde. Das Weiße war ihnen das Wasser. Das goldene Dotter war ihnen die Strahlkraft der Sonne und damit das Feuer. Und die Luft war unter der Schale vorhanden.

Domestizierte Legehennen hatten ihren Ursprung um das Jahr 3000 v. Chr. in Indien. Später gelangten sie nach China, Vorderasien und Nordafrika. Die Römer hatten eine hochentwickelte Hühnerzucht, die sie dann auch in Westeuropa verbreiteten.

Das Ei ist ein sehr empfindliches Lebensmittel und sollte deshalb möglichst frisch verzehrt werden. Ein frisches Ei bleibt im Wasser flach auf dem Boden liegen. Ältere Eier stellen sich auf. Sehr alte Eier schwimmen. Ein aufgeschlagenes Ei ist frisch, wenn das Eidotter eher kugelig-rund ist und somit auch schon beim Betrachten einen spannungsgeladenen vitalen Eindruck erweckt. Mit zunehmendem Alter wird es immer flacher und wirkt matter.

Das Eigelb hat einen sehr hohen Cholesteringehalt, was entsprechende diätetische Folgerungen nach sich zieht. Da Cholesterin stark ins Kreuzfeuer der Medizin gelangt ist, hat dieser Umstand die Lebensmittelindustrie dazu veranlaßt, zahlreiche Verfahren zur Entfernung dieses Stoffes aus dem Eigelb zu entwickeln.

Ein paar Fakten zur Hühnerhaltung:

70 Millionen Hühner legen in Deutschland etwa 19 Milliarden Eier jährlich.

35 Millionen Hühner vegetieren in Käfigen dahin, deren Grundriß nicht größer ist als ein DIN-A4-Blatt. Die Käfige stehen in

mehreren Stockwerken übereinander. Eine Henne im hinteren Teil des Käfigs kann nach vorne zum Futter nur gelangen, wenn sie sich unter den anderen Hühnern durchdrückt oder über diese hinwegsteigt. Das führt nicht selten zu Wirbelsäulenbrüchen und Lähmungen. Der Streß führt zu gegenseitigem Picken und Hacken unter Hühnern, ja, sogar zu Kannibalismus. Dieses Konzept wird als »Käfighaltung« bezeichnet. Willst du das mit dem Kauf von solchen Eiern weiterhin unterstützen?

Bei der Bodenhaltung haben die Hühner verbesserte Lebensumstände. Auch hier befinden sich jedoch ebenfalls meist zu viele Tiere auf zu wenig Raum und leben meist auch bei Kunstlicht.

An Medikamenten werden in diesem Bereich eingesetzt: Antibiotika, Sulfonamide, pilzhemmende Mittel, arsenhaltige Arzneimittel, Antioxidantien, Psychopharmaka. Importeier können auch noch Östrogene enthalten, wenngleich diese in Deutschland verboten sind.

Nur bei der *Freilandhaltung* ist eine artgerechte Haltung der Tiere möglich. Wenn du also einen Beitrag leisten willst, um die Tierquälerei zu beenden, weißt du ja jetzt hoffentlich, was du dazu tun kannst!

Die Lebensmittelindustrie (Teigwaren-, Feinkost und Fertiggerichte-Industrie) verwendet als Ausgangsmaterial auch Eier, die angebrütet sein dürfen, Schalenverletzungen aufweisen dürfen und sonstige Einschränkungen haben dürfen. Diese Eier werden hierfür zu tiefgekühltem, sprühgetrockneten oder chemisch konserviertem Vollei oder Eigelb weiterverarbeitet. Hierfür dürfen hohe Mengen von Sorbin- und Benzoesäure zugesetzt werden, die bei den Endprodukten nicht gekennzeichnet werden brauchen! 1993 etwa betrug der Import nach Deutschland mehr als 250 000 Tonnen Flüssigei.

Gefangene und tierquälerisch gehaltene Legehennen unter Kunstlicht können keine natürliche satte Färbung des Eidotters mehr vorweisen. Der Eierhersteller hat deshalb die Auswahl zwischen 15 färbenden Substanzen. Diese Substanzen sollen zwar gesundheitlich unbedenklich sein, da es sich um Carotinoide, die auch in Möhren enthalten sind, handelt. Jedoch wird dem Verbraucher auch hier, wie in vielen Fällen in der Lebensmittel-

industrie, ein hochwertig erscheinendes Endprodukt nur vorge-
täuscht.

Innerhalb dieses Themas gibt es noch vielerlei Wissenswertes,
das du beispielsweise in *Neue Chemie in Lebensmitteln* nachlesen
kannst.

Schöpferische Idee, Bestimmung und Heilkraft zur Erprobung

Das Ei repräsentiert das noch gänzlich unbewußte »Kind der
Schöpfung« und zugleich die Vater-Mutter-All-Einheit. Ein »hun-
dertjähriger Zauber« liegt über ihm – dem Ei der Schöpfung –, und
genauso finden wir dieses zeitliche Kraftfeld auch in den Märchen,
etwa in »Dornröschen«, beschrieben. Die Zahl Hundert ist ein
Geheimnisträger, ein Kraftfeld und ein Symbol. Die »hundert
Jahre« sind zum einen verbunden mit Verzauberung, Vergessen und
Unbewußtheit, zum anderen aber erzählen sie von der Entzaube-
rung, die nach Ablauf der vorgegebenen Zeit geschieht. In »Dornröschen« etwa lesen wir: »... und als die hundert Jahre vollendet
waren, wichen die Dornenhecken von selbst zurück und gaben dem
Prinzen den Weg frei. Und der Befreier küßte sein Dornröschen
wach und mit ihr erwachten ihre königlichen Eltern und ihr ganzer
Hofstaat.«

Mit der Beendigung einer hundertjährigen Symbolzeit ist somit
stets der Akt des Wiedererwachens und des Neuzeugens verbunden. Esoterisch und numerologisch betrachtet, zeigen die beiden
Nullen eine Art von doppeltem, in sich selbst abgeschlossenem
Nullfeld. Die vor dieser gedoppelten Null stehende Zahl Eins jedoch zeigt die prinzipielle Wiederkehr schöpferischer Initiation.

In unserer gegenwärtigen Zeit nun gehen die »hundert Jahre«,
von denen uns die Märchen in ihrer Weisheit *vorauserzählen,* ihrer
Vollendung entgegen. Es ist an der Zeit, sich zum Aufwachen vor-
zubereiten. Es ist auch an der Zeit, sich selbst und aller Erde und
allen Wesen zugleich zum tätigen Befreier zu werden. Wirst du
mitmachen? Wirst du dabeisein? Wirst du dein eigener Erwecker
sein?

Dornröschen, die Kraft der im Zaubersee versunkenen Seele und der Prinz, das Geistprinzip, begegnen einander heute in uns selbst, um die Hundert Jahre zu vollenden. Denn wir dürfen wissen: Wir sind Erdenwesen – Dornröschen –, wie Himmelswesen – der Prinz –, wie sich endende Narren-Zeit – die Hundert Jahre – zugleich! Wir müssen uns selbst erwecken. Die Strömung der Zeit in uns selbst und um uns selbst herum, sie begünstigt und steuert das Erwachen. Aber tun müssen wir die befreienden Taten schon alle selbst. Wirst du also mitmachen?

Das Ei als Bildnis des Narren

Das Ei nun ist ein dreidimensionales Tarotbild – eben der Narr, der Einfältige – im Raum irdischer Erscheinungen. Es ist zur Hälfte geöffnet – himmlisch – und zur Hälfte geschlossen – irdisch – in Einem. Es ist Yin und Yang, weiblich und männlich, hüben und drüben zugleich. Das Ei öffnet Welten und verschließt Welten. Das Ei »verstopft ein Loch in der Schöpfung«, eben den unbewußten verzauberten Raum, der vor Zeiten einmal entstanden ist, als die Weltenesche fiel und als der Götterstammbaum und die Heils-DNS des Menschen zerbrachen.

Das Ei hat – im Sinne von universellem Makrokosmos und mikrokosmischer Menschenzuordnung – eine unmittelbare Beziehung zum menschlichen Kopf. Hier hat es eine Zuordnung zu den so unterschiedlichen beiden Gehirnhälften, deren eine dem kosmisch-imaginativen und geistschöpferischen Raum zugeordnet ist, und deren andere immer noch in der Begriffsstutzigkeit irdischer Verstandestätigkeit zu verharren bemüht ist. So repräsentiert also der menschliche Kopf unter anderem auch die Spaltung unserer heutigen Gesellschaft.

Zunächst muß ich dir hier allerdings von der »Anti-Heilkraft« des Hühnereies erzählen, welche aber glücklicherweise vorrangig für in sich als Ganzheit verwendete Eier, für *ganze* gekochte Eier, Soleier und ähnliches gilt. Solcherart Eier also machen »alt und grau«.
– Sie machen die Zellen undurchlässig. Sie haben generelle verstopfende und zellverstopfende Eigenschaften. Sie sind hauptsächlich

- für Schwangere gut, denen sie helfen, ihre Frucht auszutragen. Aber auch diese sollten nicht mehr als ein Ei auf einmal essen. Im Ganzen gekochte Eier
- machen schwächlich,
- mißmutig
- und durstig. Und vor allem machen sie – alles zellulare Leben eben »alt und grau«. Die Zellen altern schneller und degenerieren schneller.
- Sie verstopfen die Talgdrüsen, und das führt
- zu unreiner Haut und
- Talgdrüsenentzündungen,
- zu Pickeln, Akne,
- bis hin zu Haarausfall. Sie wirken
- entzündlich und sind
- jeder Entgiftungskur hinderlich.
- Wer zu Entzündungserscheinungen neigt, besonders auch an
- Augen, Ohren und im Gesicht oder im Mund, oder besonders auch, wer zu Gallenblasen- und Leberentzündungen neigt, für den sind Eier ausgesprochen schädlich.

Im Ganzen gekochte Eier machen den Menschen
- zögernd, unentschlossen und unentschieden. Er kann sich nicht zwischen zwei Möglichkeiten entscheiden, weil er seinen eigenen Standpunkt und Standort verliert. Dies gilt auch für »biologische« Eier von nicht gequälten Hühnern! Eier, solange sie des öfteren als in sich geschlossene Einheit verspeist werden, sind jedenfalls schädlich für Körper, Geist und Seele zugleich und machen krank. Wenn du aber doch einmal Lust auf ein frisches, weiches Ei verspürst, so iß es ruhig - doch laß vielleicht besser etwas Eiweiß übrig. So massiv, wuchtig und in sich geschlossen das Ei nun in seiner Gesamtheit ist, kann es dennoch dann, wenn Eiweiß und Eigelb möglichst voneinander getrennt und einzeln verarbeitet werden, seinen auch positiven Anteil erst richtig entfalten.

Anwendung und Besonderheit –
Die strahlende und potenzierende Kraft von Eigelb

Eigelb hat die Fähigkeit, als Emulgator für andere Stoffe zu wirken. Es zählt zu den sogenannten natürlichen Emulgatoren. Damit ist es zugleich ein Vervielfältigungsprinzip wie Butter und Sahne. Das Eigelb ist in der Lage, zugegebene Natursubstanzen in einer besonderen Weise aufzuschließen, mit deren Ideen in eine neue Harmonie zu gelangen und eine eigenständige, neuartige alchymische Verbindung herzustellen. Das beste Beispiel dafür ist eine Mayonnaise, deren Vollkommenheit natürlich einmal von den frischesten, besten, natürlichsten und vollkommensten Zutaten abhängt, aber auch vom Verständnis, mit dem sie zubereitet wird.

Frisches Eigelb von gesund aufgezogenen, freilaufenden Hühnern macht fröhlich, strahlend und sonnig. Diese sonnenhafte Strahlkraft verbindet sich mit den jeweils zugefügten Stoffen und Energien, die somit potenziert, vervielfältigt und intensiviert werden. Diesen Effekt kann man nun auf verschiedenste Weise nutzen. So ist es einleuchtend, daß immer dann, wenn solche natürlichen Bio-Emulgatoren verwendet werden, um ein Gericht zu erstellen, reinste ALCHYMIE zum Einsatz kommt, gleichgültig, ob du dir nun dessen bewußt bist oder nicht. Du intensivierst alle verwendeten Stoffe in einer Art »Supra-Strahlung« in deinen Körper hinein.

Verwendest du zu deiner alchymischen Eigelb-Zubereitung jedoch toxinierte, alte, mißschwingende, unvitale Zutaten, so überschwemmst du deinen Organismus und deine Seele mit einem »Super-Gau« disqualifizierender, devitalisierender Strahlung. Verwendest du aber zu deiner alchymischen Zubereitung im Zusammenhang mit Eigelb nur sorgfältigst ausgesuchte, reine, frische, leuchtend hochschwingende Zutaten, durchblitzt du dich mit Feuerstrahlkraft ausgeprägtester Güte.

Als vitalisierende Zusätze in diesem Sinne wirken besonders
– die *drei Brüder*: Senf, Zitrone und Pfeffer, natürlich alle frisch!
– Frische, biologisch gezogene Kräuter oder Wildkräuter,

- Keime und Sprossen,
- Weizen generell und Weizenmehl,
- frische und biologisch gezogene Früchte,
- frische Rohmilch und ebensolche Sahne, Quark, Joghurt, Sauermilch und Butter,
- erstklassiger, am besten aus erstklassigem Wein selbstangesetzter Essig,
- frisches, stark kohlensäurehaltiges Mineralwasser.

Eigelb, an Suppen oder Saucen gegeben, veredelt deren Qualität, ganz besonders dann, wenn du etwas frischen Zitronensaft, ein paar Tropfen Essig oder auch Kapern zum zusätzlichen Auflockern zugibst.

Fette Öle aller Art öffnen ihre Ölbindung leichter und werden im Organismus besser und leichter verbrannt, wenn sie mit oben aufgeführten auflockernden Zutaten verwendet werden. Eidotter, das für Mayonnaise weiterverarbeitet wird, sollte deshalb immer zu Beginn mit den obigen *drei Brüdern* Zitrone, Senf und Pfeffer verarbeitet werden. Das ist keinesfalls das gleiche, als wenn diese Zutaten am Schluß zugegeben werden.

Das Eidotter, das die alchymische Ausgangssubstanz einer Mayonnaise bildet, vervielfältigt und potenziert im Rührprozeß seine eigene Identität in das Medium des Öls hinein. Jedes weiter zugeführte Öltröpfchen empfängt das zentrale Muster des Eigelbs und der Zutaten und reicht seine Energie blitzartig weiterpotenzierend an seine Öltröpfchen-Nachfolger weiter. Ist das Eigelb, energetisch gesehen, zu Beginn des Rührprozesses in sich geschlossen, so ist die fertige Mayonnaise ebenfalls geschlossen, fest, abgedichtet und schwer geworden. Natürlich gibt sich solche Mayonnaise in genau dieser Art an den menschlichen Organismus weiter und wirkt dort ebenfalls massig, abdichtend und beschwerend.

Wird jedoch das Eigelb durch Senf, Zitrone und Pfeffer sofort von seiner Kerndichte und Abgeschlossenheit befreit, wird hiermit auch die jetzt sonnenhafte, geöffnete Strahlkraft an jedes weiter zukommende Öltröpfchen weitergegeben. Die fertige Mayonnaise wird somit viel leichter bekömmlich und im Organismus dann schneller verbrannt.

Im Umkehrprinzip kannst du dir hoffentlich selbst sehr gründlich ausmalen, was es heißt, Fertigmayonnaise zu verwenden. Denn genauso, wie eine positive Information alchymisch potenziert und weitergegeben wird, werden die Negativ-Informationen, angefangen von tierquälerisch gehaltenen Hühnern bis zu sonstigen disqualifizierenden Informationen ebenfalls weiter potenziert und somit vervielfältigt. Ich hoffe, dieses kleine Beispiel wird dich dazu anregen, daß du dir deine Mayonnaise künftig selbst zubereitest, was wirklich überhaupt keine Hexerei ist, wenn du nur darauf achtest, daß wirklich alle Zutaten die gleiche Temperatur haben!

Eiweiß als Träger kollektiver Seelenmarter

Das Eiweiß sollte möglichst in aufgeschäumter Form, als Eischnee, verwendet werden und kann dann anschließend gebacken oder für Flammeri eingesetzt werden. Es sollte aber ganz frisch sein, und es sollte möglichst getrennt vom Eigelb und möglichst selten verwendet werden. Auch sollte immer etwas weniger Eiweiß als zu einem Ei gehörig verwendet werden. Denn so verschiebst du das sich selbst abdichtende, in sich geschlossene Gleichgewicht der Kräfte zugunsten der Strahlkraft des Eigelbes.

Hühner-Eiweiß ist sehr belastet von der Gesamtidee des Eiweißes auf diesem Planeten. Denn das Eiweiß eines Hühnereies trägt nicht nur seine eigene Last, sondern die Last aller gequälten Hühner, aller gequälten Tiere und aller gequälten dienenden Natur auf diesem Planeten überhaupt. Und dies tut es auch dann, wenn dieses Eiweiß von einem natürlich aufgezogenen freilaufenden Huhn stammt. Es kann sogar geschehen, daß dieses Eiweiß kränker ist als das von seinen krank in Batterien dahinvegetierenden Artgenossen: Denn Hühner-Eiweiß, welches ein aufnehmendes, dienendes und erkennendes Grundpotential der irdischen Schöpfung ist, kann, wenn es von einem Batteriehuhn stammt, vordergründig mit seinem eigenen Leid beschäftigt sein. Bei dem Eiweiß, das vom Ei eines »glücklichen« Huhnes stammt, kann es hingegen geschehen, daß sich das kollektive Leid mehr in den Vordergrund drängt, welches beim Batteriehuhn mehr im Hintergrund bleibt. Wenn du also Kuchen backen willst, dessen Rezept Eischnee verlangt, so nimm das Eiweiß wohl ruhig, doch segne es oder danke ihm, und werte den Kuchen insgesamt eben mit entsprechend positiven und veredelnden Früchte-Ideen auf.

Wenn du aber Eigelbe verwendest, um Suppen und Saucen damit zu binden, und nie recht wußtest, was du nun mit dem Eiweiß anfangen solltest, dann darfst du es nun endlich mit gutem Gewissen wirklich aus deiner Nahrungkette aussondern, ohne es vorher noch im Kühlschrank tagelang hin- und herzurücken!

Rezepte

Rührei mit Kräutern, Sprossen und Mandeln

So wird's gemacht:
8 Eigelb mit 8 Eßl. Milch verquirlen (davon 7 Eiweiß aufbewahren).
1 Eßl. Sauerrahm.
1 Teel. frisch gemahlene Senfkörner.
2 Msp. gehackte Peperoni.
1 Eßl. Keime oder Sprossen nach Belieben.
3 Eßl. frische Kräuter, wie etwa Basilikum oder/und
Petersilie, Weinlauch, Borretsch, Pimpernelle, Löwenzahn, Brennessel.
und 1 Eßl. frischgehobelte Mandeln unterrühren.
Mit Meersalz und frischgemahlenem Pfeffer abschmecken.
7 Eiweiße mit etwas Senfmehl zu Eischnee aufschlagen und unter die
Eigelb-Kräuter-Masse ziehen. In einer Pfanne
1 Eßl. Basilikum-Butterschmalz schmelzen lassen und, wenn du magst.
1 Knoblauchzehe auf eine Gabel stecken, um deine Pfanne etwas damit
auszureiben. Nun die Eiermasse in die Pfanne geben. Von beiden Seiten
braten und auf heißen Tellern servieren.
Wesentlich leckerer ist das Rührei allerdings ohne das gesondert
aufgeschlagene Eiweiß. Da hier sehr viele auflockernde Zutaten verwendet
werden, kannst du dein Rührei deshalb auch wie üblich

zubereiten. Dazu passen z. B.: roh geröstete Kartoffeln in der Art von Rösti und Gurkensalat.

Mayonnaise

So wird's gemacht:
für etwa 500 g Mayonnaise nehmen wir
3 Eigelbe,
$^1/_2$ Teel. frischgemahlene Senfkörner,
frischgemahlenen Pfeffer,
4 Teel. erstklassigen Essig,
4 Teel. frischen Zitronensaft und
400 ml kaltgepreßtes Öl eigener Vorliebe, z. B. Sonnenblumen- oder Distelöl.
Alle Zutaten rechtzeitig aus dem Kühlschrank holen und auf Zimmerwärme bereitstellen, denn aus kaltem Ei und warmem Öl kann keine Mayonnaise gerührt werden.
Alle Zutaten, außer dem Öl in einer Rührschüssel leicht verquirlen, bis sie sich miteinander verbunden haben.
Nun das Öl langsam, tropfenweise und unter ständigem Rühren – mit dem Rührbesen von Hand, mit dem Küchengerät oder im Mixer – zugeben.
Wenn etwa die Hälfte des Öls eingerührt wurde, emulgiert die Mischung zu Mayonnaise. Ab jetzt kann das restliche Öl etwas schneller, unter ständigem Weiterrühren, zugegeben werden.
Wenn die Mayonnaise zu fest geworden ist, kann man jetzt vorsichtig 1–4 Teel. kochendes Wasser zugeben.
Nun die Mayonnaise abschmecken und eventuell nochmals kräftig nachwürzen.
Dies ist das Grundrezept, das nach eigenen Ideen vielfältigst variiert werden kann. Es können gehackte Gartenkräuter in beliebigen Kompositionen in die fertige Mayonnaise eingerührt werden. Besonders frisches Basilikum ist hierzu etwas Köstliches. Und die berühmte Knoblauchmayonnaise »aioli« soll auch an dieser Stelle nicht fehlen. Wenngleich Knoblauch nun ja nicht gerade eine spirituelle Speise ist, möchte ich ihn doch, wenigstens gelegentlich, nicht missen. Immerhin

reinigt er ja die Wände der Arterien, verflüssigt das Blut und bringt Wärmeenergie in den Organismus. Da wir nicht »päpstlicher als der Papst« und ganz gewiß nicht dogmatisch sein wollen, hier also das Rezept für diese herrliche provenzalische Knoblauchmayonaise, die ausgezeichnet zu Fisch paßt, zu Pellkartoffeln oder Crudité (einem Rohkostteller) oder auch zu gekochtem Gemüse.

L'aïoli

So wird's gemacht:
Das Original-Rezept sieht 12 Knoblauchzehen vor! Du kannst aber natürlich auch weniger verwenden.
12 Knoblauchzehen im Marmor-Mörser zerstampfen oder in der Küchenmaschine oder im Mixer pürieren.
1 frisches und
1 hartgekochtes Eigelb dazufügen.
$1/2$ Teel. frischgemahlene Senfkörner,
$1/2$ Teel. Senf,
2 Teel. Zitronensaft,
Salz und Pfeffer zugeben und nun tropfenweise
400 ml bestes und wohlschmeckendes Olivenöl (Natives Olivenöl extra) einrühren.
Nach Lust und Laune ebentuell noch mit frischen Kräutern abschmecken.

Und da wir schon dabei sind, eine weitere köstliche Mayonnaise-Variation:

Eine Mayonnaise nach dem Grundrezept bereiten, der 1 Teel. scharfer Senf, einige Petersilienblätter und eine feinzerdrückte Krabbe erster Qualität zugefügt wurde. Diese Mayonnaise paßt gut zu kaltem Rindfleisch, Fisch und Krustentieren.

Hier nun ein paar süße Rezepte mit Ei:

Brennendes Mandelsoufflé mit Himbeeren

So wird's gemacht:
300 g frische Himbeeren vorsichtig mit
3 Eßl. Zucker aufkochen und wieder abkühlen lassen oder
tiefgefrorene Himbeeren auftauen lassen und zuckern.
200 g Sahne mit
1 Teel. Zucker schlagen, kaltstellen und erst kurz vor dem Servieren mit
den Himbeeren mischen. Einige Himbeeren zum Dekorieren übrigbehalten.
Wenn das Soufflé dann aus dem Ofen kommt, muß es schnell gehen.

Das Soufflé

4 Eigelb und
100 g Zucker mit einem Elektroquirl so lange schlagen, bis die Creme eine
ganz helle Zitronenfarbe angenommen hat. Saft und Schale
$^1/_2$ Zitrone zugeben.
5 Eiweiß sehr steif schlagen.
Die Eischneemasse auf die Eigelbcreme schichten und
2 Eßl. feingemahlene Mandeln darüberstreuen. Nun noch
$1^1/_2$ Eßl. Stärkemehl darübersieben und alles zusammen vorsichtig mit
einem großen Löffel unter die Eigelbcreme ziehen.

Vier kleine feuerfeste Förmchen nur am Boden einbuttern, den Teig
einfüllen und glattstreichen. Im vorgeheizten Backofen auf der untersten
Schiene bei 200 Grad in 25–35 Minuten goldgelb backen und mit
Puderzucker überstreuen. Jedes Förmchen auf einen entsprechend großen
flachen Teller stellen. Die mit der Sahne gemischten Himbeeren ebenfalls
auf diesen Teller geben und das Ganze mit einigen Himbeeren dekorieren.

Nun eine kleine Schöpfkelle mit einem hochprozentigen Alkohol füllen und kurz zum Erwärmen über einen Spiritusbrenner, eine Gasflamme oder die Flamme eines Feuerzeuges halten. Dann die Schöpfkelle über den ersten Teller halten, den Löffel neigen, so daß etwas von der Flüssigkeit über den Rand läuft, den Alkohol entzünden, wobei sich der Löffelinhalt entflammt. Die flammende Spirituose über die Förmchen und die Himbeeren gießen.

Zum Flambieren geeignet sind Spirituosen ab mindestens 40 % Alkohol, wie etwa Himbeergeist, Cointreau, Zwetschgenwasser, Rum, Weinbrand. Je hochprozentiger aber, desto besser!
Wenn du das Eßzimmer zuvor noch abdunkelst, kannst du der Begeisterung deiner Gäste gewiß sein!

Zitronen-Biskuit mit Cointreau

So wird's gemacht:
Mit einem Elektroquirl
4 Eigelbe mit
2 Eßl. warmem Wasser und
150 g selbsthergestelltem Vanillezucker cremig schlagen.
Den Saft und die geriebene Schale von
1/2 großen Zitrone,
5 Tropfen ätherisches Zitronenöl, sofern vorrätig, und
2 Eßl. Cointreau zugeben und nochmals weiter schlagen, bis sich aller Zucker gelöst hat.
100 g Mehl,
100 g Speisestärke und
2 gestr. Teel. Backpulver mischen und durch ein Sieb auf die Eigelbcreme geben. Mit einem Spatel oder einem Lochrührlöffel mischen. Die
4 Eiweiß
mit einigen Körnchen Salz zu sehr festem Schnee schlagen (das geht am besten, wenn das Eiweiß sehr kalt ist) und mit dem Spatel vorsichtig unter die Eigelbmasse ziehen. In eine mit Pergament ausgelegte Kastenform füllen und bei 190 Grad im vorgeheizten Ofen lichtgelb backen. Die Backzeit beträgt, je nach Herd, etwa 25–35 Minuten.

Den Bisquit nach dem Backen auf ein Gitter stürzen, das Papier entfernen und auskühlen lassen. In Scheiben schneiden und auf Desserttellern mit Schlagsahne und frischen Früchten der Saison oder auch mit eingemachten Früchten anrichten. Hierzu

1/4 l Sahne mit

2 Teel. Zucker schlagen und zuletzt

2 Eßl. Cointreau unterziehen. Besonders gut passen zu diesem Bisquit Himbeeren, Aprikosen oder Mandarinen.

Die Tiere als Energieträger und Brückenpfeiler der Evolution

Den nachfolgenden Text bitte ich dich als ein Ergebnis meiner vieljährigen naturgeistigen Forschungsarbeit »in Sachen Weltenentfaltung« (Kosmogonie) anzusehen. Dieser Text ist eine Art »Zwischenbericht für Einsteiger«, zudem auch noch in Kurzform gehalten, um den Rahmen dieses Werkes nicht zu überspannen. Wie fast alle Texte in diesem Buch sind auch die nachfolgenden somit rein esoterischer Natur, wollen dich jedoch zum neuen Denken, zum Experimentieren und zum neuen Handeln aufrufen. Die Texte haben keinen behauptenden Anspruch, wenngleich sie – der leichten und natürlichen Lesbarkeit wegen – in der Form einer Aussage geschrieben wurden. Auch hier gilt in vollem Umfang, was du in der Einführung zu lesen findest.

So bitte ich dich also, dich einfach ein wenig an die Hand nehmen zu dürfen und dich in das Reich der Kosmo-Genesis zu entführen. Nimm diesen Ausflug bitte nicht »tierisch ernst«, sondern eher spielerisch!

Im Laufe der Entwicklungsgeschichte und der Evolution zum Menschen hat es im Multiversum viele verschiedene Schritte gegeben. Es gab Schritte einer kontinuierlichen Entwicklung, und es gab plötzliche Veränderungen – genau, wie es uns auch die Natur im Jahreslauf widerspiegelt. Es gab schöpferische Zündungen und Bildungen von neuen Welten und Dimensionen, aber auch Mißzündungen und Mißbildungen von Welten und Dimensionen. Solcherart mißgebildete Dimensionen konnten nun aber von den dafür verantwortlichen Schöpferkräften nicht einfach wieder annulliert werden, sondern sie können nur in weiteren evolutionären Schritten und mit der Hilfe anderer Welten und Dimensionen wieder aufgelöst werden.

Eine solche sonderliche Welt ist nun unser gesamtes, nach außen explodiertes Universum, das sich einmal von innen nach außen »umgestülpt« hat, etwa so, wie manche Kinder ihre Strümpfe ausziehen. (Im Reich der Meeresbewohner gibt es Lebewesen, an denen im Lauf ihrer Entwicklung eben dieser Umstülpungsprozeß beobachtet werden kann.)

In diesem Universum ist es nun also dazu gekommen, daß sich die schöpferische Urweisheit und damit zugleich die Lebenskraft selbst »umgedreht« hat. Die Lebenskraft selbst – die Schlange des Lebens – mußte sich deshalb zwangsläufig auch »verkehrt-herum« und somit auch fehlgepolt präsentieren, was in der Folge zu vielem Dysfunktionalen und zu vielen Schwierigkeiten geführt hat. Alle Wesen, die dieses nach außen gestülpte Universum bewohnen, sind deshalb durch einen Umkehrprozeß von ihren ursprünglichen Schöpfungsprinzipien entfernt.

Da sich in diesem Universum aber dennoch vieles Leben selbst erfahren wollte, hat solcherart Leben eben diesen *Verkehrungsprozeß* auf seinen Schultern zu tragen. Das führte unter anderem auch zu den hier wirkenden Naturgesetzen, die allesamt auf dem Tod aufgebaut sind, damit Leben überhaupt erfahren werden kann. Im äußeren Universum gibt es keine Sonne, keinen Stern, keine Galaxie, die nicht den Gesetzen der Geburt, der Reifung, des Alterns, des Zerfalls und schließlich des Todes unterworfen wäre.

Diese Spannbreite von Leben ist besonders gut unter den Tierarten zu beobachten, wo Sterben und Tod der einen Art dem Leben der anderen Art dienen muß. Für zarte Seelen, auch für viele Kinder, führt das oftmals zu einer Fragestellung nach dem Göttlichen überhaupt. So wird gefragt, wie ein allgütiger liebender Gott so eine grausame Welt erschaffen und zulassen könne. Wer konsequent diese Fragestellung durchdenkt, muß streckenweise nahezu zwangsläufig zur Ablehnung einer göttlichen Schöpferkraft gelangen.

Wer nicht weiß oder aus seiner Wesenhaftigkeit heraus ahnt, daß die hier waltenden Naturgesetze nur ein winziger Teil der wahren ursächlichen Schöpfungsgesetze sind, daß dieses Universum nur eine Absonderlichkeit unter anderen ursprünglichen Schöpfungen darstellt – eben eine Art von Sonderschöpfung –, wer nicht weiß, daß es in diesem Sonnensystem und auf dieser Erde nur um ein einziges geht: nämlich darum, den grundsätzlichen und geradezu traumatischen Unfall dieses Fehl-Universums mit seiner zum Standard erhobenen Dysfunktionalität zu erkennen und an der Heilung zu arbeiten, der wird in den vielen Widersprüchen stets irgendwo steckenbleiben. Vielleicht wird er auch aufhören, weiter darüber nachdenken zu wollen. Vielleicht wird er sich nur noch um sein eigenes Wohl kümmern wollen, weil »ja sowieso kein höherer Sinn zu erkennen ist«.

Wer aber irgendwo Resonanz mit dem Schöpferischen fühlt in seinem Inneren, wer sich von seinem inneren Wesenhaften, das immer göttlich ist, angesprochen fühlt, der wird seinen eigenen Lebenssinn stets mit einem höheren und übergeordneteren Lebenssinn vereinen wollen. Er wird sich also zur Verfügung stellen und wird am »Zurückkehren« der Miß-Dimension in ihren ursprünglich heilen Zustand mitarbeiten wollen. Solches Heimkehren wird in der heiligen Schrift beschrieben als das Gleichnis vom verlorenen Sohn – oder auch als das von dem verlorengegangenen Schaf: Jedes Schaf einer Schafherde können wir als Symbol für ein Universum verstehen. Das verlorengegangene und wiedergefundene Schaf aber steht für das uns im äußeren erscheinende Universum, eben für dieses Fehlzündungs-Experiment.

Was heimkehrt, kehrt sich wieder rückwärts, zur Erde hin und über die Erde wieder hinaus. Es kehrt sich um, in die transsubstanzielle Welt wieder hinein, ins innere, wirkliche, Heimat-tragende Multiversum. Wer an solcherart Heimkehr arbeitet, webt am ursächlichen Heilwerden. Deswegen haben die Weisen immer wieder gesagt, daß Wahrheit mit Worten nur unvollkommen ausgedrückt werden kann und sich immer wieder selbst wiedersprechen muß. Daß Wahrheit aus diesem Grunde eben vorrangig gelebt und erfahren werden muß.

Selbst gelebte und selbst erfahrene und somit also individualisierte Wahrheit wird somit meistens der erste und wichtigste Schritt sein, um danach erst eine transzendente Wahrheit in Erfahrbarkeit gelangen zu lassen. Dadurch, daß die Erde selbst das einzige Terrain im Universum ist, welches sich der Zerreißprobe der absoluten, dazu auch noch einer überkreuzten Polarität zur Verfügung gestellt hat, tragen die Lebewesen der Erde die Ahnung einer Heilheit zugleich mit der Verkehrung auf ihren Schultern. Sie sind bemüht, jeder auf seine Weise, diese Verkehrungs- und Dopplerfunktion des Lebens in ihrem individuellen Leben bestmöglich zu bewältigen oder wenigstens irgendwie damit zurechtzukommen.

Wer das Phänomen der Vertauschung, der Täuschung, der Umkehrung – von dem auch die Märchen in ihrer Weisheit sprechen – in irgendeiner Weise in sich fühlt, es ahnt oder erkannt hat, der wird überhaupt nicht anders können, als sich zur Verfügung zu stellen, um an der Wiederheimkehr seiner selbst und damit aller Wesen zu arbeiten. Und diese Heimkehr ist eben die in die Urschöpfung und in die Heimat der Göttin.

Die gesamte irdische Schöpfung und alles Naturleben erzählen nun – für diejenigen, welche in diesem Buch der Weisheit zu lesen wünschen – von den urschöpferischen Dimensionen, wie zugleich von deren Verkettungen und Vernetzungen mit ebendieser »ausgerutschten« Schöpfung. Viele Notnägel mußten hierfür geschmiedet werden; Notbrücken und Sonderliches mußte gestaltet werden, um *das Verkehrte* wenigstens an seinem Platz zu halten. Ganze Schöpfungsreiche mußten umprogrammiert werden, um solcherart Notnagelfunktion auszubilden. Ganze Naturreiche sind ausschließlich dazu da, zu verhindern, daß dieses seltsame Schöpfungsexperiment nicht noch weiter in einen unendlichen Raum hinein abdriftet, etwa wie ein Weltraumfahrer, dessen verbindende Nabelschnur zu seinem Mutterschiff gekappt wäre.

Die gesamten Naturreiche auf diesem unserem Planeten sind ausschließlich Sonderschöpfungen, um eben genau solches Wieder-Zurückbinden zu bewerkstelligen. Die gesamten Naturreiche dieses Planeten sind somit Dienende an der Urschöpfung, sie dienen der GÖTTIN und sind Heilsboten des Multiversums. Jedes Naturreich hat dabei individuelle Aufgaben. Alle Naturreiche aber reichen einander die Hände, um einen Kreis der Wiederheimkehr zu bilden.

Die Reiche gliedern sich derzeit in das Mineralreich, in das Pflanzenreich, in das Reich der Tiere und in das Reich der Menschen. Der Mensch aber trägt alle diese Reiche in sich. Er trägt somit in sich zum einen die unbewußten Schöpfungsanteile, die ihrer dienenden Aufgabe entsprechen, und er trägt in sich zum anderen bewußte Anteile, die zu Reflektion, Selbsterkenntnis und Individuation führen. Aus beidem muß er sich ein passendes individuelles Lebenskonzept schneidern. Und das ist, wie wir alle wissen, nicht immer so leicht.

Minerale

Das Reich der Mineralien, zu dem ich hier auch das Reich der Edelsteine zähle, ist zum einen mit der mütterlichen Urnatur verbunden, welche die Gesetze des Zusammenbaues zu Geweben und höheren Organisationen bereitstellt. Diese Gesetze gehorchen urkosmischen Uhrwerken. Sie repräsentieren den ersten Logos. Sie sind außerhalb willentlicher Eigengesetzlichkeiten, außerhalb der Möglichkeiten willentlicher Individuation.

Dieses mineralische Reich ist zum anderen mit den Lichtprinzipien des geistigen Universums verbunden. Es ist deshalb im Grunde außerhalb von Trennungs-Bewußtsein. Der Mensch in seiner Abgetrenntheit und Absonderung, seinem Herausfallen aus der Einheit, hat über das Reich der Mineralien und Edelsteine – das er in sich trägt, wie außerhalb von sich findet – aber die Möglichkeit, in dieses ALL-Einssein wieder einzusteigen. Er hat die Möglichkeit, in einer Art von Seiten- oder auch Quereinstieg die Schöpfungsideen der Minerale, der Erden, der Steine und Edelsteine in sich zu erfahren und sich selbst-bewußt in dieses Einssein hineinzuschmiegen.

Pflanzen

Das Reich der Pflanzen ist ein Reich der Verbrüderung. So ist es Bruder einmal jeder einzelnen Pflanzenart oder Gattung unter sich selbst, und es weiß innerhalb seiner eigenen Natur alles von jedem. Die Pflanzennatur flüstert sich untereinander von den geistigen Gesetzen zu, welche sie aus dem Geistreich, dem Lichtreich, dem Sternenreich her empfängt, umsetzt, erfährt und weitergibt. Die Pflanzen flüstern sich aber auch untereinander innnerhalb ihrer Ur-Matrizen, Ur-Raster und zellularen Gebilde zu, die ihre jeweilige Einzelart und ihre individuelle Ausprägung bestimmen. Das

Reich der Pflanzen ist also sowohl Bruder zum Urprinzip einer ursächlichen Ordnung des ersten Logos als auch Bruder eines geistigen Lichtprinzips. Das Pflanzenreich ist also nicht mehr in sich selbst eins, es ist nicht mehr verschmolzen mit sich selbst, wie das im Mineralienreich der Fall ist. Das Reich der Pflanzen ist jedoch ein multifunktionaler Kommunikator: Es verbindet die vorausgehenden mit den nachfolgenden Dimensionen der Evolution untereinander. Dies bewerkstelligt es durch Projektion von Licht in den unterschiedlichsten geometrischen Konfigurationen.

Tiere

Die Tiernatur als Gesamtes überbrückt den Weltenabgrund, den Bruch, der einmal durch ein universelles Weltengewitter, eine kosmische Katastrophe entstanden war. Die Tiernatur trägt das Antlitz von Göttin Erde. Es ist eine große Einseitigkeit im gesamten tierischen Naturleben vorhanden, die das Animalische als Lebensspur erwählt hat und die – für eine Zeiteinheit lang – auf das Geistige vollständig verzichtet hat, um einen zwischenevolutionären Schritt für die Nachfolge-Evolution zu leisten und um sich selbst als Brückenbauer wie als Brückenstein zugleich zur Verfügung zu stellen.

Evolution zum Menschen

In der Evolution zum Menschen ist dieser Brückenpfeiler – die animalische Wurzel – nun genauso vorhanden wie eine zweite, eine kosmische Wurzel, aus der ihm das Licht des Geistigen zuströmt. Als irdisch-kosmischer Mensch hat dieser die beiden primären Wurzeln in sich zu einem Höheren, einem wahrhaft Menschengemäßen, zu einem wirksamen Baum des Lebens zu vereinigen.

So stellen die verschiedenen Naturreiche, die Mineralien, Pflanzen und Tiere jeweils in sich abgesonderte Dimensionen dar.

Sie tragen aber untereinander zur gegenseitigen Ernährung, zum Aufbau und zur Kommunikation bei, und dies geschieht auf sehr individuelle Weise. Das Gesicht der GÖTTIN im Tierreich hat, um die Evolution zum Menschen und des aus der Einheit abgespaltenen Bewußtseins – des Ego – überhaupt möglich zu machen, freiwillig eine Zeitlang auf den geistigen Bestandteil des Lebens verzichtet.

Das Tierreich bildet eine Querachse zum Menschenreich und eine Längsachse zum Ausgangspunkt der UR-Evolution. Es repräsentiert deshalb das Kreuz der Schöpfung, den 90-Grad-Winkel der Schöpfung, und damit das Verschuldensprinzip, Karma, Leid, Schmerz, Zerfleischung, Hemmnis, Blut, Blutschuld und Todesschmerz. Es ist das Prinzip des Kreuzes, das einen notwendigen Zwischenschritt zur Menschenbildung darstellt, um von hier aus jedoch Menschengeist und Menschennatur wieder in die Vereinigung des Gesamten zu führen.

Wir stehen heute im Beginn eines Evolutionssprunges unvorstellbarer Größenordnung und Auswirkung. Die Evolution selbst schickt sich an, sich als Lebenstrieb in die Höherentwicklung zur All-Einheit hinein zu gestalten. Sie wird mit sich nehmen, was in diesem Lebensstrom freudvoll mitschwingen und mitleben kann. Und sie wird von sich abstoßen auf eine neuartige elektrophysikalische Weise, was diesen neuen Schritt nicht mittun kann oder dies nicht wünscht oder nicht will.

Die »Zwischenlösungen« der Kreuzung, der Überkreuzung von Lebensenergien und der Blutschuld, welche die Tiernatur, den Menschen und der Evolution zuliebe auf sich genommen hat, werden beendet. Es werden an diesem dimensionalen Ort ERDE neue elektrophysikalische »Schienen« zur kommunikativen Vernetzung bereitgestellt und zunehmend erbaut. Das bedeutet zum einen, daß das geistige Licht des Urschöpfungs-Logos nun zunehmend in den gesamten Kreislauf der Tiernatur, der Menschennatur, aber auch der Pflanzennatur einströmt. Die Tiere erwachen und empfangen den Geist aus der Ganzheit zunehmend. Sie beenden zunehmend ihre dienende Funktion, Organisation, Aufgabe und Stellung.

Bruderschaft leben

Die Tiernatur erwacht also zu einem eigenständigen Bewußtsein. Dieser Wesensgeist des Tieres bedarf nicht des menschlichen Intellekts. Wesensgeist und erwachender SPIRIT des Tierreiches werden deshalb mit dem erwachenden Wesensgeist und SPIRIT des Menschenreiches in einer neuen Art von Bruderschaft verbunden. Dieser neuartige Wesensgeist wird es in künftigen Jahren immer weniger erlauben, daß seine körperliche Ausdrucksform getötet wird. Vor allem aber erlaubt er nicht mehr, daß er innerhalb seiner eigenen Gesetze mißbraucht wird.

Mit zunehmender Entfaltung der neuartigen evolutionären Gesetze können deshalb Tiere – allein aus diesem Grunde, alle anderen sonstigen ethischen und gesundheitlichen Gründe außer acht gelassen – immer weniger dem Menschen als Nahrung dienen. In dem Maße, wie die Tiere erwachen und göttlichen Geist und Wesensbewußtsein in sich dem Menschen gleich entfalten, dürfen sie nicht mehr getötet werden, weil sich, man könnte es so nennen, das Prinzip des Brudermordes damit auf eine neue Weise eigengesetzlich präsentiert.

Das Kreuz der Materie an sich wird also zunehmend beseitigt. Die Tiernatur verläßt ebenfalls zunehmend den Planeten und gibt ihre dienende Stellung auf. Es gibt aber noch etwas anderes, und das ist eine lichtheilige Art von Nabelschnur: Das ist die Milch der Tiere und ganz besonders die Milch der Kühe, welche innerhalb der Matrix der Gesamtevolution eine Sonderstellung einnehmen. Weiteres hierzu kannst du unter DIE MILCH nachlesen.

Die *Energien von Tieren* repräsentieren somit, jede Art für sich, ebenfalls ganz spezifische schöpferische Ideen-Wirksamkeiten. Sie haben eine ganz spezifische Stellung innerhalb der universellen Weltenordnung, und sie könnten uns Weltengeschichten erzählen. Ihre Energien, die hier nur kurz besprochen werden, beziehen sich stets auf die reine unverfälschte Idee der jeweiligen Tierspezies, auf die universelle Urkraft in diesen Geschöpfen. Es darf aber niemals das darunter verstanden werden, was der Mensch heute daraus gemacht hat, der nicht nur die Erde, die Pflanzen, Früchte, das Wasser, die Luft, die Meere, sondern eben auch die Tiere vergiftet hat und der diese Geschöpfe der GÖTTIN am allermeisten manipuliert, mißhandelt und quält.

Ich rufe deshalb hier dazu auf, daß sich wieder Menschen finden, welche den Tieren, deren Leben sie verwalten, Freundschaft und den Geist der Bruderschaft entgegenbringen. Solche Tiere haben dann nichts dagegen, dem Menschen gelegentlich auch als Nahrung zu dienen.

DER FASAN

Schöpferische Idee, Bestimmung und Heilkraft zur Erprobung

Dem Fasan wohnt eine Schöpfungsidee inne, die sehr hilfreich ist bei Öffnungsprozessen. Fleisch vom Fasan »öffnet zum Himmel« und ist eine ganz leichte, zarte, flinke und sensible Energie.

Ein Fasan ist beispielsweise durchaus ein Gericht für eine werdende Mutter, die einfach einmal Freude daran hat, sich in dieser »den Himmel öffnenden« Energie zu erleben, und ein Fest für sich und ihr Kind daraus macht.

Fasan ist auch eine passende Idee, wenn man in Aufbruchstimmung ist, neue Pläne hat oder etwas zu besprechen hat, was in eine wichtige Neuerung des Lebens hineinführt. Ja, und so wie Fleisch generell und Wild natürlich insbesondere im Grunde immer etwas Besonderes, etwas Herausragendes im Jahreskreislauf darstellen sollte, so gilt dies natürlich auch gerade beim Fasan.

Was gut dazu paßt

Zu gebratenem Fasan passen Morcheln und geröstete oder gebackene Kartoffeln mit Majoran und Rosmarin. Gut paßt auch
- ein wenig gemahlener Zimt,
- Majoran,
- Wildfrüchte und Preiselbeeren,
- Orangen und ein wenig naturreine Orangenschale, die in der Sauce mitgeschmort werden, oder auch etwas bittere Orangenmarmelade.
- Es kann aber auch Reis dazu gereicht werden. Hierzu kannst du etwa junge, zarte Buttererbsen in Rotweinsauce servieren,

– oder auch Maiskolben, in Butter gebraten, mit einer Prise Zimt,
– Chicorée-Salat oder geschmorter Chicorée,
– Rapunzel
– oder auch wilder Reis, mit Naturreis gemischt, mit ein wenig
  Curry und Rosinen und etwas Ananas.

DIE GANS

Schöpferische Idee, Bestimmung und Heilkraft zur Erprobung

Die Gans wurde und wird traditionell als Martinsgans gegessen, zum St.-Martins-Tag also. Oder sie wird als Weihnachtsgans oder gelegentlich als Neujahrsgans, eben zu ganz besonderen Festtagen zubereitet.

Die schöpferische Identität, die einer Gans innewohnt, hat immer etwas mit Krönung, aber auch etwas mit Freiheit zu tun. Die Gans ist – nicht nur in den Märchen – ein vom Licht gekröntes Geschöpf, welches die weibliche, urmütterliche Kraft an sich darstellt. Im Tarot entspricht diese Energie der Karte III – DIE KAISERIN.

Die Schöpfungsidee, die einer Gans von Uranfang her einprogrammiert ist, heißt: Weitergabe des Lichtes, Weitergabe der weiblichen, mütterlich krönenden Kraft. Weitergabe des Höheren, Feineren, Lichtvollen in das Verdichtete der Materie, um das Nachfolgende mit Fürsorge, ja, mit einer das Leben selbst krönenden Hingabe zu betreuen. Diese uralte Idee des Matriarchats mit der genetisch verankerten Weitergabe lichtleuchtender Fürsorge ist auch im keltischen und heidnischen Brauchtum vorzufinden, das den Frauen hohen Rang und Ehre zuerkannte. Solches Brauchtum hat sich dem Ausgerottetwerden durch das Christentum erfolgreich widersetzt, indem es seine heidnischen Festtage und Symbole christianisieren ließ und somit sein Weiterleben sicherte. Nur die Bedeutung wurde vergessen. Es ist eine alte heidnische Tradition, zu bestimmten Lichtfest-Feiertagen, ganz besonders auch zum Julfest, dem 21. Dezember, das weibliche Licht zu feiern und diesem symbolischen Gehalt durch ein festliches Mahl mit Gänsebraten zu geben.

Im Symbol dieser krönenden Fürsorge ist aber noch ein Weiteres enthalten: die mütterliche Pflicht der Weitergabe des Vererbungsschlüssels, des genetischen Programms an die Nachkommenschaft, die Weitergabe dessen also, was das weibliche Urprinzip selbst einmal erhalten hat. Und da die Gans ja Licht erhalten hat und da sie dieses in die Finsternis, eine Stufe tiefer in die Verdichtung weitergeben muß, gibt sie zugleich, sozusagen mit der anderen Hand, die Fürsorge weiter, dem Menschen vom Licht zu erzählen und in ihm dadurch die Sehnsucht nach dem Licht wachzuhalten. So ist die Gans das uralte Symbol der matrilinearen Erbfolge, welche Wissen, Geist, Kraft und dadurch krönende Prinzipien an ihre weiblichen Nachkommen (das Prinzip der weiblichen Erbfolge) weiterreicht.

In solcher Gesinnung können auch wir heute zu Licht-Feiertagen, zur Weihnacht, die von einem uralten heidnischen Fest getragen wird, oder zu den ebenfalls heidnischen Lichtmeß-Tagen eine Gans in familiär-festlicher Runde verspeisen. Für all jene, die nicht aus Prinzip dem Vegetarismus huldigen, gilt hierbei: Weibliche Spiritualität ist durchaus nicht dogmatisch und nicht an Einseitigkeit gebunden. Weibliche Spiritualität ernährt sich stets ihrem Empfinden gemäß, im Kreislauf der Jahreszeiten und im Kreislauf der Lichter, welche mit der Dunkelheit ringen. Aber sie achtet alles Leben und dankt der Tierseele und der Natur, wenn sie ein solches Fest zelebriert.

Achte aber darauf, dir wirklich nur dort so eine Festtagsgans zu besorgen, wo du sicher sein kannst, daß dieses Tier in Freiheit aufgezogen und artgerecht aufwachsen durfte. Denn dann schenkt die Gans auch bereitwillig an dich dieses Prinzip der Freiheit und der leuchtenden Kraft des Lichtes weiter. Sieh dich deshalb rechtzeitig nach Bio-Bauernhöfen um, kaufe kein Fleisch mehr von mißhandelten Tieren, und trage, so irgend möglich, auch dein Teil dazu bei, daß quälerische Tierhaltung endlich angemessen bestraft wird.

Was gut dazu paßt

Zur Gans passen sehr gut Salbei, Majoran, Thymian, Äpfel und natürlich rohe Klöße, diese ebenfalls symbolträchtige Heilspeise.

Klöße symbolisieren ja – wie etliche andere kosmogonische Gebilde, die von menschlicher Intuition nachgebildet werden – ein evolutionäres Ereignis; auch etwa Brezeln, Brötchen, Kranzkuchen und anderes mehr sind solche Nachbildungen kosmischer Ereignisse. Hier bei den Klößen geht es stets um den Absturz der ehemaligen »goldenen Kugel«, (vergleiche das Märchen vom Froschkönig), einer Sonne also, die durch eine kosmische Katastrophe aus ihrer Bahn geworfen wurde.

Zu Gänsebraten, diesem Symbolgericht, gehören dann eben diese selbstgemachten rohen Klöße! Zu solch einem Festtagsgericht servierst du natürlich am allerbesten lichtleuchtenden Salat von Rapunzel.

DER HASE

Schöpferische Idee, Bestimmung und Heilkraft zur Erprobung

Die Idee, die einem Hasen sein schöpferisches Gesicht und seinen Ausdruck gegeben hat, heißt: Innehalten, Anhalten im Getriebe der Welt und einmal nach innen lauschen.

Das Getriebe der Welt ist vor aller Augen, und gelegentlich gilt es, sich zurückzunehmen, innezuhalten, sein Leben zu betrachten. So gilt es vielleicht, wenn das Thema eines Hasen unvermutet auf dich zukommt, einmal ein Fest zu feiern, wie es gerade fällt, mit Freunden oder Kindern, mit der Familie, im Geiste der Verbundenheit, und sich dabei ein wenig zu besinnen, worum es im eigenen Leben derzeit eigentlich geht.

So kann ein Hasenbraten es durchaus unterstützen, wenn der Mensch in einer gewissen Blindheit ist seinen »Lebensläufen« und seinen Zeitläufen gegenüber, daß er sich zurücknimmt und einmal sein Leben neu betrachtet. Dann ist es sicher sinnvoll, zunächst einmal einen gewissen Rückzug von der äußeren Welt zu bewerkstelligen. So kann man sich mit seinem derzeitigen Lebensthema beschäftigen und zu diesem Zwecke auch verschiedene unterstützende Möglichkeiten nutzen, sei es das Tarot, sei es eine Meditation, sei es ein Gespräch mit einem guten Freund. Hat sich ein gewisser Abschluß eines solchen Retreats ergeben, dann kann man ein abschließendes kleines Festmahl in der Runde gestalten, vielleicht auch mit den Menschen, um die es in der Fragestellung geht. Das ist auch im Grunde das Sinnvollste: sozusagen den Punkt noch darauf zu setzen auf das, was schon an Idee oder Erkenntnis gekommen ist, und mit dem Hasen dann abzuschließen.

Der Hase symbolisiert also immer eine gewisse Blindheit den augenblicklichen Zeitläufen gegenüber, die neu betrachtet werden wollen. Es geht ums Lauschen, ums Hören, ums Achtsamsein, so wie der Hase ja auch still sitzt, immer wieder, und wie man so sagt, die »Lauscher« aufstellt. So geht es hier um das Hören auf die Stimme der Welt und die Stimme des Inneren und zu schauen, wie das Innere mit dem Äußeren in eine Übereinstimmung gebracht werden kann.

Der Hase ist ein Tier, das in früheren Zeiten und Kulturen hoch geachtet wurde. So erscheint er in den Märchen und Mythen, in den Wappen von Familien oder auch von Städten. Er symbolisiert stets die Achtsamkeit und rät, die Zeiten und Geschicke zu wenden und angemessen mit seinem Leben oder auch mit dem Leben besonders anvertrauter Menschen umzugehen. Schau dir solch ein Bild eines Hasen doch einmal an, wie er dasitzt mit zum Himmel geöffneten Ohren und seine ganze Gestalt eines ausdrückt: Aufmerksamkeit!

Ein Wort an dieser Stelle: Ich hoffe, du weißt, daß gerade Hasen und Kaninchen, die du dann in Kühltruhen wiederfindest, ganz furchtbar quälerisch in so winzigen Käfigen »aufgezogen« werden, daß sie vor peinigender Enge, in der sie sich so gut wie nicht bewegen können, Rückgratverkrümmungen bekommen. Ich hoffe, dir ist bewußt, daß du, wenn du Fleisch von Tieren verzehrst, die auf solche Weise gemartert wurden, dir selber diese quälerischen Seelen-Substanzen implantierst! Deshalb, wenn schon Hase, dann schau, wo du einen solchen bekommst, der auch heil ist, an Leib und Seele. Dann gibt dieses Geschöpf solches Heilsein und Wachsein auch an dich weiter!

Was gut dazu paßt

Zu Hasenbraten passen Wacholderbeeren ganz hervorragend, weil die Wacholderbeeren geistig-seelische Anteile aus dem inneren Selbst und aus der Tiefe in eine Sichtbarkeit holen. Wacholder ist ein höchst heiliger Strauch, und die Wacholderbeeren können auch zu Räucherungen wunderbar eingesetzt werden. Sie verbreiten dann im Rauch ihre offenbarende Energie weiter.

Wacholderbeeren sollten zum Hasen nicht fehlen, weil sie das Prinzip noch ungemein stärken, welches der Hase selbst darstellt. Wacholderbeeren ziehen die Seele aus der Tiefe heraus nach oben, sie öffnen und offenbaren Dinge ins Bewußtsein hinein, die vorher nicht bewußt waren. Wacholderbeeren können auch in allerlei Getränken in Verbindung mit magischen Invokationen höchst nützlich und sinnvoll verwendet werden.

Weiterhin ist ein guter Rotwein eine sehr gute Ergänzung. Zum alchymisch veredelnden Konzept des Hasenbratens in Rotwein mit Wacholderbeeren paßt dann auch sogar Rotkraut. Blaukraut, wie es ja auch genannt wird, das mit Äpfeln, Nelken, Lorbeer und Zimt gekocht und auch mit Essig angereichert werden soll, hilft dann in dieser Gesamtkomposition dem Menschen, daß er sich erhebt, wenn er gestrauchelt ist, wenn er nicht mehr weitersieht, wenn er den Himmel und seine eigene Seele nicht mehr richtig sieht. Und ein solches Blaukraut unterstützt dann diese generelle, neue Sichtweise und das Öffnen neuer Ideen.

Zur Idee des Hasen paßt aber auch die Idee der Karotte oder auch jener der Kiwi, welche beide ebenfalls solche Umschaltprozesse initiieren. Man kann in dem Fall Karotten mit Kiwi zubereiten. Dazu kannst du auch wieder rohe Klöße, halbrohe Klöße oder auch breite Nudeln, Spätzle oder auch Kartoffeln servieren.

Rituell feiern

Wer nun wirklich aus Hasenbraten ein Ritual und ein Fest feiern will, in dem das Prinzip auch optimal genutzt wird, der könnte etwa eine Räucherung vor oder nach der Festspeise machen. Er verwendet dazu Wacholderzweige, Wacholderbeeren und Zimtstangen, und er teilt das Gericht am allerbesten und am allerschönsten mit seinen Freunden in einer Runde am offenen Feuer, wenn möglich sogar draußen in der Natur oder im Garten – und macht ein richtiges Fest daraus.

Wenn man den Hasen in so einem kleinen Ritus verspeist, ist es gut, daß man, wenn das Tier abgenagt ist, seine Knochen auch der

Erde wieder übergibt. Zu diesem Zweck gräbt man mit einem Spatenstich die Erde auf und gibt die Knochen mit einem Segensspruch der Erde zurück mit einem Dank für das Tier, das sein Leben dahingegeben hat.

Das gilt aber im Grunde für alle Speisen aus Fleisch. Denn Knochen sind Lichtträger und Träger der kosmischen Gesetze zugleich. Sie sind höchst heilig.

Sie können uns vieles lehren.

Der Hirsch und das Reh

Schöpferische Idee, Bestimmung und Heilkraft zur Erprobung

Der Hirsch ist eine außerordentlich machtvolle Schöpfungidentität. Zugleich aber repräsentiert er auch Hingabe. Er ist somit ein Wesen, welches das dienende und zugleich das schöpferische Christusprinzip repräsentiert, ein Geschöpf, welches eine Mitte und eine Verbindung von Welten-Prinzipien aufzeigt. Diese Verbindung ist durch den Christuslogos auf dieser Erde konstituiert worden. Der Hirsch und das Hirschgeweih sind somit auch nicht umsonst in manchen Märchen und mythischen Erzählungen ein symbolträchtiges Schlüsselelement. In der vom Hirschgeweih auch äußerlich symbolisierten Verbindung der Welten ist zudem noch eine große Dynamik enthalten. Das Symbol des Hirsches wünscht sich also dynamisch auf Erden zu entfalten, und zwar besonders dann, wenn der Mensch vor einschneidenden Neuerungen auf seinem Lebensweg steht. Das Reh hingegen repräsentiert eine tiefe, ursprüngliche göttliche Weisheit. Es ist etwas sehr Edles, Zartes und Sensibles und ein Geschöpf mit großer Geduld und Hingabe.

Anwendung

So können wir etwa dann einen Hirsch- oder Rehbraten essen oder andere Gerichte aus Hirsch- oder Rehfleisch, wenn es um große Neuerungen, um Dynamik, um Entscheidungen, um gewaltige Dinge in unserem Leben geht. Diese können wir dann mit einem Hirschbraten krönen. Das kann eine Geburt sein, die gefeiert wird, oder eine Taufe, es kann auch eine Hochzeit oder ein anderes einschneidendes, bedeutsames Fest im Familienkreis sein.

Auch der Rehbraten ist natürlich auf seine mehr sensible Weise für solche und ähnliche Feste geeignet.

Was gut dazu paßt

Das sind vor allen Dingen Morcheln, die ich in Verbindung mit solcherart traditionellem Gericht noch niemals gesehen und bisher auch noch nicht zubereitet habe. Willst du es vielleicht ausprobieren?

Weiterhin paßt hierzu edles Gemüse, wie etwa Spargel, zu dem in dieser Kombination auch die Karotten gezählt werden wollen.

Dazu werden exklusive Kartoffelspeisen serviert, etwa Kroketten aus selbstgemachtem Kartoffelteig oder ebensolcher Teig, der mit der Spritztülle dekorativ auf ein Backblech gebracht und im Ofen gebacken wird. Der Braten selbst kann gut in ein wenig Rotwein geschmort werden, und er sollte mit Preiselbeeren oder auch mit Orangen serviert werden.

Als Nachtisch paßt gut Vanilleeis mit heißen Himbeeren. Vielleicht machst du dir dein Eis künftig selbst? Denn was in gekauftem Eis so alles drin ist, damit will ich hier gewiß nicht anfangen! Auch dies ist, wie so manches, was heute ganz »unmodern« geworden ist, im Grunde doch ganz einfach. Es benötigt nicht einmal viel Zeit, macht Spaß, ist preiswert, und du hast die Qualität, die du selbst verantwortest! (Siehe dazu Erdbeereis, unter DIE SAHNE.)

Das Huhn und das Hähnchen

*Schöpferische Idee, Bestimmung und
Heilkraft zur Erprobung*

Hühnerfleisch ist eine leichte und auflockernde Speise. Je jünger das
Tier ist, desto flinker, beweglicher und fröhlicher wirkt sein Fleisch.
Artgerechte Haltung ist natürlich auch hier die Voraussetzung. Und
das vermittelt es dem Menschen, das gibt es auch ganz bereitwillig
weiter. Es befreit, es lockert auf.

Es ist sehr gut geeignet, um eine Hühnerbrühe für die Kranken-
kost daraus zuzubereiten. Eine Brühe von einem in Freiheit gehaltenen und aufgezogenen Huhn, die kann geradezu Wunder wirken
bei Menschen, die trübselig sind, auch bei Kindern, die traurig sind.

Es kann auch durchaus eine Notfallkost sein, etwa sogar nach
Vergiftungen (die natürlich zuvor entsprechend ärztlich versorgt
wurden!). Denn Hühnerfleisch hat eine innere Sauberkeit, eine
lichte, leichte, eine schöpferische Freundlichkeit, ein Hinausziehen
in das Licht der äußeren Welt, in die Freude. Und es ist ganz
unvorbelastet, ganz locker, fröhlich. Es ist ganz ohne Probleme und
ohne Sorgen. Es nimmt das Leben, wie es kommt, und macht immer
das Beste daraus.

Anwendung

Die beste Möglichkeit, Huhn oder Hähnchen zuzubereiten, um
diese fröhliche, leichte, lockere, singende Bewegung ins Leben fluten zu lassen, ist, wenn wir es mit Zitrone, mit Senf, mit Petersilie
schmoren oder die Soße auf diese Weise bereiten. Eine Nelke, ein
Lorbeerblatt, Rosé- oder Weißwein, Zitrone können dann immer
dabeisein. Es gibt so viele wunderbare Hühnchen- und Hähnchen-

rezepte. Wenn die helle Komponente, wie besprochen, betont wird, dann wirkt das Hähnchen eben auch leicht im Menschen. Wenn es aber stärker gebraten wird, mehr mit Rotwein und dunklen, kräftigen Kräutern und viel Zwiebeln zubereitet, dann wirkt es mehr kräftigend, in Richtung Verwurzelung auf der Erde.

Die aufhellenden Zutaten sind etwa:
- Zitrone,
- Orange, Orangenschale,
- Ananas,
- Zimt,
- Weißwein,
- Zitronensaft,
- Petersilie und Petersilienwurzel,
- Basilikum,
  die allesamt aus dem Alltag herausheben und fröhlich machen. Am besten paßt dazu Reis, auch Nudeln oder Kartoffeln. Auch Kartoffelpüree paßt sehr gut, mit jungen, extrafeinen Erbsen.

Die kräftigenden Zutaten sind etwa:
- Piment,
- Majoran,
- Rosmarin,
- Ingwer,
- Salbei,
- Sellerie,
- Zwiebeln,
- Knoblauch,
- Rotwein oder
- Marsala-Wein.

Was gut dazu paßt

Zur hellen Variante:
  Reis mit Zitronenschale und Petersilie,
  Karotten mit Kiwi,
  Kartoffelpüree,

Nudeln mit Basilikum,
Rapunzel,
zitronige Speisen und Nachspeisen,
Weißweincreme oder Zitronencreme.

Zur dunklen Variante:
geröstete Ofenkartoffeln mit Rosmarin,
rohe Klöße,
Spätzle.

Rezept

*Es gibt eine schier unendliche Fülle an
Hähnchenrezepten, die zum herrlichen Experimentieren geeignet sind. Eine
einmal ganz andere Rezeptzusammenstellung gebe ich dir nachfolgend.
Vielleicht läßt du dich davon zu eigenen Variationen inspirieren? Dieses
Rezept habe ich abgeleitet von einem Rezept aus »Dumont's Großes
Kräuterbuch«, das die Grundidee geliefert hat:*

Filets von Hähnchenbrust mit grünem Pfeffer und Brombeeren

So wird's gemacht:

4 Hähnchenbrustfilets häuten,

mit Meersalz und

frischgemahlenem schwarzen Pfeffer einreiben

und mit

3 Eßl. Butter in einer Pfanne von allen Seiten knusprig braten. Dann den Deckel auflegen und in etwa 30 Minuten fertig schmoren.

1 Eßl. grüne Pfefferkörner und

150 ml süße Sahne in die Pfanne geben und den Bratenfond damit ablöschen. Nun

150 g ($^2/_3$ Tasse) frische Brombeeren in die Sauce geben, eine Minute mitschmoren und auf heißen Tellern mit sehr breiten italienischen Bandnudeln servieren. Sehr gut passen würden aber auch roh geröstete Kartoffeln (Rösti). Dazu passen geschmorte Karotten mit Orangen oder mit Weintrauben (siehe unter DIE KAROTTE).

Das Kälbchen, die Kuh, der Stier, das Rind – ein Weltenprinzip

Schöpferische Idee und Bestimmung

Das Kälbchen will in allererster Linie in die Welt hinein wachsen. Es will die Natur erleben, es will spielen. Es will fröhlich sein, es will das Grüne erfahren. Es will die äußere Welt sehen, erleben, erfühlen, erfahren und durchleben. Und dieses, was es da alles erlebt und durchlebt, dieses erlebte Leben will es dann in sich integrieren. Ein Kälbchen, selbst auch ein »Naturkälbchen«, welches artgerecht und freiheitlich aufgezogen wird, ist im Grunde nicht geeignet zum Essen, weil es im Menschen eine Sehnsucht erzeugt nach Leben, nach Grünem, nach Freude, nach Spiel. Es löscht nicht die Sehnsucht, es erzeugt sie. Davon nachher mehr.

Die einzig mögliche heilende Anwendung wäre etwa die bei einem Menschen, der sich aufgegeben hat, der keinen Mut mehr zum Leben hat, der nicht mehr richtig gesund zu werden glaubt.

Hier könnte man dann einmal ein Kalbfleischgericht reichen, das dann aber unbedingt mit Zimt, Nelken, Lorbeer, Rotwein und Zitrone gewürzt und mit Sahne und Butter angerichtet werden sollte. Und dazu sollten dann am besten Reis oder breite Nudeln gereicht werden.

Aber ansonsten, wenn man nicht in solcher Situation ist, sollte man möglichst kein Kalbfleisch essen, weil es im Grunde sehnsuchterzeugend und unter Umständen sogar suchterzeugend ist: Sucht nach *mehr* von irgend etwas, egal, was das auch immer sein mag. Menschen also, die sowieso eine Suchtthematik haben, die sollten wirklich Kalbfleisch besser meiden. Erst, wenn das Kälbchen herangewachsen ist und wenn es diese tief in seinem Inneren liegenden Wünsche erfüllt hat, dann kann sein Fleisch gegessen werden.

Eine jede Kuh ist eine Weltenkuh, die Ur-Kuh des Lebens. In der *Edda* wird sie AUDHUMBLA genannt. Jede Kuh dieser Erde, jeder Stier, jedes Rind, jedes Kälbchen repräsentieren und *sind* dieses reale Lebensprinzip auf Erden, das Prinzip der schöpferischen Freiheit auf diesem Planeten, welche trotz aller Einschränkung der Materie und einschränkender gegengeistiger Bemühungen ausgedrückt werden will. Geistiges Urlicht will sich auf dem Planeten zum Ausdruck bringen, will sich behaupten gegen alle Schwierigkeiten, will sich selbst weitergeben, will die inwendige Lebensfülle in goldenes Licht und in Tragkraft im Äußeren verwandeln. In der Astrologie ist das Haus des Stiers der sonnenstrahlenden Gewahrsamkeit, dem Frieden und der Freiheit der weiblichen Urkraft an sich zugeordnet.

Wer im astrosophischen Symbol des Stier geboren ist oder wer in seinem Kosmogramm hier bedeutsame Prinzipien ausgedrückt findet, ist deshalb ein Mensch, der die Fülle, die Freiheit, die Liebe und die Schönheit des Irdischen liebt. Er repräsentiert, sofern das Symbol nicht durch andere Prinzipien eingeschränkt wird, etwas Joviales, Jupiterhaftes und zudem eine tragende Kraft.

Von all diesem zeugt uns die Kuh hier auf Erden. In Indien wird die Kuh heilig gehalten. Genau das würde auch uns im Westen wieder gut anstehen, eben unseren Gesichtskreis um das Östliche zu erweitern und das Heilige in den Tieren und aller Tiernatur wieder zu sehen.

Deshalb benötigt das Kälbchen auch die Welt, weil es seine göttlichen Prinzipien in diese äußere Sonnenwelt hineintragen will, weil es sich dort als Leben erfahren will. Erst, wenn das Kälbchen im Freien gelebt hat, wenn es das Leben erfühlt hat, wenn es gespielt hat, wenn es das Grüne erlebt hat, wenn es die Sonne gesehen hat, kann ihm sein Leben wieder genommen werden. Erst dann, wenn es keine Sehnsucht mehr hat, wenn es seine Lebenssehnsucht, seinen Ur-Sinn nach Leben voll durchlebt hat, dann erst darf das Tier geschlachtet werden – und zwar so streßarm wie möglich. Erst dann kann es dem Menschen von diesem gelebten Leben und von diesem gelebten Sinn im Leben etwas zurückgeben.

Ein Rind muß also mindestens einen Sommer auf den Wiesen erlebt haben, bevor es sein Fleisch für die Menschen gibt. Mindestens einen Sommer in der Sonne muß es erlebt haben, mit anderen Tieren in Gesellschaft, mit Pflanzen, mit Kräutern. Und es muß wirklich fröhlich gelebt haben. Das ist gerade beim Rind außerordentlich wichtig.

Rindfleisch von Tieren, die angekettet nur in Ställen leben müssen, die die Qualen des Eingesperrtseins erdulden müssen, von den Giftstoffen, Hormonen und genetischen Manipulationen ganz zu schweigen, sind deshalb denkbar ungeeignet für die menschliche Ernährung. Solches Fleisch zieht dann stark in die Tiefe und in die Finsternis hinab und bringt genau dieses Leid dem Menschen zurück. Der Mensch verzehrt dann keine Nahrung, sondern er verzehrt Finsternis, Ungutes und Bedrückung, und er verliert auch den Glauben an sich. Er wird am Leben krank, und das belastet auch seine Leber und seine Nieren und sein Herz. Die Massentierhaltung mit den heutigen Methoden der Aufzucht, des tierquälerischen Transports und des tierquälerischen Schlachtens ist völlig ungeeignet zur gesunden Ernährung oder gar zur spirituellen Ernährung. Solches Fleisch verfinstert das Denken und das Gemüt und das Handeln, es befleckt geradezu, und mit all dem Übel, mit dem Menschen Tiere beschmutzen, beschmutzt der Mensch sich, wenn er es verzehrt.

Ein paar Anmerkungen zu BSE findest du weiter hinten in dem unbearbeiteten Meditationstext.

Die Heilkraft zur Erprobung

Die Heilkraft von Rindfleisch besteht in einer Tragkraft für irdische Angelegenheiten, aber auch in zunehmender, feuriger Lebenskraft – natürlich nur, wie stets und bei allen Nahrungsmitteln geltend, wenn die natürlichen Bedingungen eingehalten wurden. Rindfleisch hat auch eine Grundpräsenz von natürlicher Klugheit, von Rücksichtnahme auf andere und stärkt dabei dennoch dein Vorwärtskommen.

Kalbfleisch stärkt deinen Lebenswillen – sofern du dies brauchst. Es erneuert zu diesem Zweck auch die Kraft deiner roten Blutkörperchen, die dich ins Leben und in die Tagessonne hinausziehen.

Was gut dazu paßt

- Zu Rindfleisch passen hervorragend alle grünen Kräuter, insbesondere auch im Frühling frische Wiesenkräuter.
- Weiterhin eignen sich Wurzeln aller Art gut zur Kombination, etwa Püree von Sellerie oder eine Sauce aus Meerrettich, ebenfalls mit Kräutern.
- Auch geschmortes Rindfleisch mit Karotten und Petersilie ist eine erfreuliche Speise.
- Weitere gute Zusammenstellungen sind Rinderbraten oder Ragouts, die in Rotwein, mit Pilzen, mit Rosmarin geschmort wurden.
- Rindersteaks wollen mit guten Gewürzen zusammen serviert werden, die du entweder aufstreust oder in einer leckeren Kräuterbutter verarbeitest. Hierzu eigenen sich: Rosmarin, Basilikum, Petersilie, Zitrone, Knoblauch und vieles mehr.
- Zu Kalbfleisch passen Zimt, Nelken, Lorbeer, Rotwein, Zitrone und Zitronenschale. Für »Wanderer zwischen den Welten« – also Kranke, die nicht mehr so recht mit der irdischen Welt verbunden sind und mangelnden Lebensmut haben – solltest du solches Kalbfleischragout mit Sahne, Butter und breiten Nudeln oder Reis anrichten.
- In Italien werden Rindersteaks mit dem Knochen auf dem offenen Feuer gegrillt, mit grobem, frischgemahlenem Pfeffer überstreut und mit viel frischer Zitrone beträufelt. Dazu gibt's Stangenweißbrot und Salat. Köstlich und energetisierend!

Rezepte

Consommé mit Markklößchen

So wird's gemacht:
Die Markklößchen
3 Rindermarkknochen, frisch vom Metzger. Knochen sollten möglichst
nicht aufbewahrt, sondern sofort verwendet werden! Das Mark mit
einem Löffel und mit einem stumpfen, runden Messer herausschaben. In
eine Pfanne geben und unter Rühren erhitzen, bis sich das Markfett
verflüssigt hat. Etwas abkühlen lassen und durch ein Sieb in eine
Steingutschüssel laufen lassen. Erkalten lassen.
Am besten wiegst du deine Schüssel vorher auf einer Waage, auf Null
stehend, aus, dann kannst du genau ablesen, wieviel Gramm Markfett du
erhalten hast. Genau dieselbe Menge gibst du nun an Semmelbröseln
hinzu! Drei Markknochen sollten ungefähr 100–150 g Markfett ergeben,
die mit 100–150 g Semmelbröseln gemischt werden.
Dazu kommen
2 Eier,
$^1/_2$ Muskatnuß, frisch gerieben,
schwarzer Pfeffer, frisch gemahlen,
1 Teel. Meersalz,
1 gehäufter Kaffeel. Mehl und
2 Eßl. sehr fein gehackte Petersilie.
Alles gut miteinander vermischen, sehr kräftig abschmecken, aus der
Masse kleine Klößchen formen und eines zur Probe kochen.

Die Consommé
Die ausgeschabten Markknochen und
500 g Rindfleisch in
2 l Wasser geben, zum Kochen bringen und abschäumen.
Nun kommen die Gewürze hinzu, die du von Anfang an mitkochst:
3 Lorbeerblätter,

1 gehäutete ganze rohe Zwiebel, mit

3 Nelken besteckt,

1 Stückchen Peperoni,

1 sehr kleines Stückchen Natur-Zitronenschale,

1 Teel. ganze schwarze Pfefferkörner und

Meersalz nach Geschmack. Je nach Fleischart etwa 60–90 Minuten auf kleiner Flamme zugedeckt köcheln lassen. Nun kommen die Gemüse hinzu:

3 ganze geschälte Karotten,

1/3 Sellerieknolle,

1/2 Stange Lauch und, wenn du hast,

2 Blatt Liebstöckel und

einige Petersilienwurzeln. Weiterkochen lassen, bis das Fleisch zart ist, was durchaus nochmals 60 Minuten dauern kann.

Die Consommé durchseihen, die Markklößchen in die kochende Brühe geben und garziehen lassen, was etwa acht Minuten dauert. Die Klößchen können zerfallen, wenn deine Brühe nicht kochend heiß ist, sie können aber auch zerfallen, wenn du sie zu sprudelnd kochst. Etwas Fingerspitzengefühl ist hier angebracht – am besten, du kochst ein Probeklößchen!

Diese Consommé ist wirklich eine Festtagssuppe, die du in Suppentassen, mit einem Hauch weißem feinen Pfeffer übermahlen und mit sehr wenig, sehr fein gewiegter Petersilie überstreut, servierst. Sie hat nervenkräftigende und aufbauende Eigenschaften!

T-Bone-Steak gegrillt mit Zitrone

So wird's gemacht:

Besorge dir auf Vorbestellung von einem Metzger deines Vertrauens 4 zarte Rindersteaks mit Knochen. (In Italien werden Rindersteaks fast ausschließlich auf diese Weise angeboten. Sie sind viel saftiger und kräftiger im Geschmack und überhaupt, frisch auf dem Holzkohlegrill gegrillt und mit Zitrone serviert, eine Delikatesse). Heize deinen Grill gut vor. Reibe die Steaks mit einer Öl-Kräuter-Gewürzmischung ein:

In 4 Eßl. gutes Öl deiner Vorliebe gibst du
2 Teel. kleingehackte Rosmarinnadeln,
1 kleinen Teel. Thymian und
2 Teel. grob gemahlenen schwarzer Pfeffer

Grille nun deine Steaks je nach Dicke von jeder Seite 6–8 Minuten, und serviere sie auf sehr heißen Tellern mit mindestens einer halben Zitrone pro Person, die du diagonal aufschneiden kannst. Jeder salzt sich sein Steak auf seinem Teller selbst und gibt sich Zitrone nach Geschmack darüber.

Dazu paßt etwa ein grüner Salat und eine halbe gebackene Kartoffel oder roh geröstete Kartoffeln mit Rosmarin, beides aus dem Backofen. Vielleicht wirst du ab sofort deine Steaks nur noch als T-Bone-Steak bevorzugen?

BSE – Mahnung zum Handeln

In der Folge gebe ich dir noch einen unbearbeiteten Meditationstext, der sich mit der Thematik der BSE (Bovine Spongiforme
Enzephalopathie) befaßt und den ich, wie stets, durch Einstimmung
auf die GÖTTIN erhalten habe:

»Ich gehe in die Nähe dieses Themas, das von den Menschen
Rinderwahnsinn, BSE, genannt wird. Ich fühle eine gravierende
unantastbare Grenze hier aufgebaut, die ich keinesfalls überschreiten darf. So werde ich lediglich ›außen vor‹ bleiben und von hier aus
berichten. Ich werde jede Verschmelzung, wie es sonst in meiner
Arbeit geschieht, vermeiden und nur schauen, was die GÖTTIN mir
hier mitteilt.

Es kommt mir vor, als sei BSE – auf den Menschen bezogen – eine
Art ›Büchse der Pandora‹, die jedoch noch verschlossen, sogar
eingesiegelt ist. Von wenigen Ausnahmen abgesehen, ist es von der
Schöpfung auch nicht beabsichtigt, daß sie für die menschliche
Natur je geöffnet wird. Ein kosmisches Siegel liegt um diesen Be-
reich. Allerdings könnte der Inhalt mit dem einer Atombombe
verglichen werden. So stellt der versiegelte Inhalt dieser Büchse der
Pandora eine Art alleräußersten Potentials dar, welches von hohen
Geisthierarchien unter Umständen eingesetzt werden müßte, falls
bestimmte Dimensionen der Heilsschöpfung in Gefahr gerieten.

Der Planet Erde ist dem Menschengeschlecht einmal zu seiner freien
Entwicklung und Fürsorge untereinander übergeben worden. Dieses Geschlecht sollte auf seine Weise in dem ihm anvertrauten

›Haus Erde‹ schalten und walten und über die Ergebnisse seines Waltens Erkenntnisse und Lernschritte tun dürfen, um langsam in höhere Dimensionen und heilsamere Schwingungen aufsteigen zu können. Diese freie Verwaltung ist allerdings mittlerweile in hohem Maße despotisch und unterdrückend geworden, und man könnte sagen, das Experiment Erde und das Experiment Menschenschöpfung auf dieser alten Erde ist in gewisser Weise mißlungen.

Es ist deshalb notwendig geworden, gewisse schöpferische, übergeordnete *Heilungskorrektive* einzubauen und aus den höheren Dimensionen in die Erde einzuschleusen. Auch müssen die Unbelehrbaren ›ruhiggestellt‹ und ihrer Wirkkräfte entkleidet werden, so daß wenigstens die Lernbereiten und Lernfähigen Schritte der Weiterentfaltung tun können.

So wird es unglaubliche Veränderungen geistiger, kosmischer, seelischer und irdischer Art auf diesem Planeten in den nächsten Jahren bis nahezu zwei Jahrzehnten geben. Es wird Stürme geben, die aus anderen Dimensionen kommen und die das Irdische bis auf seinen Grund hin aufwühlen. Es wird notwendig sein – um den Weiterbestand des Menschengeschlechtes in einer gereinigten Weise innerhalb einer erneuerten Stufe des Bewußtseins zu sichern –, daß Menschengruppen diese kosmischen Eingriffe überleben. Dann wird eine neue Rasse eines göttlich inspirierten Menschen die gereinigte Erde wieder besiedeln können. In welchem Ausmaß die Kataklysmen die Erde verändern, *ist durchaus noch nicht festgelegt und hängt von jedem einzelnen ab.* Es hängt davon ab, in welchem Umfang auch die manipulierten Massen *ihr Unbeteiligtsein, ihre Ängste und ihr Mitläufertum mit den Gegenmächten überwinden* können, inwieweit sie beginnen, Fragen zu stellen und zu erwachen.

Da das ›Experiment Erde‹ auf einer gewissen freiheitlichen Wirkkraft des einzelnen Menschen aufgebaut ist, hängt es also vom Willen, von der Tatkraft und *der Wirkkraft vieler einzelner* ab, in welchem Ausmaß und Umfang und in welcher Art die Schöpfungsregulative zum Einsatz kommen werden.

Eine große gemeinschaftliche planetare Arbeit, eine neue von Sternengeist durchdrungene Kommunikation und der Aufbau eines neuen Netzes, der die gutwilligen und gutwollend aktiven Menschen der neuen Zeit zusammenschließt, ist deshalb von geradezu hervorragender und vorrangiger Bedeutung. Nur durch dies gemeinsame Wirken und durch das gemeinsame Netz kann die entsprechende *Power* entwickelt werden, um aus eigener Kraft das alte dunkle Denken und ›Bewußtsein‹, das wie eine schillernde, ekelerregende Blase den Planeten überzieht, zu beseitigen.

Die Krankheit, die BSE genannt wird, gehört zu den allerletzten Schöpfungsregulativen, die wohl als Drohung an der Wand geschrieben stehen, um den Dingen eine gewisse Gewichtigkeit zu geben, die aber nur bei einem prinzipiellen Versagen der Arbeit, des Auftrags und der Mühen der Führungspersönlichkeiten, die das neue Netz zu bilden haben, zum Einsatz kommen würde.

Der Mensch, der sich in die neue Zeit hineinbewegen, sich entfalten und sich gestalten will, sollte sich zu dem Thema seiner Ernährung, insoweit sie die Tiernatur betrifft, einige generelle Gedanken machen. Es ist nicht für jeden unbedingt notwendig, sich nur von rein geistiger Nahrung, also reinen Früchten zu ernähren. Auch die Gemüse und Salate, die Wurzeln, als die Nahrung der vielen kleinen Dinge, die im Auftrag des Großen bewältigt werden wollen, sind eine Notwendigkeit. Auch die tierische Natur im Menschen braucht – individuell sehr unterschiedlich – unter Umständen in Maßen eine ihr zugeordnete tierische Nahrung. So gibt es viele, die in jahrelangen Prozessen ihre Spiritualität entfaltet haben und hierzu rein vegetarische Nahrung zu sich genommen haben. Unter diesen gibt es etliche, die einen gewissen Endpunkt in der Entfaltung in dieser Richtung erreicht haben und die sich nun ans Ausgraben mehr irdischer, weiblicher, seelisch-spiritueller Potentiale machen sollten. Eine Rückkehr zu gelegentlichem Fleischessen ist hierbei durchaus möglich.

Auch dienen die Tiere innerhalb ihres Schöpfungsauftrags dem Menschen für diesen Zweck durchaus. Sie sind auch bereit, ihr Leben dafür hinzugeben. Was jedoch über diesen Opfergeist hinausgeht ist, das ist, wenn sie gequält und in einer Haltung des Selbstverständnisses verkonsumiert werden, ohne daß ihnen die entsprechende Dankbarkeit zukommt. Wer deshalb heute noch oder wieder Fleisch ißt, sollte *alles in seiner Macht Stehende tun,*

daß Tiere lebensfreudig, ihrer Art gemäß und ohne Quoten aufgezogen und geschlachtet werden. Ein Einstimmen auf die Einzelseele
oder auch auf die Gattungsseele des jeweiligen Tieres, bevor es
verzehrt wird, ein freundschaftlicher dankbarer Gedanke sollten
für einen bewußten Menschen ein Selbstverständnis sein.

Rindfleisch sollte also bezüglich BSE-Belastung, so wie ich den
derzeitigen Stand der Energien auf der Erde erfahre, für die Menschen des neuen Bewußtseins kein Thema der Ängste oder des
Schreckens sein. Der Schwerpunkt liegt, wie gesagt, nicht auf einer
rein mechanistischen Vorsorge und einer Aussonderung von Rindfleisch aus seinem Speisezettel, sondern in einer generellen Einstimmung auf die Tiernatur, im Verein mit einer tätigen Wirkkraft im
Sinne der oben angesprochenen Tierhaltungselemente.«

Die derzeitigen Gesellschaftsstrukturen, einschließlich der gesetzlichen Strukturen, besonders aber deren Auslegungen schützen in
hohem Maße die Täter. Die Mörder am Lebendigen selbst, die
Tierquäler und die Naturzerstörer, die Manipulierer werden immer
frecher in ihren schänderischen Gedanken und Handlungen. Besonders aber auch das laue und unbeteiligte Mitläufertum der angeblich »Unschuldigen« auf allen Ebenen wird vom Leben selbst
nicht mehr akzeptiert werden können.

   Glaubst du, solchem mit den Mitteln ebendieser Gesellschaft
beikommen zu können?

   Wir müssen selbst neue Formen entwickeln. Wir müssen aus dem
alten Netz aussteigen. Wir müssen ein eigenes, ein neues, ein hand-
lungsaktives Netz bilden. Mitläufertum hat in diesem neuen Netz
keine Chance. Es gilt stets der einzelne, die Ideenkraft, die visionäre
Kraft, die daraus resultierende Handlungskraft, der Mut und die
Identität jedes einzelnen. Die Kraft der Vision ist die Kraft der
GÖTTIN ERDE. Die Kraft der Vision ist die höchste Kraft des Menschen auf Erden. Diese Kraft der Vision ist etwas Heiliges, und sie
muß von dir selbst als heilig behandelt werden! Das ist deine höchste Verantwortung dir selbst gegenüber, daß du dir diese Kraft nicht
einschränken läßt! Denn aus ihr lebt dein neuer Stoffwechsel. Aus

ihr lebst du dein Leben auf der sich umgestaltenden Erde, an der du deinen Teil dazu wirst tun müssen, um auch rechtmäßig an dem Neugestalteten Anteil zu haben. Wir alle leben heute unmittelbar selbst *mitten im Gericht!* Wir gestalten selbst unser Gericht. *Wir gestalten uns unsere neue Erde selbst.* Das Gericht, von dem in der Bibel erzählt wird, ist völlig falsch interpretiert: *Die Zeit des Gerichts ist* JETZTZEIT. Sie nährt sich nicht aus Karma und unguten alten Verhaltensweisen. Es ist nicht ein böser, ein rächender, ein strafender Gott, dieses unser *Jetzt*. Es ist nicht der Gott des alten Testaments. Es ist die herrliche, die weibliche *Zeit der Göttin*. *Während* dieser Zeit der Unmittelbarkeit, einer Art Nullzeit, wirkt Gnade. Vergebung. Lösung. Transparenz. Liebe. Hingabe. Schöpferische Demut. Während dieser hohen Zeit, die sich planmäßig auf den Planeten einspult, weht der Wind hoher Gedanken und Inspirationen, die von dir, wie von jedem von uns, real und tätig und unverzüglich umgesetzt werden wollen. Das Gericht liegt in deiner eigenen Hand. Du selbst bist dein Gericht. *Denn es zählt nur, was du jetzt,* während dieser schöpferischen und immer transparenter werdenden Nullzeit *tust!* Es zählt nur *dein Jetzt*, in welches du aber alle die gelebten Gedanken und Erfahrungen deiner Vergangenheit, dazu deine Wünsche, die Visionen deines zukünftigen Seins und die Weisheit deines Wesens als zeitlose Wirkkraft einbringen kannst.

Das Kaninchen

Schöpferische Idee, Bestimmung und Heilkraft zur Erprobung

Das Kaninchen trägt eine goldige Seele; dabei aber ist es ziemlich einmalig dumm. Es ist vollständig naiv. Es hat ein reines Herz. Es nützt deshalb nicht, und es schadet nicht, wenn es gegessen wird, aber es fördert gewiß nicht die Bewußtwerdung. Die schöpferische Idee des Kaninchens ist durchaus fröhlich, auch wärmend, munter, spielerisch, freundlich, aber eben das Gegenteil von Bewußt-Sein. Das Kaninchen ist anspruchslos. Man kann Kaninchen essen, wenn es sich gerade ergibt, wenn man gerade Lust dazu hat oder wo es eben paßt. Es ist aber kein besonderer festlicher Anspruch damit verbunden. Da das Leben aber nicht nur aus Festtagen, sondern auch aus vielen Werktagen besteht, durch welche sich ja die Festtage erst als solche herausheben können, wollen wir dem Kaninchen dankbar sein, daß es uns einen fröhlichen Feierabendschmaus mit Freunden, ein Essen einmal so ganz ohne besonderes Anliegen bereitet.

Was gut dazu paßt

- Sellerie, Karotten und alle Wurzelgemüse,
- Mandeln,
- Petersilie,
- Rotwein zum Schmoren und in der Sauce,
- ein herber Weißwein als Getränk.

Zu Kaninchen passen nicht so gut die üblichen Beilagen, wie Kartoffeln, Klöße, Nudeln oder Reis. Dafür aber paßt sehr gut eine kleine krustig-krosse Beilage, etwa geröstete, sehr feingeschnittene

Backkartoffeln, geröstete Weißbrotschnitten oder einfach ein Baguette, das frisch im Ofen aufgebacken wurde.

Dazu könntest du etwa einen Salatteller mit verschiedenen grünen Salaten, besonders auch mit Staudensellerie, und als Nachtisch eine Mandeltorte servieren.

DAS LAMM

Schöpferische Idee, Bestimmung und Heilkraft zur Erprobung

Das Milchlamm repräsentiert einen leuchtenden, reinen, übergeordneten Schöpfungsgedanken, der sich aber auch in einer Vielfalt von miteinander vernetzten Ideen auf der irdischen Ebene ausdrückt. Ich nenne das eine »kosmopolitische Ideensammlung«.

Das Lamm enthält die Vielfalt und die Vernetzung in der Einheit in einer Unschuld und natürlichen Reinheit. Es verbindet daher höchste Elemente des Wissens mit dem klarsten Nichtwissen, eben mit der göttlichen Einfalt. Nicht umsonst gibt es den Mythos vom *Goldenen Vlies*, der einem Gralsmythos gleichkommt. Nicht umsonst wird das Lamm vielfach als biblisches Symbol in mehreren recht unterschiedlichen Zuordnungen benutzt. Nicht umsonst wird das Lamm traditionell als Osterlamm zubereitet, als eine reinigende und zugleich Licht, Feuer und Erneuerung signalisierende Speise.

Das Osterfest ist natürlich – wie die meisten, wenn nicht alle heidnischen Symbole und Heiligen Stätten – ebenfalls vom Christentum annektiert worden. Das Fest *Ostaras*, der Sonnen- und Lichtgöttin früherer heidnischer Zeiten, wurde im Monat April mit hell lodernden Osterfeuern auf den Äckern gefeiert, um Schädliches von der Erde zu vertreiben. Übrigens, auch weder »Osterhase« noch »Ostereier« sind auf christlichem Boden gewachsen: Der Hase ist das heilige Symboltier, der »Mondhase« der Großen Göttin. Bis in heutige Zeiten hinein kann dieses Fest der GÖTTIN seine Herkunft nicht verleugnen, denn Ostern gehört zu den vom Mondlauf abhängigen Feiertagen. Das Ostara-Ei erzählt vom Licht einer uralten Heils-Sonne. GÖTTIN NATUR schließt mit dieser großen, übergeordneten Heils-Sonne die Sonne unseres planetaren Systems mit dem Mondlauf unseres Erdenmondes »kurz«. Sie »verlötet« sozusagen diese beiden irdischen Lichter mit dem übergeordneten Licht. Sie durchleuchtet und energetisiert sie, jedes Jahr für einen Jahresumlauf wieder aufs neue.

Das Lamm, welches ein österliches Auferstehungssymbol ist und vom Sieg der wahren Geistessonne erzählt, repräsentiert zudem auch höchste Geduld. Geduld ist eine natürliche Eigenschaft der Egolosigkeit. In der Individualität des Lammes verbindet sich die göttliche mit der irdischen Welt, und deshalb ist das Lamm seit eh und je Träger der Heilsbotschaft. In dieser Gesinnung sollte es auch verzehrt werden.

Das Milchlamm, das mit Ausnahme der Milch seiner Mutter noch keinerlei irdische Nahrung zu sich genommen hat, zeigt hierbei die reinste Kraft, die geduldigste, die leuchtendste. Wird Lammfleisch als Symbol einer Lichtbotschaft zu einem heiligen Tag verzehrt, sollte man dafür dann möglichst auch ein Milchlamm verwenden und dieses zudem noch mit hellen, leuchtenden Zutaten zubereiten und anrichten.

Anwendung und was gut dazu paßt

Natürlich kannst du Lammfleisch auch zu jedem beliebigen anderen Anlaß servieren, es grillen, mit feinen Kräutern zubereiten oder wie du es eben am liebsten magst. Zu gegrillten Lammkoteletts beispielsweise passen am besten Thymian, Rosmarinnadeln und zerstoßener Pfeffer, besonders auch grüner Pfeffer. Dazu kannst du Tomaten grillen und eine Ofenkartoffel servieren. Selbsthergestellte Kräuterbutter mit einem Hauch Knoblauch und feinen Gewürzen krönen dieses Gericht.

Wird Lammfleisch zu ganz normalen Anlässen serviert, fördert es deine Kontaktbereitschaft und freundschaftliche Kommunikation. Deshalb ist es ein hervorragendes Essen für kleinere und größere Feste, aber besonders auch, wenn du mit Freunden oder Geschäftskollegen mancherlei Ideen besprechen willst.

Betrachten wir zuletzt noch das »kosmopolitische« Prinzip des

Lammes: *kosmos* wie *polis* sind griechische Worte und bedeuten: Das erste – Ordnung, auch Weltall, auch Menschheit –, das zweite – Stadt, Staat, auch Bürgerschaft. Bringen wir beides zusammen, so ergibt sich eine vielfältige Kommunikation zwischen einer mehr irdischen und einer mehr übergeordneteren Schöpfungsordnung.

   Eben genau das vermittelt uns das Lamm.

Rezept

Lammkoteletts gegrillt mit Zitronenkräuterbutter

So wird's gemacht:
Besorge dir pro Person etwa 4 Lammkoteletts. Reibe sie mit folgender Beize ein:
6 Eßl. bestes Öl deiner Vorliebe
1 Eßl. Zitronensaft
1 Eßl. Rotwein
1 Teel. Meersalz
2 Teel. Pfeffer
1 Teel. zerstoßene Rosmarinnadeln
1 Teel. zerstoßene Wacholderbeeren.
und lasse sie darin eine halbe Stunde oder länger kühl ruhen.
Grille sie nun im vorgeheizten Grill etwa 5 Minuten von jeder Seite, und serviere sie auf sehr heißen Tellern zu Röstis und einem Salat von Rapunzeln.
Die Zitronenkräuterbutter findest du auf S. 391

DIE PUTE

Schöpferische Idee und Bestimmung

Die Pute repräsentiert einen ursprünglichen Kraftquell des Lebens. Sie hat neunerlei Fleisch. In der nordischen Mythologie ist es der Lebensbaum *Yggdrasil*, welcher neun Äste hat, und jeder Ast dieses Baumes steht für eine Welt. Jede dieser Welten oder Dimensionen repräsentiert eine sehr spezifische Identität. So können wir hier die Pute als einen solchen Lebensquell wahrnehmen, der sich für uns in neunerlei Bereiche und Möglichkeiten aufspaltet. Wie wäre es, wenn wir unsere eigene Weise, auf das Leben zuzugehen, auch einmal von neunerlei Beleuchtungswinkeln aus betrachten würden?

Die Heilkraft zur Erprobung

Putenfleisch ist ein Fleisch, welches sehr viel Energierückfluß gibt. Es nährt und energetisiert, besonders nach erschöpfenden Krankheiten. Es kann durchaus öfters mal gegessen werden, und es muß nicht immer unbedingt ein großes Fest dafür gefeiert werden. Putenfleisch bringt verlorengegangene Energie zurück. Es baut auf, kräftigt, bringt Sonne und Strahlen, kräftigt die Schultern, und führt eben generell ins Leben zurück.

So kann uns das Fleisch der Pute gelegentlich hilfreich sein. Eben dann, wenn wir Schwierigkeiten hatten, wenn wir krank waren, wenn wir uns nicht gut, uns elend oder traurig fühlen, dann können wir uns auch einmal ein Putengericht machen und die verschiedenartigen Welten in uns verbinden.

Natürlich ist dir bewußt, daß gerade auch Putenfleisch, das du »normal« einkaufst, hohe tierquälerische und destruktive Informationen in sich einprogrammiert hat. Du kannst solcherart Fleisch wohl segnen und durch heilende Gedanken wieder energetisch für dich aufbereiten, wenn du eben einmal darauf zurückgreifen mußt. Doch sollte das die Ausnahme und keine Legitimation dafür sein, daß du dich einem notwendigen, an Veränderung arbeitenden Handeln entziehst!

Was gut dazu paßt

Frische Früchte, besonders Orangen, Zitronen, Mandarinen,
    Ananas, Kiwi, gebratene Bananen,
    Morcheln,
    Bambussprossen,
    Kokosflocken,
    Curry und indonesische Zubereitungen.
Ganz besonders gut paßt auch Pfefferminze, die du in den Saucen mitschmorst oder als Tee dazu trinkst!
    Aber auch frische Karotten,
    Rapunzel,
    Salzkartoffeln
    oder Kartoffelpüree passen gut dazu.

Putenragout feurig

So wird's gemacht:

2 große Putenschnitzel in Würfel schneiden.

2 mittelgroße Zwiebeln in feine Würfelchen schneiden.

Portionsweise schön braun anbraten und an den Rand des Bräters
schieben.

Jetzt eine breite Scheibe Sellerie, in Würfel geschnitten, zugeben.

Würzen mit

1 Teel. Meersalz,

1 Teel. frisch gemahlenem schwarzen Pfeffer,

etwas getrockneter kleingeschnittener Peperoni,

2 Kaffeel. Majoran,

1 Kaffeel. Thymian,

4 Wacholderbeeren,

3 Lorbeerblättern,

2 Nelken,

1 Teel. ganzen Senfkörnern,

1 Msp. Curry und

$^1/_2$ Teel. Gulaschgewürz.

Zuletzt mit einer Tasse rotem Landwein ablöschen und anschließend noch
4 Tassen Wasser zugeben.

Das Ganze etwa 20 Minuten auf kleinstem Feuer "schmurgeln" lassen.

Während dieser Zeit die vorbereiteten Beilagen kochen.

Sind die Beilagen fertig, das Ragout mit einem halben Becher Crème
fraîche und etwas in Wasser angerührtem Mehl binden, nochmals kurz
aufkochen lassen, eventuell nochmals etwas Wasser zufügen, abschmecken
und servieren.

Etwas Rapunzel auf jedem Teller eignet sich besonders gut zum
Garnieren.

Eine fruchtige Version könnte etwa so aussehen:

Putenragout fruchtig

So wird's gemacht:

1 Zwiebel kleinstgeschnitten anbraten.

2 Putenschnitzel, in feine Streifen geschnitten, anbraten und mit wenig Meersalz und Pfeffer würzen. Mit

1 Tasse Wasser ablöschen.

1 Eßl. Zitronensaft,

1 Tasse Weißwein,

3 Nelken

und eine Handvoll frische Pfefferminze

zugeben und etwa 10 Minuten schmoren lassen. Etwas Crème fraîche unterziehen. Zuletzt eine Kiwi, eine Scheibe Ananas oder eine Mandarine in feine Scheiben schneiden und kurz in dem Ragout mit erhitzen.

Dazu paßt Reis, den du mit Curry gewürzt hast, und als Nachtisch ein Obstsalat aus Mandarinen und Kiwis, die in etwas gutem Cognac und einer Prise Zimt gezogen sind.

Das Schwein

Wissenswertes

Schweinefleisch gilt im Islam als ein unreines Fleisch und ist hier strengstens verboten. In der Naturheilkunde ist es ebenfalls strengstens verboten. Besonders gefährlich wirkt sich das Essen von Schweinefleisch in tropischen Gegenden aus. Ein unfreiwilliges Großexperiment lieferte hierzu während des Zweiten Weltkrieges der Nordafrika-Feldzug unter Generalfeldmarschall Rommel: Viele deutsche Soldaten erkrankten dort an den sogenannten »tropischen Geschwüren«. Alle möglichen Behandlungsmethoden blieben ohne Erfolg, bis irgend jemand auf die Idee kam, die Geschwüre könnten mit der Ernährung zusammenhängen. Nach Umstellung der Heeresverpflegung auf die dort übliche schweinefleischfreie islamische Kost konnte das gesamte Problem schlagartig »ad acta« gelegt werden. Weitere sehr interessante Informationen zur toxischen Wirkung von Schweinfleisch findest du in der Veröffentlichung von Dr. Reckeweg *Schweinefleisch und Gesundheit.*

Schweinefleisch wird nicht nur von diesem Arzt, sondern auch von vielen naturheilkundlich orientierten Behandlern deshalb als ein bedeutsames Homotoxin (= Menschengift) angesehen. In der Dunkelfelddiagnose, die mit Lebendblut durchgeführt wird, kann nach Schweinefleischessen ein Befall des Blutes mit einem noch nicht genau definierten Blutfaktor festgestellt werden (der Endobiont nach Prof. Enderlein, syn. *Siphonospora polymorpha* nach Dr. von Brehmer, u. a.). Eine *echte* Heilung von chronischen Krankheiten, gar von lymphatischen oder Hautkrankheiten, von Polyarthristis, Bechterew, Lymphdrüsenentzündungen, Leber- und Gallenerkrankungen, Leukämie, Krebserkrankungen, aber auch

von Akne und allerart entzündlichen Krankheiten ohne eine Total-
abstinenz von Schweinefleisch und daraus hergestellten Produkten
ist, jedenfalls aus naturheilkundlicher Sicht, nicht möglich.

Schöpferische Idee und Bestimmung

Ein gezüchtetes Hausschwein ist von Grund auf schon eine gewisse
Degenerationsstufe des draußen in den Wäldern lebenden Natur-
schweines und hat viel von seiner ursprünglichen Identität verloren.
Es hat keinen rechten Bezugspunkt mehr zu sich selber. Nichtsde-
stoweniger repräsentiert es eine gewisse fröhliche Lebendigkeit,
eine unbeholfene Narrheit.

Die Schöpfungsidee des Schweines hat eine gewisse Ähnlichkeit
mit dem NARREN in Märchen, Mythen und Legenden. Auch dieser
weiß nichts von sich und weiß nichts von der Welt, lebt halt so
dahin und ist damit ganz zufrieden. Der NARR in den Märchen und
im Tarot – als dem Symbol der Verzauberung – hat allerdings die
Möglichkeit, zu erwachen, wenn ihn der Strahl des Geistes berührt.
Geschieht solches, kann der Narr selbst zum Erwecker werden,
denn er ist einer, der den Himmel und die Erde zugleich berührt. Er
kann sich sogar – über die Bewältigung vieler Prüfungen – selbst
zur Erlösungsfigur herausgestalten.

So zeigt uns das Schwein auch auf, daß ein wirklicher Narr ist,
wer nur so dahinlebt und nicht darum bemüht ist, als wahrer
Mensch seine Stellung zwischen Himmel und Erde – und das bedeutet heute, sein multidimensionales bewußtes Sein zu erkennen –
wieder anzunehmen.

Der menschliche Körper – Uhrwerk und
Zeiger der Evolution

So hat es auf der evolutiven Reise vom einstigen Lichtmenschen
zum heutigen Erdenmenschen viele verschiedene Dimensionen,
Zeiten und Räume zu durchwandern und zu durchleben gegeben.
Angefangen vom Sturz des Menschen aus einer Licht- und Heilswelt, der in den Mythen wie in der Genesis beschrieben ist, bis hin
zur heutigen menschlichen Bewußtheit sind alle diese Ereignisse –

kosmische Katastrophen genauso wie Heilungsphänomene – innerhalb des menschlichen Körpers abgebildet. Die mit den Ereignissen verbundenen Empfindungen und Gefühle sind ebenfalls in unseren Zellen, in unserer DNS gespeichert. Etliche dieser Ereignisse sind mit großer Angst, ja, mit einer kollektiven Urangst besetzt.

Der Mensch bildet also in seinem gesamten Körper alle vorangegangenen evolutionären Felder, Räume, Energien und Ereignisse und Gefühle präzise ab. Er bildet das Multiversum ab in seinen Knochen, Sehnen, Muskeln, Bändern, seinen Nerven, seinen Zellen, ganz besonders auch in seiner Keimblattentfaltung. Irgendwann wird es möglich sein, das multidimensionale Universum – das »Multiversum« – zu entziffern, und zwar anhand der Anatomie und der Physiologie des Menschen. So laßt uns unseren menschlichen Körper, dieses irdische Gefährt unseres Geistes, unseres Wesens und unseres evolutionären Weges als unseren besten Freund begrüßen, in hellen wie in dunklen Stunden. Wenn wir lernen, dies zu tun, schwinden unsere Schmerzen leichter, und wir können dazu beitragen, unser einstiges Lichtgesicht wieder zu entfalten, nicht nur in uns selbst, sondern auch global.

Die Blaupause des Schweins – außerhalb der Evolution zum Menschen

Das Schwein nun – um zu diesem zurückzukommen – repräsentiert eine gewisse Ausgliederung, eine Ausklinkung aus der Evolution zur Menschwerdung. Es hat nicht die Überkreuzung der Dimensionen mitgemacht, welche zur Menschenevolution geführt haben. Die Dimensionen haben sich im Ablauf der Evolution mehrfach gespalten und haben sich anschließend mehrfach wieder miteinander vereint, indem ihre energetischen Strukturen sich überkreuzt haben. Auf diesen energetischen Überkreuzungen beruhen Nervenbahnen-Kreuzungen, aber vor allem auch vielfältige Stoffwechselprinzipien und Arten der Verbrennung im menschlichen Körper, bestimmte Kohlenstoff-Umwandlungsprinzipien.

Das Schwein hat nun – als gesondertes Abbild eines Evolutionsprinzips – diese Überkreuzungen nicht mitgemacht. Es steht außerhalb, abseits der weiterführenden Evolution zum Menschen, es ist etwas Absonderliches. Daher kommt es, daß das Schwein dem Menschen innerlich, vom Bau und auch von der Funktion seiner Organe, einerseits außerordentlich ähnlich ist, so daß es auch zu entsprechenden Tierversuchen eingesetzt wird, daß es ihm aber andererseits diametral entgegengesetzt ist, weil es einfach nichts Menschliches an sich hat.

Das Schwein als isolierte Schöpfungsidee ist völlig in dieser seltsamen Narrheit, in einer Art von sensibler Dummheit eingeschlossen. Es kann sich nicht bezähmen, und es kann sich nicht selber regulieren. Das Menschengemäße ist kein bißchen vorhanden. Es ist nicht abhanden gekommen. Es ist gar nicht erst *angefangen* worden, es ist gar nicht erst »eingebaut« worden. Und das Menschengemäße hängt eben mit dieser Überkreuzung der Evolutionsenergien zusammen, die zur Bildung des Menschen geführt hat und dazu, daß der Mensch links und rechts und oben und unten unterscheiden kann. Daß er schwarz und weiß und gut und böse unterscheiden lernen muß, um sich zu entscheiden für ein eigenständiges bewußtes Leben. Daß er lernen muß, sich zu bezähmen und sich bestimmte Dinge nicht zu erlauben, weil er eben selber sein menschliches Gesicht, das ja ein gottmenschliches Gesicht ist, wieder entfalten will.

Das Antlitz des Menschen sich erwerben ...

Dazu gehört immer auch Ehre und Anstand und Mut, kraftvolles Wirken und eben dieses Sich-Bezähmen. Und all das hat das Schwein nicht. Es ist ihm nicht eingeboren. Deswegen sagt man auch nicht umsonst von einem Menschen, wenn er dieses menschengemäße Gesicht total vermissen läßt oder verloren hat, daß er ein Schwein ist. Und Schweinefleisch wirkt eben im Menschen so, daß er sich weniger bezähmen kann, statt zu lernen, daß er sich besser bezähmt. Er schwächt durch das Essen von Schweinefleisch sein Menschenantlitz. ...

... und Abstand nehmen vom Unguten

Auch wenn es sich um ein gesund aufgezogenes Schwein handelt, das verzehrt wird: Dies spielt hier keine Rolle. Schweinefleisch zu essen führt zu diesen bereits geschilderten Ergebnissen im menschlichen Organismus und zu inneren Seelenmaßlosigkeiten. Diese werden von innen nach außen gebracht, und zwar über die Haut. Der Körper in seiner Weisheit will diese Maßlosigkeiten nicht in sich haben. Er versucht sie innerhalb seiner Stoffwechselregulierungen loszuwerden, und deswegen kommen sie als Geschwüre und Eiteransammlungen an die Oberfläche. Der Körper kann dies allerdings nur bewältigen, wenn er nicht bereits durch eine umfangreiche Chemisierung in seinen Entgiftungsfunktionen unterdrückt worden ist – was nun beim heutigen Menschen allerdings sehr oft der Fall ist, denn die Chemie ist vom Babyalter an sein ständiger Begleiter. Das Essen von Schweinefleisch kann deshalb auch innere Entzündungen hervorrufen, besonders an der Gallenblase, an der Leber, an der Bauchspeicheldrüse. Die gesamte physiologische Situation der Drüsen, der Lymphe, des weißen Blutbildes wird geschwächt und in ihrer Funktion eingeschränkt. Auch im Gehirn laufen Mikroprozesse ab, die das Denken einschränken.

Wenn schon irgendwelche Entzündungen oder eine Entzündungsbereitschaft vorhanden sind bei einem Menschen, werden diese durch häufigen Genuß von Schweinefleisch immens verstärkt. Schweinefleisch solltest du also wirklich aus der Ernährung ausklammern, sowohl, was die Gesundheit angeht, als auch, was das spirituelle Bewußtsein angeht. Vielleicht überlegst du es dir einmal?

Das Wildschwein

In etwas abgeändertem Maß gilt dies auch für das Wildschwein. Dieses ist zwar noch ursprünglicher und hat das urgründige Herumwühlen und Aufwühlen von Irdischem in sich, aber es bleibt auch außerhalb des Menschenkosmos und der Menschenevolution und ist aus allen vorgenannten Gründen ebenfalls abzulehnen.

Was sehen wir im Spiegel

Menschen, die viel und oft Schweinefleisch essen, werden wirklich Toren immer ähnlicher, geistig, seelisch und körperlich, gerade heute. Zudem belasten sie sich mit Hormonen und sonstigen künstlichen Stoffen, die heute im Schweinefleisch enthalten sind, von der falschen Zuchthaltung ganz zu schweigen. Der häufige Konsum von Schweinefleisch – und Wurst besteht überwiegend aus Schweinefleisch – führt mit zu einem Marionettendasein, zu diesen Heerscharen von manipulierten »Narrenwesen«, die alles glauben, was man ihnen vorsetzt. Und ein Mensch, der erwachen will, der aufwachen will und sein Menschengesicht aus sich selber heraus entfalten will, der darf wirklich Schweinefleisch nicht anrühren. Wenn er es bis dahin gegessen hat, dann sollte er eine länger dauernde Entgiftungskur machen, um auch die letzten Reste davon aus dem Körper herauszubringen. Schweinefleisch ist obendrein auch noch stark suchterzeugend, d. h., wer Schweinefleisch ißt, der will ständig immer noch mehr davon.

Wer es sich aber einmal abgewöhnt hat, dem wird schlecht, wenn er es nur riecht, geschweige denn, wenn er es ißt. Er kann auch um die Fleischtheken in Einkaufsmärkten nur noch einen großen Bogen machen. Schon die kleinste Menge unabsichtlich gegessenen Schweinefleisches kann dann bewirken, daß der Körper einen geradezu wütenden Protest veranstaltet. Ein einziges Speckgriebchen im Kartoffelsalat, bei einer Einladung beispielsweise, ist dann imstande, am Tag darauf einen schweren rheumatischen Schub zu provozieren, wo zuvor eine solche Veranlagung in Schach gehalten worden war!

Ausleitung und Reinigungskur

Die beste und schnellste Art, Schweinefleisch auszuleiten, ist eine Ananas- oder eine Kiwi-Kur. Diese Kur sollte eine umfassende Reinigungskur mit frischen Früchten und Kräutern sein. Basilikum ist dabei auch sehr hilfreich, Brennesseln, Salbei sowie häufiges Waschen, Duschen, Baden, Schwimmen, im Sand liegen, in den Wald gehen und mit der Natur leben.

VIERTER TEIL
ANHANG

BEDROHTE WIRKLICHKEIT
GENMANIPULATION – UND WAS KOMMT DANACH

Rechtliches

Genmanipulierte Nahrungsmittel werden bald allenthalben in den Handelsketten zu finden sein, teilweise sind sie es schon. Das Europäische Parlament hat im Januar 1997 beschlossen, daß genmanipulierte Lebensmittel nur dann als solche gekennzeichnet werden müssen, wenn sich die gentechnische Veränderung im Lebensmittel nachweisen läßt. Schrillen da bei dir nicht auch sämtliche Alarmglocken? Führt das nicht auch bei dir dazu, spätestens jetzt solche Verordner sowie auch die verordnende Institution zu hinterfragen?

So steht es zu hoffen, daß sich viele engagierte Wissenschaftler finden, die die bereits bestehenden Verfahren weiterentwickeln, diese im entsprechenden notwendigen Umfang auch anwenden und vor allem ihre Ergebnisse, mit Namensnennung der jeweiligen genmanipulierten Produkte, auch unverzüglich und jedermann zugänglich publizieren!

Erinnern wir uns an den Herbst 96, den Beginn der »Soja-Offensive«: Nur zwei Prozent genmanipulierter Sojabohnen der amerikanische Ernte von etwa 60 Millionen Tonnen haben im Jahr 1996 die gesamte Anlieferung nach Europa durch Vermengung verunreinigt. Etwa 8 000 US-Farmer, die sich auf die Monsanto-Sojabohne eingelassen haben, von etwa insgesamt 300 000 Soja-Farmern haben somit gegenüber dem Gros der konventionellen Anbauer eine sehr spezifische Machtposition eingenommen. (Die USA tragen zur Weltproduktion von etwa 130 Millionen Tonnen fast die Hälfte bei.)

Für den aufmerksamen Beobachter kann heute, in der Folge davon, nun leicht erkannt werden, wes »Geistes Kind« Industrieunternehmen, Verbände, Institutionen, Wissenschaftler, Politiker sind; und zwar daran, wie sie mit dem vermeintlichen »Monsanto-Geniestreich« umgehen, in welcher Weise sie Stellung beziehen oder in welcher Weise sie gerade dies eben nicht tun. In »Sachen Genmanipulation« gibt es nur ein klares JA oder ein klares NEIN. Etwas dazwischen ist nicht möglich. So trägt diese gegengeistige Superaktion dazu bei, daß viele sich nun durch ihre Stellungnahme offenbaren und auch an ihrem Engagement gemessen werden können.

Aus aktuellem Anlaß will ich dir deshalb am Beispiel der Sojabohne – sie ist eines der wertvollsten Nahrungsmittel auf diesem Planeten und wird zu 20 000 bis 30 000 Produkten weiterverarbeitet – nachfolgend eine esoterische Betrachtung geben. Der Text ist – wie dieses gesamte Werk – aus dem inneren Quellstrom der GÖTTIN entstanden und hat infolgedessen trotz seiner »Aussagebeschaffenheit« nicht eine im irdisch-rechtlichen Sinne zu verstehende Aussagequalität. Ich will also im folgenden das Thema der Genmanipulation nicht vom Äußeren her, sondern in der so dringend notwendigen esoterischen Weise untersuchen.

Wissenswertes

Im Rahmen dieses Buches kann ich im folgenden lediglich einige in der Gentechnologie verwendeten Begriffe auflisten.

Art: alle Individuen einer Population, die sich unter natürlichen Bedingungen miteinander kreuzen und fruchtbare Nachkommen hervorbringen können.

Chromosomen: fadenförmiges Material im Zellkern höherer Lebewesen. Sie enthalten unter anderem einen DNS-Faden, auf dem die Gene linear angeordnet sind. Der Mensch hat 46 Chromosomen.

Genom: Die gesamten Erbinformationen eines Organismus. Ein humanes Genom ist: Die gesamte genetische Information eines Menschen.

Gen: Ein Abschnitt auf der DNS, der die Information zur Synthese (Bildung) eines Eiweißmoleküls trägt. Des Menschen Bauplan wird von rund 100 000 Genen bestimmt. Diese 100 000 Gene machen nur 3–5 % der gesamten Erbinformation aus. Der überwiegende »Rest« ist nach Meinung der Experten ohne Funktion und wird als *Genmüll* bezeichnet.

GMO: Ein gentechnisch manipulierter Organismus. Er trägt in seinem genetischen Material eine oder mehrere Erbinformationen anderer Organismen. Es ist hierbei ein Austausch von Erbgut über die natürlichen Artengrenzen hinaus erfolgt. So gibt es Schweine mit menschlichen Wachstumshormonen, Kartoffeln mit dem Gift von Skorpionen, Erdbeeren mit den Frostschutzgenen arktischer Fische und vieles mehr.

DNS: Desoxyribonukleinsäure, Träger der genetischen Information.

DNA: das gleiche, aus dem anglo-amerikanischen übernommen (S = Säure, A = Acid).

Dein inneres Wissen sagt NEIN

Die großangelegte Werbekampagne läuft unter dem verführerischen und täuschenden Vorwand der »umfassenden Information anstelle pauschaler Kennzeichnung« und bringt Statements »wissenschaftlicher Experten« zur angeblichen Aufklärung des Volkes. Das Projekt »Information Sojabohne« wird selbstverständlich vom Unternehmen Monsanto »getragen«, zudem aber unterstützt vom Bund für Lebensmittelrecht und Lebensmittelkunde sowie vom Verband Deutscher Oelmühlen e.V.! Magst du dir einmal eigene Gedanken darüber machen, was das bedeutet?

Doch auch Institute, die grundsätzlich echt aufklärend und warnend wirken und deren Arbeit und Engagement hohe Anerkennung gebührt, argumentieren gelegentlich an »des Pudels Kern« vorbei. So lesen wir etwa auf der Titelseite des Beitrags: »Was ist Gentechnologie?«, herausgegeben vom Umweltinstitut München: »Keine

Technologie greift radikaler und umfassender in unsere Gesellschafts- und Lebenszusammenhänge ein als die Gentechnologie. Emotional und unsachlich wie die Diskussion oft geführt wird, erinnert sie eher an einen Glaubenskrieg als an einen rationalen gesellschaftspolitischen Diskurs«.

Ja, Herrgottnochmal, natürlich geht es hier um eine Art von Glaubenskrieg! Natürlich kann eine Diskussion über Manipulation am planetaren Erbgut und damit am Leben an sich zunächst nur irrational sein! Na, Gott sei Dank!

Denn dieses Thema kann mit »normalen« rationalen Überlegungen allein niemals durchdringend beleuchtet werden. Das ist aus der Natur der »Sache« heraus, in welcher doch mit der gesamtplanetaren DNS, damit also mit der Evolution oder mit der Schöpfung selbst »gearbeitet« wird, überhaupt nicht möglich. So ist es erheblich besser, daß es für viele wenigstens so lange noch um eine »Glaubensangelegenheit« geht – *um ein inneres Wissen eben* –, solange sich das höhere Wissen noch nicht in eine Beweisbarkeit begeben hat. Keine Sorge, die Beweise kommen sehr bald und fast ganz von selbst.

Die Wahrheit ist etwa 180 Grad und zudem Äonen davon entfernt, als diese »Technologie« in den Werbekampagnen dargestellt wird. So will ich dich ermuntern, wohin du auch kommst, eine klare Sprache hierzu zu sprechen, und das könnte sich vielleicht auch einmal so anhören: »Aber ja, ich glaube an mich und an meine mir eingeborene Schöpferkraft. Deshalb vertraue ich auch dem Unbehagen, das mir aus meinem inneren höheren Wesen entgegenströmt, wenn ich von ›Gentechnologie‹ höre. Mein inneres Wissen ist in Wahrheit göttliches Wissen, auch wenn ich es noch nicht erklären kann.«

Und vielleicht wagst du dich sogar noch weiter und formulierst etwa so:

»Die als ›Information und Wissen‹ verkauften äußeren Informationen der falschen Magier zum Thema Gentechnologie können nicht anders als durchgängig und von Anfang bis Ende gegengöttlicher Art sein. Denn wer ›Gott‹ spielen will, muß auch Gott ähnliche Wesenskraft, göttliche Gedanken, göttliche Seelenfelder und göttliche Eigenschaften und Wirkkräfte besitzen.

Mit schönen Worten über Ethik ist hier nichts getan! Wer die innerhalb der DNS verborgenen Verschlüsse der Materie aber aus Machtsucht und Eigensucht auftrennt, zudem nicht einmal weiß, was er da wirklich tut und was für Ideen-Gebilde er da in Wirklichkeit erschafft, beweist hiermit sein Gegengottsein folgerichtig selbst. Wer nur mit den Augen der Veräußerlichung und materieller Eigensucht auf seine eigenen gentechnologischen Schöpfungen schauen kann, kann von den diesen Gebilden innewohnenden Gegengeist-Ideen auch nicht allzuviel wissen. Sein eigenes egosüchtiges Magiertum macht ihn blind und wird zu seinem eigenen Untergang beitragen. ›Gentechnologie‹ ist in Wahrheit gar keine Technologie, und schon gar keine Biotechnologie – denn ›Bios‹ hat immer etwas mit Leben zu tun –, sondern Gegengeist-Magie in Reinform und kann deshalb auch nur gegengeistige Gebilde erschaffen.«

Jeder Mensch auf diesem Planeten, der einen wie auch immer gearteten Zugang zu seinem eigenen schöpferischen Seelengeist und damit zu seinem höheren Selbst hat, wird und muß diese angebliche Technologie und besonders deren Erzeugnisse bewußt oder eben auch »unbewußt« ablehnen. »Unbewußt« heißt in diesem Fall überbewußt, dessen darfst du dir sicher sein! So ist es klug, wenn wir in allen Angelegenheiten zu diesem Thema also besonders aufmerksam und wachsam sind, damit wir uns nicht vom »bösen Wolf« auffressen lassen, wie im Märchen das Rotkäppchen, weil es sich so leicht täuschen ließ!

Gene – das Schöpfergeheimnis

Es gibt zwischen aller Materie ungeheure Größen an Raum. Leere Fußballfelder reihen sich an leere Fußballfelder, in denen ab und zu ein atomares Materieteilchen in der Größe eines Tennisballes auszumachen ist. In diesen Leeren aber bildet sich Leben, Geistiges wie auch Gegengeistiges »treibt hier seine Spiele«. Beides ist aber unsichtbar! Nur in seinen Auswirkungen ist es zu erkennen!

Das Gegengöttliche wird in unserer Schöpfung benötigt, damit das Göttliche im Menschen seine wahre Schöpfungsmacht wieder erkennt und sie annimmt. Mit Geduld und Opferbereitschaft allerdings ist das heute nicht mehr getan! Beides wurde höchst einseitig strapaziert in der zu Ende gehenden Zeit. Damit muß jetzt Schluß sein! Was so lange gedient und so lange geduldet und so lange gewartet hat, ist nun nicht nur »dran«, sondern muß kämpfen lernen, um sich die Macht und sein Terrain zurückzuerobern. (Wenn du es noch nicht als Begleiter in diesen Aufbruchszeiten haben solltest, dann empfehle ich dir hierzu das Buch von Ute Ehrhardt: *Und jeden Tag ein bißchen böser!*)

Nun gibt es natürlich auch innerhalb der DNS solche – für die rationale Wissenschaft – unerforschlichen Leerräume. Genau eben in diese Leerräume flutet – hexagonal, mit der neugeistigen 60-Grad-Strahlung – die so wundersam erweckende, die neu belebende Geistsonne der GÖTTIN ein. Diese Sonne, die aus den Kernen aller Materie – aus deinen Zellkernen – erstrahlt, schenkt dir auch den zunehmenden Mut, den du für deinen ganz individuellen Aufbruch ins neue Zeitalter brauchst. Damit dein Leben freudvoller wird!

Übrigens, wußtest du, daß 95 bis 97 % der Erbinformationen des Menschen von den *Experten* als »Genmüll« bezeichnet werden? Dieser angebliche »Genmüll« aber steht – gemeinsam mit den schöpferischen Lichträumen zwischen der Materie – heute in den Startschuhen! Die Herausforderungen des neuen Äons und die planetare Erneuerung können damit bewältigt werden.

Festgeschriebene Naturentfremdung

Genmanipulierte Nahrungsmittel haben häufig geradezu etwas Leuchtendes um sich. Sie könnten durchaus ein zunächst hohes Potential repräsentieren und auch anscheinende Fort- und Weiterentwicklungen ihrer bestehenden Grund- und Ausgangs-Materie sein. Sie könnten sogar besser schmecken, klarer sein, resistenter gegen Schädlinge, kräftiger, widerstandsfähiger und vieles durchaus positiv Erscheinende mehr. Wo liegt die Gefahr?

Die Gefahr liegt hauptsächlich in der Nichterkennbarkeit für den Endverbraucher, dem hier eine Art von »Trojanisches Pferd« überbracht, ein Geschenk übergeben wird, dessen Inhalt und Gesamtauswirkung derzeit noch außerhalb seines Erkenntnisbereiches liegt.

Nun ist es so, daß durch genmanipulierte Nahrungsmittel (gmN) die wesengemäße grundnatürliche Übereinstimmung zwischen Mensch und Natur geschädigt werden kann. Der Mensch kann sozusagen immer mehr blinde Flecken, blinde Stellen in seinem Emotionalkörper und in seiner Übereinstimmung mit der Natur bekommen. Er kann bei weiter fortschreitendem Manipulations-prozeß zunehmend auf »naturfremd« bis hin zu »naturblind« pro-grammiert werden. Er wird dann die Weisungen und die Warnun-gen der Natur außerhalb von sich wie innerhalb seines eigenen Natur- und Menschenorganismus immer weniger entschlüsseln können, statt zu lernen, sich zur Natur hinzuneigen, in Harmonie mit ihr zu schwingen, gemeinsam mit ihr zu atmen und ihre Gesetze in sich selbst wie im Gesamten immer besser zu verstehen.

So wird er auch unempfänglich werden für die Warnungen, wel-che die gesamte belebte Natur, insbesondere auch die tierische Natur dem Menschen in den nächsten Jahren zukommen lassen wird. Warnungen, die ihn in die Lage versetzen sollen, den großen Veränderungen des gesamten Erdenorganismus flexibel und ad-äquat zu begegnen, vor Gefahren auszuweichen, sich vor Stürmen, Überschwemmungen, Einbrüchen in der Erdrinde, Gasentwicklun-gen und vielem anderem rechtzeitig in Sicherheit zu bringen. Es bedeutet auch, den neuen bakteriellen wie auch den Viruskrankhei-ten, die in Wellen den Planeten überspülen werden, durch entspre-chende Vorsorgemaßnahmen immer weniger begegnen zu können. Es bedeutet vor allem aber auch, den Wirkungen natürlicher Heil-substanzen immer weniger naturgemäß mit seinem eigenen Orga-nismus antworten zu können.

Solange genmanipulierte Früchte der Erde und Natursubstanzen nicht eindeutig kennzeichnungspflichtig sind und vom Naturemp-finden und von den Sinnesorganen noch schwer identifiziert wer-den können, sollten deshalb bewußte und in dieser Thematik auf-merksame Menschen Methoden der Überprüfung entwickeln. Aber auch die Sensibilität sollte rechtzeitig geschärft werden, indem etwa das Testen mittels Einhandrute, Pendel, Kinesiologie und anderem eingeübt wird.

Solcherart testend können wir jedoch nun nicht alle über die Wochenmärkte ziehen; das Gebot der Stunde ist aber sicher, den rein biologischen Anbau und dessen Vermarktung zu erkunden und zu unterstützen.

Die genmanipulierte Sojabohne

Die Energie von Sojabohnen mit veränderter Erbanlage ist zum einen die einer leuchtend-füllig-festen Überdimension. Zum anderen aber fühle ich im Wesenszentrum solcherart behandelter Sojabohnen etwas wie Benommenheit, Kopfschmerzen, zusammengezwickte Augen, einen häßlichen Mund und zu alledem auch noch eine eingeschränkte Zellatmung. Die Sojabohne als Entität und Bewußtseinselement fühlt sich mißbraucht und vergewaltigt und kann die aufgesetzte leuchtfeurige Fülle nicht recht genießen. Sie ist zu einer Art Zwitterwesen geworden und enthält Natur wie Anti-Natürliches, somit disqualifizierende und vergewaltigende Gedanken mitten im Urgrund ihres Seins, eben in ihren Erbanlagen, und sie fühlt sich infolgedessen in höchster Weise mit dem Gegengeistigen verkettet. Das hier zutage tretende Prinzip entspricht der Karte XV – DER TEUFEL im Rider-Tarot.

Die Ketten der Materie, die in dieser Karte dargestellt sind, werden heute durch Genmanipulation geöffnet, um anschließend neu und noch fester, weil gegengeistig geschmiedet, zu werden, und zwar am Urgrund des Lebens selbst. Das ist der höchstmögliche Eingriff des Gegengeistes in die Naturwesenheiten und der höchstmögliche Eingriff in die Naturschöpfung überhaupt. Dies wird zum Aufbruch höchstmöglicher Gegenströmungen – sowohl in der gesamten Natur als auch in der Intelligenz aller mit solcher begabter Wesen –, als auch zu einem Aufbäumen der feinen und sensiblen Lebenselemente der Wesen an sich führen.

Die Sensibilität ist ein universelles, einheitliches Feld. Jeder Mensch, jedes Tier, jede Pflanze, jede Naturwesenheit nimmt sich daraus den Anteil, der ihr gemäß ist, und drückt ihn aus. Und so ist es mit allen Dingen. So ist auch jedes einzelne Atom, jedes Molekül, jedes Gen, jede Sequenz in den Erbanlagen der gesamten Natur und aller Organismen mit solchen einheitlichen, in sich geschlossenen ungetrennten Feldern – Nährfeldern der großen Göttin Natur – verbunden.

Erbanlagen sind somit individuelle Muster – ähnlich einer farbigen, gewebten Decke aus vielerlei Fäden –, die sich, je nach karmischer Erfordernis, Schöpfungsidee, Aufgabenstellung und Zeitanteiligkeit aus den einheitlichen Urschöpfungs-Feldern bestimmte Schwerpunkte zur Substanzbildung *herausbilden*. Diese spezifischen Schwerpunkte werden auf eine jeweils sehr individuelle Weise in das Gravitationsgitter der Erde *hineingebildet*. Individualität prägt somit ihr geistig-seelisches Wesen auf der Ebene der Materie aus und gibt diesen Bildnissen ihr jeweils individuelles Gesicht, ihren Ausdruck und ihre Form. Das All-Gesicht der Schöpfung hat sich vereinzelt und vervielfältigt.

Die Gesichter der Naturschöpfung sind stets rein und vom Geist des Himmlischen durchtränkt. Die ursprünglichen, nicht vom Menschen verfremdeten Naturwesen reichen einander stets die Hand. Sie bauen sich aufeinander auf, sie führen zueinander, und es gibt eine essentielle Grundfreundschaft unter allen Wesen, die an deren tiefsten Urwurzeln fest eingeprägt ist. Dies gilt auch überall dort, wo die Lebewesen einander töten und verzehren müssen, um selbst weiterzubestehen. Durch das Töten der Arten untereinander wird zwar jedesmal wieder eine Wunde im Naturkreislauf gesetzt, diese Wunde betrifft aber stets nur – bildhaft ausgedrückt – einen Arm oder einen Finger eines ganzen Körpers. Diese Wunde schließt sich zudem durch eigenständige Nachbildung wieder. Sämtliche unversehrten und nachwachsenden Glieder dieses Körpers hingegen symbolisieren die prinzipielle Naturgemeinschaft der Lebewesen untereinander und zugleich das urschöpferische Gemeinschafts- und Harmonieprinzip.

Durch Genmanipulationen jedoch wird jetzt dieser Urgrund der Schöpfung verstört, aufgewühlt und aufgerührt. Das Gegengeistige schickt sich an, seine letzte Karte auszuspielen, und es wähnt sich im Glauben seiner Allmacht.

Die Grundharmonie der Schöpfung, der sensible Wesensurgrund des Lebens, muß jetzt lernen, auch innerhalb seiner Vereinzelung eigenständig zu werden, muß lernen, grundsätzlich und elementar neue geistlebendige Lebensformen, Mechanismen und Ausprägungen, neue lebenschöpfende Vernetzungen, ja neue Lebenskulturen zu bilden. Der Wesensurgrund der Schöpfung muß an der Schwelle zu diesem neuartigen evolutionären Zeitalter lernen, sich von diesen vor nichts halt machenden wahnwitzigen Gegenschöpfern abzugrenzen, auszugrenzen und die dringend notwendige Unterscheidung und Sonderung zu gestalten.

Die Urschöpfung ist im Begriff, eben dies lernend weiterzureichen, und sie wird Verbindungen elementarer und atomarer Grundnatur zunächst lockern und dann lösen, weil das der einzige Weg sein wird, sich von dieser Gegenschöpferhybris loszusagen. Die Elementale der Natur, die Naturgeister und Naturwesen, der Mensch, die gesamte atomare Grundnatur des Planeten wird um so schneller diese geistigen Schritte vollziehen können – zu denen eine völlig neue Art lernenden Bewußtseins notwendig ist – , je eindeutiger solche genmanipulativen Eingriffe in die Grundnatur des gesamtplanetaren Erbgutes geschehen.

Auch hier gilt, wie überall unter den Lebewesen, je größer die Not wird, desto klarer muß eine Abgrenzung erfolgen, muß ein Gegengewicht geschaffen und die Intelligenz des Bewußtseins auf eine neue höhere Stufe angehoben werden. So wird es eine neue Dimension der Intelligenz des Planeten an sich geben. Gerade damit ist die Erde und der Geist der Erde und aller Erdennatur derzeit beschäftigt. Dies alles reißt der GÖTTIN ERDE zunehmend die Maske, die man ihr aufgelegt hat, vom Gesicht. Das wahre göttliche Gesicht aber ist voller Wunder. Auf welche Weise vom einzelnen Menschen diese göttlichen Wunder erfahren werden, das hängt alleine von ihm selbst ab.

Auswirkungen auf den menschlichen Organismus

Ich stimme mich jetzt ein auf die Einwirkung genveränderter Sojabohnen auf den menschlichen Organismus und seine Reaktion. Genmanipulierte Sojabohnen erzeugen im Menschen mehreres:

a) Einen gewissen leuchtenden, angeregten Höhenflug der Gedanken, verbunden mit manipulierten Gefühlen, einer Art von Pseudogefühlen. Dazu eine Abgehobenheit, eine gewisse angeregte Freude und ein unbewußtes Suchtpotential. Dies führt dazu, den Menschen unbewußt auf die Schiene genmanipulierter Arten generell zu ziehen. Der Mensch kann aus der Tiefe seines Seins heraus, je mehr er sich von diesem »Material« einverleibt, immer weniger zwischen manipuliert und natürlich, zwischen Geist und Seele, zwischen Mensch und Unmensch, zwischen Weisheit und Dummheit – dem einseitigem Verstandeswissen – unterscheiden. Er »lernt« Unnatur. Er wird zur Unnatur.

b) Es erwächst ihm eine Art von geistiger Fülle, die ihn aber auf abseitige Wege führt und ihm die Möglichkeit vermindert, sich mit den wirklichen Erfordernissen und den wahren Zusammenhängen der Jetztzeit zu beschäftigen und sich mit diesen, seinem Entwicklungsauftrag gemäß, auseinanderzusetzen.

c) Es ergibt sich eine gewisse Anregung von Molekülen im Organismus, die zwar Energie mobilisieren – siehe DIE SOJABOHNE – und etwa die Galle ins Fließen bringen, zugleich aber entwickelt sich im Menschen eine Art völlig unerleuchteter Pseudofreude, die nach »mehr davon« ruft und süchtig machen kann.

d) Zusätzlich jedoch entwickelt sich im Menschen eine zunehmende seelische »Rillenlosigkeit«, vergleichbar einer abgeflachten, zerkratzten, abgenutzten Schallplatte, die nicht mehr in der Lage ist, reine und präzise Töne wiederzugeben, und deren Melodie und Komposition immer weniger bis kaum noch zu erkennen sind. Diese neue Art von Rillenlosigkeit, die sich durch gmN im individuellen Menschen bildet, hängt nun wiederum mit der Grundstruktur und der Bildung der Materie an sich, mit der Gravitation und den damit zusammenhängenden Phänomenen auf dem Planeten zusammen. Das bedeutet, daß das genetische Abtasten der Erbmuster und das Weitergeben in die erschaffende Plastizierungstätigkeit irdischer Organismen gehemmt wird. Das bedeutet, daß die Weitergabe der genetischen Informationen über die DNS ins Zellplasma mittels verschiedener Transferschienen eine solche zunehmende Rillenlosigkeit, Abflachung und Unpräzision aufweisen wird. Und zwar gilt dies für die jeweiligen Individuen genauso, wie es im grundplanetaren Feld der gesamten Erde gilt. Das bedeutet, daß sich zwischen dem schöpferischen Grundgedanken, dem Erbe der

Schöpfung an sich und den individuellen, die Schöpfung abtasten-
den, wiedergebenden genetischen »Schallplatten« ein zunehmendes
Leerfeld – *ein neuer Raum dazwischen* – gestalten wird. Alles das
hat bereits begonnen.

Ein neuer Raum für neue Dimensionen

In diesen Raum haben zunehmend völlig anders geartete Dimensionen und andere geistige Wesen Zugang. Sie haben Eigenmacht,
Eigenqualitäten, eigene Ideen und eigene Schubkräfte. Ist der Spalt
zwischen der Dualität irdischer Erscheinungen – der Raum dazwischen – erst einmal geschaffen, wird sich dieser beschleunigt erweitern und den neuen Dimensionen und geistigen Wesen zunehmenden Zugang wie zugleich Ausdruck verschaffen.

Diese neuen Dimensionen, so wie ich es jetzt und derzeit sehe und
empfange, sind von einer großen Weisheit und Ruhe gekennzeichnet, und sie sind Hilfskräfte, die dem Planeten bei seinem Aufbruch
ins neue Zeitalter große und immer größere Hilfen leisten. Sie
helfen bei Abgrenzung und Trennung zwischen Gut und Böse, Geist
und Ungeist, was eine absolute Erfordernis ist, wenn die neue Erde
gestaltet werden soll. Danach erst kann eine Umpolung von »Gut
und Böse« geschehen! Danach erst kann ein höherer Frieden gestaltet werden! Diese neuen Dimensionen schieben den Plan an und
bereiten neue Raumfelder der Erfahrung mit vor.

So muß auch hier festgestellt werden, daß es nichts Böses gibt,
was nicht einen goldenen Kern oder die Perle der Weisheit in sich
enthielte, so daß es keine Möglichkeit gibt, daß das Ungute oder
Böse jemals wirklich siegen kann.

Es ist Aufbruchszeit. Wie wirst du dich in den Z<small>EITGEIST</small> einbringen? Welche gezielten Aktionen wirst du beginnen?

Veränderte Lebensqualität

Unmanipuliertes und biologisch angebautes Sojaöl bringt kraftvolle Wärme und Bewältigungskraft in den Organismus, so daß
diese Kraft dann im Anschluß entsprechend freudevoll in Handlungsaktivitäten »umgemünzt« werden kann. Genmanipuliertes

Sojaöl hingegen hat zunächst eine aufhellende, luftig und leicht machende Komponente – die übrigens allen genmanipulierten Lebensmitteln zu eigen ist – , so daß ein unterschwelliges Suchtpotential daraus und danach entsteht. Genmanipulierte Nahrungsmittel generell entfalten neuartige elektromagnetische »Saugphänomene« auf lebendige Organismen: Sie machen heiter und erwecken eine scheinbare neue Freiheit, sogar eine Art von »leuchtendem Wesen«. Das durch genmanipulierte Nahrungsmittel auf vielerlei Schienen sich bildende Suchtpotential ist nicht gering einzuschätzen. Jedes einzelne gmN trägt zu diesem leuchtendenden Erhöhungsphänomen bei und verstärkt infolgedessen die Zug- und Saugkraft nach der »Droge gmN«.

Genauso wie es für natürliche Nahrungsmittel schöpferische Ideen und geistige Grundkräfte gibt – ich will sie einmal *supragenetische Schöpfungsfelder* nennen –, genauso werden durch gmN solche supragenetischen Felder einer gegenschöpferischen Art erzeugt. Diese supragenetischen Gegenfelder werden von solchem menschlichen Denken erzeugt, welches ausschließlich auf die Befriedigung eines eigenen Ego- und Machtpotentials ausgerichtet ist. Die Erzeugnisse solcher Erzeuger oder die Schöpfungen solcher Schöpfer können infolgedessen nicht anders als der zugrundeliegende »Geist« sein. Sie können nicht anders als anti-spirituell und gegen das Leben selbst ausgerichtet sein. Sie setzen ihren Hebel an der Grundkraft des Lebendigen auf diesem Planeten generell an und die auswirkenden Phänomene können deshalb auch niemals anders als anti-schöpferisch an ebendieser Grundkraft des Lebens zur Auswirkung kommen.

Gegengötter sind also am Werke und nur Gegengöttliches können sie erschaffen. Da der Hebel an der Grundkraft des Lebens selbst angesetzt wird, ergeben sich die manigfaltigsten Nachfolgeschritte auf den verschiedensten Ebenen des Lebens. Aus den vielfältigen nachfolgenden Regelkreisen sollen hier zunächst einmal nur deren Anfänge besprochen werden:

Der Organismus gewöhnt sich an die neuen supragenetischen Gegenfelder und sucht sich infolgedessen immer wieder und zunehmend öfter in zunehmend stärkerem Ausmaß solche Nahrungsmittel aus, die ihm diese neuen Felder wieder füllen, welche zwar leuchtender, jedoch unfeuriger Natur sind. Denn sie entbehren des nährenden Lebensfeuers. Sie sind sozusagen geistige Lichtplacebos. Alles Leben auf diesem Planeten ist jedoch auf Stoffwechsel, auf Verbrennung, auf Umwandlung der Stoffe hin ausgerichtet, und über die feurig verbrennenden Stoffwechselphänomene baut der Organismus des Menschen die nährenden, schöpferischen, göttlichen Gedanken in sich ein.

Biologisch angebaute Nahrungsmittel sind in ihrer gesamten biophysikalischen Struktur auf das biophysikalische Leben des Menschen hin ausgerichtet. Sie nähren sein SEIN, sein Wesen. Sie schenken ihm über das Feuer nährendes Licht, damit er sein Leben auf diesem Planeten kraftvoll zum Ausdruck bringen kann.

Genmanipulierte Nahrungsmittel hingegen bringen wohl eine neue Art von Licht, jedoch sind sie um ebendieses grundfeurige Element vermindert. Infolgedessen verzerren sie den Bioorganismus, den Stoffwechsel des Menschen und nehmen ihm von seiner eigenen Grundlebenskraft, seinem Lebensfeuer etwas weg. Sie schmälern ihm sein Leben und machen ihn, auf längere Sicht gesehen, zunehmend ausdrucksloser. Das immer unfeurigere Dasein eines solchen Menschen trägt infolgedessen zunehmend masochistische Züge: Da er in die Welt – in welcher er sich als Mensch zu bewegen und zu bewähren hat, die er mit seinem Lebensfeuer verändern und positiv verwandeln soll – immer weniger eingreifen kann, läuft ihm ab einem bestimmten Kippunkt die Energie sozusagen nach »rückwärts« aus, was zu zunehmenden zellzerstörerischen Phänomenen führen wird.

Zu alledem kommt hinzu, daß Menschen, deren eigenes Urlebensfeuer vermindert wird, zunehmend verführbarer, manipulierbarer und indoktrinierbarer werden. Diese Phänomene geschehen natürlich nicht von heute auf morgen, sondern sind ein stetiger Prozeß, der jedoch nicht linear, sondern progressiv verläuft. Das ist auch seine besondere Gefahr. Der Prozeß wird ab einem bestimmten Punkt auch nicht mehr reversibel, umkehrbar sein.

Genauso wie gmN einen solchen prallen, festen, leuchtenden Supereindruck machen, genauso werden sich zunächst auch die Menschen entwickeln, die häufiger und unterschiedslos eben gmN konsumieren. Sie werden ebenfalls zunächst den äußeren Eindruck

von sonniger Prallheit erwecken, energetisiert und geradezu wie
»abgehoben« erscheinen. Sie sind aber zunehmend abgehoben von
ihren eigenen Wurzeln, ihren Lebenswurzeln und von der Kraft
ihres eigentlichen inneren Lebens. Ihr eigenes Wesen entfernt sich
zunehmend von ihnen und damit entfernt sich die Kraft ihres We-
sensausdrucks, ihrer Individualität und ihres wahren Schöpfer-
tums. Im Inwendigen jedoch, im Wesen werden sie vereinheitlicht
und vermasst. Sie werden zur grauen Masse. Sie können immer
weniger zwischen Gut und Böse unterscheiden und werden daher
zunehmend gewissenloser. Auch haben sie immer weniger die Kraft
des wahrhaftigen eigenen Auftretens, denn ohne Urwurzeln der
Erde und ohne die Naturkraft der GÖTTIN, ohne wahrhaftige feurige Lebenskraft kann auf diesem Planeten weder kraftvoll aufge-
treten werden, noch sonst etwas Neues, Kraftvolles bewerkstelligt
werden, schon gar nicht im Geist der Neuen Zeit.

Wer deshalb zu den Erneuerern des Planeten im Geiste der GÖT-
TIN gehört, wer sich zu den BOTEN DES NEUEN MORGENS wirklich
zugehörig fühlt, der sollte alles tun, um gmN so umfassend wie nur
möglich aus seinem Speiseplan auszuklammern und auszusondern.

GmN haben zudem aufgrund ihres erniedrigten Eigenstoffwech-
sels eine flachere Grundatmung. Diese verflachte Zellatmung übertragen sie natürlich auf den Empfängerorganismus, so daß auch
hier im Lauf der Zeit die flache Zellatmung zur Regel wird. Die
Zellen müssen eben wirklicher Ernährung zunehmend entbehren.
Verschiedenen Folgekrankheiten, die auf schwacher Zellatmung
basieren, wird damit Tür und Tor geöffnet.

Nachweiserbringung, eine vordringliche Pflicht

Da der *Stoff* durch Genmanipulation auf eine spezifische Weise
leichter werden wird, sollte er für Schallwellen leichter durchgängig
sein, und mit dem Ohmmeter sollten biophysikalische Unterschiede
gemessen werden können. Auch mit Wärme- und Kältemessungen
sollten Unterschiede in der biologischen Zellstrahlung festzustellen
sein, denn genmanipulierte Nahrungsmittel strahlen längerwelliger
und kälter als Naturnahrungsmittel. Auch über Ionen-Phänomene
und deren Meßmethoden sollten Unterschiede nachweisbar sein.

Und wie steht's mit der Photonenforschung? Steht vielleicht auch sie an einer Schwelle? Wird sie Licht von Licht, urschöpferisches von gegengeistigem Licht unterscheiden können? Es sollten für solcherart Messungen Geräte entwickelt werden, die leicht handzuhaben und leicht bedienbar sind. Wer wird das tun? Wer wird in dieser Thematik mitarbeiten?

Sojaöl bleibt nicht ausgespart

Obgleich Öle in einem Folgeband behandelt werden, möchte ich in diesem Zusammenhang kurz auf das Sojaöl eingehen. Zunächst ist hier einmal zu sagen, daß genmanipuliertes Sojaöl in vollster Ausprägung die Veränderung der genmanipulierten Sojabohne trägt, ob hierin nun Genbausteine zu finden sind oder nicht. Das Öl ist ja eine Art Endprodukt aus der Bohne und trägt doch selbstverständlich die Auswirkung der Genmanipulation. Eine so natürlich einfache Schlußfolgerung wird doch schon jedes Kind vollziehen können, und jedem noch natürlich denkenden Menschen liegt das nahe.

Die Absurdität der Aussage, das Öl sei frei von genmanipulierten Fragmenten und habe infolgedessen in dem Diskussionsthema »Genmanipulation« sowieso nichts zu suchen, spricht schon für sich. Hier zeigt sich auf, daß solche Art manipulierenden Denkens anscheinend eine Schlußfolgerung ist, die Ursache mit der Auswirkung einer Angelegenheit überhaupt nicht mehr zu verbinden. Für genmanipuliertes Sojaöl gilt jedenfalls in vollstem Ausmaß alles das, was oben gesagt wurde: Es kann sein eigenes »herabgedrosseltes« Lebensfeuer im Menschen dann auch nur entsprechend eingeschränkt abgeben. »Gedrosselt« werden die Fließeigenschaften des Blutes, der Sauerstofftransport und die hormonelle Situation. Blut und Lymphe fließen somit langsamer und zäher. Die Schilddrüse kann sich verkleinern, was zu weiterer Stoffwechselverlangsamung und sogar zu Krämpfen führen kann. Geistig und seelisch gesehen, ruft genmanipuliertes Sojaöl eine Tendenz zum »Gespaltensein« hervor. Die noch natürlichen Stoffwechselphänomene wollen sich schützen, sich retten, die neuen Phänomene jedoch beharren gezwungenermaßen ebenfalls auf dem Recht ihrer neuartigen Substanzen. Bios und Anti-Bios sind, jeder für sich, um sein Recht bemüht. Biologisches Leben schottet sich gegen unbiologisches, scheingeistiges Anti-Leben ab. Das führt zu geist-seelisch-körperlichen Zerrissenheiten. Die Achse des Lebendigen wird zunehmend und immer stärker über Gebühr beansprucht, was zu Gleichgewichtsstörungen, Übelkeit und Ohrenbeschwerden führen kann.

Die Mondkräfte entziehen sich

Der Mond ist ein Sammler von universellen Leitstrahlen und überträgt diese wie ein Computer direkt auf die körpereigene DNS. Dort hat er – je nach Charakter, Persönlichkeit und Geburtshoroskop – mehr oder weniger Anbindung an die inwendigen göttlichen Gesetze und inwendigen schöpferischen Leitstrahlen. Durch genmanipulierte Nahrungsmittel wird aber diese mondische Brücke innerhalb der DNS zunehmend gelockert bis zerstört. Innere Wahrheitswelten, Wesenswelten, Schöpferwelten und äußere Projektionswelten verlieren ihre Anbindung aneinander. Das macht der inneren Welt wohl Schmerz und Trauer, aber letztlich keinerlei Schöpfungsprobleme, keine schöpferischen Lebensprobleme.

Die äußere, die projizierte Welt jedoch sägt sich den eigenen Ast und sich damit von dem Lebensgrund ab, aus dem sie überhaupt ihre Existenz und ihre Lebensfähigkeit besitzt. Sie sägt an ihrer Existenz und merkt es nicht.

Darum, lassen wir sie sägen. Sie sind sowieso unbelehrbar. Doch sehen wir zu, daß wir nicht mit an diesem bald auch noch sehr morschen Ast hängen. Sondern daß wir fest und klar auf unseren eigenen Wurzeln, den Wurzeln Yggdrasils, des urschöpferischen Lebensbaumes und den heimatlichen Wurzeln der Göttin wachsen. Sehen wir zu, daß wir unser göttliches Gesicht aus uns selber herausentfalten und die Schöpfung und uns selbst mit echter Nahrung nähren.

Und übrigens: Glaubst du, daß menschliches Erbmaterial aus solcherart Experimenten ausgeklammert wäre? Daß es nicht bereits unterirdische Genlabors mit menschlich-tierisch-pflanzlichen Sonderformen von Geist-und Seelentragenden Leid-fühlenden Lebewe-

sen gäbe? Denk mal darüber nach! Vielleicht entscheidest du dich
endlich dafür, deine Naivität an den Nagel zu hängen?

Befreie dich, viele warten schon

Was Gen-Experten aber nicht wissen, denn ganzheitliches Gedan-
kengut ist ihnen fremd: Sie trennen die gesamte planetare DNS mit
ihrem Experimenten auf – denn nichts geschieht jemals außerhalb
des Gesamten – und sind somit der Befreiung des Planeten unwis-
sentlicher Diener. Lassen wir sie ruhig ihre Pseudo-Schöpfungen
erstellen – nur: Essen wir sie nicht! Nur: Sorgen wir für eigenes
unmanipuliertes Saatgut! Nur: Machen wir uns autark und unab-
hängig! Gründen wir eigene Samenbanken und Samenbörsen für
reines, lichttragendes natürliches Saatgut, durch welches der Atem
der GÖTTIN weht, täglich stärker!

Die Menschen des neuen ZEITGEISTES aber werden zu einer anderen Art von Genexperten: Sie besinnen sich auf ihr altes Wissen. Sie
werden autark. Sie entbinden sich selbst. Sie trennen die alten
magnetischen Dunkelmuster durch die Hilfe von Göttin Natur aus
ihrer DNS heraus. Das tun sie, indem sie Magnetisches, Bindendes,
Fixierendes, Dunkles eben »demagnetisieren«. Das tun sie, indem
sie sich zur GÖTTIN hin ausrichten, indem sie eben alles das bewirken, wozu sie für diese kommende Zeit angelegt sind. Fühlst du es
in dir: daß es heute um Wirksamkeit geht? Daß *du deine* Stellung als
verantwortlicher planetarer Mensch wirkkräftig einnimmst?

Einiges zum Thema »Demagnetisierung« findest du in diesem
Werk und den beiden Folgebänden. Alle Früchte, einige Gemüse
und Salate wie auch andere Nahrungsmittel wollen dir ihre Hilfe
schenken, um dich beim Erwachen zu stärken. Kräuter, Blüten und
Homöopathie unterstützen ebenfalls das Lösen von dunklen Erbmustern, karmischen Themen und karmisch belastenden Beziehun-
gen. Die Doppelhelix der DNS wird heute zunehmend von einer
hohen spirituellen Geistsonne neu beleuchtet und verändert. Die
Auswirkungen im Organismus sind riesig und befreiend, können
aber zwischenzeitlich durchaus auch zu Schmerzen führen, besonders auch zu Nervenschmerzen, Spannungen, Müdigkeit und anderem, solange der Prozeß in dir läuft. Lerne deshalb, dich selbst zu

heilen, denn die schulmedizinische Apparate-Medizin nützt dir für solche spirituellen DNS-Öffnungs-Beschwerden kaum, eher mag sie dir schaden.

So rufe ich dir nun zuletzt noch einmal zu: Vertraue dir selbst! So wirst du Schritt um Schritt Befreiung erfahren, nicht von heute auf morgen, aber durch Zähigkeit, Ausdauer und Mut. Und sei dir dessen gewiß: Du bist nicht allein. Du bist geborgen in uns allen, die wir zu den Kindern der GÖTTIN gehören!

WIE DIE INFORMATIONEN IN DIESEM BUCH
ENTSTANDEN SIND

Der Weg

Zu mir also: Ich arbeite mich seit Jahren voran auf etwas, was man allgemein den »inneren Weg« nennt, in eine Richtung, die mir selber durchaus nicht immer ganz klar ist, in die mich aber irgend etwas unaufhaltsam zieht. Dabei klettere ich über Felsen und Steine, mache Fehler, weil ich das Licht in der inneren Ferne ahne, aber die unmittelbaren Stolpersteine oft nicht sehe, kann wegen dieser Fernsichtigkeit die Wegmarken nicht recht entziffern, falle in Abgründe, rappele mich wieder auf und klettere weiter. Oft ist's dunkle Nacht um mich und bitterkalt dazu, und ich weiß nicht mehr weiter. Manchmal ackere ich mich eine ganze solche eiskalte Nacht durch die Landschaft, um am nächsten Morgen mit Entsetzen zu erkennen, daß ich nur im Kreis gelaufen bin. Wenn es aber gar zu schlimm geworden ist und ich überhaupt nicht mehr kann, wenn ich mich schließlich so etwas wie überantworte an ein mächtigeres Schicksal, dann tauchen aber nach einer Weile, wie die Symboltiere in den Märchen, von irgendwoher hilfreiche Menschen auf, sprechen mir wieder Mut zu und finden irgendeine Möglichkeit, mich ein Stück Weges zu geleiten.

Die dem Menschen dienende, ihm seinen Urgrund bereitende und ihn liebende Tiernatur steht hier für solche Menschen, die mir ein Stück Weges weiterhelfen, auch ohne zu verstehen. Sie tun es einfach, trotz allem Unverständlichen, trotz allem, was manchesmal arg nach eigener Schuld, wenn auch aus naiver Narrheit aussieht. Und was es, nach den Maßstäben der äußeren Welt gemessen, gelegentlich auch ist.

Heute, nach Jahren der Mühen, ist mir klar geworden, daß dieser Pfad, wenn er in Wahrheit gegangen und nicht nur davon gesprochen wird, wirklich das ist, was man seit jeher den *Pfad der Einweihung* nennt. Heute weiß ich auch, daß das Gehen in dieser Richtung quer zu allem geht, was in der Welt seine Bedeutung, seinen Rang, seine Würde und seine Richtigkeit hat. Er muß deshalb in die Finsternis, in die Einsamkeit, in die Ausweglosigkeit, in die Freudlosigkeit und über Qualen führen, sonst ist es nicht *Der Weg.* Er durchquert das Leben selbst, er durchkreuzt und durchkreuzigt das Leben selbst, im Innen wie im Außen.

Er muß auch über drei hauptsächliche Felder mit ganz speziellen Aufgabenstellungen führen, und auch diese sind, seit alter Zeit, als die drei Einweihungsprüfungen bekannt:

Das Wasser will bezwungen werden,
das Feuer will gebannt sein,
und der Fels will durchdrungen werden.

Das Wasser will bezwungen werden ...

Was bedeutet das?

Das Wasser steht für die Flüchtigkeit der Gefühle, die sich auf äußere Objekte oder Wesen richten und die so leicht getäuscht werden können, wenn sie nicht eine klare und eindeutige Weisung vom höheren Geistigen haben, wenn sie nicht einer starken Führung im innersten Zentrum unterstellt sind, dessen Vorherrschaft vom Gefühlskörper auch anerkannt wird. (Empfindendes Fühlen im Sinne von Verinnigung und Verschmelzung ist es nicht, was hier angesprochen wird).

Die erste Einweihung besteht in einer zunehmenden Reihe von offengelegten Gefühlstäuschungen, die den Menschen schließlich zuletzt in tiefstmögliche Abgründe stürzen. Dort unten angekommen, steht er nun, wankend, blutend, hilflos, zerrissen, fühlt sich tödlich verletzt, begreift die Welt nicht mehr und weiß nicht, wie an dieser Wunde wieder zu gesunden oder wie hier wieder herauszufinden sei. Er ist gründlichst enttäuscht, herausgelangt aus der Täuschung der Welt, aus der Täuschung insbesondere des Gefühlskörpers. Nur der naive Narr, der geistig »Einfältige« kann solche Wege überhaupt gehen, und der Spott der Welt ist sein Begleiter dazu.

Irgendwann, zitternd, nackt, entblößt von allem Schutz, ruft er dann um Hilfe. Und wenn sein Bemühen echt ist, kommt Mutter Natur ihm zu Hilfe. Sie sendet ihm beispielsweise einen Vogel, der geflogen kommt, ihn auf seinen Rücken nimmt und ihn aus dem Abgrund emporträgt. Eine weiße Gans, ein Totemtier der Einweihung ist das, die hier für ihn ausgesendet wird. Dabei muß er sich aber gut festhalten, der gestürzte Mensch, denn auf dem Rücken dieser Gans ist's zugig, er kann leicht nochmals ins Grauen abstürzen. Er friert, er zittert, er hat Ängste dort oben im luftigen Element, das ihm doch so fremd ist, er ist der Unbill der Natur auch hier arg ausgesetzt. (Das Märchen von Selma Lagerlöf über Nils Holgerson, der mit den Wildgänsen reist, erzählt uns von solch ähnlicher Geschichte).

Doch irgendwann ist der Seelengeist entfaltende, rettende Flug beendet, die Glücksgans wirft, wenig über dem Erdboden, ihre Last ab, und der Mensch steht auf einem neuen Eiland seiner selbst. Erstaunt stellt er fest, daß ihm diese Wiese unbekannt ist, daß diese Blumen hier anders riechen als alles, was er bisher gekannt hat. Er ruft der Gans einen Dankgruß zu, denn das Danken darf er nicht vergessen – sonst kann er, wie bei »Mensch ärgere Dich nicht«, am Anfang seines Weges gerade wieder beginnen – und macht sich daran, seinem inneren Gespür nach weiterzuwandern.

Die erste Einweihung, eine lange Strecke der Verletzungen und zugleich viele Jahre seines Lebens, hat er bewältigt. Was hat er gewonnen, was ist seine innere Ernte? Denn auf diesem Pfad gibt es für lange Zeit nur innere Ernten. Er ist erfahrener geworden, er kann Abgründe der Seele und Seelentäuschungen nun leichter erkennen und diese Art von Fallen vermeiden. Er hat Durchhaltevermögen bewiesen, sein Geist und seine Gedanken weisen seine Seele nun schon einigermaßen brauchbar an, und er hat gelernt, seinem inneren Selbst besser zu vertrauen. Auch dafür stehen die rettenden Tiere. Und er hat gelernt, sein Vertrauen nicht mehr fälschlich in der äußeren Welt, der Welt der Täuschung, zu suchen.

Doch diese neuen Eigenschaften werden mehrfach auf die Probe gestellt, immer wieder. Das neue Eiland ist weit weg von den äußeren Prinzipien der Welt, der Mensch bleibt einsam, auch wenn er umgeben ist von anderen Menschen. Er ist unerkannt auf diesem

seinem inneren Weg. Zudem dauert sein Weg auf diesem neuen
Eiland auch wiederum lange Jahre. Nichts stimmt mehr. Fremd ist
er oft sogar sich selbst geworden. Er ist ein Außenseiter, wird
verhöhnt, ist der Dummkopf wie in den Märchen, macht viele
Fehler. Denn seine alte Orientierung ist nicht mehr vorhanden –
glücklicherweise, und es war ja auch harte Arbeit genug –, und die
neue Orientierung ist noch unvollständig. Er ist fremd der Welt und
oft genug fremd sich selbst.

Eine Art innerer Seelenrobustheit entsteht dadurch. Der Mensch
auf diesem Weg erträgt seine Einsamkeit im Lauf der Zeit leichter,
und mit dem Spott anderer, die auf seinem Rücken ihre weltlichen
Spiele austragen, kann er immer gelassener umgehen. Die Verletz-
lichkeit wird durch zunehmende Stärke ersetzt. Auch hiervon erzählen uns die Märchen in ihrer Weisheit.

Das Feuer will gebannt sein ...

Dann, irgendwann – ist es soweit: Die Feuerprobe ruft. Der Sinn
wird nun geprüft, ob der Mensch fähig sein wird, mit diesen neuen
Eigenschaften auch wertvoll und gemäß umzugehen, sich selbst wie
die Welt nun zu verwandeln. So steht er also vor einer Wand
rotglühenden verzehrenden Feuers. Nun muß er alles hier hineinwerfen, was ihm bisher Sinn und Zweck seines Lebens gewesen
war, alles, was ihm noch wichtig oder wesentlich war. Alles, was
seine Individualität bestimmt hatte, alles, was ihm teuer war. Und
schließlich muß er selbst mitten hindurch.

Dieser Weg durchs Feuer ist ein Weg der Selbstaufgabe und der
Ich-Zerstörung, es ist der Weg der Hingabe. Und der Weg schmerzt,
und das Feuer brennt, und es brennt nicht mal eben nur schnell ein
bißchen, sondern es brennt dauerhaft und immer stärker und immer schmerzensvoller. Je weiter der Mensch diesen feurigen Weg
voranschreitet, desto brennender wird ihm das Feuer. Zurück kann
er nun nicht mehr. Das ist nicht mehr möglich. Aufgeben und
Sterben kann er auch nicht. Er *muß* weiter. So kämpft er sich also
voran, und seine hauptsächliche Aufmerksamkeit ist auf das Bewältigen und Handhaben des Feuers gerichtet. Für anderes ist kein
Raum. Und wenn er schließlich nach und nach unter Qualen alles

hingegeben und geopfert hat, was ihm wertvoll war, gelangt er schließlich an einen Ort, der ihm das Letzte abverlangt: sein Liebstes. Sein Allerliebstes.

Das ist die Opferung des innersten Kindes, die Opferung Isaaks durch Abraham, die Hingabe des liebsten Kindes in den Märchen. Feuererprobt geht es jetzt ums Ganze: die totale Hingabe.

Das ist die zweite Einweihung. Dafür stand in den östlichen Traditionen die Hingabe an einen wahren Meister, der hier eine Rolle übernommen hatte: die Rolle des fordernden, des alchymisch wandelnden, verzehrenden Feuers. Wer also den Weg mit Hilfe eines Meisters geht, muß die Hingabe an die Person des Meisters vollziehen, der so zum Stellvertreter für das Gesetz des Universums geworden ist. Sonst braucht er gar nicht erst anzufangen.

Wer den Weg ohne eine solche äußere meisterliche Führung geht, bekommt die Bedingungen vom Leben selbst gestellt. Die Opferung bedingt und vollzieht das Leben selbst. So oder so, erst dann, wenn die Hingabe auch wirklich ohne jeden Hintergedanken erfolgt ist, ersteht das ursächlich neugewordene innere Kind – der innere Christus – wieder auf, diesmal durchdrungen von den Weisungen des Höheren Selbst und geführt von der neuen Ordnung.

Das Feuer kann nun gezähmt werden. Der Mensch bekommt an dieser Schwelle zur eigenen Meisterschaft den Stab der Führung probeweise anvertraut. Er muß sich nun wiederum dieses Stabes würdig erweisen, muß sein eigenes Feuer zähmen und handhaben können, muß beginnen, sich und sein Leben, in dem er angetreten ist auf dem Planeten, als Magier und als Meister zum Ausdruck zu bringen. Er fordert nun Tribut, er zieht, ab hier beginnend, andere Menschen an, die seinen Weisungen Gehör schenken, sich seiner Führung anvertrauen. Er beginnt, zu sprechen, zu führen, zu leiten, er ergießt sich mit seinen neugewonnenen Eigenschaften wirkend in die Welt der Erscheinungen. Diesmal nun anderen Gewähr dafür zu sein: *daß es geht.* Daß es geht, den Weg zu betreten und ihn zu gehen. Er wird nun zum Lehrer, zum Weiser und ein wenig auch zum Weisen, nach und nach, in dem Maß, wie es ihm gemäß.

Der Fels will durchdrungen werden ...

Aktiv sein heißt nun seine Devise, aktiv in der Welt handeln, aktiv an der Neuerung des Planeten mitzuarbeiten. Handeln muß er nun, nicht mehr einsam sein. Sich in die Arena begeben, um andere die Fülle der Möglichkeiten und einer Kraft, die täglich zunimmt, zu lehren.

Mit jeder Tat nun, die er zeugend wirkt, bewältigt er die Form. Die alte Form durchdringt er mit Wissen und mit zunehmend magischem Tun. Er erschafft nun selbsttätig neue Formen, er trennt alte Form nach dem Maß, das ihm jetzt mitgegeben ist. Er muß zerstören, ab diesem Augenblick. Er muß eine Bresche ins alte Wirrnismuster schlagen. Er muß kühl und klar, überlegt und weise, tatkräftig und neuzeugend, geistig überlegen sein. Ins fehlgesteuerte Getriebe der Welt darf er sich nicht mehr jetzt begeben, um sich dort zerreiben zu lassen. Sondern wohlüberlegt, präzise im Denken hat er jetzt stetig zu wirken.

Das ist die dritte Einweihung, diejenige der Durchdringung des Felsens. Ab hier beginnt sich die Meisterschaft auszudrücken, indem der Mensch, wie Moses, an den Felsen schlägt, und das Wasser tritt heraus: Der Quell der göttlichen Nahrung, die anderen gegeben wird, strömt. Das Gesetz der neuen Zeit soll jetzt gemeinsam gehandhabt werden.

Um das höhere Gesetz zu handhaben, ist Wissen erforderlich. Wahres Wissen entsteht durch den Wechsel und die Vielfalt der Anforderungen auf dem Weg und durch die letztendliche Bewältigung des Weges. Wissen hat viele Gesichter und begleitet einen solchen Menschen dann auf dem Weg der Wiederkehr ins äußere Leben. Von solchem Wissen handelt dieses Buch.

Solcherart Wissen entsteht nun natürlich nicht von heute auf morgen. Es ist an vielerlei Stufen zunehmender Erkenntnis gebunden, an Erfahrungen auch, auf welche Weise mit diesem Wissen dann sinnvoll umgegangen werden kann, um es im höchsten Potential seines Wertes auch nützlich anzuwenden. Äußeres Wissen, angewendet und verbunden mit Erfahrungswissen über die Natur, ihre

Gesetze oder ihre Heilmöglichkeiten, geht solchem gesamten Von-innen-her-Neuwerden im allgemeinen voraus. Bei mir sah das bei-spielsweise so aus:

Naturheilkunde und Homöopathie habe ich jahre- und nächte-lang studiert und in Heilpraxis wie Familie angewendet, habe das Erfahrungswissen der Schüssler-Salze und der Antlitzdiagnose praktiziert, habe grundlegende Naturheilverfahren, wie beispiels-weise die Cyclogenie nach Prof. Enderlein, studiert, angewendet und gelehrt und habe die Kraft der Bach-Blüten, dieser hohen Seelen-Essenzen, immer wieder als so heilsam anwenden und erfah-ren dürfen: Walisische Erde, walisische Urwurzeln, keltischer Geist durchatmen diese hohen Naturheilkräfte.

Astrologie habe ich studiert, um zunächst einmal eine Grund-lage zu haben, höhere universelle Ordnungen zu erkennen – denn das ist ihr Zweck –, um später dann zu wissen, daß der jetzt wirkende kosmische Zyklus alte Ordnungen zerstört und ein neues universelles Wirkmuster erbaut. Zahlen, Symbole, Farben und ihre Heilkräfte kamen hinzu und etliches mehr. Doch irgend-wann kam der Gongschlag zum Rückzug, und dieses, doch auch in Jahren erarbeitete Wissen versank damit, jedenfalls zunächst einmal. »Der Weg« rief, und mir blieb gar nichts anderes übrig, als zu folgen.

Edelsteine, Blüten und Tarot als Meister

So habe ich im Laufe der »beißenden Jahre«, die hierauf folgten und die ich streckenweise wie taub und blind auf dem Weg herum-gestolpert bin, begonnen, mit der Natur zu sprechen. Ich bat sie, mir Weiser zu sein, ihre Geheimnisse und ihr Leuchten, ihre Kräfte mit mir zu teilen. In der äußeren Welt gab es im Laufe der Jahre immer weniger, anstelle mehr der Möglichkeiten, mich auszudrük-ken. Das war einschränkend genug. Aber die innere Welt enthüllte mir zunehmend ihre Geheimnisse. So habe ich mit den Edelsteinen gesprochen, mit den Mineralien und mit den Steinen, und sie haben mir von ihren Kräften erzählt und sie auch mit mir geteilt. Meister wurden sie mir, und ich habe vieles von ihnen gelernt, über die Konstruktion des Universums überhaupt, über Wachsamkeit den inneren Welten gegenüber und über die Kräfte und Ideen, welche die Schwingungen allen Seins hervorrufen.

Dann habe ich mit den Pflanzen und Blüten und Bäumen gesprochen, und auch sie haben mir von ihren innewohnenden Ideen und Bildekräften erzählt. Die Bach-Blüten beispielsweise haben mir gezeigt, daß es heute auch neue zusätzliche und der Jetzt-Zeit adäquate Indikationen für sie geben darf.

Die Bildekräfte der universellen Ideen, die in den Bildern des Tarots aufgezeichnet sind, als Strukturen, Farben, Vernetzungen, in symbolischen Schlüsseln und in Zahlen versteckt, haben sich gleich mit geöffnet. Die Botschaften, die hier enthalten sind, sind universell und für jeden Menschen und seine Zeit anwendbar.

Mutter Natur hat noch viele Schubladen, in denen sie ihre Weisheit versteckt hält, und einige davon hat sie mir zu öffnen erlaubt. Im Laufe der Jahre hat sich »das Wort« geöffnet, haben Orte der Erde mir von ihrer magischen Bedeutung erzählt, haben die Runen begonnen, in mir zu atmen und zu sprechen. Große magische Kräfte sind dabei, sich auf die Erde einzuspulen und sich zu entfalten. Wenn es an der Zeit ist, will ich auch dieses Wissen und diese Wirkkräfte mit dir teilen.

Ich will, daß dies verstanden wird, denn ich glaube, daß auch nur dann dieses Buch wirklich verstanden und genügend Nutzen spendend angewendet werden kann: Ich bin nicht das, was man unter einem Channel versteht. Ich trete nicht aus meinem Körper heraus, ich bin nicht in irgendeiner Weise abwesend, wenn ich mit der Natur spreche. Sondern im Gegenteil, ich bin mitten in ihr drinnen, ich verschmelze mit ihr, verinnige mich mit ihr. Ich werde zu IHR, werde zur GÖTTIN, in ihren vielen Ausdrucksformen. Ich höre ihre Ideen in mir schwingen, ich sehe ihre Farben, ich erfahre ihre Möglichkeiten. Sie raunt mit ihren Blättern in meinen Armen, sie schwingt mit ihren Seelenschwingungen in meinem Herzen, sie hört mit ihren Wurzeln vom Umlauf der Zeit, und ich höre diese Dinge wieder mit meinen Wurzeln, in meinen Füßen. Die Natur erzählt mir von künftigen Ereignissen, und das tut sie auch über die Tiere: über den Schwan, die Delphine, über die Tiernatur insgesamt. Über Wale und Libellen, Hunde und Katzen, über Bienen und Ameisen, die alle Totemtiere, Heiltiere oder Wissenstiere sind. Auch so sind etliche Texte entstanden und aus anderen Naturreichen ebenfalls, die zu gegebener Zeit sicher ihren Weg in die Veröffentlichung finden werden.

Ich will auch, daß dies richtig verstanden wird: Es ist jedesmal wie eine Geburt, wenn ich so von einer Naturausprägung, einer Frucht beispielsweise, als der Manifestation einer universellen Idee spreche. Immer ist ein Widerstand dabei zu überwinden, eine Arbeit zu leisten, eine Kraft bereitzustellen, eine Anstrengung aufzubringen. Während all der Jahre, innerhalb derer sich diese Kraft entfaltet hat, habe ich die Dinge mir nicht aufbauen können, die zu einem erfüllten Leben in der äußeren Welt gehören. »Wie machst du das?« bin ich schon oft gefragt worden. »So etwas macht man nicht mal so nebenbei«, antworte ich dann. Denn solche Kraft entfaltet sich nicht einfach mal eben so, sondern auf einem jahrelangen Weg, der ausschließlich dem Hervorbringen ebendieser Kraft gewidmet ist und der gepflastert ist mit Opfern. Auch ist zweierlei notwendig beim Erarbeiten solcherart Texte, daß ich es aufbringe: Ich muß willig verschmelzen mit dem jeweiligen Gesicht der Göttin, muß mich öffnen, die schöpferische Idee in mich aufnehmen, sie in Worte umsetzen, zudem in Worte, die auch verstanden werden können. Zugleich aber muß ich unentwegt eine hohe Konzentration aufrechterhalten, muß mich fokussieren, darf mich von keinem Unpassendem ablenken, mich nicht rausbringen lassen. In Konzentration wie Verschmelzung zugleich werden die Texte nun manchesmal leichter, manchmal qualvoller geboren. Zu verschiedenen Zeiten, meist zweimal erarbeitet, werden sie später zusammengebaut zu einem. Und so ist das geworden, was ich hier übergebe: Die Texte über die schöpferischen Ideen und Bildekräfte der Früchte und Nahrungsmittel.

So ist das Ganze ein zäher, ein umfangreicher, ein mühseliger Weg gewesen, der vielfachen Tribut gefordert hat. Denn gerade auch des Grundnotwendigen und Lebensselbstverständlichen muß der, der den Weg betreten hat, sich oftmals entledigen (lassen). Dafür sorgt schon das Leben als dein Meister, wenn es dir nicht ein menschlicher Meister abverlangt (unechte Meister tun das allerdings auch, wie man hört). Denn dein eigenes höheres Selbst, der Meister deines Weges, weiß, daß du nur ohne weltliches Gepäck auf dieser Einöden-Wildnis-Dornengestrüpp-Straße wandern kannst. Wenn es dir wenigstens deine Schuhe läßt, dann bist du noch gut dran! (Wie war das doch mit dem Sterntaler-Märchen?)

»Esoterisch« zu sein heißt deshalb gewiß nicht, wie etliche glauben, in Frieden zu machen, Kerzen anzuzünden, sanfte Musik zu hören und softy in Ganzheitlichkeit zu schwelgen, vielmehr ist es echte Knochenarbeit. Mit der Zeit wirst du kampferprobt und narbenübersät. Dann gehörst du auch, wie schon so viele von uns, wie es in der WOLFSFRAU heißt, zum *Narbenclan*. Dann kannst auch du die Frage nach deinem Alter beantworten mit: ». . . Narben bin ich alt.« Zähl ruhig mal nach, und dann sei stolz über diese Verletzungen deines Lebens, die die dich so stark gemacht haben, wie du es heute bist!

Ich habe dir hier auch deswegen von mir erzählt, weil ich weiß, daß mein Weg in dir Resonanzen hervorrufen wird, an dieser oder jener Stelle, und weil du dann weißt, daß *du* auf *deinem* Weg nicht allein bist. Wir alle bilden *ein* Feld und *einen* Äthergeist, wir gehören zusammen, und die Gemeinsamkeit macht stark, auch wenn wir zunächst nur von uns wissen. Die neuen leuchtenden Netze müssen auf Erden erst noch in zunehmender gemeinschaftlicher Arbeit gewebt werden, und das ist ja genau der Grund, warum ich dich immer wieder so eindringlich anspreche. Denn gerade auch du sollst die Befreiungswerke dabei real leisten, für dich selbst wie für das Gesamte. Nimm die heilsamen und durchlichtenden Geschenke der Natur hinzu, denn dann geht es allemal leichter!

WELCHE BÜCHER ICH DIR EMPFEHLE

*Bücher mit der Kraft der Erde – zur Befreiung deiner
weiblichen Seelen-Magie*

Estés, Clarissa Pinkola: *Die Wolfsfrau.* Wilhelm Heyne Verlag,
München 1993.

Ein Buch voller Poesie und Magie, geschrieben aus einem Born
tiefen Seelenwissens und langjähriger Erfahrung, damit auch du
dich deiner weiblichen Urkraft erinnerst. Es erweckt im gezielten
Aufschlüsseln von Märchen deine Seelenkräfte. Ein Begleiter für
dein ganz persönliches Erwachen! Manchmal, wenn in deinem
Leben eine wichtige Frage ansteht, kannst du es auch einfach
aufschlagen wie ein Wunderbuch und den ATEM DER GÖTTIN und
die Kraft DER WOLFSFRAU erfühlen, die dir als Antwort entgegenströmen!

Francia, Luisa: *Mond – Tanz – Magie.* Verlag Frauenoffensive,
München 1986.

Ein Buch voller Zaubermacht, das eine unglaubliche Fülle an
erarbeitetem und erfahrenem Wissen weitergibt. Du kannst dich
hier von praktisch erlebtem Mondwissen und von Ritualwissen
inspirieren lassen. Laß dich bitte von den Ritual-Photos nicht ab-
schrecken! Ein Buch voller Lebenskraft!

Denn: Bücher der neuen Zeit müssen Lebenskraft ausströmen,
müssen echte Information »rüberbringen«, müssen die Seele berühren, dann wirken sie erweckend. Dann entfalten sie deine schöpferische Macht. Bücher, die keine seelisch fühlbare Resonanz in dir
erwecken, die nur aus dem Verstand geschrieben sind, sind tot,
genau wie die Menschen, die sie geschrieben haben. Lebendigkeit
kommt nur aus dem Fühlen, aus der Kraft, aus der nährenden

Wärme und aus dem Wissen der Seele. So stärke deine eigene Macht, und verschenk deine Seelenwärme nicht mehr an Unwürdige, die von der Kraft deiner Empfindungen leben! Fühle dich selbst. Denn auf dieser Grundlage allein kannst du die Herausforderungen bewältigen, die die erwachende Erde heute an dich stellt!

Jannberg, Judith: *Ich bin eine Hexe*. Edition die Maus, Bonn, 1983.
Die Autorin erzählt dir vom Weg eigenster Individuation, vom eigenen Leben und weiblicher Meisterung, von der Befreiung aus den Strukturen von Kirche und Gesellschaft und von der natürlichen Wiederentdeckung der Hexenkraft. Ein starkes Buch!

Jannberg, Judith: *Ich bin ich*. Fischer Taschenbuch Verlag, Frankfurt a. M. 1985.
Vielleicht interessiert dich das vorausgehende Buch von dieser Autorin dann auch? Hier geht es um die Befreiung aus den Fesseln einer konventionellen Ehe. Falls du selbst gerade in einer solchen Situation stecken solltest, kann es dir sicher hilfreich sein!

Bolen, Jean Shinoda: *Auf der Suche nach Avalon: Eine Frau entdeckt ihre Spiritualität*. H. Hugendubel Verlag, München 1996.

Wir sind ein Teil der Erde. Die Rede des Häuptlings Seattle. Walter-Verlag, Olten 1982.
Falls du dieses kleine Büchlein mit den wunderbaren Bildern und der kraftvollen Sprache einer uralten Seele noch nicht kennst, führe ich es hier für dich auf. Es enthält die Rede des Häuptlings Seattle an den Präsidenten der Vereinigten Staaten von Amerika im Jahre 1855. Diese Rede ist gerade heute so aktuell wie nie zuvor. »Meine Worte sind wie Sterne, sie gehen nicht unter«, sagte Chief Seattle.

Paungger, Johanna/Poppe, Thomas: *Vom richtigen Zeitpunkt.* Heinrich Hugendubel Verlag, 25. Aufl., München 1995 und *Aus eigener Kraft.* Goldmann, München 1993.
Die Bücher vom Mond, die man einfach haben muß und die eine unglaubliche Fülle von überliefertem und erprobtem Wissen vermitteln! Sie gehören zur »Grundausrüstung« und sprechen für sich!

Bücher mit der Kraft des Himmels –
zur Inspirierung und heilenden Lichtdurchflutung

Walliman, Silvia: *Erwache in Gott*. Verlag Hermann Bauer, 6. Aufl., Freiburg 1996.

Ein Buch, aus dem in überströmender Fülle höchste Engelenergien fließen – das ein lebendiger Kanal ist, deine Lebenskräfte aktiviert und das heilend, schützend, nährend, energetisierend Wissen vermittelnd oder auch entgiftend wirkt. Dies ist kein Buch zum Durchlesen in einem Zug, sondern zum Eintauchen in höchste spirituelle Heilsenergien. Ich selbst nutze und empfehle es seit Jahren so: Lies jeden Abend vor dem Einschlafen ein Kapitel, das du dir gemäß deinem Empfinden im Inhaltsverzeichnis aussuchst, oder etwas, was du dir einfach irgendwo aufschlägst. Jedes Wort, das du in diesem Buch »liest«, ist getränkt mit Licht und Liebe und schafft in dir ein strömendes Kraftfeld, in dem du wohlgeborgen einschlafen kannst und das auch über den Tag in dir weiterwirkt. Dieses Buch ist reinste Heilsstrahlung – laß es dein ständiger Begleiter sein, zuhause, wie auf Reisen!

Walliman, Silvia: *Die Umpolung*. Verlag Hermann Bauer, 7. Aufl., Freiburg 1996.

Solltest du auch gelesen haben, denn es enthält sehr viele wissenswerte Informationen für unsere Zeit.

Walliman, Silvia: *Mit Engeln beten*. Verlag Hermann Bauer, 7. Aufl., Freiburg 1995.

Für viele sicherlich ergänzend hilfreich.

Bücher mit lebendem Schlüsselwissen, die gleich
ganze »Reißverschlüsse« in dir öffnen

Marciniak, Barbara: *Boten des Neuen Morgens*. Verlag Hermann Bauer, 10. Aufl., Freiburg 1996.

Ein Buch, das mich wie ein Feuerregen berührt hat, den ich auch

selbst weitergeben will! Es belebt Kaskaden von uralten Erinnerun-
gen in deiner Seele, die dich erwachen lassen zu einem immer
ganzheitlicheren Selbst! Lies es seitenweise immer wieder und du
wirst feststellen, daß bei jedem erneuten Lesen neue Wissenskeime
in dir explodieren. Du wirst fühlen und erkennen und ganz sicher
wissen, daß Bewußtsein Bewußtsein nährt!

Marciniak, Barbara: *Plejadische Schlüssel zum Wissen der Erde.*
Verlag Hermann Bauer, 6. Aufl., Freiburg 1997.
Fortsetzung des »Botenwissens«, siehe oben. Pflicht- Freuden-
Energie- Schlüsselwissen- Spaßlektüre!

Zoev JHO und Mission Control, E.T. 101, Kosmische Bedienungs-
anleitung zur planetaren Evolution, Vereinfachte Notausgabe Erde.
Zweitausendeins, 3. Aufl., Frankfurt a. M. 1996.
Eine Bedienungsanleitung, die es in sich hat!

*Bücher zur Übermittlung von Wissen, das du nicht
in Schulen und Universitäten vermittelt bekommst,
auch zum Nachschlagen*

Walker, Barbara G.: *Das geheime Wissen der Frauen, Ein Lexikon.*
Zweitausendeins, Frankfurt a. M. 1993.
Gehört zur Grundausrüstung weiblichen Wissens!

Deschner, Karlheinz: *Das Kreuz mit der Kirche.* Eine Sexualge-
schichte des Christentums. Econ Verlag, Düsseldorf 1974.
Pflichtlektüre zum Thema Kreuz, Kirche und Christentum, die
dich womöglich ein heilsames Gruseln lehrt: Beispielsweise, wie
durch die unheilige Allianz von Kirche, Staat und Medizin die
Ausrottung weiblichen Naturwissens und weiblicher Macht gehandhabt wurde, um die Alleinherrschaft des Patriarchats zu sichern. An den Folgen kranken unser Planet und unsere Gesellschaft
noch heute. Was aber nicht angeschaut wird, kann nicht aufgelöst
werden. Wer deshalb heute erwachen will und die wahre Naturwis-
senschaft – die Wissenschaft eben der Natur – und die heilenden

weiblichen Prinzipien durch sich selbst wieder auferstehen lassen will, kommt an der Beschäftigung mit den Ursachen nicht vorbei.

Hervé, Florence (Hrsg): *Das Weiberlexikon*. Papy Rossa Verlag, Köln 1995.
Solltest du einfach haben!

Katalyse. Institut für angewandte Umweltforschung, Köln: *Neue Chemie in Lebensmitteln*. Zweitausendeins, 51. Aufl., Frankfurt a. M. Oktober 1995 (aktualisierte Neuaufl. geplant).
Wissen über manipulierte Lebensmittel. Sollte man haben!

Wissenschaftliches

Dicherson, Richard E./Geis, Irving: *Chemie – eine lebendige und anschauliche Einführung*. VCH Verlagsgesellschaft, Weinheim 1986.
Für den, der einmal eines der Ausnahmeerscheinungen an Lehrwerken überhaupt und »in Sachen Chemie« insbesondere kennenlernen will. Wer Wissenschaftswissen undogmatisch, flexibel, interessant, lebendig und zum schöpferischen Mitdenken lesen oder studieren will. Wer etwas über den *Lebenslauf* eines Universums oder über die biochemischen Baupläne des Lebens oder über Aminosäuren oder über das Hämoglobinmolekül oder über . . . so lesen will, daß es verständlich ist! Für jeden Schüler (und jeden erwachsenen Schüler »in Sachen Leben«), der Freude an Chemie, als dem grundsätzlichen Lebensausdruck der Stoffe, haben oder wiederfinden will!

Kinon, Ulla und Henrich, Birgit: *Vitalstoffe? Vitalstoffe! Bausteine unserer Gesundheit*. Orthomolekulare Supplemente in der Praxis. Eigenverlag, 61231 Bad Nauheim, Ludwigstr. 21.
Aus der (Naturheil-)Praxis für die Praxis. Ein Buch, in dem du übersichtlich alles Wissenswerte über Mineralien und Spurenelemente, Vitamine, Aminosäuren aufgeführt findest, in dem du aber auch über die Ursachen von Mangelerscheinungen, Krankheits-

symptomen, Laboraussagen oder Testmethoden nachlesen und Therapeutisches durch Ernährung, Pflanzen oder Homöopathie praxisnah studieren kannst. Dazu aber, und das ist das besondere, nimmt es kein Blatt vor den Mund und ist höchst engagiert geschrieben.

Plichta, Peter: *Das Primzahlkreuz, Bd. I.: Im Labyrinth des Endlichen* und *Bd. II: Das Unendliche,* Quadropol Verlag, Düsseldorf 1991.
Echter Wissenschaftsgeist im Netz einer Gesellschaft, die vor Verbrechen nicht zurückscheut. Liest sich faszinierend wie ein Krimi, ist aber echt erlebtes Leben! Nennt Namen unverändert! Würde ich heute mit zur Pflichtlektüre für aufwachende Erdenbewohner zählen, egal, ob du dich nun für die höchst interessanten mathematischen Forschungsergebnisse, die das heutige Wissenschaftsweltbild mit umkrempeln, interessierst oder nicht! Kein »handsames« Buch, das du vermutlich in einigen Nächten durchliest, das dich dann aber hoffentlich auch mit zu eigenen Schritten der Veränderung anregt!

Plichta, Peter: *Gottes geheime Formel.* Albert Langen/Georg Müller Verlag, München 1995.
Kurzfassung der beiden oben angegebenen Bücher, die ich persönlich aber beide im Original bevorzuge.

Astrologisches

Braunger, Günther: *Lehrbuch der Astromedizin.* Hugendubel, München 1984.

Hürlimann, Gertrud: *Astrologie.* Novalis Verlag, 3. Aufl., Schaffhausen 1984.

Bücher über Heilpflanzen, Kräuter und Bäume

Madaus, Gerhard: *Lehrbuch der biologischen Heilmittel*, Bd. I-III
Georg Olms Verlag, Hildesheim 1979.
Das Werk über Heilpflanzen und Heilmittel aus der Natur.

Clevely, Andi/Richmond, Katherine: *DuMont's großes Kräuter-buch*. DuMont, Köln 1995.
Ein Kräuterbuch voller Charme, Esprit und wunderbarer kreati-ver Rezepte für die Küche, Kosmetik und zum Heilen. Es ist dazu sehr übersichtlich und wunderschön aufbereitet, enthält ein Kräu-terlexikon mit 133 Kräutern und ermuntert, besonders auch über die herrlichen und inspirierenden Photos und Zeichnungen, zum Anlegen eines Kräutergartens, zum Sammeln, Trocknen und Wei-terverarbeiten der Kräuter und zum Experimentieren mit Rezepten. Ein typisch englisches unnachahmliches Buch in gelungener Über-tragung!

Brooke, Elisabeth: *Von Salbei, Klee und Löwenzahn*. Verlag Her-mann Bauer, 2. Aufl., Freiburg 1996.
Praktisches Kräuterwissen, verbunden mit Esoterischem, Magi-schem und mit Ritualwissen!

Fischer, Susanne: *Medizin der Erde*. Heinrich Hugendubel Verlag, 4. Aufl., München 1987.
Mit eines der schönsten Bücher über Heilpflanzen, dazu Legen-den und Mythen.

Fischer, Susanne: *Blätter von Bäumen*. Heinrich Hugendubel Ver-lag, 4. Aufl., München 1989.
Heilanwendung von Bäumen, Legenden und Mythen. Ein sehr interessantes Buch mit vielen Rezepten und einem umfangreichen Wissen.

Fischer-Rizzi, Susanne: *Botschaft an den Himmel.* Anwendung, Wirkung und Geschichten von duftendem Räucherwerk. Heinrich Hugendubel Verlag, München 1996.
Mit viel Sorgfalt zusammengetragenes, umfangreiches Wissen über die Magie des Räucherns, dazu wunderschön ausgestattet! Ein Buch auch zum Verschenken!

Stammel, Heinz J.: *Die Apotheke Manitous,* Rowohlt Verlag, 2. Aufl., Reinbek bei Hamburg 1988.
Weisheits- und Medizinwissen wie Informationen über die Sozialphilosophie der Indianer, zudem mit vielen Bildern sehr interessant ausgestattet.

Bickel, Gabriele: *Mit einer Hexe durchs Kräuterjahr.* Stieglitz Verlag, Mühlacker 1994.

Körber-Grohne, Udelgard: *Nutzpflanzen in Deutschland.* Konrad Theiss Verlag, Stuttgart 1987.

Bücher über Edelsteine

Bonewitz, Ra: *Der Kosmos der Kristalle.* Kösel Verlag, München 1987.

Burka, Christa Faye: *Kristallenergien.* Verlag Peter Erd, München 1987.

Klinger-Raatz, Ursula: *Die Geheimnisse edler Steine.* Edition Schangrila, 3. Aufl., Haldenwang 1987.

Klinger-Raatz, Ursula: *Engel und Edelsteine.* Windpferd, Durach 1988.

Mythologisches, Runen

Sills-Fuchs, Martha: *Wiederkehr der Kelten*. Droemersche Verlags-
anstalt Th. Knaur Nachf., München 1983.
   Wunderschön sensibel geschrieben, voller Einfühlungsvermögen
in eine Zeit und in ein Volk. Alles andere als ein trocken-langwei-
liges Geschichtsbuch.

Stange, Manfred (Hrsg.): *Die Edda*. Bechtermünz Verlag im Weltbild Verlag, Augsburg.

Thorsson, Edred: *Handbuch der Runen-Magie*. Urania Verlag,
Sauerlach 1987.
   Wer sich für Runen interessiert, hat hier die allererste Qualität!

Thorsson, Edred: *Runenkunde. Ein Handbuch der esoterischen
Runenlehre*. Urania Verlag, Neuhausen 1990.
   Echtes erarbeitetes Wissen und wirkliche Inspiration!

Heinz, Ulrich Jürgen: *Runenübungen – kurz & praktisch*, Verlag
Hermann Bauer, Freiburg 1997.

Vulpius, Christian August, *Handwörterbuch der Mythologie*. Fou-
rier Verlag, Wiesbaden 1987.

Praktisches – um deine Sensibilität zu schulen

Schirner, Markus: *Pendel-Welten*. Schirner Verlag, Darmstadt
1995.
   Das Pendelhandbuch für Anfänger und Fortgeschrittene. Es enthält viele unlangweilige kreative Pendeltafeln zu diversen Blütenessenzen, Ätherischen Ölen, Räucherungen, Homöopathie, Schüss-
ler-Salzen, Vitaminen, Heilkräutern aus aller Welt, Edelsteinen,
Meridianen, Störzonen, Farben, Aura Soma, Diagnose-Tafeln, Le-
bensfragen, astrologischen Entsprechungen, Orakel-Abfragungen

und vielem anderen, um dir deine generelle Fühligkeit zu schulen! Finde ich echt gut, sowohl vom Ansatz her, in der praktischen Anwendung wie in der originellen Aufmachung.

Lehner, Reinhard: *Das Handbuch der Pendeltafeln,* Verlag Hermann Baucr, Frciburg 1996.

... UND WELCHE BÜCHER ICH VERWENDET HABE

Bücher über Ernährung und Kochbücher

Aivanhov, Omraam Mikhael: *Yoga der Ernährung*. Prosveta Verlag, Fréjus, Frankreich 1986.

Belgiorno, Franco Antonio: *Rezepte mit Tomaten*. Papyrus Verlag, Hamburg 1986.

Brennan, Georgeanne: *Aus dem Küchengarten der Provence*. Heinrich Hugendubel Verlag, München 1993.

Bruker, M. O./Jung, Mathias: *Der Murks mit der Milch*. emu-Verlag, Lahnstein 1994.
   Solltest du lesen! Bezeichnend für vieles andere, was dir heute von den Falschmagiern unserer Zeit so alles zugemutet wird – solange du es zuläßt!

Bustorf-Hirsch, Maren: *Keimen und Sprossen in der Naturküche*. Falken-Verlag, Niedernhausen/Ts. 1988.

Carper, Jean: *Nahrung ist die beste Medizin*. Econ Verlag, 3. Aufl., Düsseldorf und Wien 1995.
   Viel Interessantes zu diesem Thema aus aller Welt von Medizinern und Wissenschaftlern zusammengetragen. Vieles davon allerdings auf der Basis von Tierversuchen.

Cohrs, Heide: *Von Aubergine bis Zucchini: Gemüse*. Falken-Verlag, Niedernhausen/Ts. 1990.

De'Medici Stucchi, Lorenza: *Küche rund ums Mittelmeer*. Südwest Verlag. München 1987.

Diamond, Harvey und Marilyn: *Fit fürs Leben*, Fit for Life, Bd. 1., 2 und 3. Goldmann Taschenbuch, München.

Alle drei Bände sind voll von lebendigem Grundwissen für Ernährung, aber auch vielem anderen zum vitalen und gesunden Leben. Viele interessante ausprobierte Rezepte. Solltest du haben.

Elliot, Rose: *Vegetarische Küche*. Unipart-Verlag, Stuttgart 1994.

Dieses Buch ist eine wirklich gelungene Mischung von vegetarischer Kochkunst und umfangreichem Erfahrungswissen, welches mit einer besonders sensibel und ästhetisch aufbereiteten Präsentation verbunden wurde. Zudem ist es sehr übersichtlich und enthält attraktive Menüzusammenstellungen mit Rezepten, die du sicher noch nicht kennst. Auch für Nichtvegetarier empfehlenswert!

Fisch und Schaltiere auf neue Art. Time Life Bücher, Amsterdam 1988.

Ein Kochbuch für Ästheten mit exklusiven Rezepten. Wissen, Erfahrung und Können werden hier mit Stil und Grazie, dazu einem Hauch fernöstlicher Eleganz und Raffinesse präsentiert.

Furtwängler, Irène/Alberti, Miranda: *Die traditionelle Toskanische Küche*. Mary Hahn's Kochbuchverlag, München 1988.

Ein eher karg aufgemachtes Kochbuch, das voller Poesie ist und dessen Rezepte schon beim Lesen den Atem wirklicher Kochkunst entfalten.

Grüninger, Ursula: *Die Eierküche*. Hugo Matthaes Verlag, Stuttgart 1985.

Kollath, Werner: *Die Ordnung unserer Nahrung*. Karl F. Haug Verlag, 15. Aufl., Heidelberg 1992.

Kushi, Aveline: *Mit Miso kochen*. Pala-Verlag, 1986.

Kushi, Michio und Aveline: *Das große Buch der makrobiotischen Ernährung und Lebensweise*. Ost-West Bund Verlag, Völklingen 1988.

May, Wolfgang: *Die Heilkräfte in unserer Nahrung.* Johannes Sonntag, Regensburg 1989.
Aus diesem Buch stammen die meisten der Informationen, die du hier unter »Wissenswertes« findest. Ein sehr empfehlenswertes Buch.

Meeresfrüchte & Salate, typisch italienisch. Merit-Verlag, Hamburg 1986.

Nöcker, Rose-Marie: *Körner und Keime.* Wilhelm Heyne Verlag, 8. Aufl., München 1988.

Pervenche, Pia: *Kräuter- und Heilpflanzen-Kochbuch.* Falken-Verlag, Niedernhausen/Ts. 1979.

Reckeweg, Hans-Heinrich: *Schweinefleisch und Gesundheit.* Aurelia-Verlag, Baden-Baden 1977.
Wenn es dich nach weiteren Informationen zu diesem Thema verlangt und du danach endgültig mit Schweinefleischessen aufhören willst!

Rippchen, Ronald (Hrsg.): *Zauberpilze.* Nachtschattenverlag, Solothurn, und Medienexperimente, Löhrbach 1993.
Magie und praktische Erfahrungen mit psychedelischen Pilzen und Substanzen.

Ross, Janet: *Toskana: Kochrezepte um 1900 aus Italiens Gemüse-Garten.* Papyrus Verlag, 6. Aufl., Hamburg 1987.

Schieren, Bodo A.: *Kartoffel, Gourmet-Variationen zu einem klassischen Thema.* Südwest Verlag, München 1989.

Spicker-Noack, Valerie/Knoop, Martin: *Köstliche Pilzgerichte.* Falken-Verlag, Niedernhausen/Ts. 1983.

Steinbach, Gunter (Hrsg.): *Das Mosaik-Lexikon der Nutzpflanzen.* Mosaik-Verlag, München 1986.

Dieser komplette Gemüse-, Früchte- und Kräuterkatalog für Gartenfreunde und Gärtner hat auch einiges zu diesem Buch beigetragen!

Thomas, Karin: *Das Mosaik-Gemüsebuch*. Mosaik-Verlag, München 1984.
Vieles Wissenswerte über Herkunft, Anbau, Einkauf, Zubereitung, Nährwerte und Qualitätsmerkmale der Gemüse kurz und übersichtlich dargestellt. Leckere Rezepte und ansprechende Photos, die zum Nachkochen animieren, was man allerdings nicht vermutet, wenn man nur das Titelbild sieht! Leider vergriffen.

Töpel, Alfred: *Chemie der Milch*. Fachbuchverlag, 3. Aufl., Leipzig 1991.

Walker, Norman W.: *Frische Frucht- und Gemüsesäfte*. Goldmann Verlag, 1995.

Weise, Devanando Otfried: *Harmonische Ernährung*. Smaragdina Verlag, München 1990.
Viele interessante und wissenswerte Informationen zum Thema harmonischer und natürlicher Ernährung generell. Einfach schön!

Zipfel, Walter: *Lebensmittelrecht*. C. H. Beck'sche Verlagsbuchhandlung, München 1992.

EIN DANK FÜR ...

Zuallererst will ich der GÖTTIN Dank sagen für ihre Kräfte, die ich durch sie empfangen durfte, für ihr Wissen, das sie mir geschenkt hat, für ihre Gaben, die so reichlich und in der Fülle durch mich strömen. Große Freude hat es mir bereitet, dieses Buch zu schreiben. Die Energien der Natur und vieler Naturwesen haben mich bereitwillig empfangen, um mir ihr Wissen zukommen zu lassen. Ein langer Weg war es bis hin zur Fertigstellung dieses ersten Buches. So viele Menschen, genannte und ungenannte, haben ihren Einsatz gebracht, damit dieses Buch zu seiner rechten Zeit entstehen konnte. Viele Menschen gab es in den letzten Jahren, die mich hilfreich ein Stückchen geleitet haben und meinen Weg mit ihrer Freundschaft, ihrer Hilfsbereitschaft gesäumt haben. Ihnen allen, die ich nicht einzeln benennen kann, die ich aber sehr wohl alle einzeln in meinem Herzen trage, will ich hier danken. Einige Weggefährten aber will ich namentlich erwähnen.

Conny danke ich für ihre Liebe und ihren felsenfesten Glauben an mich, für schwesterliche Freundschaft und die Bedingungslosigkeit, mit der sie mir in dunklen Jahren beigestanden ist, die Transkription etlicher Tonbänder zu diesem Werk nicht zu vergessen. Karlheinz danke ich für sein Engagement und für seinen ungebrochenen Einsatz als treuer Freund, aber auch für sein Erspüren, worauf es ankommt.

Emilie danke ich für ihre einsatzfreudige und tatkräftige Hilfe und auch für das, was ihr Gärtlein an allerlei Kräutern und Gemüsen hervorgebracht hat, um für Leckeres in ihrer Küche wie auf dem Herd zu sorgen. Gerhard sei Dank für seine langjährige Geduld und für seine bedingungslose Freundschaft. Auch aus seinem Garten stammen etliche Gemüse, Früchte und Kräuter, die in allerlei Experimenten verarbeitet wurden. Einen Dank und Gruß auch an »alle

meine Südtiroler« für die vielen kleinen und großen Freundschafts-
und Liebesbeweise, die mir von dieser Station meines Lebens aus so
hilfreich entgegengeströmt sind.

Dann will ich meinem Sohn Michael danken, der mir stets und
immer wieder die vollkommenste und ausschließlichste Loyalität
und bedingungsloseste Freundschaft, gerade auch in brenzligen
Situationen meines Lebens, bewiesen hat. Zudem hat er mich nicht
nur mit seinem eigenen Computer, samt Drucker und allem Übrigen ausgestattet und selbst lange darauf verzichtet: Er hat auch
noch eine Engelsgeduld bewiesen, mich, die ich mich als auf diesem
Gebiet zunächst als höchst untalentiert erwiesen habe, in die Geheimnisse der Computersprache »einzuweihen«.

Meinem Sohn Nicolas danke ich, weil er mich als Her-
anwachsender vertrauensvoll eine auch für ihn schwierige Strecke
Weges begleitet hat.

Meiner Tochter Eva danke ich, daß sie nach so vielen Jahren
einschneidender Trennung den großen Mut aufgebracht hat, auf
den Grund ihres Wesens zu tauchen, um dort einen wundersamen
gemeinsamen Seelenstrom zu entdecken und diese Power dann
unmittelbar mit durchdringender Begeisterung und großer Liebe in
sofortige Wirkkraft umzusetzen.

Meinem Gefährten Erwin danke ich, daß er mich die letzten neun
Jahre als ein nicht immer nur einfacher Freund, doch mit großer,
übergeordneter Loyalität begleitet hat. Ohne sein Für-mich-Dasein
wäre mein Leben sehr viel ärmer an Zusammengehörigkeitsgefühl,
an Freundschaft, an Wissen, an Erkenntnis. Unermüdlich hat er
meinen Weg begleitet, hat die vielen während den Jahren entstandenen Texte zunächst mit der Hand und später in den Computer
geschrieben, hat meinen Meditationen einen energetischen Spannungsbogen gegeben, hat die rechten Fragen gestellt und die wesentlichen Worte zur rechten Zeit gesprochen. Er hat meinen Na-
turforschungsweg auch noch mit Tausenden von Photos dokumen-
tiert und hat mich schließlich zur genau rechten Zeit auch zu
besonderen und energiereichen Orten geleitet. Sein unversiegbarer
Humor und seine Lebensfreude ließen das Leben sonnenwarm erscheinen, gerade auch dann, wenn es am dringendsten notwendig
war.

Zuletzt sei nun dem Verlag gedankt: der Cheflektorin Karin Vial, die mit viel Einfühlungsvermögen dieses Werk beim Wachsen begleitete; dem Verlagsleiter Herrn Friedrich Kirner, der gezeigt hat, daß er immer wieder aufs neue fähig ist, die echten *Wege der Zeit zu erfühlen und diese auch immer wieder mutig und engagiert zu gehen. Es erweist sich, daß der Verlag für neues Denken* somit gerade auch heute wieder seinen Namen wahrhaftig zu Recht trägt!

Monika Helmke Hausen

VERZEICHNIS DER REZEPTE

Bitte beachten Sie die folgenden Seiten

Verlag Hermann Bauer · Freiburg im Breisgau

Gottfried Hertzka / Wighard Strehlow

Küchengeheimnisse der Hildegard-Medizin

320 Seiten, gebunden, ISBN 3-7626-0288-3

Es ist das Anliegen der beiden Verfasser, das ungeheure, in den Werken der Äbtissin enthaltene Wissen über alles, was der menschlichen Ernährung in gesunden und kranken Tagen dienen kann, in verständliches Deutsch zu übersetzen und zugleich den Lesern klarzumachen, daß eine »Ernährungswissenschaft« auch ohne Kalorien-, Vitamin- und Spurenelemente-Tabellen möglich und in der Alltagsküche praktizierbar ist. Wesentlich und zugleich neu ist bei Hildegard das, was die Verfasser die »Subtilitätenlehre« nennen. Es handelt sich um den »von Gott in die Dinge« hineingelegten »Menschenzweck«: um das Beziehungsverhältnis der Meschen zu den Dingen, die ihm als Nahrung dienen können und sollen – oder auch nicht.

Handbuch der Hildegard-Medizin

339 Seiten mit 24 farb. Abbildungen und 31 Zeichnungen, gebunden, ISBN 3-7626-0314-6

Dieses Buch ist das Ergebnis jahrzehntelanger ärztlicher Erfahrung sowie wissenschaftlicher Forschung und Entwicklung auf dem Gebiet der Hildegard-Medizin. Die sich daraus ergebenden über fünfhundert Heilmittel und Behandlungsmethoden wurden in den letzten vierzig Jahren in der Praxis erprobt und haben sich an Tausenden von Patienten erfolgreich bewährt. Es handelt sich bei der Heilkunde der hl. Hildegard (»Causae et Curae«) um eine der wichtigsten Entdeckungen der Naturheilkunde in unserer Zeit – eine glänzende Ergänzung zur modernen Medizin.

Verlag Hermann Bauer · Freiburg im Breisgau

Verlag Hermann Bauer · Freiburg im Breisgau

Jennifer Louden

Tu dir gut!
Das Wohlfühlbuch für Frauen

249 Seiten, gebunden; ISBN 3-7626-0497-5

Dieses Buch richtet sich an all jene Frauen, die dazu erzogen worden sind, an sich selbst zuletzt zu denken. Die stets Rücksicht auf die Bedürfnisse anderer nehmen, sich kümmern und sorgen und dabei ihre eigenen Wünsche verdrängen.
Ein solches Aufopfern nützt weder den Frauen, noch den Menschen ihrer Umgebung. Aus vollem Herzen geben und wahrhaft fürsorglich sein kann nur, wer auch selbst Zuwendung bekommt, wer sich auch seiner eigenen Wünsche und Bedürfnisse annimmt.
Die Autorin zeigt, wieviel Kraft Sie aus der Befriedigung der eigenen Bedürfnisse – seien sie geistiger, emotionaler oder körperlicher Art – schöpfen können. In 51 Kapiteln finden sich eine Fülle praktischer Tips, neuer Verhaltensstrategien, Rituale, Meditationen zum Atemschöpfen und Sich-selbst-Besinnen. Schon beim Lesen werden Sie fröhlich, wohlgelaunt und bekommen neue Lust aufs Leben!

Tut euch gut!
Das Wohlfühlbuch für Paare

340 Seiten, kartoniert; ISBN 3-7626-0525-4

Wieder stellt Jennifer Louden eine Fülle von kreativen Ideen vor, wie im alltäglichen Zusammenleben grundlegende Bedürfnisse nach Zuwendung, Geborgenheit und Wohlgefühl erfüllt werden können.
Viele Einzel- und Partnerübungen helfen, sich selbst und den Partner besser kennenzulernen und Wünsche überhaupt klar zu formulieren. Sie gibt einfallsreiche Tips, wie aus einem Zusammenleben ein wirkliches Familienleben wird, egal ob Kinder dazugehören oder nicht. Aber gerade auch für Paare mit Kindern bieten die 53 Kapitel jede Menge gute Anregungen, so daß trotz Alltagshektik und Streß die zärtliche Liebe nicht zu kurz kommt.

Verlag Hermann Bauer · Freiburg in Breisgau

Verlag Hermann Bauer · Freiburg im Breisgau

Harald Jordan

Räume der Kraft schaffen
Der westliche Weg ganzheitlichen Wohnens und Bauens

320 Seiten mit 49 Zeichnungen, gebunden
ISBN 3-7626-0561-0

In diesem Werk zeigt Harald Jordan, daß auch in der westlichen Tradition viele
Schätze gehoben werden können, um uns ein Wohnen in Harmonie zu ermöglichen. Der Autor, Ingenieur und als gelernter Maurer Fachmann »von der Pike«
auf, beschreibt, welche geistigen Gesetze im Wohnen und Bauen wirken,
wie diese Gesetze von uns erlebt werden, und wie wir unsere Wohnung oder
unser Haus so gestalten können, daß sie für uns eine gesunde und heilende
Wirkung haben.

Dr. med. Götz Blome

Heile dein Kind an Körper und Seele
Das große alternative Kinder-Gesundheitsbuch

ca. 570 Seiten mit ca. 20 Abbildungen, gebunden
ISBN 3-7626-0480-0

Das neue Buch von Götz Blome ist ein umfassendes Nachschlagwerk und
Gesundheitsbuch für alle Eltern, denen die Gesundheit und das seelische Wohlergehen ihres Kindes am Herzen liegt.
So befaßt sich der erste Teil des Buches mit der praktischen Psychologie: die
Situation des Kindes in Familie und Umfeld wird analysiert, seine seelischen
Probleme werden erläutert und Möglichkeiten für eine Besserung aufgezeigt.
Der zweite Teil stellt ausführlich die Möglichkeiten der Bach-Blüten-Therapie bei
kindlichen Problemen und Krankheiten sowie zur Förderung einer gesunden
Entwicklung dar.
Im dritten Teil erläutert Blome schließlich die häufigsten Krankheiten des Kindes
und die wichtigsten Symptome zur Diagnose und Therapie. Dabei wird erstmals
ein in der ärztlichen Praxis seit Jahrzehnten bewährtes System aus homöopathischen Komplexmitteln vorgestellt, mit dessen Hilfe Eltern die meisten Krankheiten ihrer Kinder selbst behandeln können.

Verlag Hermann Bauer · Freiburg im Breisgau